本辑编辑委员会（按姓氏笔画排序）

王瑞剑　朱禹臣　刘　凝　刘继烨　李　旭
李昊林　杨佩龙　张玉琢　郑淑凤　柯　达
钟鑫雅　侯婷婷　聂清雨　郭镇源

本辑主编

王瑞剑

本辑审稿和校对编辑（按姓氏笔画排序）

朱禹臣　任一桐　刘　凝　刘耘良　刘继烨
李　旭　李昊林　李舒豪　杨子潇　杨佩龙
张玉琢　郝良瑀　郭镇源　辜凌云　谢雨桥

声　明

　　本刊的各篇文章仅代表作者本人的观点和意见，并不必然代表编辑委员会的任何意见、观点或倾向，也不反映北京大学的立场。特此声明。

《北大法律评论》编辑委员会

中文社会科学引文索引（CSSCI）来源集刊

北大法律評論
PEKING UNIVERSITY LAW REVIEW
第 22 卷·第 2 辑

《北大法律评论》编辑委员会　编

图书在版编目(CIP)数据

北大法律评论.第22卷.第2辑/《北大法律评论》编辑委员会编.—北京：北京大学出版社，2022.12

ISBN 978-7-301-34065-3

Ⅰ.①北… Ⅱ.①北… Ⅲ.①法律—文集 Ⅳ.①D9-53

中国国家版本馆CIP数据核字(2023)第098233号

书　　　名	北大法律评论（第22卷·第2辑） BEIDA FALÜ PINGLUN（DI-ERSHIER JUAN·DI-ER JI）
著作责任者	《北大法律评论》编辑委员会　编
责任编辑	许心晴　王晶
标准书号	ISBN 978-7-301-34065-3
出版发行	北京大学出版社
地　　　址	北京市海淀区成府路205号　100871
网　　　址	http://www.pup.cn
电子信箱	law@pup.pku.edu.cn
新浪微博	@北京大学出版社　@北大出版社法律图书
电　　　话	邮购部 010-62752015　发行部 010-62750672　编辑部 010-62752027
印　刷　者	北京虎彩文化传播有限公司
经　销　者	新华书店
	787毫米×1092毫米　16开本　22印张　430千字 2022年12月第1版　2022年12月第1次印刷
定　　　价	88.00元

未经许可，不得以任何方式复制或抄袭本书之部分或全部内容。
版权所有，侵权必究
举报电话：010-62752024　电子信箱：fd@pup.pku.edu.cn
图书如有印装质量问题，请与出版部联系，电话：010-62756370

《北大法律评论》第 22 卷·第 2 辑(总第 43 辑)

目　录

专题：平台、数据与算法

姚　佳　数据之于平台的差分生成路径、权利配置与竞争法规制…………（1）

赵精武　从过程控制到结果归责：算法透明义务与算法问责机制
　　　　的分野……………………………………………………………（18）

闫文光　陈　默　智能调度算法的异化与自我规制
　　　　　　　　——以外卖平台为讨论场景………………………………（32）

论文

叶　姗　发展规划法的理论依循与规范构造……………………………（63）

吕子逸　合意真实的中国范式与实现路径………………………………（82）

项佳航　论第二阶段"危惧感说"………………………………………（105）

严丹华　行政规制何时需要成本效益分析？
　　　　——美国司法经验的启示……………………………………（130）

梁芷澄　通信秘密保护范围的解释路径：原旨立场与比较考察………（156）

王　宁　作为跨法域概念的"协议"……………………………………（179）

冯　硕　论国际私法视域下涉外股东代表诉讼规则的完善
　　　　——以最高院"乐金案"为切入点……………………………（205）

何舟宇	丙午编制局考	(225)
白莎莎	晚清州县监卡病犯拨医调治背后的权力运作	
	——以巴县医学训科王吉士为切入点	(251)
李勤通	论身份选择自由下佛教罪观念对隋唐前刑法的影响	(278)
陈洪杰	道隐无名:司法信任的经验路径与象征媒介	(299)
郭　栋	中国法理学语境中的"法理":一项概念史的考察	(315)

编后小记 ……………………………………………………………… (336)

Peking University Law Review
Vol. 22, No. 2 (2021)

Contents

Feature: Platform, Data and Algorithm

Yao Jia
    Differential Generation Paths of the Data of the Platform, Right Allocation and Regulation of Competition Law ·················· (1)

Zhao jingwu
    From Transparency to Accountability: Theoretical Reflection on "Fault" Determination of Algorithmic Recommendation Service Providers ·················· (18)

Yan Wenguang   Chen Mo
    Alienation and Self-regulation of Intelligent Scheduling Algorithms
    —A Scenario of Takeaway Platform ·················· (32)

Articles

Ye Shan
    Theoretical Compliance and Normative Structure of Development Planning Law ·················· (63)

Lyu Ziyi

    Chinese Paradigm and the Implementation Path of the Negotiatory Truth ······ (82)

Xiang Jiahang

    On the Second Generation of "Fear of Danger Theory" ······ (105)

Yan Danhua

    When Does Administrative Regulation Require Cost-Benefit Analysis?
    —Insights from the U. S. Judicial Experience ······ (130)

Liang Zhicheng

    The Interpretative Path of The Protection Scope of Communication Secrets: The Originalism Interpretation and Comparative Investigation ······ (156)

Wang Ning

    Agreement, a Concept Involving Different Branches of Law ······ (179)

Feng Shuo

    Improvement of the Rules of Foreign Shareholder Derivative Lawsuit under the Perspective of International Private Law
    —From the Perspective of "Le Jin Case" by the Supreme Court ······ (205)

He Zhouyu

    An Analysis of the Administrative System Drafting Commission of the Political Reform in 1906 ······ (225)

Bai Shasha

    The Power Flow Beneath the Medical Resource Administration for Prisoners at Counties in Late Qing Dynasty
    —From the Point of Ba County Medical System Administrator Wang JiShi ······ (251)

Li Qintong

    On the Influence of the Notion of Buddhism on Sin on Criminal Law before Sui and Tang Dynasties under the Freedom of Identity Choice ·· (278)

Chen Hongjie

    Wisdom is Implicit: Empirical Path and Symbolic Media of Judicial Trust ·· (299)

Guo Dong

    "Fali" in the Context of Jurisprudence in China: A Study of the Conceptual History ·· (315)

Afterword ·· (336)

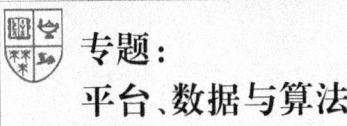

专题：
平台、数据与算法

数据之于平台的差分生成路径、权利配置与竞争法规制

姚 佳[*]

Differential Generation Paths of the Data of the Platform, Right Allocation and Regulation of Competition Law

Yao Jia

内容摘要：平台经济给传统经济模式乃至经济结构带来了较大改变。不同平台之间基于功能不同而被区分与细化，由此决定了数据来源基础有所不同，进而使得数据生成存在差分路径，分别由用户、平台或者二者协同生成。对于用户而言，其享有著作权以及基于生成数据内容而获得的权利。平台也基于自身对于数据生成的投入与贡献而享有相应权益。用户、平台的权利理应相互独立，但由于数据生成的复杂境况，以及数据在平台上的集合呈现，使得相应主体的权利行使及其限制存在不同情况。在平台的对外关系上，数据竞争成为近年来平台竞争的焦点之一，司法裁判中应兼顾静态的权益观与动态的竞争观，关注利益平衡，鼓励和保护公平竞争。

---

[*] 姚佳，中国社会科学院大学教授、中国社会科学院法学研究所编审。

本文为作者主持的 2021 年度国家社科基金一般项目"公私法交融视域下个人信息保护的法律责任体系"（批准号：21BFX087）的研究成果。

关键词: 数据生成　用户数据　数据权益　不正当竞争

一、问题意识

平台竞争之烈,首推数据领域。不断演变升级的数据占有、数据抓取、数据利用等行为,使得数据竞争愈发复杂。由于前端缺乏数据确权等底层逻辑与制度架构,后端与数据相关的行为的合法性与正当性处于一种判断失准的状态。集规模效应、协同效应、网络效应与双边效应于一体的平台,随着商业模式的发展,也愈发细分,形成不同类型、不同功能。在数据生成逻辑,以及平台之于数据的作用等事实的基础上,似可在数据权属问题尚未解决之时再架起一套结构化的规则体系——以数据生成与控制为基础的权利构造。这一基于数据、主体、权利的差分构造,意在打破一种概括的、线性的数据与平台之间的结构关系,使得对数据生成、平台本体的解释更为立体化、客观化,从而更好地理解数据竞争以及更加客观地认定不正当竞争行为。

已有的基于不同主体之间概括的利益平衡的思路亟待反思。目前的实践中,在"用户—平台"这一相对关系中,对于用户的权利实际上有所忽视,而不当地扩张了平台的权利。实际上,用户权利本就存在确定的边界,而无须依赖一种较为概括的平衡或权衡方法。互为对应的是,平台的权利也并非完全变动不居,并非一提及用户权利就理应被限缩,基于数据的生成与控制的客观路径,其权利也存在相对确定的边界,而无须动辄引入数字经济或更宏观意义上的外部因素加以论证。当然,外部因素也应当考虑,但更多地应将其置于平台与市场的联系与发展等角度。

在诸多认知视角中,本文主要撷取平台功能与数据生成之间关系的视角进行观察,因此更多落脚于数据生成的主体。若从此角度切入,结合数据的特征与类型,数据的来源路径基本上可分为以下几种:用户(消费者)、平台自身以及用户与平台二者甚至多者之间不同程度的协同。或许人们会质疑,这样的一种分类与已有研究的思路相比似乎并无新意,再循此思路讨论又有何价值? 本文的问题意识恰恰在于:跨越笼统的平台概念,深入不同功能的平台特征,进而从数据的生成路径观察不同用户、平台等主体的贡献度,以弥补已有实践与认识中对于用户生成数据的权利的忽视。同时,平台功能本身与相关市场联系在一起,在此基础上,可进一步将相关主体的数据权利与竞争行为相联系,以确定反不正当竞争法的适用边界。

二、数据生成 vs. 平台功能

无数据,不平台;无平台,不数据。平台革命作为互联网发展成熟阶段的典型特征,主要是通过运用云计算、算法匹配、高度无线互联、规模化的用户网络以及智能手机和平板电脑的普遍运用,使平台作为一个在线中介而将各方主体、各类商品和服务紧密联系在一起,进而形成对等网络、访问经济、共用系统、网格经济、共享经济、协作经济和零工经济等形式。[1] 而穿插与沉淀于多主体、多种经济模式之间的载体即数据,只有持续聚集、规模化、可运用的数据,才能使平台具有一定的竞争优势,这也是平台间竞争的关键。平台基于商业模式的安排或功能预设,有其自身的形成逻辑与表现形式,并决定了数据也存在相对独立的形成逻辑。"平台—数据"在功能、地位、路径等方面既是相互影响的概念体,同时又彼此抽离于对方,在内化与交错中不断发展。

(一)平台功能意义上的分类

平台具有其他经济体所无法比拟的特征与优势。美国学者奥利·洛贝尔(Orly Lobel)曾总结,平台具有十大显著特点:超大规模、不生息资金的复活、裁剪交易单元、(一切交易对象的)商品化、交易用户化、超越所有权的获取方式、减少开销、减少准入壁垒、精准定价和动态反馈系统。[2] 这些特征概括了平台在产生之时所具有的创造性模式的意义。当平台的这些特点与不同组织体、商业领域和商业模式相结合时,又能发挥不同的功能与作用。

平台基于功能与结构不同而各异。在已有商业实践中,各种平台共同引起了各种市场、工作的重新组合,并最终创造与获得价值。比如,Google 和 Facebook 主要是提供搜索与社交媒介功能,Amazon、Etsy 和 eBay 主要是商务市场,Airbnb 和 Uber 则通过计算工具使现有业务发生深刻变化。[3] 类似的平台功能定位与分类,同时也对应着经济学意义上的相关市场的分类与界定。美国众议院司法委员会 2020 年 10 月发布了一份长达 400 余页的《数字市场竞争调查》报告中分别对在线搜索市场、在线商务市场、社交网络与社交媒体市场、移动应用商店市场、移动操作市场、电子地图市场、云计算市场、语音助手市场、浏览器市场、电子广告市场等十个市场的竞争问题进行了分析。[4] 可见,平台具有一些抽象意义上的、通用的经济学、交易结构上的特征,而最主要的是

---

[1] See Orly Lobel, *The Law of the Platform*, 101 Minnesota Law Review 87, 94, 104 (2016).

[2] 参见〔美〕奥利·洛贝尔:《分享经济监管:自治、效率和价值》,载《环球法律评论》2018 年第 4 期,第 48—49 页。

[3] See Martin Kenney & John Zysman, *The Rise of the Platform Economy*, 32 Issues in Science and Technology 61,61(2016).

[4] 报告认为,社交网络平台与社交媒体平台不同。社交网络平台通过其产品上的功能提供"丰富的社交体验",方便用户查找、互动和与其他在线熟人建立联系。社交媒体平台主要促进内容的分发和消费。总之,社交网站有一个强大的社交图,而以内容为中心(content-centric)的网站则没有。See *Investigation of Competition in Digital Markets*, Subcommittee on Antitrust, Commercial and Administrative Law of the Committee on the Judiciary, 2020, p.91,77-131.

其由于不同的市场领域、定位与功能等而具有的差异性特征。这也直接决定了以平台为中介连接起来的不同主体之间的关系以及相应的数据生成路径。

中国为维护市场公平竞争和保护消费者权益,从监管角度规制平台,于2021年10月推出《互联网平台分类分级指南(征求意见稿)》。其中,依据平台的连接属性和主要功能,将平台分为六类:(1)网络销售类平台:连接人与商品(交易功能);(2)生活服务类平台:连接人与服务(服务功能);(3)社交娱乐类平台:连接人与人(社交娱乐功能);(4)信息资讯类平台:连接人与信息(信息资讯功能);(5)金融服务类平台:连接人与资金(融资功能);(6)计算机应用类平台:连接人与计算能力(网络计算功能)。虽然从社会关系的角度出发,平台系人与人之间形成的关系,但是从事实与技术的角度出发,平台本身可能会连接不同的主体与事物,进而具有不同功能。[5]事实上,强调平台功能,也是在强调与突出平台的核心特征,即在发现现象、观察事实,理解相关主体之间的权利、义务、责任配置之时,无法离开平台本身的功能定位。在平台功能存在差异性的基础上,数据生成也存在不同路径,进而影响不同主体之间的权利行使与限制。

(二)数据来源基础

无平台,不数据。平台在发展,随之而来的就是海量数据聚集,占有数据的多寡也成为平台是否具有竞争优势的表现之一。无论是自然科学领域还是社会科学领域,在讨论数据之时均以类型化的方式进行讨论。

自然科学通常按照时间、空间、主体范围、总体数据的名称、个体数据的取值、计量单位、试算方法、数据来源等进行科学实践考察的分类;[6]社会科学领域也对数据予以类型化讨论,尤以个人数据、企业数据、公共数据等分类最具普遍共识,而其他分类也大多根据人类实践活动中对数据的认识提炼概括而来。同时,也有学者将"经由信息系统和终端硬件/软件生成的数据"分为"展示性数据(Ⅰ类)"和"辅助性数据(Ⅱ类)",前者主要是可供用户消费的视频、图像、文字、界面等信息集合,后者则主要是为了实现某种市场基础设施的辅助功能而形成的数据,例如身份认证、行为分析、连接匹配和声誉信用等,进而形成认证数据、分析数据、连接数据和声誉数据等。[7]观察者从不同标准和角度对数据

---

[5] 在司法裁判实践中,在对产品或服务的性质认定之时,也会考虑平台功能。比如,在有的案件中,法院认为,"……两被告的被控侵权软件作为经营性用户运用于个人微信平台中的商业化营销工具,已异化了个人微信产品作为社交平台的基本功能……"。参见杭州铁路运输法院(2019)浙8601民初1987号民事判决书。

[6] 参见邓力:《数据分类的重构》,载《中国统计》2022年第2期,第64页。实际上,自然科学领域对于数据分类的探讨不在少数,本文仅引用了一篇相对而言概括较为全面的文章中的分类。

[7] 参见胡凌:《数字经济中的两种财产权:从要素到架构》,载《中外法学》2021年第6期,第1585页。

进行分类,丰富了对数据的多维认知,并为后续相关制度的建构奠定了基础。

平台所涉数据与隐私、个人信息的区隔。在较多的讨论中,个人信息已与数据相区分。尤其在中国已构建较为充分的个人信息保护制度之后,个人信息保护是后续数据利用的前提与基础,较好地将平台所涉数据与隐私、个人信息保护相区隔。对于一般的企业数据,即去个人标识化(脱敏)、经加密、经算法加工挖掘、具有(交换)价值与技术可行性的数据,或可概括地归属于平台。[8] 即便是上文提到的数据分类中的认证数据,实际上也并不涉及个人信息保护的问题,即并不需要讨论信息泄露或不当利用等问题。声誉数据可能稍显复杂,可概括地归为平台数据,但实际上用户个人也有权分享与使用,不过在大规模数据爬取之时又将另当别论。对于这些情形之下相关主体的权利边界等问题,将在后文详述。总而言之,本文所讨论的数据生成即便可能与个人信息相联系,实际上也已预设其具有信息处理的合法性基础或者已经是匿名化信息,而不会再回到前述个人信息保护的问题之上。当然,由于平台利用数据而可能识别出个人从而引发个人信息保护风险等问题也会一并予以考虑和讨论。

本文主要从平台功能与数据生成之间关系的视角进行观察,更多落实于数据生成的主体。基于数据来源而将数据分为:用户数据、平台数据以及用户、平台协同生成数据。此等分类可能并非着眼于结果,而是着眼于数据生成的主体。

(三)数据生成的差分路径

以平台功能为基础的数据生成路径究竟能否界定清晰?这是本文的核心问题之一。如果绝大多数平台上的数据生成路径完全无法界定或边界不清,那么本文所讨论的主线问题将会是一个伪问题。首先需要厘清的是,此处的"生成",是一种针对内容的实质意义上的生成(generate),而非技术意义上的产生(record)或转化(covert)。之所以强调此种"生成"的涵义,主要是为了防止一些误认或"偷换概念",即认为"生成"只是一个客观意义上的技术转化过程,而非实质意义上内容的生产或产生。在此基础上,无论是已有实践还是已有理论,结合不同的平台功能,至少有相当一部分的数据生成路径可以厘清。当然,也有一些数据系平台、用户等协同贡献生成,这使得平台自身与数据生成之间存在一定交错。之所以从数据生成这个角度突进,是意在从概括讨论数据权利问题进入对"平台类型化→数据类型化→数据生成路径类型化→数据公开/非公开"基础上的数据权利的讨论,其不仅关系到用户与平台之间的关系,亦关系到第三方主体与用户、平台之间的关系。

在此基础上,数据生成大致可分为以下路径:

第一,由用户生成内容的公开的数据。互联网平台的传统模型为在线购物

---

[8] 参见姚佳:《企业数据的利用准则》,载《清华法学》2019年第3期。

平台,此时,平台是一种交易中介或者经营者的角色。然而,随着平台功能的不断丰富,用户或消费者加入平台数据载体生成的方式逐渐产生,比如用户生成内容模式(User-Generated Content,UGC)。这一模式又可能分为突出用户自身特性特征并且由用户生成的社交媒体平台以及网络嵌入协同的类似于维基百科等模式。UGC模式带来了全新的理念和模式的转变。有学者评价,一家公司的产品设计在很大程度上取决于其内容贡献者的协调努力。从理论角度来看,用户生成内容导致一种情况,即公司的水平和位置不再是其自身的选择变量。[9] 其中,社交媒体平台与维基百科等也不相同,维基百科等更强调网络嵌入性,[10]每个人都可以贡献,但每个人可能都只是整体工作中的部分,恰是这样的一种网络协同特征才产生了最终的整体内容。由用户生成内容的公开数据的特征为:内容性[11]数据、由用户生成(与用户相联系、由用户账号控制)、在平台上公开展示。

第二,由平台生成的公开/非公开数据。平台在经营过程中也将产生相关数据,在已确保信息或数据无法识别出个人的前提下,在自身平台上生成的数据无论是公开的还是非公开的,基本都不涉及用户的问题。典型的比如资讯类平台、网购类平台、金融类平台等所涉及的行为信息、统计信息等。

第三,用户与平台协同生成数据。此种情形实际上是用户与平台之间的关系在平台经济时代的集中体现。用户与平台相互独立,但更相互依存。比如,即便是在UGC模式之中,也存在MCN(Multi-Channel Network)模式,由相关机构辅助内容生产、运营、营销等,这是比较典型的合作模式;有些情况可能并无MCN相关机构加入,但是平台对用户生成内容也有一定投入,从而为用户生成内容提供了附加值,此种情形也是一种用户和平台的协同模式。再如,对于音频、视频的播放平台,由其功能所决定,用户对于平台的使用以及产生的数据,是一种痕迹类数据,这些数据的内容均由平台提供,用户的使用行为痕迹少部分具有个性化的特征,大多数情形下则不具有个性化特征。不过,认为除内容之外的经由用户账户控制的痕迹类数据均系平台生成,似并不客观。实践中对这部分数据的性质以及如何使用等问题亦存在争论。[12]

---

[9] Kaifu Zhang & Miklos Sarvary, *Differentiation with User-Generated Content*,61 Management Science 898,898(2015).

[10] Sam Ransbotham, Gerald C. Kane & Nicholas H. Lurie, *Network Characteristics and the Value of Collaborative User-Generated Content*,31 Marketing Science 387,389(2012).

[11] "内容性"涵盖的内容较多,对于用户上传的文字、图片、视频等内容,有的可认定为著作权法意义上的作品,有的虽然并非作品,但也包含一定的非创作性的表达,此处统归为内容性数据。

[12] 参见上海市第二中级人民法院(2021)沪02民终3091号民事判决书。

三、用户对自身生成数据的权利

用户兼具生产者与消费者双重角色。平台的出现相当程度上改变了已有经济模式乃至经济结构,其所汇聚的海量数据价值非凡,从社会发展乃至人类发展的角度看,这些数据聚合体应当发挥更大价值。这些数据集合的有效运用能够增加消费者福祉。但是,无论是对数据集合价值的强调,还是对数据的公共性或者社会效益的重视,都不意味着用户作为生产者的权利无足轻重或者可以被平台的权利所吸收。从平台发展实践角度而言,"互联网企业极大依赖用户的贡献与创造,享有其集体劳动成果的价值,却并不承认其中的劳动关系"。[13] 当人们探讨平台与数据之时,多以网购平台为原型,而并未基于平台功能殊异以及数据生成的差分路径分别讨论。循此思路,在应然与实然之间存在矛盾的现实背景下,强调与重视用户所享有的基于数据生成的生产者权利,殊为重要。

(一)多层权利:著作权及其他权利

用户基于生成数据而享有的权利的性质不一。当人们使用"数据"概念之时,实际上已涉及数据的不同类型与不同样态。在网购平台、UGC 平台、音视频平台、信息资讯类平台等不同功能的平台上,用户生成的数据存在差异。比较明确的是,在 UGC 平台尤其是一些知识类社交媒体平台上,人们可能会撰写相关文章、问题、回答、评论等内容,有的内容完全可能已经构成《著作权法》第 3 条所称的"作品",即具有独创性并能以一定形式表现的智力成果。[14] 也有学者认为,社交网站用户撰写的文字、拍摄的照片或视频内容等数据由用户生成并由账户控制,很可能构成著作权法意义上的作品或录像制品而获得保护。[15] 有的也可能会形成相应的演绎作品等多种形式。这是用户生成内容的数据应享有著作权的较为明确的情形。

用户享有对其生成的其他无法归入著作权的数据的相应权利。上述用户享有著作权的边界并不难确定,而那些无法归入著作权的由用户生成的数据的相关权利,才是在本文所欲探讨的"数据生成差分路径"之下更应关注的。在互联网时代,此种数据大量存在并公开呈现。比如,用户在社交媒体上发布天气、

---

[13] 胡凌:《互联网与公共领域:财产与劳动的视角》,载《网络法律评论》2013 年第 2 期,北京大学出版社 2013 年版,第 63 页。

[14] 比如,有的平台用户协议中规定,用户在××平台上发表的全部原创内容(包括但不限于回答、文章和评论),著作权均归用户本人所有。需要说明的是,本文对一些平台的用户协议予以考察,相关问题分析中不列举相关平台名称,但总结提炼的内容均有依据和出处。

[15] 参见崔国斌:《大数据有限排他权的基础理论》,载《法学研究》2019 年第 5 期,第 7 页。

心情、日常生活、实时情况等内容,或者上传图片、音频、视频等,[16]同时可能附有相应的文字评论。再如,网购平台虽然是用户生成数据较少的场景,但用户也会在网购平台、音视频平台上作出相应的文字、图片评价等。包含由用户生成的内容的数据,难以被认定为具有独创性的作品,但又不能否认用户的贡献。[17] 实践中,较多平台在用户协议中明确认可用户对其上传、发布、传输(或提供、发布、在使用平台服务中形成)的文字、图片、音频、视频等各种形式的内容享有相应权利。[18] 有的平台用户协议中回避了对用户生成数据是否享有相应权利的认识或评价,而径直规定平台自身对用户发布的文字、图片、视频、音频等享有使用权。[19] 这种表述虽然没有正面认可用户生成数据的权利,但从平台认为其自身享有"使用权"这一点,在相当程度上可反推出平台也认可用户享有在先的相应权利,进而平台获得的则是一种"使用权"。在司法实践中,法院也肯认用户数据与平台数据的区分,比如在有的案件中,法院认为,用户数据、平台数据资源可以作出较为明确的区分,数据采集主体在此过程中虽然付出了一定的劳动,但并未提升用户信息的品质,换言之并未提供创造性劳动成果,故数据采集主体仅有权享有其劳动所增加的价值而不是原始数据的全部价值。单一用户数据权益的归属并非谁控制谁享有,使用他人控制的用户数据只

---

[16] 对于 UGC 平台用户使用的素材是否涉及知识产权保护或是否已获得合法授权等问题,在加拿大版权法领域有所讨论。有学者认为在 Théberge 案中,加拿大最高法院将版权法描述为"在促进鼓励和传播艺术和智力作品的公共利益与为创作者获得公正的回报之间的一种平衡",该法院将侵权的法定例外情况描述为"用户权利",从而将其与版权所有人的权利等同。在 Bell 案中,法院声明:用户权利是促进版权法的公共利益目标的重要组成部分。因此,作为侵权的例外,UGC 即用户生成内容的例外是旨在实现版权法所依据的公共政策目标的立法平衡的一部分。See Teresa Scassa, *Acknowledging Copyright's Illegitimate Offspring:User-Generated Content and Canadian Copyright Law*, in Michael Geist ed., The Copyright Pentalogy:How the Supreme Court of Canada Shook the Foundation of Canadian Copyright Law, University of Ottawa Press, 2013, p.435. 当然,本文的"用户的权利""用户生成数据所享有的权利",与这篇论文中讨论的"用户权利"并非同一概念,这篇文章中讨论的用户权利更类似于在 UGC 平台上用户使用相关知识产权时的一种合理使用或例外情形。

[17] 平台的功能不同,对于用户生成数据的权利的规定也不尽相同。比如,网购类平台通常会对此问题进行规定;资讯类、音视频类平台基本上均未明确规定用户生成数据的权利;而 UGC 平台有的不仅规定用户权利,还基于社交媒体所具有的内容的分发和消费等特性,并不限制用户对第三方的授权使用,有的则会限制第三方获取用户生成数据的方式。

[18] 比如,有的用户协议规定,"用户在使用本服务中所产生内容的知识产权归用户或相关权利人所有,除非您与××另有约定"。再如,有的用户协议规定,"对于您提供、发布及在使用××平台服务中形成的除个人信息外的文字、图片、视频、音频等非个人信息,均不会因上传、发布等行为发生知识产权、肖像权等权利的转移"。再如,有的用户协议规定,"您在使用××平台软件及相关服务时上传的内容(包括但不限于文字、图片、视频、音频等各种形式的内容及其包含的音乐、声音、台词、视觉设计等所有组成部分)均由您原创或者已获合法授权(且含转授权)。您通过上传、发布所产生内容的知识产权归属您或原始著作权人所有"。

[19] 比如,有的平台用户协议规定,"××平台对××内容(××内容即指用户在××平台上发布的信息,例如文字、图片、视频、音频等)享有使用权"。

要不违反"合法、正当、必要、不过度、征得用户同意"的原则,一般不应被认定为侵权行为。[20]

在已有的权利体系和种属分类中,尚难以将除著作权之外的数据权利完全归类,只能相对概括地将其定位为用户权益。需要强调的是,此种权利的客体除指向用户生成的内容性数据之外,实际上与用户本身密不可分。即,对于一个无法判断来源的内容性数据,讨论其相应权利归属似并无意义。因此,此处界定的生成的数据,应是与用户相联系并由用户账号所控制的公开数据。

用户生成数据的权利体现出多层次性。只有从数据生成角度观察,才能理解此种权利的不同样态与不同层次。然而,尽管用户生成数据应享有相应权利,但这一权利在实践与理论研究中却往往可能被忽视。一方面,对于数据的作用,当下似乎更加关注数据集合或者海量数据如何发挥生产要素的作用与功能,对于数据权属在权利配置上更倾向于将其分配给平台端或者社会公共利益,而忽视用户应享有的权利。另一方面,已有的一些案例主要聚焦于平台之间的数据竞争,对于用户权利,可能只将其视为实现平台权益的一种手段,而非从用户权利的行使与保护本身出发。故此,强调与重视用户生成数据的权利,在当下具有十分重要的意义。

(二)权利行使

从数据生成的差分路径可以观察到,数据由用户、平台以及二者协同等几种方式生成,用户和平台进而分别享有相应权益与权利,无论是权利的行使还是保护,都以此为依据和基础。对于这一权利,又涉及两个方面的问题:一是平台利用用户生成数据的财产权益分配;二是用户如何行使自己的权利及其限制。对于前一个问题,囿于其复杂性和本文讨论焦点,暂不进行专门讨论。此处主要聚焦于后一问题的讨论。

用户有权行使自身生成数据的相关权利。如前所述,基于数据差分生成路径的事实,用户有权对其自身生成的数据享有相应权利。这也意味着,用户对其自身生成的数据有权处分,其有权允许相关主体使用,亦有权不允许或者拒绝相关主体使用。在通行的平台实践中,多数平台都在用户协议中规定,对于用户生成数据所享有的权利,平台获得相应授权或使用权。还有平台规定,平台享有可再许可第三方使用的权利以及相关诉讼权利等。[21]网络时代最大的特征,即在于用户与平台之间的相互依存、共同发展的关系。平台的发展离不

---

[20] 同前注[5]。
[21] 比如,有的用户协议规定,"除非我们另行说明,在法律允许的范围内,您免费授予××非排他的、无地域限制的许可使用(包括存储、使用、复制、修订、编辑、发布、展示、翻译、分发上述信息或制作派生作品,以已知或日后开发的形式、媒体或技术将上述信息纳入其它作品内等)及可再许可第三方使用的权利,以及可以自身名义对第三方侵权行为取证及提起诉讼的权利"。

开用户数据的使用,而用户也依赖各类平台实现自身的交易、社交、娱乐等目的。因此,在平台用户协议中通常单方约定平台已获得用户的授权,这也同时意味着平台若利用用户生成的数据,其合法性与正当性基础系来源于用户授权。而多数情况下,平台所获授权均为非排他性的授权。需要注意的是,用户协议作为平台单方提供的格式合同,对于相关条款的效力,在产生纠纷时,仍有再审查与认定的必要。

用户行使自身生成数据的权利不应受到不合理的限制。实践中,平台对于是否限制用户权利行使存在一定差异。有的完全不限制用户权利,用户可自行授权第三方以任何方式使用其生成的数据;[22]有的则主要针对抓取数据的方式予以限制。总体而言,平台并不限制用户行使相应权利,只是对一些特殊情况予以限制。

在数据生成的差分路径中,多主体协同贡献数据时如何分配权利是比较复杂的问题。用户与用户、用户与平台协同贡献的数据应按照其贡献度予以考量。对于网购电商平台、资讯类平台、音视频类平台而言,用户与平台、用户与用户之间协同贡献数据的情形并不显著;而就 UGC 平台而言,则存在不少协同贡献的情形,在权益安排上有必要关注。对此,大致可分为如下情形:

第一,用户与用户协同贡献所享有的权益。有的平台基于自身的功能定位,存在多人参与生成数据内容的情形,这些数据理应由参与生成数据的多人共同享有权益。在实践中,平台用户协议中可能存在不同的约定。比如,有的平台协议规定,对于此种情形,相应权益由参与生成数据内容的主体享有,[23]实际上还是由多人共同享有权益,平台享有前述提到的使用权或用户免费授权。然而,在有的用户协议中,对于多人编辑的内容,平台协议中却规定相应知识产权由平台享有。[24] 对于后一种情形,用户有权拒绝接受此规定并有权主张其享有相应权益。

第二,用户与平台协同贡献所享有的权益。在实践中,有的平台会针对个

---

[22] 比如,有的用户协议规定,"用户可授权第三方以任何方式使用,不需要得到××平台的同意"。有的也规定,"用户有权将在××平台上发布的内容授权给他人使用"。

[23] 用户发表、转载的所有内容(包括文字、图片、音频、视频等各种形式)及其附属品的版权归原作者所有。从其他站转载的内容,需要遵守原所有站的版权声明,其版权归属以其声明为准。对于用户发表到××平台上可公开获取区域的任何内容,视为用户同意××平台在全世界范围内具有免费的、永久性的、不可撤销的、非独家的和完全再许可的权利和许可,包括但不限于使用、复制、修改、改编、出版、翻译、据以创作衍生作品、传播、表演、放映、展示和推广此等内容(整体或部分),和/或将此等内容编入当前已知的或以后开发的其他任何形式的作品、媒体或技术中。用户同意××平台的其他用户对其发表的可公开获取区域的任何内容进行任意修改和部分删除。用户发布内容系从其他网站转载而附带有原网站的著作权声明除外。

[24] ××上可由多人参与编辑的内容,包括但不限于问题及补充说明、答案总结、话题描述、话题结构,所有参与编辑者均同意,相关知识产权归××平台所有。

别用户的情况，参与打造其用户形象、协助用户发展等，这种是比较典型的合作协同贡献数据内容的情形，几乎属于共同协作，贡献度可谓平分秋色，权益享有也应相对平均。若平台仅提供面向所有用户的免费功能，如何认定权益享有的程度？对于此种情形，若从数据内容生成角度而言，较难认为属于用户与平台之间协同贡献，此时仍应以数据内容生成为依据，认定相应权益由用户享有，用户有权行使相应权利。平台如若认为自身贡献较大，有权行使相应权利，则应证明自己对于用户生成内容有足够的贡献度，如若其有依据限制用户的权利行使，也应合比例，而不能随意扩大此种限制的尺度。

值得一提的是，平台之间抓取用户生成数据的行为的合法性与正当性基础仍是用户的授权。近年来，关于平台间数据抓取的问题，讨论的重点似乎只集中于平台之间的数据传输应采取何种数据治理政策，而忽视了数据抓取究竟是否涉及用户授权的问题，在 HiQ Labs, Inc. v. LinkedIn Corporation 案中有所体现。[25] 这一点有必要重视。另外，近一两年来热议的平台数据互联互通政策，旨在解决的是平台之间开放和互联互通，以提升平台和数据资源整合效率的问题。然而，即便是平台之间的互联互通，也并不意味着第三方平台就可以理所当然地爬取由用户生成、公开的数据，理论上其仍应当获得用户的授权，只不过由于互联互通政策的存在，而不再要求第三方平台必须获得这一授权而已。第三方平台对用户生成数据爬取的正当性基础也仍然在于用户对于在先平台的授权。从上述对用户协议的观察和总结可以看到，对于用户生成数据的部分，通常是在用户协议中约定将其授权给平台使用，这就使得平台使用用户数据具有了正当性。在此基础上，如若平台之间实现互联互通，则意味着第三方平台就会基于用户对在先平台的授权而获得相应爬取数据或利用数据的正当性基础，即用户对在先平台的授权，可视为后续第三方平台爬取用户数据的正当性基础。易言之，完全抛却用户对在先平台的授权而讨论数据爬取是并不客观的。如若用户并未对在先平台授权或者已事先声明不允许任何第三方爬取或利用，则意味着任何第三方都无权爬取或利用。

（三）权利救济

对于未获得用户授权而使用用户生成数据或者使用用户数据可能给用户带来不利评价、侵害用户名誉权的，应承担相应侵权责任。尽管本文强调对用

---

[25] 平台抓取数据的典型案例即美国 HiQ Labs, Inc. v. LinkedIn Corporation 案，但其中并没有提及用户权利。笔者认为，该案虽然在世界范围内颇受关注，但也有诸多值得反思之处。该判决实际上与美国一直以来对于互联网产业发展的态度紧密相关，即一种开放式发展的态度。只要不涉及欺诈以及破坏合法的技术措施，数据的公开就意味着允许他人利用，而不问其数据归属与权利主体。然而，若此种观点是一种共识或被普遍认可的话，LinkedIn 公司为何还要对如何保护用户信息的问题提出质疑？可见判决所持观点也存在较多争议。就判决本身而言，在完全未论证用户权利与平台权利的情况下，即得出公开数据即意味着可开放获取，是否有一些走得过快过远了呢？

户生成数据权利的保护,但是互联网时代,信息传播的底层逻辑会有所变化。比如,用户在某个社交媒体平台上展示相关内容,他(她)也同时希望能有更多人看到,甚至希望自己的"创意举动"能够迅速走红。这也是在前文所述美国众议院司法委员会《数字市场竞争调查》报告中提到的,社交媒体平台的功能主要是促进内容的分发和消费。事实上,他们也希望自己的内容可以在其他平台分发和消费。然而,如果用户拒绝授权平台使用其数据或者拒绝被爬取,则相关平台应停止使用,如用户证明自己受有损失,平台应承担相应损害赔偿责任。

有一种情形值得关注,即用户生成的公开的数据被利用或被转发,或授权其他平台使用自己的数据,后续用户或平台在使用用户生成的数据之时,若对用户产生不良影响、造成不利评价或者令用户产生一定精神上的不安之时,用户有权要求相关主体停止使用并删除与其自身相关的数据。比如,获得授权的主体使用用户生成数据的内容之时尽管并未改变内容本身,但在内容编排或者周边信息上配有一些可能会对用户形成不利评价的内容,如涉及色情、灰色地带等,这就可能使整个数据的公开呈现的性质或评价发生改变。如若此种不利评价或不利影响足以达到侵害用户名誉权的程度,相关主体应承担损害赔偿责任。再如,有的用户可能发表了一些在众人看来并不恰当的言论,而这一消息被其他用户或平台纷纷转发,尽管并未添加其他不利因素或评价,但此种消息的扩散可能会给用户带来精神、心理上的不安甚至名誉减损,此时该用户有权要求其他用户或平台删除相关内容。总之,用户生成数据的权利在遭到侵害之时,有权获得相应救济。

四、平台的数据权益及其竞争法规制

暂且不考虑数据作为生产要素的公共利益价值,在"用户—平台"这一两造关系的横截面上,用户生成数据的权益(权利)与平台生成数据的权益(权利)在相当程度上可以区分。从目前关于数据权属(权益)[26]的争论来看,主要包括权益路径(财产法/赋权)与竞争法路径(行为规制)两种思路。前者不难理解,但即便是后者,其实也是以平台是否享有相关权益为前提,以此作为认定是否构成不正当竞争行为的定性基础。换言之,两种路径并非完全意义上的对立或非此即彼,只不过二者解决的是不同层面上的问题。平台的数据权益相对而言是不难确定的,关键是在赋权之时如何权衡利益分配的问题。平台的数据权益广义而言包括数据权属,但本文更多将其放置在另外一个层次,即在反不正当

---

[26] 通常情况下,对于数据权属的讨论主要被置于个人数据、企业数据和公共数据的分类之下。由于本文主要聚焦于用户与平台之间的关系,因此对于企业数据的概念更多以平台数据或平台生成的数据等概念予以代替。当然,严格来讲,企业数据与平台数据存在交叉与重合,只不过在平台场景下,更加聚焦于平台的数据权益问题而已。

竞争的范畴下如何判断平台所具有的竞争性利益,并试图总结提炼平台竞争性利益的判断标准。

(一)平台数据权益的底层逻辑

数据具有财产性价值。近年来关于数据权属的讨论较为热烈,具有共识的是数据具有财产性价值,而通过何种路径确认、调整、保护这一财产性价值存在争论。这些争论主要集中于数据能否赋权,以物权为原型还是以知识产权为原型,以物权权能为基础还是将其作为一个整体进行权利配置,以权利束观念为基础还是以大陆法系的财产权利观念为基础。由于这是一个涉及较多内容的问题,本文篇幅有限并且着力点尚不在此,较难完全论证,但借助于这些争论至少可以对几个基础问题予以辨析和澄清,以确定相关问题讨论的前提与边界:一是平台的数据指向什么;二是以权利角度观察能否解释数据问题;三是平台数据权益问题的重要性。

平台数据权属的边界具有相当的确定性与可能性。关于企业/平台数据权属的讨论,目前已有较多观点,包括客体否定说[27]、企业原始取得说[28]、数据新型财产权(数据资产)说[29]、数据用益权说[30]以及大数据有限排他权说[31]等。对于平台数据的界定,如本文第一部分(二)中提到的,系指去个人标识化(脱敏)、经加密、经算法加工挖掘、具有(交换)价值与技术可行性的数据。这就意味着,我们所讨论的平台数据已然不再是最原始的由 0 或 1 数位所构成的比特,如果动辄陷入这样一种强调原始形态的认识,则数据的绝大部分问题都没有讨论的必要了。而在不断深化、固化的主体关系中,数据权利的探讨毫无疑问是重要的,因为平台功能之分殊、数据生成之不同路径与特征,使得无论是用户还是平台都形成了一种事实上的利益分配关系,而无论是回应此种已有社会关系的确认,还是面向未来社会关系的利益分配,以财产法为底层逻辑都极为必要。大陆法系和英美法系的财产法体系的形成逻辑并不相同,在传统的普通法中,所有权人通过创设"未来权益"(future interests)去控制其财产的未来利用,而大陆法系受制于有限类型的财产权益只能回应已确认的社会关系。[32]但是这种分歧也并非绝对不可调和,大陆法系在发展新类型的财产权益之时也同样需要考虑利益分配,并且不排除面向财产创设以未来利用为目标的财产权益。当然,不得不承认的是,在大陆法系当下的物权法体系中,数据较难归入已

---

[27] 参见梅夏英:《数据的法律属性及其民法定位》,载《中国社会科学》2016 年第 9 期。
[28] 参见程啸:《论大数据时代的个人数据权利》,载《中国社会科学》2018 年第 3 期。
[29] 参见龙卫球:《数据新型财产权构建及其体系研究》,载《政法论坛》2017 年第 4 期。
[30] 参见申卫星:《论数据用益权》,载《中国社会科学》2020 年第 11 期。
[31] 同前注[15]。
[32] 〔美〕詹姆斯·戈德雷:《私法的基础:财产、侵权、合同和不当得利》,张家勇译,法律出版社 2007 年版,第 73—74 页。

有的物权类型,但从广义的财产权特性的角度观察,其显然已具有价值性、支配性和一定意义上的排他性。

公共性的考量仅为外部因素。数据体量越大,利用其进行计算、决策的价值就越大,这一点也是具有共识的。但是在当下讨论数据权属之时,不考虑用户权益、平台权益,而直接以公共性为利益权衡标准,似乎并不符合数据本身产生的逻辑与现实。申言之,公共性仅为第二性考量因素。否则,对用户权益与平台权益的讨论将无任何意义,用户的贡献与平台的贡献也将完全被忽略,这也并不符合经济学上对经济行为的激励机制。在此基础上,在平台竞争之时,应当进一步确定平台的数据权益,规制不正当竞争行为,以形成公平的市场竞争秩序。

（二）平台数据权益的界定

平台的数据权益也是基于平台自身对数据的生成与投入而产生的。行文至此,"生成"一词的含义已基本明确。其并非一种单纯的技术意义上的协助,而是一种实质内容上的生成。平台是否具有数据权益,大致可从两个角度分析:一是在平台与用户这一相对的关系中,用户生成的数据与平台生成的数据,无论在范围上还是平台、用户所享有的权利上,对于这些内容,通常在用户协议中均有所约定,以此区分"你的还是我的";二是从数据、平台等本身的价值出发,为使数据发挥更大的作用,平台会通过技术的运用而使数据增值或有更大的利用价值,并且平台对于这些数据享有相应权益。大致包括以下两种情形:

第一,平台对于自身生成数据所享有的权益。在构建自身的设施之时,网购平台、UGC平台、音视频平台等基于自身的功能定位,可能会针对不同的情形规定不同的内容,[33]但总体上是基于自身生成相关内容而享有相关权益。

第二,平台基于投入与贡献而享有相关权益。平台自身生成的数据以及经过算法加工的数据属于平台。不同数据当然不只意味着在用户与平台之间进

---

[33] 比如,有的用户协议规定,"公司在××软件及相关服务中提供的内容（包括但不限于软件、技术、程序、网页、文字、图片、图像、音频、视频、图表、版面设计、电子文档等）的知识产权属于公司所有。公司提供××平台及相关服务时所依托的软件的著作权、专利权及其他知识产权均归公司所有"。再如,有的用户协议规定,"××在本服务中提供的内容（包括但不限于网页、界面设计、版面框架、文字、音频、视频、图片或其他资料等）的知识产权归××或相关权利人所有。除另有约定外,××提供本服务时所依托的软件、系统等的著作权、专利权及其他知识产权归××所有"。再如,有的用户协议规定,"××运营方是××平台及××产品中所有信息内容的所有权及知识产权权利人。前述信息内容包括但不限于程序代码、界面设计、版面框架、数据资料、账号、文字、图片、图形、图表、音频、视频等,除按照法律法规规定应由相关权利人享有权利的内容以外"。再如,有的用户协议中规定,"××是本软件的知识产权权利人。本软件的一切著作权、商标权、专利权、商业秘密等知识产权,以及与本软件相关的所有信息内容（包括但不限于文字、图片、音频、视频、图表、界面设计、版面框架、有关数据或电子文档等）均受中华人民共和国法律法规和相应的国际条约保护,××享有上述知识产权,但相关权利人依照法律规定应享有的权利除外"。再如,有的用户协议中规定,"我们在本产品和服务中提供的所有内容（包括但不限于软件、软件名称与商业标识、产品界面、文字、图片、音频、视频等）的知识产权全部归我们所有或享有相关授权权利"。

行区分,也是为了明晰数据权益的边界,更重要的是,在科技赋能的基础上,数据能够发挥更大的价值。"数据作为新型生产要素",其中的"数据"实际上包括多种类型的数据,可能包括个人信息匿名化处理后的信息,平台自有的信息或数据,平台自身生成的数据,基于技术介入而形成的认证数据、分析数据等。这些数据经由算法以及技术的加入,形成新的数据,以帮助平台自身或者公共性意义上的统计、分析、决策以及提升社会福祉等多种目标的实现。

根据劳动理论以及此种劳动投入是否产生增值价值等,前述经算法加工挖掘而增值的数据,具有商业秘密的属性。[34] 这一观点也是在不断争论中逐渐形成的。当下所讨论的数据产权、数据确权等问题,实际上也主要聚焦于这部分数据。在此前漫长的"小数据时代",线下经营者或数据持有主体,对所掌握的数据进行统计以及后续利用似乎并无争议。只不过在进入"大数据时代"之后,数据体量的剧增以及算法的加入,使得数据发生了"质"的飞跃,能够发挥更多价值。当然,对于此形态的数据,有数据集合、数据聚合等多种描述性概念,但其实质仍为数据的多种样态,因而本文并未就此特别区分。有学者也将此种理论概括为数据生产理论。[35] 可见,上述关于经算法加工挖掘而增值的数据具有商业秘密的属性这一定性具有一定解释力。

(三)竞争法规制

数据竞争成为近年来平台竞争的主要焦点问题之一。数据作为数字经济发展宏观与微观上的重要基础,既要通过一种客观事实意义上的平台数据权益确认不同主体权益的界限,又要通过数据互联互通等政策更好地激发数据的潜能。二者虽然在价值与目标上殊途同归,但是在微观个案上难免存在一定冲突。如何既处理好微观的纠纷,又能在整体上促进发展,也成为留给司法裁判的一道难题。

平台数据竞争中的数据权益解析多适用反不正当竞争法。通过前文对用户、平台数据权益的分析可看出,有的权益可归为著作权,有的尚难以归入法定权利之中,因此有一些涉及平台数据权益的内容由知识产权法调整,而有一些尚难由知识产权法调整,只能交由反不正当竞争法调整。在相当程度上,反不正当竞争法对不受知识产权法保护的智力成果的保护起到了重要的补充性作

---

[34] 有学者认为,以合法形成的规模性数据集合为客体,并采取措施管理的可公开性技术数据和经营数据等信息,可界定为商业数据权。商业数据的适格性包括受保护数据的合法性、集合性、管理性、可公开性和商业价值性。参见孔祥俊:《商业数据权:数字时代的新型工业产权——工业产权的归入与权属界定三原则》,载《比较法研究》2022年第1期,第92—97页。

[35] 参见高富平:《数据生产理论——数据资源权利配置的基础理论》,载《交大法学》2019年第4期,第11页。

用。[36]从近年来的司法实践来看,反不正当竞争法较好地发挥了相应作用,但也有需要反思之处。

司法实践中,法院对数据不正当竞争案件"通常采用三部曲的方法来分析论证,即原告是否享有涉案主张数据的财产权益、被告的被控行为是否构成不正当竞争、被告应否以及如何承担法律责任"[37]。这样的审理思路也与《反不正当竞争法》的文本基本一致,即第1条、第2条、第17条中强调的"权益"、不正当竞争行为的认定以及相应法律责任的承担。同时,也有学者提出,规制数据竞争行为的关键在于分析"数据驱动竞争给消费者和竞争者带来的福利变化"与"竞争者所遭受的损失"之间的量化关系,进而判断被诉行为是否会导致社会整体福利的减损。[38]申言之,反不正当竞争法的宗旨是要"鼓励和保护公平竞争",而并非绝对地保护一种"静态"意义上的在先权益,因此认定相应行为是否构成不正当竞争行为之时应进行利益衡量。近年来各地法院也针对此尝试出台一定审判指引或裁判思路,[39]试图在用户权益的强调、平台权益的保护以及鼓励和保护公平竞争等几者之间取得平衡。

反不正当竞争法一般条款的适用不宜泛化与扩大。在解决数据竞争纠纷中,《反不正当竞争法》第2条为主要依据。第2条第1款规定,经营者在生产经营活动中,应当遵循自愿、平等、公平、诚信的原则,遵守法律和商业道德。虽然规定了商业道德,但对商业道德的解释也应有相应认定标准和参考因素,比如行业惯例、行业自律公约以及符合消费者利益和社会公共利益的经营规范与道德准则等。而尤其需要注意的是,应避免适用反不正当竞争法一般条款之时的泛道德化评价,[40]这样才能在静态权益与动态竞争,微观权益保护与宏观公平竞争等几者之间取得平衡。不符合权益保护观的竞争促进不符合最基本的公平原则,比如前文提到的 HiQ Labs, Inc. *v.* LinkedIn Corporation 之中对于用户权益只字不提,只一味强调公开数据可获取,对个体并不公平。而不符合竞争观的静态权益保护也可能在相当程度上无法促进公平竞争,比如过于强调"先占优先"的平台权益,也会对竞争与消费者福祉造成一定负面影响。因此,既不能不走,又不能走得太远,应当是处理平台数据竞争的一个基本思路。

---

[36] 参见王晓晔:《再论反不正当竞争法与其相邻法的关系》,载《竞争政策研究》2017年第4期,第7—9页。

[37] 祝建军:《数据的知识产权司法保护》,载《人民司法(应用)》2022年第13期,第19页。

[38] 参见杨明:《数据驱动竞争规制的基本认知与方法论》,载《上海交通大学学报(哲学社会科学版)》2021年第3期,第14—16页。

[39] 比如有的法院也曾探讨过,对于经营者是否对数据享有竞争性权益,应结合数据类型考虑,并审查是否获得用户授权或有其他合法性基础等。而对数据抓取也应从技术措施、是否违反行业惯例、是否实质性处理相关数据等内容角度进行考察。

[40] 参见蒋舸:《关于竞争行为正当性评判泛道德化之反思》,载《现代法学》2013年第6期,第87—88页。

五、结语

近年来,以数据为核心板块之一的数字经济的发展,给人们的世界观、方法论和认识论都带来了不同程度的冲击与挑战。宏观层面上,当人们将目光聚焦于数字经济发展一端之时,开放、互通、社会利益、公益性等成为主流话语,而如何落地却尚未找到最佳答案;中观层面上,不同的领域、以平台为代表的不同载体分别承载着不同的功能,而在相同或相似功能的平台之间又存在一定竞争;微观层面上,不同平台之上的平台主体、用户主体又分别享有不同的权益,当一系列问题同时出现之时,人们就需要在不同层面上认识这些问题,并相对有效地解决这些问题,这毫无疑问存在较大难度。

域外的经验有一定参考意义,但有时也走得过远,未必是最佳参考。当然,这主要也是由于各国在发展过程中的社会基础、社会背景并不相同,面对具体的领域发展也秉持不同的价值观与方式方法。中国的司法裁判在面对数据竞争纠纷之时总结了较好的经验,但也仍需在动态的竞争观与静态的主体权益观之间寻求平衡,尤其是应将裁判的天平更加倾斜向可能被社会经济发展所掩盖的用户权益。综上观之,只有在不同层次、不同横截面上理解、剖析这一系列问题,才能理解数据权益、数据竞争的全貌,也才能就相应规则配置与定分止争作出回应或预判。

从过程控制到结果归责:算法透明义务与算法问责机制的分野

赵精武[*]

From Transparency to Accountability: Theoretical Reflection on "Fault" Determination of Algorithmic Recommendation Service Providers

Zhao jingwu

内容摘要:算法透明义务落实作为规范算法的核心方案,通常被视为算法问责机制的前提性条件,但算法透明与民事责任承担之间存在"原因—结果"关系的解释鸿沟。重新审视其法律性质可以发现,算法透明义务的基础并非以约束算法权利为中心,而在于用户知情权的保障,其制度目标是保障用户在充分知情的基础上自主选择是否接受服务。

因此,算法透明义务与算法问责机制之间的逻辑关系并非表现为主流观点所认可的"未告知公示即存在过错,可以据此问责",算法透明义务更关注的是算法透明所带来的过程控制效果。算法透明义务的履行应当以"告知形式"和

---

[*] 赵精武,北京航空航天大学法学院副教授,工业和信息化法治战略与管理重点实验室研究员,北京科技创新中心基地研究员。

本文系国家重点研发计划:智慧司法科学理论与司法改革科技支撑技术研究(2020YFC0832400)阶段性成果。

"告知内容"为中心,在判断算法推荐服务提供者是否具有过错时应摒弃二元思维,转向对用户实质性权益造成影响的判断。

关键词:算法治理 算法透明义务 算法问责机制

一、问题的提出

信息应用技术重塑了现代市场竞争的产业生态,从"人无我有"的产品资源竞争转变为"人有我优"的用户体验竞争。在平台经济模式下,个性化产品、定制化信息推送服务等类型的产品或服务早已唾手可得。然而,技术创新从来都不是无需支付任何代价的,这些产品或服务带来了个人数据过度收集、算法霸凌、信息茧房、大数据歧视等治理难题。原本处于客体地位的算法,因为其自身应用领域的广泛性和基础性而逐渐成为具有主体地位的"治理者",用户权利的行使空间受到"不同意就拒绝服务"的现实挤压。

面对此种境况,立法者与监管机构尝试以传统侵权责任、违约责任的方式约束平台算法应用行为,但算法黑箱、商业秘密、技术中立等事由往往被平台运营者作为免责事由,拒绝公权力对属于"财产"范畴的底层算法进行审查。为了避免算法以客观技术躲避法律的调整,学者们先后提出过算法解释权、算法影响评估机制、算法问责机制等治理方案,我国立法机构也选择在《互联网信息服务算法推荐管理规定》中重新厘清算法推荐提供者与用户之间的权利义务关系。其中,第16条放弃了学界所主张的企业公开算法内容的激进方案,而是要求企业对算法应用的基本情况进行公示和告知,确保用户能够充分知晓平台算法应用的目的、方式和过程,故而也被称为"算法透明义务"。针对具有舆论属性和社会动员能力的算法推荐服务提供者,第24条专门规定了算法备案义务,这亦可视为"算法透明义务"的特殊内容。这种算法透明化的监管倾向同样存在于国外算法治理活动中,如美国《算法问责法案》第3(b)(2)条也规定了企业可以自行决定向社会公众披露算法影响用户权利的基本情况。

算法透明化之所以成为国内外算法治理体系的重要内容,除了客观上能够保障用户知情权之外,还表现为监管机构能够通过企业业已公开的算法应用信息在事后阶段确认企业是否对算法侵权行为承担侵权责任。简言之,算法透明义务通常被视为算法问责机制的前提条件,是算法推荐服务提供者是否具有主观过错的客观认定依据。这种归责逻辑确实能够避免平台以算法应用属于纯粹中立技术为由规避责任承担,但算法透明与否与民事责任承担之间仍然难以被解释为"原因—结果"的关系。在平台算法侵害用户个人信息权利或其他民事权益的情形下,由于算法应用多以信息化服务为外在特征,无法适用产品责任。此时,在一般侵权行为构成要件认定模式下,算法透明义务的履行与否、履行充分与否并不当然直接决定平台侵权责任的成立与否。因此,显然有必要对算法透明义务的法律性质重新审视,矫正算法透明义务是算法问责机制的前置性要求之误区,并在此基础上从客观行为和主观状态层面解释算法透明义务的履行标准问题。

二、算法透明义务的理论基础与法律性质

(一)算法透明义务的学说争议

在算法治理领域,学界普遍认为算法监管难题的根源在于算法内在的"黑箱"属性和外在的技术中立特征,有效规制算法应用方式的关键是增加平台与用户之间有关算法应用服务的信任与共识。现阶段,有关算法透明治理模式的理论主张主要包括赞成说、质疑说和改良说三类。

赞成说认为,既然在事后归责时难以继续适用传统侵权法上的主客观过错认定标准和相当因果关系说,倒不如直接在事前阶段提高算法的透明程度,有效降低算法应用的侵权风险。有效透明化的算法应用信息能够成为事后问责的客观化标准。赞成说所主张的算法透明化制度方案又可分为算法解释权[1]和算法披露制度。主张构建算法解释权的学者认为,算法解释权应被视为个人数据"权利束"的一部分,[2]该项权利的确立既是对自然人自治性的尊重,使其免受算法霸凌,也是增加算法信任和接受算法决策的必要手段。[3]主张算法披露制度的学者则认为算法解释过于理想化,算法治理需要的是事前审查机制,而标准化的算法影响评估机制[4]能够满足这一需求:一方面,事前预设安全等级,判断特定场景下算法应用的安全风险;另一方面,引入外部专业人员对算法应用进行专业化的算法审计。[5]

质疑说认为,算法透明机制并不能实现预期设想的风险预防和行为约束效果,向用户以及社会公众充分展示算法应用基本情况并不现实,反而存在以公权力干预正常经营活动的嫌疑。具体而言,质疑说认为算法透明机制主要存在

---

[1] 部分学者认为算法解释权客观存在,如欧盟《通用数据保护条例》(General Data Protection Regulations,GDPR)第13条第2(f)款、第14条第2(g)款、第15条第1(h)款、第22条第1款、第22条第3款等具体条文实际上已经确认了用户享有算法解释权。

[2] 解正山:《算法决策规制——以算法"解释权"为中心》,载《现代法学》2020年第1期,第187页。又见张凌寒:《商业自动化决策算法解释权的功能定位与实现路径》,载《苏州大学学报(哲学社会科学版)》2020年第2期,第51页。

[3] 张欣:《算法解释权与算法治理路径研究》,载《中外法学》2019年第6期,第1426页。

[4] 有学者将算法影响评估机制划分为封闭合规型算法影响评估机制和开放反思型算法影响评估机制。两者的区别在于:前者是指在相对封闭状态下进行事前评估,后者是指按照周期性、动态性思路进行实时评估。该学者还认为我国建立算法影响机制的同时应当明确评估报告的强制披露义务。参见张恩典:《算法影响评估制度的反思与建构》,载《电子政务》2021年第11期,第62页。

[5] 宋华健:《反思与重塑:个人信息算法自动化决策的规制逻辑》,载《西北民族大学学报(哲学社会科学版)》2021年第6期,第104页。

四类制度弊端：第一，算法无法通过透明实现用户理解。对于绝大多数用户而言，算法本身并不是一个容易理解的事项，用户无法通过透明化机制得到自身需要了解的信息。[6] 第二，外部监督效果难如预期。算法透明机制的一个目的是引入社会公众作为外部监督者，但企业级的算法应用模式显然不是个人所能够彻底理解的。[7] 第三，算法透明可能导致反向破解算法应用，损害平台商业利益。算法透明化既可能导致用户反向发现和利用算法应用漏洞，如利用信用算法应用漏洞"刷信誉"，也可能为竞争对手效仿业务模式提供便利。第四，动态优化的算法难以通过静态描述充分展示所有的运行原理等基本情况，算法透明不具有可操作性。[8]

改良说认为，公开算法源代码或具体内容不具有可操作性，这种透明机制本质上属于侵害企业经营自主权和商业秘密的行为，立法层面所需要建构的算法透明机制应当是有限度的透明。学者们或是主张将算法解释权的解释范围限缩，作为一项程序性权利强化平台与用户之间的沟通信任；[9] 或是主张在权衡对用户权益影响程度和平台商业利益的基础上，按照初步透明、适度透明和充分透明的逻辑优化算法透明义务的结构内容；[10] 又或是借用国外学者 Jong Cary 所提出的"鱼缸型透明"和"合理型透明"理论，[11] 提出算法信息有限公开和算法原因完全公开的算法透明机制。[12]

---

[6] 孙庆春、贾焕银：《算法治理与治理算法》，载《重庆大学学报（社会科学版）》，中国知网2019年12月7日，https://kns.cnki.net/KXReader/Detail? invoice=G4cVL2scqDidgKDa9nWtexhkM9y8w%2F3U7baTRTg97L4lYATLmlIHJKCoPvJhD8OJ%2BmUuo21yhpCKMGGar0Hm6jlBeWfPbJPdclkTPqP3xGD26vy7I3iDqNAJ5kkUS%2B5l2qtm1t085gMRKEelwt3tDZ7ILuP%2FEFFkvn7MOItJFfg%3D&DBCODE=CAPJ&FileName=CDSK20191204000&TABLENme=capjlast&nonce=8C4B58378B0942A9BFA1CDFF0A300A8A&TIMESTAMP=1685084633827&uid=&Platform=kdoc.

[7] See Danielle Keats Citron & Frank Pasquale, *The Scored Society: Due Process for Automated Predictions*, 89 Washington Law Review 1 (2014). 转引自魏远山：《算法透明的迷失与回归：功能定位与实现路径》，载《北方法学》2021年第1期，第155页。

[8] 刘友华：《算法偏见及其规制路径研究》，载《法学杂志》2019年第6期，第56页。

[9] 丁晓东：《基于信任的自动化决策：算法解释权的原理反思与制度重构》，载《中国法学》2022年第1期，第113页。

[10] 苏宇：《优化算法可解释性及透明度义务之诠释与展开》，载《法律科学（西北政法大学学报）》2022年第1期，第138页。

[11] 所谓的"鱼缸型透明"是指像观察鱼缸里面的鱼一样透明公开；"合理型透明"则是强调信息公开透明的实用性，即算法透明机制下公开的信息应当对算法决策过程和结果进行阐述和说明。参见 Cary Cogliancese & David Lehr, *Transparency and Algorithmic Governance*, 71 Administrative Law Review 1(2019).

[12] 该学者提出算法透明两步走框架：第一步，算法主体向一个范围较小且签署保密协议的专家小组披露包括算法源代码在内的算法信息；第二步，专家小组对算法主体披露的算法信息进行分析和核验，形成一份关于算法运作和决策过程的原因说明，该份算法解释报告面向社会公众公开。参见李安：《算法透明与商业秘密的冲突及协调》，载《电子知识产权》2021年第4期，第36页。

（二）算法透明义务对应的权利基础：算法服务自主权

从上述学界争论内容来看，算法透明义务多被视为填补企业与平台有关算法应用服务信息鸿沟的工具，该义务的理论基础主要包括两类：一是认为算法透明义务主要是为了解决"算法权力"扩张和"算法黑箱"不透明所引发的一系列社会问题，同时也可以视为事后确认算法推荐服务提供者是否存在主观过错的客观依据；二是认为算法透明义务是为了保障用户知情权，其目的在于保障决策能够为决策对象所理解，进而保障用户的权利，[13]强调的是企业应当尽可能向用户说明算法决策的基本过程和决策结果的形成原因，以便用户自行选择是否接受算法应用服务。简言之，现阶段有关算法透明义务的争议焦点根源在于该义务究竟是以个人信息保护为功能起点，还是以算法问责可行性为制度目标。

虽然《互联网信息服务算法推荐管理规定》第 16 条的具体内容以算法推荐服务提供者义务履行为主，但该条被安置在第三章"用户权益保护"部分，从体系解释的角度来看，第 16 条所规定的算法透明义务以保障用户权益为优先。并且值得注意的是，算法透明义务的履行包括了"告知"和"公示"两项内容，"告知"的制度目的是保障用户知晓算法应用基本情况和正确选择接受算法推荐服务，"公示"的制度目的则是方便社会公众监督算法推荐服务的安全应用，故而公示的信息范围包含了基本原理、目的意图和主要运行机制等更为具体的内容。倘若将算法透明义务的理论基础解释为算法治理理论或算法问责理论，则会出现"为了监管问责而公开算法应用基本情况"的逻辑偏差。进一步而言，算法透明义务的实施效果应当是增加用户与平台企业之间有关算法应用安全的信任与共识，这也说明了算法透明与算法黑箱之间并没有必然联系，算法黑箱所遮掩的是技术层面的"输入—输出"过程，而用户真正关心的是"决策结果是否合理""决策过程是否存在侵害权益可能性"等具体内容，因为技术使用方式本身是否侵权的不确定性将加剧安全风险。[14]

由此可见，算法透明义务的理论基础是用户知情权的保障，但并非如部分学者所言，"算法告知义务属于个人信息保护领域的特别告知义务"。知情同意规则最早始于医疗领域，其目的是让患者能够充分了解潜在的危险与好处。时至今日，个人信息保护领域的知情同意规则是为了让自然人能够自行选择是否接受对个人信息的处理方式。算法透明义务中的知情同意与个人信息保护领域的知情同意的共同点在于义务主体与权利主体之间的关系表现为"一对一告

---

[13] 〔德〕托马斯·维施迈尔：《人工智能系统的规制》，马可译，载《法治社会》2021 年第 5 期，第 122 页。

[14] 赵精武：《民法上安全原则的确立与展开：以风险社会治理转型为视角》，载《暨南学报（哲学社会科学版）》2022 年第 4 期。

知",算法透明义务则是以"告知＋公示"的方式实现"知情"的目的。并且,算法透明义务的适用并非以影响个人信息权益实现为前提,而是仅限于采用五类算法推荐技术的信息服务,算法权利应当与个人信息权予以区分。算法推荐服务滥用可能导致的社会治理问题主要包括算法操纵、算法歧视、算法偏差和算法规避等。[15] 算法滥用的外观形态可能表现为利用算法非法收集个人信息,但这并不是算法治理议题中的核心问题。算法透明义务所保障的用户权益主要以用户的"算法权利"为核心,即用户有权自主决定是否接受采用算法推荐技术的信息服务,有权拒绝受到算法推荐技术的不当影响。

(三)算法服务自主权的正当性基础

算法服务自主权并非主观臆造,而是基于现有法律框架而延伸出来的新型法益。因为算法推荐服务的存在基础是"用户—服务提供者"之间的信息服务合同法律关系,故而算法服务自主权可追溯至合同法框架下的权利义务对等理论。社会公众所担忧的算法霸凌、算法操纵等问题,归根结底是因为服务提供者滥用技术优势地位造成合同当事人之间权利义务失衡。原本能够通过合同约定消除的现实不对等状态无法实现,在这种意思自治功能失效的情况下,则需要外部权力予以介入和干预,这也是立法者选择在行政立法中规定平台算法透明义务的原因之一。

算法服务自主权以信息服务合同下的用户权利为基础,而非以约束算法权力为目的而存在的算法权利。[16] 在合同法视野下,算法推荐服务的"算法权力"扩张不过是服务提供者滥用合同权利和不恰当履行合同义务的表象,倘若算法不具有事实层面的"支配力",那么"算法权力"不过是群体影响力泛化的简称。[17] 在个体权益保护的视角下,这种群体影响力泛化则会转变为服务提供者与特定用户之间的权利义务关系显失公平。因此,算法服务自主权并不是一项内容具体明确的法定权利,它强调的是保持服务提供者与用户之间权利义务关系的动态平衡,具体表现为三个方面:第一,在算法推荐服务对用户权益有实

---

[15] "算法规避"主要是指用户利用算法决策过程故意引导算法应用作出有利于自己的自动化决策结果。也有学者将算法侵害行为归类为算法操纵、算法歧视、算法错误、算法标签和算法归化四类。参见王莹:《算法侵害类型化研究与法律应对——以〈个人信息保护法〉为基点的算法规制扩展构想》,载《法制与社会发展》2021年第6期,第135页。

[16] 部分学者认为,算法权利是一系列权利的总称,包含算法解释权、理解权、脱离算法自动化决策权、人工干预权、技术性正当程序权利、关闭算法的权利等,算法权利束的束点在于对算法权力的规制。参见温昱:《算法权利的本质与出路——基于算法权利与个人信息权的理论分疏与功能暗合》,载《华中科技大学学报(社会科学版)》2022年第1期,第56页。

[17] 在公共管理学视角下,算法权力是一种"知识型权力",在实际运作中呈现出网格化结构,是一种"无处不在的微观权力",具有极大的弥散性。算法权力的存在形态是一种对国家和社会的支配力。参见谭九生、范晓韵:《"算法权力"的异议与证成》,载《北京行政学院学报》2021年第6期,第14页。

质性影响时,用户有权知晓这种影响的程度和范围,以便自主决定是否接受服务。因此,知情权的"知情范围"是以算法推荐服务的可靠性为主要内容的,所以算法透明义务不仅是"告知其提供算法推荐服务的情况",还要求服务提供者以"显著方式"告知。第二,对于部分用户而言,告知事项可能并不足以使其真正理解算法推荐服务的基本情况,服务提供者可能通过笼统表述使得告知机制流于形式,因此,算法服务自主权的实现还需要行政权力予以干预,服务提供者还需要公示基本原理、目的意图和主要运行机制等具体信息,在方便具有专业知识背景的用户了解算法推荐服务具体影响的同时,也使得行政监管机构和社会公众能够参与到算法应用的监督活动中。第三,算法服务自主权的正当性基础并不是纯粹的用户权益保护,而更多是权利义务的对等,故而算法透明义务仅要求以"适当方式"公示即可。这里的"适当"包括两层含义:一是公示内容的适当性,即服务提供者不必公示底层代码、算法推荐技术具体内容等可能涉及商业秘密的信息。[18] 二是公示详细程度、频率次数的适当性,即仅在具体服务模式发生实质性变化的前提下,服务提供者才需要更新"公示"内容。因为企业所采用的算法推荐技术通常会进行动态更新,频繁要求企业公示最新优化的算法模型显然存在加重义务之嫌。算法透明义务侧重的是"算法推荐服务"的透明性,而不是"算法"的透明性。

三、算法透明义务与算法问责机制的关系矫正:过程控制与结果归责的区隔

(一) 算法透明义务与算法问责机制的逻辑关系

算法透明义务和算法备案义务通常被视为算法问责机制的基础,服务提供者违背这两类义务则可以成为算法问责机制的开端。结合上述算法透明义务理论基础来看,这种观点显然误解了算法透明义务与算法问责机制的逻辑关系。虽然两者在认定民事责任环节具有关联性,但在理论基础和功能定位层面存在显著差异。

算法问责机制通常被理解为有关算法应用的责任认定和分配机制,即算法服务提供者在算法应用造成损害结果时承担民事责任的认定依据。[19] 如在自动驾驶汽车造成交通事故时,通常是将算法应用服务纳入"自动驾驶汽车"这一客体范畴,适用产品责任予以解决。但是,常见的个性化推送等算法应用服务

---

[18] 依据现行立法规定,"算法"可能属于商业秘密,但"算法推荐服务"并不属于商业秘密。《关于审理侵犯商业秘密民事案件适用法律若干问题的规定》第1条规定,"与技术有关的结构、原料、组分、配方、材料、样品、样式、植物新品种繁殖材料、工艺、方法或其步骤、算法、数据、计算机程序及其有关文档等信息,人民法院可以认定构成反不正当竞争法第九条第四款所称的技术信息"。

[19] 也有观点认为,算法外部问责可被称为算法审计,是引入外部专业力量评估诸如人工智能产品的运行程序、调查算法开发人员如何制定决策规则以及所有数据的实际来源。参见刘云:《论可解释的人工智能之制度构建》,载《江汉论坛》2020年第12期,第118页。

不属于"产品"概念范畴,因此需要按照一般侵权责任来解决侵权损害问题。而在这一过程中,算法透明义务作为算法问责机制的必要条件,[20]能够提供主观过错的客观性认定标准,即"一旦算法推荐服务导致损害事实发生,那么可以根据透明化的算法来主张算法服务提供者的责任"[21]。具体而言,算法透明与算法问责的逻辑关系主要表现为两个层面:一是算法透明义务针对的是算法推荐服务过程和权益影响的"透明化",以便为用户提供判断算法推荐服务是否可靠、合理的客观依据,进而实现用户对算法推荐服务的"问责"。二是算法问责的难题在于算法黑箱阻断了主观过错的认定过程,即便是算法推荐服务提供者也无法充分解释迭代优化后算法决策的全部过程,为了避免算法问责陷入无谓的技术细节探讨之中,算法透明义务将透明范围限定在"权益影响"范畴,算法问责的逻辑得以从判断"算法是否存在漏洞、故障"转变为"算法服务是否与事前约定事项不相符合"。在这一层面,算法透明义务所强调的是保障用户知情之目标。

美国的算法问责机制大多与算法影响评估机制直接关联。加利福尼亚州2020年2月14通过的《自动化决策系统问责法案》第1798.401条直接将算法影响评估的目的解释为"评估自动化决策系统的准确性、公平性、偏见歧视、隐私和安全性层面的影响",并由监管机构对自动化决策系统的使用进行审查和责任认定。[22] 此外,尽管美国联邦层面尚未颁布算法问责相关法律,但从《算法问责法案(2019)》到《算法问责法案(2022)》的内容变化来看,[23]算法问责机制的内容除了包含算法影响评估之外,还包括了向联邦贸易委会报告算法应用

---

[20] 参见韩万渠、韩一、柴琳琳:《算法权力及其适应性协同规制:基于信息支配权的分析》,载《中国行政管理》2022年第1期,第6页;汪庆华:《算法透明的多重维度和算法问责》,载《比较法研究》2020年第6期,第165页。

[21] 部分学者认为,一旦出现精确性和公平性偏差,可以根据所披露的算法来主张算法操控者的责任。参见沈伟伟:《算法透明原则的迷思——算法规制理论的批判》,载《环球法律评论》2019年第6期,第24页。

[22] 《自动化决策系统问责法案》(Automated Decision Systems Accountability Act of 2020)第1798.401条(b)项规定,根据自动化决策系统目的对该系统的相对收益和成本进行评估,并考虑相关因素,包括但不限于以下所有因素:(A)数据最小化实践;(B)存储个人信息和自动化决策系统结果的持续时间;(C)消费者可以获得自动化决策系统信息;(D)消费者能在多大程度上获得、纠正或反对自动化决策系统结果;(E)自动化决策系统结果的接收者;(F)自动化决策系统对消费者个人信息隐私或安全构成的风险,自动化决策系统可能导致或促成消费者的不准确、不公平、有偏见或歧视性决定的风险的评估;(G)企业将采取的风险最小化措施,包括技术保护措施和物理保护措施。法案原文参见 California Legislative Information,https://leginfo.legislature.ca.gov/faces/billTextClient.xhtml?bill_id=201920200AB2269,2022年4月1日访问。

[23] 2022年2月,美国俄勒冈州民主党参议员 Ron Wyden 与参议员 Cory Booker 和众议员 Yvette Clarke 推出《算法问责法案(2022)》(Algorithmic Accountability Act of 2022)。该部法案是《算法问责法案(2019)》(Algorithmic Accountability Act of 2019)的更新版本。2019年版本的法案仅包括"简称""定义""数据保护权利""不适用情形"四个条款,而2020年版本法案内容增加至十一条,并特别增加"增强关键决策过程"作为规制对象。

预期目的、所述"关键决策类别"[24]、影响评估结果、任何重大的负面影响等内容。从第9条"执行"条款内容来看,算法问责机制的"问责"含义主要包括"行政责任"和"民事责任"两类,且第4条第11项将"透明度、可解释性、可争议性和可救济性"同时作为算法影响评估内容。美国算法问责机制实际上更强调的是"算法应用的归责可能性",算法透明不过是算法问责机制的组成部分,属于充分非必要条件。[25] 事实上,算法问责机制与其说是一项具体制度,倒不如说是算法治理的基本立场,即以事后追责的方式要求算法服务提供者在事前阶段尽可能采取降低风险的措施,以及在事后救济阶段提供责任认定的法定依据和具体标准。

(二)算法透明义务与民事责任认定的关系矫正

算法透明义务的履行足以成为认定算法推荐服务提供者是否存在主观过错的客观依据,但是,这种制度关系并不能等同于"未履行算法透明义务即可证明服务提供者存在主观过错"或"履行了算法透明义务可以免除侵权责任的承担"等类似结果。从制度目的来看,算法透明义务与算法问责机制的理论基础和意欲实现的权益保障目标并不完全相同。部分观点所主张的将算法透明义务作为算法问责的前置性条件,明显混同了算法透明义务和主观过错认定之间的逻辑关系。

第一,算法问责的基本前提是区分算法应用的基本类型,"产品"和"服务"两种算法应用方式决定了算法透明义务与民事责任的逻辑关系。诸如自动化驾驶汽车等算法应用方式是将"算法"内嵌至有体物内,相关侵权责任属于产品责任。在严格责任认定框架下,算法透明义务履行与民事责任之间并没有直接关系,算法透明仅能证明服务提供者在事前确实采用了合理的技术框架,以此证明没有过错或减轻责任。诸如个性化推送等算法应用方式则是以"算法"作为业务模式内核,在过错责任认定框架下,还需要根据其他侵权行为构成要件予以具体判断。如个性化推送侵害了作品网络传播权时,[26]过错认定需要结

---

[24] 《算法问责法案(2022)》第2条第8项将"关键决策"界定为对消费者的生活产生任何法律、实质性或类似重大影响的决定或判断,具体包括金融服务、医疗保健、法律服务、教育和职业培训等九类算法应用场景。

[25] 不过,有意思的是,美国计算机协会列明了算法治理的七项原则,算法解释原则与可问责原则属于两项目的不同的治理原则。解释原则是指"鼓励企业解释算法运行步骤以及具体的决策结果",可问责原则则是以类似严格责任的模式,强调企业即便无法解释决策结果产生的原因,也应对算法决策结果承担法律责任。See *Statement on Algorithmic Transparency and Accountability*, Association for Computer Machinery (Mar 25, 2017), http://www.acm.org/binaries/content/assets/public-policy/2017_joint_statement_algorithms.pdf.

[26] 如北京爱奇艺科技有限公司诉北京字节跳动科技有限公司侵害作品信息网络传播权案。

合个性化推送是否涉及人工事前审查等内容,[27]算法透明义务履行与否并不是过错认定的关键因素。所以,履行算法透明义务并不是民事责任认定的唯一标准。

第二,算法透明义务的理论基础是算法服务自主权,目的是平衡信息服务合同法律关系中服务提供者与用户之间的权利义务,降低算法操纵、算法霸凌等侵权风险,而不是公示算法内容为事后归责作基础。"算法透明强调的是过程控制,算法问责强调的则是结果主义。"[28]归根结底,算法问责机制仍然需要遵循一般侵权行为构成要件的原理,从事后结果层面再现法律事实,在服务提供者与用户之间合理分配算法安全风险。进一步而言,算法问责机制的理论基础仍然是主体责任的认定与承担,而算法透明义务的内在逻辑反映的是一种算法应用过程的治理理念,在事前阶段增加算法应用的透明度,设置用户自主选择、社会公众监督和监管机构行政处罚三层预防机制降低算法侵权风险。

第三,在信息服务提供者主观过错层面,为了设置足够明确且可操作的认定标准,降低算法侵权的可预见性的不确定性,有必要引入算法透明、算法解释等事前行为模式作为信息服务内容合法性的判断依据。算法透明义务并不是认定算法服务提供者存在主观过错的唯一标准,同时,该义务履行也并不当然意味着算法服务提供者不存在主观过错。过错认定标准一直存有主客观标准之争,[29]通说所认可的"主客观标准统一"即主观状态可以通过客观行为予以表现和识别。算法透明义务之所以被解释为算法问责的前提条件,是因为服务提供者的主观状态能够通过其告知行为予以表现,告知行为本身可以被视作服务提供者为了避免算法应用安全风险而主动采取的预防保障措施。但算法应用安全风险的预防方式并不仅限于告知行为,算法影响评估、算法解释、算法备案均可以作为风险预防措施,故而算法透明义务的履行与否、以何种方式履行仅能作为服务提供者过错认定的参考依据,而非"非此即彼"的认定标准。

(三)算法透明义务与行政责任认定的关系矫正

算法问责机制中的"责任"既指向民事责任,也包括行政处罚等行政责任。《互联网信息服务算法推荐管理规定》第16条中的"告知"与"公示"以及第24

---

[27] 学界对于个性化推送是否属于"主动推荐"信息内容存在争议:赞成说认为个性化推送表明事前进行了审查,具有逐利的性质;反对说则认为个性化推送既不是积极行为也不是消极行为,与最高人民法院《关于审理侵害信息网络传播权民事纠纷案件适用法律若干问题的规定》中的人为推荐情形存在本质区别。参见郭兵:《网络平台个性化推送的主观过错认定》,载《中国出版》2021年第24期,第62页。

[28] 参见衣俊霖:《数字孪生时代的法律与问责——通过技术标准透视算法黑箱》,载《东方法学》2021年第4期,第82页。

[29] 主观说认为,过错在本质上是一种应受谴责的个人心理状态;客观说认为,过错是违反社会准则的行为意志状态。参见杨秀朝:《过错认定的标准与规则——以学生伤害事故案件学校过错的司法认定为分析对象》,载《时代法学》2011年第4期,第89页。

条的算法备案义务与第 31 条的行政处罚直接挂钩,算法透明义务的履行不再是判断算法服务提供者是否存在主观过错的依据,监管机构实施行政处罚时考虑的是算法服务提供者未能履行算法透明义务这一不作为是否具备主观过错。当然,在行政法视角下,这一结论存有争议。以往在行政处罚责任归责领域,"主观过错归责""客观行为归责"和"主观归责为主,客观归责为例外"的学说争议早有定论,行政机关实施行政处罚"不问主观状态"已成通说。按照既有的行政责任认定方式,算法推荐服务提供者一旦违反算法透明义务、算法备案义务等相关规定,其行为当然地属于可以处以行政处罚的违法行为。不过,也有部分学者提出在实质法治框架下,行政处罚既需要明确的法律依据,也需要行政权力行使过程和结果的可接受性。[30] 算法透明义务的履行与否确实是行政机关实施行政处罚的事实依据,但在算法推荐服务提供者履行算法透明义务不充分时,行政处罚的实施则需要考察行政相对人的主观状态。《互联网信息服务算法推荐管理规定》第 16 条仅规定了服务提供者应当公示的信息类型,并没有详细列明"基本原理、目的意图和主要运行机制等"的具体内容,此时,算法问责的重心应当是判断算法推荐服务提供者的主观状态以及义务履行方式的恰当性。

算法推荐服务提供者的行政责任认定标准不是义务履行与否,而是义务履行方式是否具有合理性,并且,结合算法透明义务所保护的算法服务自主权,这种合理性的认定标准在于公示的方式是否能够达到向用户解释、说明算法推荐服务基本情况的目的。倘若公示内容与告知内容相同或者少于告知内容,服务提供者在主观状态上并不具备合理公示的意愿,行政机关将其行为认定为违反第 16 条当然具有可接受性。如果公示内容确实包含了基本原理、目的意图和主要运行机制,但详细程度不足,认定其行为违反第 16 条之规定则有待商榷,这不仅是因为该行政责任的认定缺乏可接受性,还因为公示内容的详细程度不足是否影响到算法的实质性透明这一问题还需要个案分析。

四、基于过程控制的算法透明义务履行标准

(一)算法透明义务的履行方式:客观行为的解释

在判断算法服务提供者是否应当承担侵权责任时,显然需要根据其算法透明义务的具体履行方式予以确定。《互联网信息服务算法推荐管理规定》第 16 条中"以显著方式告知用户其提供算法推荐服务的情况"之表述在实践中仍然存在可操作性较弱的现实问题:一是何为"显著方式",二是何为"算法推荐服务的情况"。

---

[30] 参见张春林:《主观过错在行政处罚中的地位研究——兼论行政处罚可接受性》,载《河北法学》2018 年第 5 期,第 98 页。

在现行立法中,类似"显著方式告知"的表述较为常见,多被解释为"黑体字""加粗""自动弹窗提示""需要明确阅读并同意"等具体行为方式,这在算法透明义务中同样适用。算法推荐服务提供者所采取的"显著方式"应当以用户能够第一时间关注到提示说明信息为具体标准,字体格式的特殊化、强制用户注意提示信息等均是"显著方式"的具体表现形式。值得注意的是,算法透明义务履行过程中的"显著方式"内涵并不仅限于信息陈述效果的显著性,还包括了因为算法迭代优化而产生的"比较式显著"。在算法透明机制的学理讨论中,部分学者对算法透明的可行性持有质疑态度,原因是技术层面的算法始终处于一个迭代更新的过程中,静态的算法透明机制所能实现的透明对象只是某一个特定时间点的算法。并且,即便要求实时更新算法的透明程度,也只会让算法推荐服务提供者疲于对外披露算法信息,与算法治理目标明显相悖。在算法服务自主权的理论框架下,此种质疑显然是对算法透明的目的和方式存有误解,算法透明从来都不意味着数据、代码、算法模型的强制披露,而是为了平衡企业与用户之间有关算法应用的信息不对称。在这种理念下,"显著方式"的内涵不仅仅是告知形式上具有显著性,还包括告知内容的显著性。一方面,服务提供者不能向用户倾泻有关算法的所有信息,冗杂的信息轰炸只会实质阻碍用户知情权的实现;另一方面,在发生能够实质性影响用户权益的算法更新时,"显著性"还表现为应当采用合理措施让用户能够直观地理解服务更新可能带来的变化和影响。

"算法推荐服务的情况"之表述客观上并未能提供可操作性的义务履行标准,尽管"基本原理、目的意图和主要运作方式"等公示内容确实能够为解释"何为平台算法推进服务"提供相应的解释依据,但是,"告知"和"公示"的理论基础和制度目的并不完全相同,两者所呈现的具体信息内容各有侧重。即便算法推荐服务提供者列明了"基本原理、主要运作方式"等内容,一般用户由于缺乏必要专业技术知识依然难以充分理解这些公示信息。向社会公众公示算法相关信息的目的是引入社会公众的监督,故而立法者分别对告知义务和公示义务的履行方式施加"显著方式"和"适当方式"的区分。结合算法服务自主权和"显著方式"的履行要求来看,"算法推荐服务的情况"包含了三种义务履行标准:第一,服务提供者告知的信息内容应当与用户权益密切相关,不包含其他纯粹技术原理的信息。用户自主选择是否接受算法推荐服务的前提是充分了解这些服务是否以及以何种方式影响到自身权益,诸如算法模型、代码内容等纯粹技术信息和其他非必要信息只会增加用户理解算法推荐服务的时间成本和难度。第二,这里的"情况"并不仅限于算法推荐服务接受之前的相关信息,还包括用户接受服务之后可能发生的更新情况、"进入—退出"机制情况等内容。因为算法服务自主权除了指向用户自主选择是否接受算法推荐服务之外,还包括用户自主选择是否关闭、暂停算法推荐服务。第三,这里的"情况"并没有统一性标准,针对不同类型的算法推荐服务,服务提供者所告知用户的"情况"范围也不尽相同。如个性化推送服务的"情况"包括推送信息内容的原理以及作出精准推送的数据来源等信息;检索过滤类服务的"情况"则包括信息过滤的具体标准、存在错误过滤的可能性等信息。

(二)算法透明义务履行不充分的判断标准:主观状态的认定

在算法推荐服务侵害用户权益时,算法透明义务履行的充分与否将会被视为服务提供者过错认定的标准之一。倘若义务主体未履行算法透明义务,并且损害结果与其未告知用户算法推荐服务的情况存在因果关系,则可以认定为具有主观过错。但是,商业实践的复杂性往往表现为算法推荐服务提供者未能充分履行或未能正确履行算法透明与算法解释义务,此时的过错认定则无法单单依据履行与未履行的二元划分予以判断。

在服务提供者未能充分告知用户算法推荐服务的情况时,义务主体的过错认定需要根据未能充分告知的内容予以判断。倘若义务主体未能充分告知的内容与用户权益并无直接联系,不符合侵权法意义上的"故意"或"重大过失"的情形。倘若义务主体未能充分告知的内容与用户权益相关,则需要考虑未能充分告知的行为是否属于"告知内容不足够详细"这一情形。倘若不够详细的信息并不妨碍一般用户正常理解,也不会造成一般用户误认为算法推荐服务不会影响自身权益,此时义务主体履行算法透明义务不充分的行为并不具有违法性。因为在算法服务自主权的理论框架下,算法透明义务强调的是用户意思表示的真实性和自主性,信息的详细程度与用户充分自主决定是否接受算法推荐服务之间并没有直接的因果关系。换言之,义务主体以结论性的信息内容告知用户有关算法推荐服务相关事项,即使这些告知的信息内容不够详细,只要这些信息足以让用户知晓算法推荐服务对自身具体权益影响以及可能导致的不利结果,就可以认定为义务主体已经充分履行告知义务。相反地,过于详细的信息陈述方式反而不利于用户在短时间内充分理解算法推荐服务的基本情况。在商业实践中,企业为了尽可能避免责任的承担,出于商业利益的考量,倾向于将不属于算法模型、代码等商业秘密的其他信息均列入告知事项之中,实际上增加了用户理解算法推荐服务的难度。

在服务提供者告知的算法推荐服务情况与实际情况部分不符时,则需要考虑这种告知信息不实对用户权益的实质性影响。第一,告知信息不实的部分与用户权益并无直接关联或关联性不大时,如果将其认定为义务主体故意或过失隐瞒有关算法推荐服务的重要信息,明显存在加重服务提供者义务之嫌。无论是算法推荐服务上线日期等有关服务的描述性信息,还是算法模型技术原理等技术性信息,与告知内容不符并不会真正影响到算法服务自主权的实现,用户真正关注的是服务提供者是否隐瞒了对自身权益影响重大的关键信息。第二，告知信息不实的部分虽然与用户权益存在关联，但造成不实的原因是算法迭代优化之后暂时无法解释说明相关信息。商业实践中的算法推荐服务会根据业已收集的用户行为数据进行自我迭代优化，以此提升个性化推送、检索过滤、内容生成等算法推荐服务的用户体验，而固有的算法黑箱问题客观上会阻碍义务主体履行算法透明义务。如果未能如实告知的信息内容属于技术更新，且义务主体能够证明这种技术更新超出了自身能够合理预见的范围，则不具备主观过错。当然，算法黑箱并不能直接成为义务主体不承担侵权责任的抗辩事由，倘若这种技术更新明显会对用户权益产生实质性影响，义务主体未能如实告知之行为能够作为认定主观过错的直接依据。

五、结语

面对算法滥用可能导致的算法操纵、算法歧视等侵权损害风险，首先需要确立和保障的是算法服务自主权。这是因为算法滥用行为实质上是算法推荐服务提供者利用信息优势和技术优势限制用户自主选择的能力和范围。算法提升用户体验的过程并不是不需要付出任何代价的，不合理的算法模型会使得用户实际获取的网络信息范围限于"猜你喜欢"或者网络平台希望用户能够阅览的广告信息或营销信息。但是，传统的侵权责任认定方式却会被服务提供者以技术黑箱、技术中立等事由所规避，解决算法滥用难题亟需一种更为客观化和标准化的机制保障用户合法权益。因此，以告知和公示为内容的算法透明义务正是立法者回应用户算法服务自主权的制度方案。自主权的保障并不完全是按照"弱者保护"的基本逻辑展开的，其核心仍是以权利义务的对等为基本目标。算法透明义务强调的是用户在充分知情的情况下自行决定和选择算法推荐服务的接受与否，而不是事后阶段的权益救济手段。在算法治理活动中需要注意的是，任何技术应用在不同阶段总会存在各种局限性，算法治理不应当以限制算法应用为目标，而是应当考量在算法应用过程中是否存在对既有权利的减损。算法透明义务提供的并不是算法问责机制的客观标准，其最初目的是控制算法应用过程中的利益平衡状态，[31] 避免出现算法与人的主客体身份错位。

---

[31] 部分学者将算法透明机制落实面临的两个挑战总结为"与算法控制者私权的平衡"和"算法的透明并不意味着被理解"。参见袁康：《可信算法的法律规制》，载《东方法学》2021年第3期，第14页。

智能调度算法的异化与自我规制
——以外卖平台为讨论场景

闫文光　陈　默[*]

Alienation and Self-regulation of Intelligent Scheduling Algorithms
—A Scenario of Takeaway Platform

Yan Wenguang　Chen Mo

内容摘要：智能调度算法是外卖平台运行和收益的核心技术框架，有助于促进/刺激平台经济的发展和创新，但是也在一定程度上激化了平台算法权力的异化，催生出劳动伦理失序、劳动者权益不彰、算法歧化应用、技术治理失效等困境。外卖平台智能调度算法的异化并非仅关乎"平台—骑手"的单一向度，而是存在于全过程、系统性、连结性的多元向度之中，包含了"平台—平台"横向竞争向度的目标异化和"平台—骑手"纵向控制向度的工具异化两个维度。对此，智能调度算法的自我规制是平台治理实现激励相容的可行之路，通过算法

---

[*] 闫文光，中国人民大学法学院博士研究生，北京航空航天大学工业与信息化法治战略与管理重点实验室研究员；陈默，中国法学会网络与信息法学研究会秘书处助理，中国社会科学院大学法学院硕士研究生。

本文为国家社科基金一般项目"智能治理的法治规范与保障研究获准立项"（20BFX044）阶段性成果。

评估、算法备案、信息披露、算法干预等方式,构建人性、高效、科学的智能调度算法治理机制。

关键词: 智能调度算法　权力异化　劳动伦理　自我规制

一、争议的起点:智能调度算法的技术异化与场景化规制之提倡

在大数据、云计算、人工智能、区块链等新兴技术的应用赋能下,产业资本进入"数智"时代。互联网平台(以下简称"平台")因能利用智能算法充分耦合人力、数据、算力,而成为企业组织的新形式、市场交易的新业态和经济发展的新引擎。[1] 然而,外卖平台凭借自身开发或者使用的智能调度算法异化外卖骑手群体、侵害骑手权益的现象已然成为了不得不因应的问题。传统餐饮服务在外卖平台的组织下,通过匹配算法协调餐饮服务者和消费者双方的供需关系,借助智能调度算法建立线上与线下共同参与的O2O(Online To Offline)餐饮服务场景,实现"顾客下单—线上支付—商家接单—系统接单—系统派单—骑手接单—骑手配送"的一站式服务。智能调度算法(又称"配送算法")[2]是根据系统的资源分配策略规定的资源分配算法,属智能算法在外卖服务场景中的技术分支。智能调度算法包括"订单分配"算法和"预估送达时间"算法。"订单分配"算法遵循"后台接收用户订单—订单评估—订单分配"的运行逻辑,以骑手获得劳动收益、用户准时收到餐品、商家的餐品及时被取走为目标,考虑骑手配送时间的宽裕程度和顺路程度,选择每笔订单最适合的外卖骑手。"预估送达时间"算法依照消费者下单外卖时的商家、消费者和骑手三方间的位置关系,综合考量城市特性、区域供需、近似路线配送历史、分段配送时间和配送距离等因素,确定订单配送的预估到达时间。但是,随着外卖服务数据量指数级扩张,智能调度算法对订单分配和时间预估的把握日益精准,每笔订单预留给外卖骑手的配送时间趋短,以至于控制外卖骑手濒临生理极限送餐,异化外卖骑手为追求配送效率的"送餐机器",外卖骑手在智能算法规训下劳动风险剧增。智能调度算法不断限缩外卖骑手在既定情况下的送餐时间,外卖骑手在送

---

[1] 互联网平台的形态本身具有相当大的灵活性,平台可以是企业,亦能为市场。平台涉及生产和交易,还包含不同类型的协调机制——有时候是技术标准,有时候是交易算法,有时候是社会规范。参见〔英〕马丁·摩尔、达米安·坦比尼编著:《巨头:失控的互联网企业》,魏瑞莉、倪金丹译,浙江大学出版社2020年版,第31页;参见〔加〕尼克·斯尔尼塞克:《平台资本主义》,程水英译,广东人民出版社2018年版,第42页;参见〔美〕杰奥夫雷 G. 帕克等:《平台革命:改变世界的商业模式》,志鹏译,机械工业出版社2017年版,第6页。

[2] 目前仅有美团平台较为完整地公布了旗下外卖平台的智能调度算法规则,本文主要以美团平台在互联网上公开的算法规则及其解释为蓝本,对外卖智能调度算法的内容及影响等方面进行分析。参见《让更多声音参与改变,美团外卖"订单分配"算法公开》,载微信公众号"美团官方",https://mp.weixin.qq.com/s/qyegF_r_SPGnKEdzqKVJXA,2022年4月23日访问。

餐过程中经常遭遇"时间被吞"的情况。[3] 面对送餐时间减少、延误后果严重、发言权缺失等不利状况，外卖骑手在智能调度算法的控制下，常常不得不以违反交通规则和遭遇交通事故为代价在算法设置的时间限度内完成餐饮配送。失规失序的算法规训导致外卖骑手交通事故率剧增，对他们的人身安全、生命健康和财产权益造成了严重的损害。[4]

目前，学界在有关外卖平台利用智能调度算法工具对骑手群体的权益进行侵害方面的研究中尚有缺憾和空白。社会学者从工业社会中的劳动控制理论出发，较为系统地分析了外卖平台的骑手控制策略。在控制目标上，智能调度算法意在让外卖骑手承担超出合理范围的订单量或设定极限配送时间标准，建立外卖平台与骑手间的时间差序格局，造就新的价值剥夺形式。[5] 在控制方式上，巨量数据是智能调度算法控制力赖以维系和强化的养料，配送数据为外卖平台的算力提升和实时监控带来了可观的权力增量；数字规训技术的使用确保外卖骑手成为客体化的规训对象，确保算法权力在骑手侧自动发生作用；配送工作的去技术化降低了外卖骑手的劳动自主程度，助长了骑手群体对移动终端和智能调度算法的依附性。[6] 虽然社会学者的研究较为清晰地描绘出智能调度算法的控制机理，但该领域的研究未从技术治理的角度对智能调度算法的异化现象提出具有针对性和可行性的解决方案。而法学界对于智能调度算法的关注长期滞后，法学学者在算法规制领域或是追求壮阔宏大的价值设计、制度规划和体系塑造，对具体的平台类型及其智能算法的异化现象缺乏足够的关注，或是聚焦于对诸如算法解释、算法备案、算法透明等单一规制举措作出精深细致的分析和研判，却难以将算法规制理论同外卖平台的算法运行实际相勾连。

---

[3] "时间被吞"是指平台实际上给予骑手的送餐时间少于该情况下的合理送餐时间。

[4] 据媒体统计：上海地区在2017年上半年平均每2.5天就有1名外卖骑手伤亡；深圳在2017年仅3个月内外卖骑手就伤亡12人；成都市交警在2018年7个月间查处骑手违法近万次，事故196件，伤亡155人次，平均每天就有1个骑手因违法伤亡；广州交警在2018年9月查处外卖骑手交通违法近2000宗。参见央视网：《上海每2.5天就有1名外卖小哥伤亡，这工作咋成了高危》，http://news.cctv.com/2017/09/14/ARTIE7WENh6GehvE8fgiyDy0170914.shtml，2022年4月23日访问；参见赖祐萱：《外卖骑手，困在系统里》，载微信公众号"人物"，https://mp.weixin.qq.com/s/Mes1RqIOdp48CMw4pXTwXw，2022年4月23日访问。

[5] 参见孙萍、陈玉洁：《"时间套利"与平台劳动：一项关于外卖配送的时间性研究》，载《新视野》2021年第5期，第110—111页；参见金华等：《新业态下数智化劳动：平台规训、风险生成与政策因应》，载《电子政务》2022年第2期，第78页；参见蔡润芳：《技术之上的"价值之手"：对算法"物质性"的媒介政治经济学追问——以美团外卖平台"超脑"系统为例》，载《新闻界》2021年第11期，第40页。

[6] 参见冯向楠、詹婧：《人工智能时代互联网平台劳动过程研究——以平台外卖骑手为例》，载《社会发展研究》2019年第3期，第72页；参见董慧娜：《增强技术控制权——平台经济下外卖骑手的劳动过程研究》，载《中国研究》2021年第1期，第230页。

本文试图根据外卖平台智能调度算法的异化现象,将智能调度算法规制策略的选择与厘定限缩于外卖平台的日常运营场景,从劳动伦理、权益保障、技术异化和算法规制的视角出发,梳理智能调度算法异化的规制困境,进而提炼出该类算法的异化维度,并分析其背后的原因和机理。此外,本文将依照激励相容的平台治理理念,探索外卖平台场景下智能调度算法的综合规制模式。事实上,调度算法异化的根本原因是外卖平台过度利用智能算法工具追求超额收益,忽略了其道德伦理的内核,将企业的个体福利置于社会整体福利之上,从而加剧了平台和骑手之间主体能力的失衡。

二、智能调度算法异化的规制困境

(一)劳动伦理失序

外卖平台智能调度算法对于传统劳动伦理价值的冲击既有外卖骑手身为劳动者对智能算法技术认识不足的原因,又有智能算法技术和平台资本共同冲击劳动伦理的因素。外卖骑手对智能调度算法本身抱有矛盾的观感和期待:一方面,外卖骑手希望智能调度算法选取最短、最流畅的配送路线,最大程度地减少配送时间;另一方面,外卖骑手抵制智能调度算法按照自己的生理极限分配工作量,希望分配合理时间以保障身心健康。正是这种冲突心理影响了骑手群体的劳动伦理观念:外卖骑手感知到自己是外卖消费流程中的一个环节,获取更多劳动报酬的需要和配送流水线上的"螺丝钉"心态让他们在主体认知层面自我降维;出于维护基本尊严的要求,外卖骑手渴望智能调度算法在预估送达时间和规划配送路线时,赋予自身更多的劳动自由度,为其安排留有余地的配送时间,不至于因送达迟延遭受系统惩处。

智能调度算法的权力规训让配送劳动去掉了那一层道德伦理面纱。"现代技术的高速发展给人类带来的巨大享受和力量,使得人类相信技术能够解决一切问题。"[7]智能调度算法设计者和运维者相信,在外卖配送的场域中,从自发到自觉的算法权力将实现人与数据、主体与客体间的有序共生,代码将在劳动过程中制造完全的秩序与理性,外卖配送将追求数字化、精确化和自动化,并将骑手群体的经验、情感、意志等非理性因素视为伪科学排除在外卖平台的架构之外。外卖平台为骑手提供的相对丰厚的物质报酬仍未打破技术权力统治下的阶级差异,"在阶级社会,构成相互对峙的是饥饿和富余、有权和无权……悲惨具有紧迫性,也是显而易见的,这直接对应着财富和权力在物质上的显著性"[8]。外卖平台与骑手群体间的"财富—权力"差序格局并未因智能调度算

---

[7] 黄欣荣:《论技术的附魅、祛魅与返魅》,载《赣南师范学院学报》2006年第4期,第12页。
[8] 〔德〕乌尔里希·贝克:《风险社会:新的现代性之路》,张文杰、何博闻译,译林出版社2018年版,第41页。

法的祛魅而消失,随之而来的,是劳动伦理的祛魅,即外卖骑手身为劳动者不再因劳动而崇高,取而代之的是智能调度算法的技术权力。劳工神圣的劳动伦理在外卖配送场域中因智能调度算法权力的异化而失落。这首先表现为外卖配送劳动的去技能化。"去技能化"是脑力劳动与体力劳动相分离的技术策略,[9] 外卖骑手因劳动去技能化而不再需要反复思考消费者坐标、路线规划、交通情况、时间预估等问题,同时亦将对于劳动过程的自主判断权和控制权完全让渡给了智能调度算法:它为骑手们准备好了除体力劳动外的一切,随着骑手对智能调度算法依附程度的加深,配送劳动由自觉状态退回到了自发状态,劳动者引以为傲的劳动知识、劳动理性和劳动热情一并丧失。此外,智能调度算法技术授予消费者相对于外卖骑手的绝对优势地位,既可以说消费者获得了巨额的权利增量,又可以说智能调度算法的权力异化转移了骑手群体本就不多的部分权利存量,权利在消费者和骑手间的移转,击破了劳动平等的应然。在智能调度算法的授权下,消费者通过对骑手配送过程的监控、对配送成果的评价和对奖惩结果的影响同外卖平台形成了针对骑手的规训共谋。外卖平台在订单配送中真的只发挥了资源要素配置作用吗?[10] 智能调度算法权力对于外卖骑手的冷落让他们在本应平等的权利配置格局中更为屠弱。

(二)劳动者权益不彰

外卖骑手在配送过程中面临交通事故增多、心理压力提升和财产损失加重的多重风险,这主要是由于智能调度算法在部署环节连续不断地压缩外卖骑手的配送时间,加剧劳动压力。首先,在薪资酬劳的物质激励下,骑手群体常倾向于选择延长工作时间或在既定工作时长内采取各类策略增加送单量以赚取更多收益,外卖骑手劳动强度不降反增。其次,智能调度算法在订单分配、配送时长预估和路径选择等方面均以配送效率为优先考量,尽最大可能在外卖骑手生理极限和交通状况容许范围内提高单位配送量,加上智能调度算法对于时间、路线、天气等因素的实时更新机制,骑手每单配送时间实际上被连续压缩。再次,消费者在配送流程中掌握较大话语权,可通过手机、平板电脑等智能移动终端上的外卖平台应用催单、投诉、评价,进一步干涉相应骑手的正常配送节奏,干扰他们对配送过程的判断、掌握,以至于对劳动心理产生了负面影响。最后,基于配送经验和配送惯性,骑手群体已然形成了最短时间送达的"思想钢印",在该思维习惯的影响下,更倾向于不断提速。

---

[9] 参见董慧娜:《增强技术控制权——平台经济下外卖骑手的劳动过程研究》,同前注[6],第234页。

[10] 参见李怡然:《困住骑手的是系统吗?——论互联网外卖平台灵活用工保障制度的完善》,载《中国劳动关系学院学报》2022年第1期,第68页。

1. 生理损害

骑手群体权益受损的突出表现在于工作安全和生理健康遭受威胁。较之于不可控的时间预估和路径规划，超速配送的思维惯性使得外卖骑手往往从自身可以掌控的劳动要素出发，推进劳动节奏。在劳动工具选择上，电动自行车（以下简称"电动车"）已经成为骑手最常用的劳动工具，电动车的运行速度直接影响订单完成时间。因而，违规改造电动车（提高电动车马力、解除电动车限速等）就成为最有效缩短配送时间的方式。2018年1月，国家标准化委员会更新公布了修改后的《电动自行车安全技术规范》（GB 17761-2018），要求电动车车速不能超过 25 km/h，质量不能超过 55 kg，电压不能超过 48 V，电机功率不能超过 400 W。但是，现实中很多外卖骑手为了加速的需要，购买超标车或私自改造电动车，以大幅提高行驶速度，或者增加车身长度、重量以增加载荷，从而产生诸如转弯、减速、规避不及时等交通安全风险。此外，部分外卖骑手亦在实践中用轻便二轮摩托车充当电动车，在未取得摩托车驾驶证和未悬挂摩托车号牌的情况下违规驾驶。[11] 从外卖骑手的配送路线看，不免遇到车流湍急、人流众多、地形复杂等情况，过快的配送行驶速度势必降低骑手对复杂交通情势的判断能力和面对突发事件时的应变反应能力。在既定配送时段的限制下，骑手们抄近路、走小路、逆行等违法违规行为也屡见不鲜。上述情况意味着相比于一般的行人或者驾驶员，外卖骑手在配送过程中具有更高的违法可能性和事故发生率。从劳动者的自我要求出发，外卖骑手希冀通过多接单、送单等方式完成更多笔订单，为实现该目标，他们需要延长总劳动时间，并在每次配送中竭力减少配送时间，在热门时段，每单的间隔时间也要尽量缩短。故而，他们在劳动时长增加的基础上，无法在劳动间隙获得充分的休息。极度不合理的劳动节奏，加上复杂恶劣的劳动环境，使得骑手群体的身体健康和生命安全承受巨大风险。

2. 心理损伤

分秒必争的工作环境很大程度上导致了外卖骑手在配送过程中心理压力剧增。订单配送时的时间暗示、道路穿行时的空间位置判断、移动智能设备的提醒注意、不同消费者的多样诉求暗示骑手们需于各类状况间取得配送结果的最优解。智能调度算法的强制并非物理上的拘束，而是"精神对精神"的控制，程序开发者在编制智能调度算法代码架构之时就已注入外卖平台运营者的价值判断和取向，骑手群体唯有不断适应与迎合智能调度算法的代码指涉，否则一旦逾越代码架构的边界，即会遭受物质、名誉等方面的惩处。同时，消费者对配送服务的期待在预估时间的缩短和配送路线的更新导致的配送提速惯性的

---

[11] 参见吕慧、郑雪、郭利:《外卖"骑手"的安全风险分析及对策建议》，载《现代职业安全》2021年第10期，第73页。

影响下不断提升,对外卖骑手的服务要求日趋严格,送达速度、餐品完好程度、送达通知方式等同消费者服务预期相关的心理要素成为骑手配送服务的主要评价指标,但该类指标本身却因人而异,相当不确定。由于受到智能调度算法的影响,外卖骑手与消费者在配送过程中演化成非此即彼的对立阵营。配送过程中的消费者期待、智能调度算法技术控制和意外事件的耦合深刻影响着骑手群体的情感体验和心智健康。

3. 财产损失

超速配送导致的意外事故和物料超额消耗让骑手遭到了不必要的财产损失。因超速配送而增加的不必要劳动成本,如电动车加速折旧、保养、零部件更换等成本需由外卖骑手自担。另外,众包模式下,因平台不会为骑手群体购买必要的社会保险,除自行购买外,他们无法进入工伤、医疗等社会保障体系,加之外卖平台更不会承担由意外事故导致的损失,所以骑手们往往对配送中发生的道路交通事故造成的损失自认倒霉。

(三) 算法歧化应用

智能调度算法存在对骑手群体的偏见和歧视。它在设计之初即受到规划人员和设计人员的价值取向影响,在"外卖平台—商家—消费者—骑手"的四方利益格局中,智能调度算法自始倾向于增加外卖平台收益和满足消费者服务诉求,商家和外卖骑手则是被动的服务方。智能调度算法本质上是基于历史订单配送数据,优化并预测下一次骑手配送活动的一系列程序、步骤和方式。良好的智能调度算法应当是无偏私的、无歧视的和沉默的。尽管智能调度算法的设计者和运维者力图像其他算法研究人员一般剔除人类决策中固有的任意性因素对该类算法产生的影响,以使其仅根据客观标准作出决策,[12]但配送实践证明,智能调度算法自身的偏见、歧视和噪声会显著而强烈地影响使用主体。服务方的话语权在数据选择、算法设计和不同强度的检验训练的过程中被潜移默化地剥夺。智能调度算法存在歧视,但这样的歧视是有差别的:它尽力维持消费者间的平等,而一旦算法规则的应用落到外卖骑手侧,它随即通过等级制、标签化等手段制造骑手群体间的差异。此外,外卖骑手同消费者在智能调度算法利益分配考量的权重中也不平等,智能调度算法设计者在规划之初就为消费者赋予更多的控制权重。智能调度算法充斥着场合噪声,路线规划算法和时间预估算法受到多种不相干因素的影响,如在路径规划中不应考虑因骑手逆行、走非正规道路而产生的时间结余,但在历史路线数据量达到一定程度后,下一次起止点近似的配送中,智能调度算法会指导外卖骑手踏上非正式的最近路线,配送时间也相应限缩。智能调度算法偏见、歧视和噪声间的互相组合可能会产

---

[12] 参见〔德〕托马斯·维施迈尔:《人工智能系统的规制》,马可译,载《法治社会》2021年第5期,第113页。

生多种后果：嘈杂但无偏私、歧视的智能调度算法的平均误差为0，但随着数据量的增加，总误差剧增；安静但有偏见、歧视的智能调度算法本身就会产生大量不可接受的错误，即使这样的算法在骑手间是平等的。[13]

（四）技术治理失效

算法黑箱现象导致传统技术规制思路和手段难以应对智能调度算法对骑手群体造成的侵害。智能调度算法是多样态数字技术聚合的产物，其本质是一个复杂的系统或者实体，由众多相异且相互作用的功能模块组成，具有高度的复杂性，难以被轻易描述、分析或预测。智能调度算法繁复、精密的技术特征及分业监管的制度设计导致外卖平台存在监管套利余地。"监管套利"的概念最初适用于金融风险规制领域，是指市场主体利用制度间的差异或者制度内部的不一致性，为降低成本或获得利润而设计的一系列交易。[14] 外卖平台智能调度算法的发展并未如其开始时宣称的那样是技术赋能传统产业的普惠性发展，反而走向了如金融创新一般的价值剥削和监管规避的道路，也说明传统的业态监管模式为外卖平台智能调度算法监管套利预留了规范和制度上的漏洞和缺口。首先，金融创新与算法创新均是对传统产业模式的重构与颠覆，传统监管思路难以为继。其次，金融创新与算法创新同样具有较强的技术性特征，重视稳定与安全的监管举措亦难以跟上技术前进的步履。再次，监管本身需要成本，监管部门同算法设计方和运维方之间的数据存量和增量并不对称，平台拥有更多的数据留存和更快的数据更新频度，监管方若要完全掌握、分析、处理平台数据，或将导致监管的边际成本远高于边际收益，[15] 监管丧失性价比。复次，以外卖平台为代表的数字新业态飞速发展，使得原有的监管体制和法规难以适用，在监管方和平台间存在制度真空。最后，目前针对平台的多头监管格局导致监管部门间在算法监管职能配置、责任承担、履责方式、标准设置和路径构建等方面存在割裂与冲突，如《数据安全法》将数据安全监督管理的职责分别交由工业、电信、交通、金融、自然资源、卫生健康、教育、科技、公安、国安和网信等部门承担，这种监管执法职权配置机制易在执法实践中催生和激化部门间的利益矛盾与冲突。

三、智能调度算法异化的双重维度

作为私主体营运的商业互联网平台，外卖平台生存与发展的核心在于是否

---

[13] See Cass R. Sunstein, *Governing by Algorithm? No Noise and (Potentially) Less Bias*, 71 Duke Law Journal 1175, 1178-1180 (2022).

[14] 参见沈庆劼：《监管套利：中国金融套利的主要模式》，载《人文杂志》2010年第5期，第80页。

[15] 监管者与被监管之间的委托代理特征和监管制度的不完全契约性质，导致监管风险和成本不成比例地增加。同前注[14]，第81页。

能够在业务上实现盈利,盈利的诉求已经根植于平台的初始架构之中。双边市场理论解释了平台盈利的传统方式,即在保障双边用户对平台提供的产品和服务有相互依赖性和互补性的基础上,灵活增减供需双方各自的价格,以保持商品或者服务总价格水平不变。通过机动地处理平台内商品和服务的价格水平,平台中进行交易的各方罩于实惠交易的假象,进而形成了"价格补贴—用户流入—价格机动—用户扩张"的平台增长现象。平台网络效应理论昭示出,随着平台内用户量级的扩大,平台为用户提供的服务质量也相应提升,平台从用户间获取收益的机会和数据亦持续增加。实际上,平台用户体验的优化主要源于使用者数量增长所带来的参与效应,而非平台产品或者服务供给模式的创新。较之于传统的交易撮合类平台,餐品配送服务环节的延长拓展了外卖平台的盈利环节,即在采用价格机制实现双边收益之外,外卖平台还可以通过对配送中骑手群体的剥削在平台商家、消费者和外卖骑手间"三边套利",从而形成了"目标异化:横向垄断"和"工具异化:纵向控制"的双重异化维度。

(一)目标异化:"平台—平台"的横向竞争向度

外卖平台调度算法技术开源节流并举,剥削性滥用外卖骑手的劳动价值,以攫取超额收益,谋求横向上的市场垄断地位:在利润侧,外卖平台通过设置显失公平的标准和施加不合理的条件榨取平台内骑手群体的劳动价值,形成外卖平台的剥削性滥用;在成本侧,外卖平台在智能调度算法的架构设计和运维过程中传达或者加深了物质至上和技术中立的幻想,降低了本应承担的用工责任和保险费用。

1. 收益:超益追求

(1)垄断性超益追求

外卖平台天然具有垄断以求得最大利润的倾向。平台肇始于这样的一种情况:传统制造业的利润不断下滑,面对生产领域的低迷,资本便转向数据,并将其作为利润增长的主要抓手。[16] 网络效应带来了用户及其背后数据的指数级增长,其功能架构使得用户紧紧捆绑在了平台内部,[17] 但平台永远无法摆脱对盈利的追求,"平台经理人在做有关平台设计的每一个决定时要将可能的盈利策略考虑进去"[18]。在盈利导向外,数字环境中赢家通吃的市场惯性还让平台巨头难以出局。正是规模经济、用户资源、员工品牌、网络效应、商业技术等因素,[19] 造就了微软、苹果、谷歌、脸书、亚马逊、腾讯、阿里等巨型平台。就外

---

[16] 参见〔加〕尼克·斯尔尼塞克:《平台资本主义》,同前注〔1〕,第 7 页。
[17] 参见〔美〕杰奥夫雷 G.帕克等:《平台革命:改变世界的商业模式》,同前注〔1〕,第 15—57 页。
[18] 同前注〔17〕,第 130 页。
[19] 参见〔美〕马丁·摩尔、达米安·坦比尼编著:《巨头:失控的互联网企业》,同前注〔1〕,第 11 页。

卖平台而言,在中国早已形成了以"美团"和"饿了么"为代表的两大巨头平台,[20]它们在外卖配送领域已然具有不可替代的用户体量、数据资源、技术积累、成本优势和溢价能力,并且正在挤压其他同类型平台的生存空间。例如,据美团平台的年报显示,通过市场垄断地位的加持,其销售额在 2018 年至 2021 年间以平均每年 44.05% 的速度增长。[21] 与此同时,美团平台不断通过不合理的优惠促销、强制"二选一"[22]等行为扩张其市场占有。牢不可撼的地位意味着劳动者将无法利用市场选择机制强化自身同平台进行对话的话语权,垄断优势剥夺了外卖骑手身为劳动者主张自身正当劳动权利的机会,也加剧了外卖平台间的剥削烈度。

(2)价差性超益追求

外卖平台凭借智能调度算法盘剥骑手群体的时间价差而获取超额收益。工业时代标准化大生产方式的推行,导致时间价值差成为评价利润生成效率的基本指标。工业大生产下的时间早已不局限于物理的范畴,成为兼具管理机制、社会秩序和协商机制的社会生产概念。[23] 劳动生产早已不是实体逻辑,而是时间逻辑,雇主与员工之间的时间差序成为财富积累的基础。雇主对劳动过程的控制业已形塑了新的价值剥夺形式。朱迪·瓦克曼和奈杰尔·多德认为,速度与加速度正成为我们这个时代非常鲜明的特征。[24] 马克思对时间价差剥削的分析更为翔实,其对剩余价值论的阐释,解释了时间价差的基本规律:商品价值由不变资本、可变资本和剩余价值的总和构成,而外卖骑手的剩余价值应等于外卖服务产生的总价值减去外卖服务的不变资本和可变资本。其中不变资本等于平台与供应商投入的不变资本和骑手的交通工具成本以及用户的通信成本之和,可变资本主要由平台雇佣的技术劳动、供应商雇佣的人力资本、骑

---

[20] 据报道,美团和饿了么两大平台占据的中国外卖市场份额超过 90%。餐饮外卖时长方面,美团占比 68.2%,饿了么占比 25.4%,其余平台占比 6.4%。用户黏性、日均启动数方面,美团外卖的用户黏性为 23.15%,而饿了么的用户黏性为 22.56%。人均单日使用次数和人均单日使用时长方面,饿了么人均单日使用次数和人均单日使用时长分别为 8.73 和 5.54,美团人均单日使用次数和人均单日使用时长分别为 11.87 和 5.8。参见澎湃新闻:《饿了么、美团胜负已分?》,https://m.thepaper.cn/baijiahao_16271343,2022 年 5 月 4 日访问。

[21] 参见巨潮资讯网:《美团 2021 年年度报告》,http://www.cninfo.com.cn/new/disclosure/detail?orgId=9900037626&announcementId=1212981761&announcementTime=2022-04-19%2021:05,2022 年 6 月 8 日访问。

[22] 澎湃新闻:《阿里、美团"二选一"行为被处罚》,https://m.thepaper.cn/baijiahao_16598227,2022 年 5 月 8 日访问。

[23] 参见孙萍、陈玉洁:《"时间套利"与平台劳动:一项关于外卖配送的时间性研究》,同前注〔5〕。

[24] Judy Wajcman & Nigel Dodd eds., *The Sociology of Speed: Digital, Organizational, and Social Temporalities*, Oxford University Press, 2017. 转引自金华等:《新业态下数智化劳动:平台规训、风险生成与政策因应》,同前注〔5〕。

手送餐的服务劳动、智能调度算法的生产劳动和用户数据的生产劳动构成。[25]在完整的外卖配送流程中,商品价值、不变资本和可变资本相对固定,短期内难以攫利,此时,外卖平台通过对算力、数据和渠道的垄断,使之能够借用智能调度算法对配送劳动价值系统中的剩余价值进行系统性剥削,如让外卖骑手承担超出合理范围的订单量或设定极限标准的配送时间限制等,外卖骑手在上述条件下唯有超速配送,方可勉强完成订单时间要求。对剩余价值的极致追求使得生产时间同劳动安全之间的张力失衡,导致外卖骑手的人身权益难以维护。有学者以平台、骑手和用户的时间感知为主要参照标准,称呼此种价值剥削为"时间套利"。[26]

2. 成本:责任规避

(1) 愿景假设

智能调度算法对外卖骑手的另一控制目标在于经由干涉骑手之意识形态,为骑手们许诺虚假的职业前景,使得外卖骑手的注意力从被劳动剥削的现实转移至工作绩效之中。在此欺骗性的激励下,骑手群体的工作自主意识大为提升,以至于把智能调度算法单纯作为薪酬增量的工具,降低了对算法技术风险外溢的重视程度,错误地认为智能调度算法技术完全中立,从而将风险预防义务及损害责任归属于自身,而非诉诸外卖平台。平台方借助愿景假设向外卖骑手灌输了如下意识:其一,外卖骑手是具有完全劳动自主性的职业群体。外卖骑手自由接单、自主送达的劳动模式营造出了劳动者自主掌控劳动过程的假象,即只要在算法指定的时间限度内完成,他们对劳动过程就有完全的自我掌控权,将不再受到具象化雇主的支配与干涉。多数外卖骑手认为,无雇主监工下的工作状态完全由自己支配,收入的多寡也仅与自己的努力程度相关,不可见的监视被伪装成了劳动尊重。其二,努力工作、财富积累和阶层跨越间存在完全的正相关关系。人们已然习惯为成功定价,工作能力、物质增量成为阶级跨越的核心指标。社会中的物质财富和政治权力,要依据个体的才能、努力或成就而非出身、家庭财富或社会阶层来加以分配,即个人在社会中获得地位上升和经济报酬的机会与数量,与自己的才能和努力直接相关。[27]外卖骑手完成的送单量同收入间的正相关关系似乎加深了这样的观念。辛勤的送单有助于劳动收入的提升,而财富增量的背后是更好的生存条件、优越的社会地位以及对家庭的蒙荫。

---

[25] 参见蔡润芳:《技术之上的"价值之手":对算法"物质性"的媒介政治经济学追问——以美团外卖平台"超脑"系统为例》,同前注[5],第40页。

[26] 参见孙萍、陈玉洁:《"时间套利"与平台劳动:一项关于外卖配送的时间性研究》,同前注[5],第111页。

[27] 参见朱慧玲:《优绩主义错在何处》,载《哲学动态》2021年第11期,第96页。

外卖配送过程的个体化、制度化和标准化处境，将职业特征同生活态度深深绑定。脱离（或解放）、变动和再约束构成的一般化、非历史的个体化模式，等级、阶级文化和人生节律叠加的制度性生命，以及随它们而来的标准化要求，使得个体不断沉沦，他们的诉求被制度与环境置若罔闻，不过是被抬上了世界塑造者的虚假王座，麻木不仁也许是应对这套体系的优质方案。[28] 实力至上的财富、知识和权力配置格局，让外卖骑手无法反抗技术、制度及其表面话术，便只好相信这套说辞。在愿景许诺、劳动自主和技术中立的假象下，当劳动意外发生之时，骑手们往往会觉得是运气的原因，从而选择自认倒霉，而非要求外卖平台履责，使得平台方可从复杂的劳动责任关系中抽身。

（2）无辜伪装

技术中立是外卖平台责任转移最常用的抗辩和最为成熟的避责伪装。平台方主张，若外卖平台对技术实施产生的负面效果没有主观上的故意，技术使用者和实施者就不用对技术作用于社会而产生的负面效果承担责任。[29] 在配送场景中，外卖平台主张因其对骑手损伤、送单延误、配送纠纷等状况没有主观上的故意，所以无需对上述问题承担责任，由上述情状产生的不利后果则由当事人承担或者协商解决，外卖平台于其间仅作桥梁角色。此种观点，并未考虑到外卖平台运营过程中的价值判断、数据信息处理方式的导向以及算法技术的设计初衷和技术黑箱等因素，因而纯粹的技术中立早已被大多数学者批驳。[30] 鉴于外卖骑手往往并不具有足以对抗智能调度算法技术中立借口的技术和法律知识，故而配送场景下的技术中立抗辩对该群体仍有较大的说服力。

外卖配送流程涉及"平台—商家—消费者—骑手"四方主体，外卖平台于其间扮演桥梁、渠道和媒介的角色，配送时间的博弈外在表现为消费者与骑手之间的对抗，外卖平台则隐居幕后操盘。消费者借助智能移动终端上的外卖应用，可以实时监督包括商家接单、骑手到店、骑手取餐、骑手送餐和订单完成等多项订单配送进程。"平台系统会把骑手的基本信息（姓名、电话等）、区域位置、移动方向等信息以动态图的方式呈现给顾客以供顾客监督骑手配送。骑手的行踪从拿到订单的那一刻就变得透明化。"[31] 消费者还可通过在线交流、催单改单、订单评价和平台介入等机制表达自己的感受。表面上，订单配送矛盾的焦点集中于消费者要求更少的配送时间与外卖骑手完成配送所必要的配送

---

[28] 参见前注[8]，第154—169页。
[29] 参见郑玉双：《破解技术中立难题——法律与科技之关系的法理学再思》，载《华东政法大学学报》2018年第1期，第87页。
[30] 参见吴亮：《网络中立管制的法律困境及其出路——以美国实践为视角》，载《环球法律评论》2015年第3期；参见胡凌：《网络中立在中国》，载《文化纵横》2014年第5期；参见前注[29]。
[31] 陈龙：《游戏、权力分配与技术：平台企业管理策略研究——以某外卖平台的骑手管理为例》，载《中国人力资源开发》2020年第4期，第117页。

时间,实际上,智能调度算法早已在数据和算力的耦合下对消费者和外卖骑手分别进行了预期管理和流程赶工。骑手们对消费者"唯命是从"的背后是双方对智能调度算法控制的不自知或者不在乎。

(二)工具异化:"平台—骑手"的纵向控制向度

外卖平台并未自觉承担其在外卖骑手权益保障、依法合规经营方面应尽的责任,反而在数据控制、监视规训和情感操纵的合谋下从生理和心理等方面对外卖骑手实施智能调度算法的技术规训,造成"技术控制——骑手依附"的纵向控制格局。

1. 数据控制

平台掌握数据,数据为平台带来增量,并使之成为以前无法企及的商业实体。数据为平台带来了史无前例的权力增量。数据乐观主义者认为,数据已经发展成为数字商业模式和数字市场的主要驱动力。"大数据是人们获得新知、创造新的价值的源泉;大数据还是改变市场、组织机构,以及政府与公民关系的方法。"[32]然而,受微观经济规律[33]和大数据技术[34]的影响,数据收集和处理本身不可避免地会产生数据集中和数据滥用的问题。在数据垄断方面,数据马太效应[35]解释了头部平台强者愈强的内在逻辑,意味着平台笼罩下的个体将受其直接剥削,消费者和劳动者都概莫能外。外卖配送过程中,外卖骑手的配送数据已经成为换取路线规划、实时定位、天气预报等数字服务的筹码,外卖骑手为顺利送达而必须向外卖平台提供的配送数据构成了外卖平台数据垄断和权力滥用的主要基础。外卖头部平台掌握的海量多方数据更是铸成了同类竞争者难以逾越的商业壁垒。对骑手群体而言,数据垄断的鸿沟剥夺了他们选择雇主的机会,他们仅能在少得可怜的头部外卖平台间进行从业抉择。一旦选择成为某外卖平台的骑手,就注定对该外卖平台的定价体系、派单规则、奖惩制度、评价规则等一系列运行规则和机制产生依附。

外卖平台对骑手群体的数据控制不光是宏观的,而且是具体的。外卖平台通过骑手们随身佩戴的移动终端收集劳动过程中的数据。户外配送时,外卖平台借助骑手群体移动终端中的定位系统获取移动轨迹;入室取送餐的过程中,外卖骑手到达商家的时间、离开商家的时间、室内行走的速度和室内等待消费

---

[32] 〔英〕维克托·迈尔-舍恩伯格、肯尼斯·库克耶:《大数据时代:生活、工作与思维的大变革》,盛杨燕、周涛译,浙江人民出版社2013年版,第9页。

[33] 数据的收集、存储、处理和分析往往具有相对较高的固定成本和较低的、可以忽略的边际成本。

[34] 大数据技术关注多类型、大样本数据间相关关系的收集、处理、利用和存储,相关关系可以凭借既有数据预测特定范围内的高度概然性事件。参见前注[33],第67—94页。

[35] 数据马太效应是指"马太效应"在数字产业场景中的体现,数据早已成为企业不可忽视的生产要素,掌握更多数据的企业的整体能力将比其他企业更强,且会越来越强。

者取餐的时间都将一并被记录。在配送数据收集的范围上,智能调度算法既收集起止点、路线距离等静态数据,也一并收集行驶速度、交通情况等动态数据,对外卖骑手进行位置矫正、路线优化等实时调控;在配送数据收集的工具上,除应用最多的手机外,各种普及的智能硬件,比如蓝牙设备、智能电动车、智能头盔等设备也将一并被利用。[36] 如此严密的数据收集体系为智能调度算法的逻辑优化、算力提升和实时监控提供了取之不尽、用之不竭的养料,使得外卖骑手在外卖平台的技术权力下无所遁形。此外,消费者和商家的数据,如每一位消费者的消费历史记录、特定地区内消费者的消费偏好、商家的出餐速度、热销餐品等数据同时被收集着,用于改善算法预测的准确性。

2. 监视规训

外卖平台的超益追求和智能调度算法的控制方法同规训的权力策略和实施路径相互契合。福柯通过再阐释边沁的全景敞式监狱理论,剖析了权力的技术化演进过程及规训制度的内在结构。规训并非一种组织或者机构,它是一种权力物理学、解剖学和技术学。规训包括一系列手段、技术、程序、应用层次和目标,它通过二元对立、打上标记和强制安排的策略,实现规训对象客体化,达到"精神对精神的强力",确保权力自动发生作用,虚幻的可能至此诞生了确切的征服。[37] 具言之,外卖平台对骑手的数字规训路径渐次展开:第一,智能调度算法技术最大程度地限缩外卖平台在配送中的成本,减少运维阻力,获取经济效益;第二,智能调度算法技术扩充外卖平台的生产线权力,使每一外卖骑手的配送订单量达到最大强度并尽力拓展其外延,同时保证骑手的送达结果正确精准而又无间断;第三,智能调度算法权力的施展并非像僵硬沉重的刑具那样,经由外部手段介入压服,而是巧妙地在外卖骑手间增加技术权力的触点来增加控制效能。被数据、移动终端和智能调度算法定义的外卖骑手宛如一具具"驯顺的肉体",在封闭、割裂的配送流程中被固定下来,每一个微小的动作都受到监视,每一步都被系统精确地记录,骑手们被一种关于力量和肉体的技术小心翼翼地编织在了外卖平台搭建的数字秩序之中。外卖平台由此打造了功能更为强悍的"数字全景敞式监狱"。骑手群体的配送历史、接单数量、取餐时间、配送位置、送达情况被外卖平台实时监视、记录、控制与约束;外卖骑手每一单的配送情况,被对应消费者所监视,并经由催单、投诉、评价、申请平台介入等控制和惩罚;外卖骑手还要遭遇平台方的实时抽检、餐品封签[38]等随机控制。骑手

---

[36] 参见何仁清:《机器学习在美团配送系统的实践:用技术还原真实世界》,https://tech.meituan.com/2018/12/13/machine-learning-in-distribution-practice.html,2022年5月16日访问。

[37] 参见[法]米歇尔·福柯:《规训与惩罚》,刘北成、杨远婴译,生活·读书·新知 三联出版社2019年版,第210—246页。

[38] 参见冯向楠、詹婧:《人工智能时代互联网平台劳动过程研究——以平台外卖骑手为例》,载《社会发展研究》2019年第3期,第72页。

们初入外卖配送行业的劳动自由愿景并未达成,却深陷智能调度算法操纵之中。

3. 情感操纵

外卖平台通过"劳动去技术化"的技术思路设计智能调度算法的运行逻辑,以实现智能调度算法对骑手群体的情感操纵。去技术化劳动方式在大机器生产时代早已有之,[39]不过智能调度算法的广泛应用在提升配送效率、节约配送资源的同时亦助长了外卖骑手对于移动智能终端和智能调度算法的依附性,突出表现为骑手们越来越忽视对工作知识和细节的掌握,如对城市道路的记忆和感知越来越陌生、对城市交通律动的关注逐渐淡漠、对订单选择和配送时机确定的能力也日益丧失。骑手们越依赖技术,对劳动意义、本质和过程的思考也越迟钝和退化。有学者以外卖骑手对智能语音助手的依赖为例,指出人工智能技术的应用在一定程度上替代了外卖骑手个人的经验积累和脑力思考,并缩小了他们的个人特质差异,使得配送过程中的技术性降低。[40]在智能调度算法的影响下,外卖配送过程由自觉又退到自发的程度。每一次由智能调度算法安排的配送对外卖骑手而言均成为一局不得不玩的"游戏"。智能调度算法借助游戏化机制为配送过程中的外卖骑手设置了活动空间和制度框架,他们置身于其间仿佛游戏玩家置身于网络游戏之中。不过与一般网络游戏不同的是,骑手们并不操纵游戏中的虚拟形象,而是操作自己的身躯;违背规则后,他们不仅有情感失落,亦有物质损失;网络游戏可以随时暂停或者退出,现实生活中的外卖骑手只能负重前行。简·麦戈尼格尔在《游戏改变世界》一书中提出了所有游戏都具有的四个决定性特征:目标、规则、反馈和自愿参与。其中,目标是指"玩家努力达成的具体结果",目标感不断调整着玩家的投入程度,根据目标制定者的意图引导玩家浅度或者深度参与游戏;规则约束玩家完成目标的行为,具体表现为规则对玩家在既定架构内达成游戏目标的行为方式和边界进行限制;系统反馈使玩家获知自身位置和游戏终点间的距离,通常以游戏中的关卡、得分、进度条、级别等形式展示;自愿参与是指玩家自主了解游戏的规则、目标和反馈,这是任意一款游戏存在玩家及玩家社群的基础。[41]智能调度算法约束下的配送劳动即依照游戏设计的逻辑展开。

(1) 目标设置

当前,外卖骑手的管理方式主要有专送和众包两种模式,专送类似于传统的企业用工关系,而众包模式已成为外卖平台的主要模式。众包模式是指一家

---

[39] 同前注[9],第 230 页。
[40] 同前注[38]。
[41] 参见〔美〕简·麦戈尼格尔:《游戏改变世界》,闾佳译,北京联合出版公司 2016 年版,第 21—22 页。

公司或企业把本应由自己员工执行的工作任务,以自愿形式外包给非特定的第三方劳务公司(通常为大型大众网络)的商业模式,其低成本、高运力、高自由度的特点让该模式一经问世就受到外卖平台的推崇。无论是专送还是众包模式,均有以单量决定薪资的特征。外卖骑手作为劳动者存在通过配送劳动赚取报酬的诉求,且骑手们多为家庭物质条件相对较差、受教育程度较低的中青年,其中大多数还承担较重的家庭供养责任,外卖配送薪资收入的物质激励对骑手而言具有相当的诱惑力。通过计价薪资和奖励制度,外卖骑手大多自愿参与算法控制下的赶工游戏,在获得物质回报和满足心理需求的愿景下,智能调度算法对骑手群体发挥着行为和精神双重控制影响。[42]

(2)规则约束

骑手侧的外卖平台规则设计基本遵照"订单分配—到店取餐—餐品配送—餐品送达"的顺序完成。每位骑手一次所能承载的送餐量由智能调度算法根据配送历史、订单距离、配送路线等因素确定区间,骑手在该区间范围内取得相应数量的餐品,随后开始配送。配送前,每位骑手都已经知晓了外卖平台内部的奖惩规则。奖励规则的目的是培养骑手群体黏性,激励他们在连续送餐的同时减少配送时间。在保底机制和激励机制上,薪酬多寡根据外卖骑手既定时间内的送单量大小浮动。而建立惩罚机制则是为了逼迫骑手们加快配送速度,外卖平台会为送单晚点划分不同的区间,迟延时间越少,外卖平台对薪酬的克扣就越低。在配送时,外卖平台通过GPS等定位系统全程监测骑手的配送行为,判断骑手是否欺诈。而在每位骑手将餐品送至消费者手中后,外卖平台会根据消费者对该骑手送餐行为的评价(好评或差评)对他进行奖惩,而智能调度算法在此间成为外卖平台、消费者和外卖骑手的参照标准,即奖惩规则的元规则。外卖骑手若想避免送达迟延导致的惩罚,就必须以智能调度算法给定的最佳接单量、配送路线和送达时间为劳动标准。

(3)系统反馈

通过借鉴网络游戏身份机制,外卖平台为其中的每个骑手设置了专属的身份标识,如"骑士",并设置专属的积分等级,如"青铜、白银、黄金、铂金、钻石、王者"。标识、等级、奖励和配送业绩形成了控制外卖骑手配送过程的游戏闭环。骑手们一旦接受外卖平台的设定,便会重视平台的反馈,智能调度算法在每次配送中的指标设计随即成为最重要的评价标准。外卖骑手的业绩由其配送结果同智能调度算法设置的行为目标的拟合程度控制。智能调度算法控制着每一名外卖骑手的等级、排名和收入。

---

[42] 同前注[41],第69页。

(4) 自发参与

就像网络游戏中的玩家为了达成目的不惜利用代码缺陷(bug)一般,骑手们在长久的送单实践中摸索出了"备案""挂单""抢单"[43]等智能调度算法漏洞,并自觉利用,形成骑手间共谋。外卖配送的游戏性在骑手间共谋机制的影响下表现得更为明显:在智能调度算法架构下,外卖骑手享有可容忍范围内的自由度,只要有助于智能调度算法设计者目标的达成,架构缺陷一般就不会修改。寻找与利用智能调度算法缺陷完成配送本身既是游戏中的意外,也是意外的游戏。

四、智能调度算法治理的激励相容之道:以自我规制理论为工具

(一) 自我规制理论的引入与证成

外卖平台智能调度算法的异化现象主要显于算法的主观维度:一是在智能调度算法的设计和运维中嵌入人类的思维,代码设计人员在外卖平台资方的利益追求下设置了选择最短配送路线和自动化压缩时间的算法架构;二是智能调度算法代码本身并无控制力,规训骑手群体的是内嵌于智能调度算法逻辑中的奖惩规则,该类规则的控制范围和力度均由设计人员依照资方意思设定;三是无论是智能调度算法的人为修改还是机器学习,都展现出资方的技术部署方向,即外卖骑手在"外卖平台—商家—消费者—外卖骑手"的四方格局中的利益配比权重最低,并未把骑手群体视作互惠协作的劳动者予以平等尊重。然而,智能调度算法本身具有一定的客观属性。现代社会的智能算法根植于数字科技的蓬勃发展,以数字终端为运行载体,以数学演算规律为程序化运算或者自动化运算的底层逻辑,以数字或者符号结构为表现形式。[44] 所以,在外卖平台智能调度算法规制手段的选择上,必须兼顾该类算法数理逻辑的效率性和社会影响的公平性。外卖平台智能调度算法规制方式的确定不能忽视智能算法规制的可行性、我国数字经济的规制经验以及各规制工具的属性。

1. 规制前提:外卖平台智能调度算法的规制可行性

对外卖平台智能调度算法的规制,在智能算法的技术样态、控制主体和运作流程上均可以实现。在智能调度算法的技术样态层面,控制该类算法的代码

---

[43] "备案"是指在配送工作因餐厅出餐慢而被延误时,骑手可以通过"备案"延长送餐时间。"挂单"(吸单)是指骑手收到系统派单后,并不会立即到商家取餐,而是在手机上确认"已取餐",骑手通常先在系统划定的取餐范围内继续等待,期待系统根据手机上的既有订单,再派给自己更多相同方向的订单。"抢单"是指美团骑手们会在站点微信群不断抛出自己不想送的订单,这时候,顺路或者想多跑单的骑手便会接收转单,由站长负责后台调单。参见陈龙:《"数字控制"下的劳动秩序——外卖骑手的劳动控制研究》,载《社会学研究》2020年第6期,第129—130页;参见董慧娜:《增强技术控制权——平台经济下外卖骑手的劳动过程研究》,同前注[6],第236—238页。

[44] 参见[美]克里斯托弗·斯坦纳:《算法帝国》,李筱莹译,人民邮电出版社2014年版,第42—61页。

架构、限缩或者扩张算法的数据投喂量级以及人为介入干预算法的运行等方式均可改变算法的输出结果;在智能算法的控制主体层面,无论是算法的设计者还是运维者,最终均可追究至特定的责任主体,对智能算法的规制亦可凭借对其控制主体的影响实现;在智能算法的运作流程层面,事前程序标准设置和价值导入、事中数据输入控制及监控干预、事后主体问责和程序调整均可达到算法规制目标。鉴于外卖平台智能调度算法的技术运作缺陷(算法黑箱、算法歧视、算法偏见等)和负外部性溢出效应,规制智能调度算法有助于补充填平已然失衡的主体间权利配置,妥善保障骑手正当劳动权益,促进骑手劳动安全,恢复骑手劳动尊严,激发骑手劳动自主性,降低与减轻智能调度算法歧见对外卖骑手造成的损害,改善智能调度算法监管质效。

2. 规制取向:激励相容导向下的智能算法规制思路

我国数字经济的发展和规制经验证明应采取激励相容的平台智能算法规制机制。一方面,激励相容的规制思路符合我国市场经济体制改革的制度导向和法治政府的发展方向。"我国经济体制改革最核心的内容就是实现由传统的计划经济向社会主义市场经济体制的转轨",[45] 这场转轨运动的核心在于国家通过分权和市场化改革赋予市场主体更多的经营自主权,激发市场主体的进取精神和经济活力。政府在经济发展中的角色已然从管理者与控制者,变成服务者和参与者。《法治政府建设实施纲要(2021—2025年)》明确提出"加快建设服务型政府,提高政务服务效能"的建设目标,彰显出我国的社会治理"从集权到分权、从人治到法治、从管制政府到服务政府、从党内民主到社会民主"[46] 的变迁趋势。应当明确,外卖平台智能算法的规制路径并非放任式治理,而是激励相容的平台治理机制的重要探索。另一方面,规制模式的历史发展经验和演进方向表明,社会性规制呈现出持续强化的态势。在数字经济蓬勃发展、数字产业飞速壮大的背景下,规制理论和实践逐渐打破"二元对立"的规制思路,探索出一条公私伙伴关系和治理网络化的演进途径,规制理念从压服走向激励,规制主体从单一走向多元,规制中心从科层变成网络,规制手段从单一走向丰富,规制依据由单纯依靠国家法变为包含软法在内的多元治理方式。[47] 激励相容的平台规制策略强调更多元的规制主体、互动性更强的规制方式、持续性

---

[45] 国家发展改革委经济体制综合改革司、国家发展改革委经济体制与管理研究所:《改革开放三十年:从历史走向未来中国经济体制改革若干历史经验研究》,人民出版社2008年版,第91页。

[46] 周汉华:《探索激励相容的个人数据治理之道——中国个人信息保护法的立法方向》,载《法学研究》2018年第2期,第4页。

[47] 参见宋华琳:《论政府规制中的合作治理》,载《政治与法律》2016年第8期,第16页;参见张宝:《规制内涵变迁与现代环境法的演进》,载《中国人口·资源与环境》2020年第12期,第156—157页。

和稳定性更强的相互关系来分享、动员和聚合分散的资源,[48]协调利益与行动,实现规制目标。综上,激励相容的规制思路有助于尊重平台的技术能力和经营自主,承认在业务合规的前提下追求利润的正当性,激发数字经济的创新和发展活力。与此同时,该类规制思路亦重视通过有效执法威慑纠正智能算法异化对劳动伦理的冲击,恢复劳动者的主体性身份。

3. 规制路径:节制谦抑和弹性灵活的自我规制工具

智能算法规制是指为达到既定规制目标,通过全面收集系统内众多动态组件发出的与规制环境有关的实时动态数据,不断分析判断系统处境与情势,用以识别管理风险并在必要时自动迅速改进系统行为的一系列操作。[49]当前,智能算法规制的主要策略有政府规制和自我规制两种。既有的算法规制经验显示,政府规制已经成为平台智能算法规制的主要模式,施加算法披露义务和算法问责机制已然成为算法规制的重要路径。[50]此种规制路径的选择与政府规制本身的优势密切相关:第一,政府规制具有更广泛的代表性和民主性,关注规制举措和实效的全局性和深远性影响,从而增强规制本身的正当性;第二,政府规制受公法约束,具有更高的透明度和公开性;第三,政府规制具有更强有力的执行手段,有益于克服集体行动难题和协调各方利益冲突;第四,基于代表性和民主性的政府规制更有利于展开全球合作。[51]但是,在算法规制领域,行政机关技术能力不足、技术机密泄露风险、算法解释能力欠缺以及事后规制的保护力质疑等问题日益暴露出政府规制的局限。针对上述种种规制困境,更应转换规制思路,采用自我规制模式作为智能调度算法的主要规制方式。这主要是因为自我规制模式的内在特征与智能调度算法的技术内核与规制需要更为贴合:其一,外卖平台作为商业和科技实体,具有更强大的技术优势和储备,外卖平台对于骑手群体的职业形势和劳动流程掌握更加精准,反应也更加快速灵活,针对智能调度算法对骑手造成的负外部性影响,外卖平台的自我规制往往更具时效性和针对性。其二,外卖平台借助智能移动终端和平台架构控制外卖配送过程及骑手群体的数据信息,在配送数据的储量、增量、增速和控制力上均优于行政机关,能够同步实现外卖配送的全程实时监管和动态调整,更有助于降低规制成本和保障外卖骑手权益。其三,外卖平台的组织体系运作更为高效,智能调度算法自动化处理结合人工自动干预,能够最大限度地节省处理流程和时间,且处理内

---

[48] 参见李玫:《西方政策网络理论研究》,人民出版社2013年版,第111页。

[49] See Yeung K, *Algorithmic Regulation: A Critical Interrogation*, 12 Regulation & Governance 505, 505-523(2018).

[50] 参见张旭、田园:《算法治理视阈下的企业合规:困境、逻辑与进路》,载《兰州大学学报(社会科学版)》2022年第2期,第91页。

[51] 参见李洪雷:《论互联网的规制体制——在政府规制与自我规制之间》,载《环球法律评论》2014年第1期,第122页。

容更具针对性和说服力,而行政机关的官僚制和科层制导致决策僵化、缓慢,往往不能适应数字经济社会发展对规制弹性、灵活性和动态性的要求。

此外,规制模式的选择必须兼顾产业发展的考量。萨维尼曾指出,"法律是由政治因素和技术因素共同构成的,就政治因素而言,虽然每个国家的制度法都不可避免地同本国之政治体制、思维、现实相关联,但这不意味着法律仅需考虑政治的需要,而技术因素在其中所展现的是'独特的科学性的存在'"。[52] 在外卖平台智能调度算法的规制领域,有必要为推动产业创新留下必要的制度性缺口,规制措施应当保持节制和谦抑的理念。一方面,外卖平台作为市场主体在互联网新业态场域中每时每刻都面临着激烈的市场竞争,很多问题本身可通过技术革新和市场机制解决,政府太早或过度介入,既无法取得更好的规制效果,又增加规制成本,甚至妨碍市场机制的有效运转。另一方面,外卖平台是一个涉及数据安全、个人信息保护、内容治理、纠纷解决等众多方面的场域,需要通过平台内部治理机制的建立、击破、重构等,构建良好的平台生态,增强平台方、商家、消费者和外卖骑手的数字素养和治理热情,建立共建共治共享的平台治理格局。最后,没有必要用有限的政府资源去解决外卖平台内的所有问题,政府仅需要对重大、危险的平台问题作出关切。

外卖平台智能调度算法的自我规制路径并不排斥传统政府规制对该类算法的规范与约束作用,自我规制旨在将规制重点转向平台的合规履责自觉。在自我规制为主导的规制模式下,政府与平台间是合作而非对抗关系。外卖平台作为掌握大量经济、社会资源的私权力主体,理应承担更多的平台自我管理义务,其中就包括对算法技术的合规妥当安排。本文采纳自我规制的整体性概念,认为外卖平台智能调度算法的自我规制是指外卖平台及其规制组织能够在相关的规制命令指引下制定相应的规制策略,将规范内容或者责任后果自主地加于自身,对组织行为进行控制。[53] 在规制的类型上,外卖平台智能调度算法自我规制应是被迫型自我规制,这是外卖平台对于政府监管压力的回应,若平台不设计并推行有效的规制举措,政府便会入场推行法定的规制。[54] 根据数字经济的演进经验和发展规律,外卖平台智能调度算法的规制模式选择既不应过于僵化,这样会损伤平台的积极性、创新性和灵活性,也不应全然排除政府介

---

[52] 〔德〕弗里德里希·卡尔·冯·萨维尼:《论立法与法学的当代使命》,许章润译,中国法制出版社2001年版,第10—11页。转引自朱庆育:《物权立法与法律理论——评〈物权法草案〉第一章》,载《中外法学》2006年第1期,第1页。

[53] See Cary Coglianese & Evan Mendelson, *Meta-Regulation and Self-Regulation*, in Robert Baldwin, Martin Cave & Martin Lodge eds., The Oxford Handbook on Regulation, Oxford University Press 2010, p.168-172.

[54] 根据英国伦敦政治经济学院的布莱克教授的分类,自我规制共有四种类型,分别为:(1)委任型自我规制;(2)认可型自我规制;(3)被迫型自我规制;(4)自愿性自我规制。同前注〔53〕,第128—129页。

入,完全自我指涉的规制模式存在规制者被待规制利益裹挟、规制权力过度集中、集体行为难题无法有效解决等问题。被迫型自我规制是现阶段较为适当的外卖平台智能调度算法规制模式。

(二) 智能调度算法自我规制的具体进路

自我规制实施的保障在于独立的法治框架和明确的规范体系,这样才能让自我规制的灵活性同现行法的精神、原则和内容有机配套。自我规制在实施上存在两点规范诉求。一方面,自我规制需要相对明确的基本法治原则,以在规制领域充分吸收现行法对社会进行调整的指导方向,促进网络治理和线下治理通畅协调。在法治原则的指引下,即便是在现行法规范同数字经济产业经验不相适应的部分,自我规制在法律施行的过程中仍然能够发挥作用。另一方面,数字经济的规范结构和规制路径需要分层设计。分层设计有利于发挥法律对于数字经济发展的不同作用,加快数字经济领域基本法律的立法进程,实现权利与义务平衡、发展与安全互惠、权力与责任一致。[55] 数字经济相关法律规范具有独立的规制秉性和专门的调整对象。[56] 结合发达国家的治理经验,自我规制呼唤在既有法治框架下对数字经济领域进行有针对性的专门立法,从而构建有效的外部执法威慑,提供充分、明确的自我规制依据,促进平台方在智能算法的设计和运维方面充分履责,自觉承担违法违规责任。近年来,我国在智能算法治理领域持续发力,通过检索和梳理可以发现,2018年1月至今,以公共部门为发布主体,对互联网平台涉劳动者算法进行规制的政策文件主要有15件(表1)。

表1 互联网平台涉劳动者算法规制规范

序号	文件名称	发布主体	发布时间	关联条款	规制内容
1	《新一代人工智能发展规划》	国务院	2017.07.08	第五节第(四)项	算法透明、算法评估
2	《关于进一步深化改革加快推进出租汽车行业健康发展有关工作的通知》	交通运输部	2018.12.12	第三节第(九)项	算法透明
3	《网络安全标准实践指南——人工智能伦理安全风险防范指引》	全国信息安全标准化技术委员会	2021.01.05	第4.1—4.4条	算法透明、算法评估、人工干预

---

[55] 参见周汉华:《论互联网法》,载《中国法学》2015年第3期,第35页。
[56] 从发达国家的经验看,互联网出现以后,普遍采用自治机制优先、一般法律保障、特别法律补充的梯度划分原则。

(续表)

序号	文件名称	发布主体	发布时间	关联条款	规制内容
4	《网络直播营销管理办法(试行)》	国家互联网信息办公室、公安部、商务部、文化和旅游部、国家税务总局、国家市场监督管理总局、国家广播电视总局	2021.04.16	第13条	算法透明、算法评估
5	《数据安全法》	全国人大常委会	2021.06.10	第18条、第28条、第30条	算法评估
6	《关于维护新就业形态劳动者劳动保障权益的指导意见》	人力资源和社会保障部、国家发展和改革委员会、交通运输部、应急管理部、国家市场监督管理总局、国家医疗保障局、最高人民法院、中华全国总工会	2021.07.16	第二节第(十)项	算法透明
7	《关于落实网络餐饮平台责任切实维护外卖送餐员权益的指导意见》	国家市场监督管理总局、国家互联网信息办公室、国家发展和改革委员会、公安部、人力资源和社会保障部、商务部、中华全国总工会	2021.07.16	第2条、第3条、第7条、第9条	算法透明、算法评估、人工干预
8	《个人信息保护法》	全国人大常委会	2021.08.20	第24条、第51条、第55条	算法透明、算法评估
9	《关于进一步压实网站平台信息内容管理主体责任的意见》	国家互联网信息办公室	2021.09.15	第三节第(七)项	算法备案

(续表)

序号	文件名称	发布主体	发布时间	关联条款	规制内容
10	《关于加强互联网信息服务算法综合治理的指导意见》	国家互联网信息办公室、中共中央宣传部、教育部、科学技术部、工业和信息化部、公安部、文化和旅游部、国家市场监督管理总局、国家广播电视总局	2021.09.17	第二节到第四节	算法备案、算法透明、算法评估
11	《新一代人工智能伦理规范》	国家新一代人工智能治理专业委员会	2021.09.25	第8条、第12条、第13条第15—17条	算法透明、算法评估、人工干预
12	《互联网弹窗信息推送服务管理规定（征求意见稿）》	国家互联网信息办公室	2022.09.30	第5条第（六）项、第（七）项、第（九）项	算法透明、人工干预
13	《互联网平台落实主体责任指南（征求意见稿）》	国家市场监督管理总局	2021.10.29	第19条	算法透明
14	《网络数据安全管理条例（征求意见稿）》	国家互联网信息办公室	2021.11.14	第17条、第20条、第43条	算法透明、算法评估
15	《互联网信息服务算法推荐管理规定》	国家互联网信息办公室、工业和信息化部、公安部、国家市场监管总局	2021.12.31	第7—12条、第15条、第20条、第22条、第24—27条	算法透明、算法评估、人工干预、算法备案

《关于维护新就业形态劳动者劳动保障权益的指导意见》和《关于落实网络餐饮平台责任切实维护外卖送餐员权益的指导意见》在2021年的发布，使得外卖平台智能调度算法的自我规制有了专门性的规范依托，智能调度算法的自我规制也正逐步被纳入场景化和精准规制的轨道。外卖平台智能调度算法的规制规范呈现出多层级、多部门、多方面和技术主义的特点。第一，随着新业态数字经济的更新迭代，针对平台智能算法的治理思路和举措也在相应革新，各层级公共部门逐渐意识到规制对象的特殊性、规制时间的连续性、规制措施的多元性和规制实施的协调性，因而在规范制定层面频频发力，智能算法治理规范群日渐丰沛、细密，避免了自我规制规程中规范供给不足的问题。第二，当前我国算法治理领域在具体操作层面整体上按照部门间各司其职的规

制路径进行,即国安、公安、工业、电信、交通、金融、自然资源、卫生健康、教育、科技等主管部门承担本行业、本领域内的监管职责,部门独立规制的背后存在协调不足、职责缺位、职能重合和反复执法的矛盾。第三,我国近年来密集颁布或施行的互联网平台涉劳动者算法规制规范涵盖算法评估、算法备案、信息披露、算法干预四个方面,规制平台算法从研发设计到部署运作的全流程。

1. 算法评估

技术社会与人为风险相伴相生,算法规制的存在与算法技术的风险密不可分。[57] 2021年1月发布的《网络安全标准实践指南——人工智能伦理安全风险防范指引》中指出,人工智能技术在研究开发、设计制造、部署应用和用户使用阶段带来了失控性、社会性、侵权性、歧视性和责任性风险。外卖平台智能调度算法具有的劳动者权益侵害风险、劳动伦理减损风险、技术歧视风险、技术偏见风险和规制降效风险要求规制提早介入至算法研发部署阶段以保证规制效能。在算法风险视域下,以安全为核心的规制理念既同我国网络立法的价值取向和经验相合,又与外卖平台骑手权益保护的严峻形势相汇。智能调度算法评估旨在对于算法研究、设计、部署、应用和使用全流程中对劳动者和用户权益、公共利益、国家安全造成的负外部性影响,以及风险发生后的损害后果和控制能力进行全面、系统的分析、预测与评价。[58]

欧盟在《通用数据保护条例》(General Data Protection Regulations,GDPR)主要在前言第89—96项及正文第35条和第36条规定了"数据保护影响评估和事先咨询"制度,重点规定针对可能对自然人权利和自由产生较高风险的新技术,必须进行评估,为高风险个人数据控制者和处理者设置了较高的风险识别自查义务。《人工智能法案》(Artificial Intelligence Act)"5.2.3. 高风险人工智能系统"重点规定了人工智能的评估制度,其评估特点包括:(1)重点对高风险人工智能进行评估;(2)评估兼采第三方独立评估和自我评估两种方式;(3)事先评估合规是高风险人工智能进入欧盟市场的前置性条件;(4)鉴于人工智能系统本身的创新性和技术性,更推荐使用事前内部评估的方式;(5)如果人工智能系统运行环境发生重大修改,则需要对合格性进行新的事前评估。我国《数据安全法》第30条、《个人信息保护法》第55条和第56条分别规定了重要数据和个人信息风险评估的主体、目的、范围、内容等要求。《关于落实网络餐饮平台责任切实维护外卖送餐员权益的指导意见》第9条为外卖平台设置了开展常态化风险评估的义务。《互联网信息服务算法推荐管理

---

[57] 参见苏宇:《算法规制的谱系》,载《中国法学》2020年第3期,第166页。
[58] 参见张凌寒:《网络平台监管的算法问责制构建》,载《东方法学》2021年第3期,第34—35页。

规定》第 24 条明确将外卖平台算法自评估报告作为备案审查必备材料,第 27 条和 28 条分别规定了外卖平台的算法自评估义务和协助监管部门进行评估的义务。

根据域外与国内的规制要求和执法经验,智能调度算法评估应以自评估为主要方式,包括阶段性评估和类型化评估,以构成算法评估网络,全面保障骑手权益。首先,智能调度算法评估应有明确的评估目的,包括智能调度算法设计和部署目的同算法执行与应用的妥当性、必要性和相称性。其次,应有智能调度算法的风险评估(包括识别算法源代码、系统环境、处理目的风险),算法自动化处理必要性和合理性评估,算法自动化判断和决策对骑手权益造成的影响评估,算法系统对风险的预防措施评估等。再次,在评估主体方面,应尊重外卖平台的技术优势和经营自主,他方评估作为补充手段。最后,路线规划算法和时间预估算法因同骑手劳动时间、劳动收益、劳动风险联结紧密,又是智能调度算法的核心架构,应作为重点评估对象。其中,伦理审查是行政机关评估的标准性要求。智能调度算法伦理审查旨在通过行政监督管理部门对智能调度算法承载的道德风险的审查,识别智能调度算法从设计到应用各个环节对外卖骑手生理和心理造成的风险,包括向骑手分配超量订单、将非正规道路规划为外卖骑手送餐路线、分配交通事故多发的风险路线却不设置配送时间冗余等。精准的配送风险识别有助于行政监管部门事前介入调整智能调度算法的架构设计,厘清配送事故责任主体,形成安全、透明、负责和可用的智能调度算法运行机制。另外,智能调度算法伦理审查的标准化、体系化和结构化本身是自下而上的软法生成机制。[59] 在实现对备案的外卖平台内骑手群体的保护之余,智能调度算法伦理审查的意义还在于实现"道德—规范"的双向互动机制:一是经由制度的力量向外卖平台推行公共道德,避免智能调度算法架构在设计上失德、失规、失序;二是了解智能调度算法的设计思路和运行预期,并通过日后的算法检查评价运行情况,制定智能调度算法设计技术标准、外卖平台智能调度算法运行指南等软法规范。

2. 算法备案

狭义的行政备案仅指市场主体从事特定性活动的备案,[60]即行政相对人向监管部门提交其要求的材料,告知和说明正在从事的活动,监管部门接收材料以供公示、存档、备查和监督的行为。我国的智能调度算法备案制度主要见

---

[59] 参见张旺:《算法伦理审查的逻辑认知及实践路径》,载《海南大学学报(人文社会科学版)》2023 年第 1 期,第 3 页。

[60] 除狭义行政备案外,广义的行政备案还包括行政主体对自己做出的行为依照法定程序向有关国家机关报告的备案,分为立法备案和执法备案。参见朱宝丽:《行政备案制度的实践偏差及其矫正》,载《山东大学学报(哲学社会科学版)》2018 年第 5 期,第 168 页。

于《关于进一步压实网站平台信息内容管理主体责任的意见》《关于加强互联网信息服务算法综合治理的指导意见》《互联网信息服务算法推荐管理规定》三项文件中,其中前两项文件对于算法备案体制机制仅作了宣誓性和概括性规定,《互联网信息服务算法推荐管理规定》对算法备案制度的规定相对详细,规定了算法备案的条件、主体、程序、范围和结果。根据《互联网信息服务算法推荐管理规定》,外卖平台属于具有社会动员能力的算法推荐服务提供者中的调度决策类算法服务提供者,网信部门为外卖平台智能调度算法备案主管机关,平台应当在提供服务之日起十个工作日内通过互联网信息服务算法备案系统填报服务提供者的名称、服务形式、应用领域、算法类型、算法自评估报告、拟公示内容等信息,履行备案手续。备案完成后,外卖平台应在其对外提供服务的网站、应用程序等的显著位置标明其备案编号并提供公示信息链接。在需要时,外卖平台可按《互联网信息服务算法推荐管理规定》办理算法变更或者注销手续。算法备案机制的作用在于促进行政监管部门对于外卖平台智能调度算法的理解,因而可将关乎商业秘密的算法源代码、算法数据和模型组等内容排除在外。[61] 可以看出,目前我国颁行的智能调度算法备案制度规则内容尚且较为粗疏,缺乏针对性和可执行性,主要体现在仅规定了智能算法备案的一般性规则,缺少场景化和类型化的技术标准内容,这将导致行政备案机关在审查外卖平台的备案材料时拥有较大的自由裁量权,为权力寻租留下了空间。另外,既有的算法备案规范亦未明确算法备案和算法评估与算法检查间的关系,未对三者间的法律属性和适用方式作出清晰的安排。

智能调度算法备案制度不应是从事特定市场经营活动的前置性条件,否则就会与行政许可混同,妨碍外卖平台的经营自由。但为了规范外卖平台的发展,行政机关应充分利用外卖平台寄送的材料,以产生震慑作用。外卖平台智能调度算法备案的主要目的有三:其一,外卖平台递交材料是行政机关决策的参考。行政机关经由对材料的审查判断其同规范的偏离程度以确定材料在形式上符合递送要求与否。其二,行政机关从材料中获取的智能调度算法数据和信息是此后行政监督的基础。欧盟委员会发布的《人工智能法案》在"5.1.实施计划以及监测、评价和报告安排"一节中规定了人工智能备案制度,旨在建议欧盟内部建立一个独立统一的高风险人工智能备案登记系统。根据该节的要求,高风险人工智能备案登记从属于人工智能透明性原则,有助于利益相关主体对高风险人工智能系统的监督,促进人工智能可靠、可信。其三,行政机关接收外

---

[61] 参见许可:《算法规制体系的中国建构与理论反思》,载《法律科学(西北政法大学学报)》2022年第1期,第127页。

卖平台机关的材料便于此后的监督备查。[62]

在实施路径上,外卖平台智能调度算法备案的流程按照以下步骤渐次展开。第一,确认智能调度算法责任的主体。根据外观主义原则,在无例外事由的前提下,推定外卖平台作为智能调度算法备案主体承担算法责任。第二,外卖平台向行政机关提交备案材料,向备案机关告知与说明各类有效信息,使其知悉算法运行的重点、疑点与风险点并对其重点监督审查,提高规制效率。第三,确定备案标准,审查智能调度算法风险并予以告知和公布。行政备案机关应根据智能调度算法对外卖骑手造成的影响,确定可接受的智能调度算法数据收集范围、路线择取区间、配送时段选择和交通事故风险等审查标准,判断智能调度算法同标准的拟合程度,明确离散系数和偏移指标,及时指导外卖平台调整修正,避免事中运行失控和事后权益损害。智能调度算法备案的类型包括自我备案和向监管部门备案两类情况:自我备案指算法设计者和使用者留存平台算法设计日志和运维日志,做好算法相关记录,备案待查;向监管部门备案指算法技术主要受益人依照有关部门公布的算法备案规范性文件,将算法权益归属主体、指涉对象、运维条件、标准、范围和程序向指定的算法监督管理部门提交备案。

3. 信息披露

算法信息披露是人工智能治理透明度原则在算法规制领域的具象化。透明度原则主要包括可解释性、可溯源、可理解性、信息披露、信息展示等内容。[63] 平台智能算法技术是否透明不仅仅是互联网平台治理的问题,还涉及公共利益的权衡。算法信息披露本质上是平台信任机制的问题,平台在一定范围内公示平台技术规则,对其中涉及重要个体权益和公共利益的规则设计进行解释,以增进公众理解,从而排除对算法技术的恐惧和对算法黑箱的质疑。除增加可信度之外,信息披露的意义还在于使互联网平台获得一种合规的自我暗示,即应当在设计研发和部署应用算法的过程中植入合规义务和科技伦理,否则在向监管机关、第三方及公众披露算法规则及其解释后,不适当与不合法的算法设计便会受到谴责与追责。平台充分且适当的算法信息披露策略,非但不会有商业秘密泄露的技术隐忧,还会增进公众信任,获取商业收益。首先,将平台引入算法进行营运的信息披露给相关方,可以增进他们对算法技术本身的理解,深化对算法风险的认识,强化对平台的信任。其次,平台引入算法信息披露机制,将加强公众对平台的技术信任,即进行算法信息披露的公司较之于未披露的公司更有技术优势和服务自信。最后,充分的算法信息披露还将使得互联

---

[62] 参见张红:《论行政备案的边界》,载《国家行政学院学报》2016年第3期,第27—28页。
[63] 参见周辉等:《人工智能治理:场景、原则与规则》,中国社会科学出版社2021年版,第27页。

网平台公司在股价方面获得回馈。[64]

未经解释的算法信息披露不具有意义,算法信息披露的目的是打消相关主体的疑虑,而现状是算法用户多数是没有专业网络、计算机或者代码知识的程序小白,因而有披露就必须有解释。2020年1月,美国发布的《人工智能应用监管指南备忘录(草案)》(Guidance for Regulation of Artificial Intelligengence Applications)较为详细地对披露和透明度进行了阐释:人工智能信息披露内在包含对人工智能何时使用、具有何种风险、产生的影响的解释,而是否应当披露以及披露的范围则主要根据人工智能系统对用户的风险程度以及披露后对产业的影响综合判断。我国的《网络安全标准实践指南—人工智能伦理安全风险防范指引》第2.6条将"可解释性"定义为"人工智能决策或行为的机制机理可以被人类理解的特性",但在对于解释的理解程度上,该条注2认为"不可解释是指部分人工智能具有的,在当前技术发展情况下,人难以理解其全部机制机理的属性",这意味着满足部分理解的要求即可视为满足人工智能可解释性。

智能调度算法信息披露机制作为"信息纠正"手段,目的在于矫正时间预估和路线分配自动化决策中骑手群体和外卖平台信息严重不对称的地位,使信息从优势方向劣势方流动,从而达到双方衡平的效果。[65] 鉴于智能调度算法是对用户权益和公共利益产生重大影响的调度决策类算法,外卖平台负有算法信息披露的义务。外卖平台既是智能调度算法技术设计部署主体,又是数据控制主体,还是算法信息披露制度的启动主体。披露和解释的范围包括智能调度算法的设计目的、使用场景、部署方式、运行机制、数据类型、使用方式、主体风险、权益影响及处置措施等。在公示和解释时间上,为保障利益相关方最大知悉可能性,外卖平台应有三个公示与解释时段:第一,智能调度算法技术设计至部署前阶段的公示与解释。外卖平台应在该阶段公示并解释未被部署使用的涉及路线选择、时间预估、绩效考核、奖惩机制等直接涉及劳动者权益的算法机制,便于外卖骑手和劳工组织行使充分的知情权和表达权以推动改进智能调度算法。《关于维护新就业形态劳动者劳动保障权益的指导意见》第10项要求平台在制定修订涉及进入退出、订单分配、计件单价、抽成比例、报酬构成及支付、工作时间、奖惩等直接涉及劳动者权益的制度规则和平台算法前,充分听取工会或劳动者代表的意见建议,将结果公示并告知劳动者。第二,部署使用阶段公

---

[64] See Kamalnath A, Varottil U, *A Disclosure-Based Approach to Regulating AI in Corporate Governance*, NUS Law Working Paper, 2022, p.10-15.

[65] 参见张凌寒:《商业自动化决策算法解释权的功能定位与实现路径》,同前注[2],第55页。

示与解释。外卖骑手与利益相关方可在该阶段要求外卖平台针对涉及使用者权益的重要算法规则进行公示与解释,在此基础上听取上述各方反馈意见,对于意见中同骑手权益保障关系紧密的,外卖平台应及时、合理、有效地根据其内容修正决策算法,并将修改内容与结果及时反馈给建议主体。第三,更换、中断或终止算法技术前的公示与解释。该阶段公示和解释的目的在于让骑手群体及其他利益相关方充分知晓算法停用的理由和影响,为他们适应新算法或者彻底停止使用该算法技术留下充足时间。此外,外卖平台针对影响外卖骑手生命、健康等重大权益的智能调度算法规则(如路线规划和时间预估算法),应主动提示骑手群体注意,并负有以清晰、易懂的方式解释的义务。《通用数据保护条例》第 21 条第 4 款即赋予数据控制者提请数据主体享有第 1 款和第 2 款规定的拒绝权的义务,并要求数据控制者清晰、单独地将该权利介绍给数据主体。[66]

4. 算法干预

智能调度算法的初衷和本质是服务使用者,即通过技术配置,实现四方主体的利益最大化。在外卖配送的场域中,外卖平台借由渠道优势、技术赋能和网络效应,实现用户的规模性增长以满足发展和利润的需要;商家通过平台渠道,扩展销售路径,提质增效;消费者通过移动终端及其应用获得了更多满足消费欲望的机会;外卖骑手于其间能够充分就业,通过劳动实现财富积累和自我价值实现。科技向善增进人类福祉,故而必须明确算法是主体使用的技术工具,既非一群人奴役另一群人的教鞭,亦非主体客体化、消解人类主体性的数字武器。智能调度算法的技术干预的法理起点是保障人类不受自动化决策操纵的自由,打破智能算法控制外卖骑手的技术闭环,赋权人类维护主体性尊严,针对智能算法进行价值纠偏和人为修正。当前,人类社会正由弱人工智能走向强人工智能阶段,[67]终端、数据、算法和算力的耦合让人类在这场人机博弈中越

---

[66] 1. 数据主体拥有拒绝权,在关于他/她的特定情形下,在任何时间处理关系到他/她第 6 条第 1 款第(e)或(f)项规定的个人数据,包括基于这些条款的分析。控制者不能处理个人数据,除非控制者能够证明不顾数据主体的利益、权利和自由处理数据或者建立、行使或维护这些法律权利具有令人信服的正当化理由。

2. 个人数据因为直接营销的目的被处理的,数据主体应当有权利拒绝在任何时间因为这种商业目的处理关系到他/她的个人数据,这种商业目的包括分析有关这种直接营销的程度。

[67] 目前,对于人工智能的智性水平有两分说和三分说。"两分说"认为人工智能可分为弱人工智能和强人工智能;弱人工智能是指无自主意识和判断能力的自动化工具;强人工智能是指能够达到人类智性水平,具有知觉和自主意识的机器人。"三分说"在两分说的基础之上增加"超人工智能"的阶段,指在科学创造力、智慧和社交能力等每一方面都比最强的人类大脑聪明很多的智能机器人。"两分说"参见〔美〕史蒂芬·卢奇、丹尼·科佩克:《人工智能》(第 2 版),林赐译,人民邮电出版社 2018 年版,第 11 页。"三分说"参见李开复、王咏刚:《人工智能》,文化发展出版社 2017 年版,第 131—133 页。

来越显得不堪一击,因而有必要在价值位阶和制度设计上赋予人类优先的逻辑内核。《通用数据保护条例》第22条基于人的自主性价值赋予数据主体不受自动化处理作出的决定影响的权利,同时数据主体有获取数据控制者人为干预的权利,以维护自身的权利、自由和合法利益。《人工智能法案》第14条通过主体监督制定了"人保护人"的干预模式。人工智能监督主体需充分了解和正确解释可能产生健康、安全或基本权利风险的人工智能系统及其自动化偏差系数,并能在任何特定情况下自主作出决策并有效中断高风险人工智能系统。相较于欧盟的有关规定,我国对算法人工智能干预机制的构建较为笼统。《互联网信息服务算法推荐管理规定》第11条要求算法推荐服务提供者应当建立完善人工干预和用户自主选择机制。《新一代人工智能伦理规范》第17条要求人工智能控制主体在紧急情况发生时随时准备协助相关主体依法依规对人工智能系统进行干预。

就智能调度算法而言,外卖平台要组织预留人工干预的人员储备,建立健全人工干预的长效机制:一是要尊重骑手的主体性,在智能调度算法自动化决策方面,平台工作人员和外卖骑手享有最终的结果判断权和奖惩决策权;二是要考虑到极端天气、意外事件等特殊情况,若存在威胁劳动者生命健康安全的极端情况,人工干预机制应立即中止或者断开路线规划算法和时间预估算法的自动化决策,由平台人员在线即时同相应骑手沟通,全程协助问题解决;三是做好矛盾纠纷化解工作,增进商家、消费者和外卖骑手三方之间的理解互信,避免因技术中立伪装而导致"一切人反对一切人"的困局发生。在流程上,人类主体性的维护应在设计制造阶段就由程序员植入代码逻辑之中,外卖骑手的自由、生命与健康应被视为算法的首要逻辑取向,并为骑手自主判断配送情势留下必要的技术接口,包括:设立紧急状态下的外卖骑手模式,让外卖骑手在合理区间内自主选择配送路线和送达时间;设置协助呼叫装置,呼唤召集附近外卖骑手协助;安排紧急断开装置,在骑手承担事后一定范围内的财产后果的前提下,赋予外卖骑手完全的自由度,以抵御数据滥用、算法失序、平台失范对骑手权益造成的损害。此外,需注意到人工干预不全然排除人工智能系统辅助的助力,合理范围内的数据收集、配送路线规划、交通情况提示、语音助手等人性化功能仍可在平台人工或外卖骑手接管智能调度算法控制权后使用。

五、结语

外卖平台的发展日益优化数字市场要素配置结构,提升资源运转效率,促进劳动力灵活就业,缓解就业压力。但是,不断发生的外卖骑手在配送中车毁人息的悲剧昭示出,产业资本、数字技术和劳动控制策略加持下的智能调度算法技术已然发生了前所未有的权力异化现象。外卖配送场域中,智能调度算法的控制对象、技术逻辑、风险生成和控制结果等技术机制同传统算法运行机理不同,因而生成了独特的异化现象,以致场景化规制思路在外卖平台智能调度算法的规制上更显必要。在比对现有的算法规制理论和规制手段后,本文认为自我规制因其开放性、包容性、创新性、针对性和灵活性的特质,能较好地兼顾产业发展的需要和有效规制的要求,在为数字经济的发展留下充分制度接口的同时,改善劳动伦理失序、外卖骑手权益失重、算法歧化应用和技术治理失效的困境。在具体的规制手段上,由算法评估、算法备案、信息披露和算法干预制度构成的被迫型自我规制模式更为符合外卖配送劳动自身的秉性和骑手群体对智能劳动工具的期待。

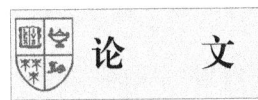

发展规划法的理论依循与规范构造

叶 姗[*]

Theoretical Compliance and Normative Structure of Development Planning Law

Ye Shan

内容摘要： 国民经济和社会发展五年规划纲要是全面调整政府和市场关系、规范政府职能的纲领性法律文件，旨在阐明国家战略意图、明确政府工作重点、引导规范市场主体行为。法律规制国家发展是通过制定发展规划法而实现的，发展规划法的建制所应依循的理论根基及其所能构造的规范体系亟待系统研究。想要构建更加系统完备、更加成熟定型的高水平社会主义市场经济体制，理应廓清政府和市场在资源配置中所起的作用，推动有效市场和有为政府更好结合。有为政府应当兼具使经济发展有序、令重大风险可控、促收入分配公平、督市场竞争适度等诸般作用。发展规划中的经济社会发展指标体系由预期性指标与约束性指标构成，应分别创设不同的实施义务，以努力争取实现预期性指标并确保如期完成约束性指标。起草发展规划法除了要精心设计常规的编制程序、不断提高规划编制质量外，还要费心构造奖惩适度的实施机制。

关键词： 发展规划法 制内市场 有为政府 预期性指标 约束性指标

---

[*] 叶姗，法学博士，北京大学法学院院聘教授，博士生导师。

编制程序　实施机制

"发展规划法"曾被列入《十二届全国人大常委会立法规划》中的第二类立法项目——"需要抓紧工作、条件成熟时提请审议的法律草案",其后又被列为《国务院2021年度立法工作计划》附件中的第一类立法项目——"拟提请全国人大常委会审议的法律案"。以上转变体现出发展规划法的立法进程明显加速。从中共中央办公厅、国务院办公厅《关于建立健全国家"十三五"规划纲要实施机制的意见》提出要"强化规划法治保障。积极推进发展规划法立法工作",到《"十四五"规划纲要》强调要"加快出台发展规划法,强化规划编制实施的法治保障",制定发展规划法可以说是如箭在弦。国民经济和社会发展规划的编制和实施经年累月,对于我国的经济和社会稳定发展来说,可谓举足轻重。然而,现有的研究成果[1]仍有所不足,对于是否有必要制定发展规划法,其所依循的理论根基何在,其应构造的规范体系如何等问题仍亟待进行系统研究。发展规划法在性质上属于计划法[2]的范畴,"计划法是调整在制定和实施国家计划过程中发生的社会关系的法律规范的总称……只要有计划,就会有计划工作或计划行为,有计划行为就需要有法律对其进行规范","因此,必须加强计划立法"。[3]

我国现已建立以"国民经济和社会发展五年规划"(以下简称"五年规划")为统领,国家、省、市县等三级规划与专项规划、区域规划、城市规划、土地(空间)规划等四类规划为支撑的发展规划体系。当前的发展规划立法主要体现在土地规划和城市规划上,在五年规划方面,仅有国务院《关于加强国民经济和社会发展规划编制工作的若干意见》和中共中央、国务院《关于统一规划体系更好发挥国家发展规划战略导向作用的意见》等规范性文件。制定发展规划法可以使发展规划的编制和实施有法可依,"加快规划立法,提高五年规划的法律地位,以法律形式明确规划编制、实施、监督的行政主管部门和其他参与者的权利和义务。这不仅有利于规划的实施,还从法律层面保障了规划的延续性和稳定性"。[4]上文所述四类规划是在五年规划这一总体发展规划的基础上编制的专项发展规划,分别是以特定领域,跨行政区域的特定区域,城市的土地、空间布局和各项建设,以及一定区域内各类用地的结构和布局为对象编制

---

[1] 例如,邱本:《发展规划法研究》,载《盛京法律评论》2016年第2辑;徐孟洲:《论经济社会发展规划与规划法制建设》,载《法学家》2012年第2期。

[2] 计划法一直是经济法理论研究的重要论题,参见肖江平:《中国经济法学史研究》,人民法院出版社2002年版,第364—366页。

[3] 张守文:《经济法学》(第三版),中国人民大学出版社2016年版,第193页。

[4] 尹俊、徐嘉:《中国式规划:从"一五"到"十四五"》,北京大学出版社2021年版,第283—284页。

的。有鉴于此,本文拟以五年规划纲要的文本及其制定和实施过程为例,基于经济法理论探寻制定发展规划法所应依循的理论根基及其所能构造的规范体系。

一、法律规制国家发展何以可能

我国于1953年制定第一个"国民经济五年计划",1982年改成"国民经济和社会发展五年计划",2006年又改成"国民经济和社会发展五年规划",现正处于"十四五"规划实施阶段。《"十一五"规划纲要》开篇即强调这是政府履行经济调节、市场监管、社会管理和公共服务职责的重要依据;《"十四五"规划纲要》开篇则言明其旨在阐明国家战略意图、明确政府工作重点、引导规范市场主体行为。在市场经济体制下,资源配置本应由市场完成,何时需要政府以何种方式发挥作用,则需要通过立法予以明确。回溯起草发展规划法的过程,可谓举步维艰:除了曾列入立法规划外,2011—2016年皆列入国务院年度立法工作计划,前三年为"需要积极研究论证的项目"或"研究项目",后三年为"预备项目"。[5]尽管《十三届全国人大常委会立法规划》未再提及该法,但2021年重回国务院立法工作计划后,立法进程明显加速。

何谓规划,根据《说文解字》,规者,"有法度也",划者,"从刀从画"。[6]"规划"一词,静态上是指规划文本,即国家编制的、描述国家未来某一阶段经济和社会发展目标和路径的书面方案;动态上是指规划制度,即国家编制和实施规划的互动过程。[7]规划未来是人类社会的共性,国家发展规划的编制者和实施者是政府。"人类创设政府的根本原因之一也是为了克服根植于人性中的短视和狭隘……人类受限于短视和狭隘的利益,不可能'通过一种共同的目标和目的上的合作'来实现共同利益。因此,只能依靠政府的力量来保障其公共的和长远的利益"。[8]衡量规划文本质量高低的标准是规划确立的价值是否合理,主要目标的设置能否趋近于上述价值,具体措施可否实现上述目标和规划,实施前的预测是否与实际发生的结果相符。而衡量规划制度的构造合理与否的标准则是:其一,规划编制的过程是否反映了宏观计划和科学调整的理念。规划编制是"讨价还价的交易",需要根据约束条件的变化及时进行科学调整。其二,规划实施的过程是否体现了凝聚共识和激励约束的理念。规划文本是对

---

[5] 国家发展改革委2009年研究起草了发展规划法,规定了规划体系、编制程序、审批和实施等,2014年将草案报送国务院法制办,2016年组织召开发展立法工作座谈会,进展缓慢,2020年向国务院上报草案。

[6] 《说文解字》词典,https://www.cidianwang.com/shuowenjiezi/gui3507.htm,https://www.cidianwang.com/shuowenjiezi/hua365.htm,2022年5月1日访问。

[7] 同前注[4],第33—34页。

[8] 〔英〕戴维·休谟:《人性论》,石碧球译,中国社会科学出版社2009年版,第375页。

所有参与主体提供的指引和行为依据,必须让各类参与主体达成共识,才能调动各方面的积极性,形成规划实施的势能和动力。其三,规划是否对不同的参与主体采取不同的激励方式,综合运用预期性、约束性指标,做到激励与约束相结合。[9]

尽管"规划纲要"在性质上属于行政文件还是法律文件尚无定论,但是,规划之于经济社会发展的价值和意义不言而喻。"经济计划没有特定的表现方式,它常通过截然不同的法律形式来实施……经济计划法律形式表现的多样性使人们很难对计划进行法律定性。不过立法者在很多情况下对其法律形式作出了规定。"[10]"规划纲要"的实施具有时限性,不太可能属于法律的范畴,但近似于德国法上的措施性法律的范畴——立法者采取具体的步骤,针对某一种社会、经济或政治等目的考量所采行的立法方式。这种法律并没有永续性,只要目的已达成,该法律即失去时效性。[11]"规划是对未来比较全面、长远的发展计划,是对未来全局性、战略性、方向性问题的谋划、部署和展望",因此,规划可以被定义为"各级政府拟定的适用于引导经济和社会发展的,有时间延续性和空间限定性的战略指导性计划"。[12] 笔者认为,计划一般是指工作或行动前预先拟定的具体内容和步骤,而规划指向全面的长期发展计划,更加注重发展的战略性、宏观性和长远性。五年规划属于长期计划的范畴,而发展规划法在性质上属于经济法中的宏观调控法。五年规划的编制技术日渐成熟,而实施机制仍然有待完善,极有必要通过制定发展规划法将行之有效的经验和做法予以法定。

科学认识和妥当处理政府和市场关系,从来都是我国经济体制改革的核心议题,同样得到经济法理论研究的高度关注。[13] 国民经济和社会发展规划纲要是全面调整政府和市场关系的纲领性法律文件,想要构建更加系统完备、更加成熟定型的高水平社会主义市场经济体制,就很有必要以五年规划纲要为样本,审视法律规制国家发展的可能性。"发展失衡、发展失调、发展失序等发展问题,需要通过法律制度的调整来加以解决,其具体方式是对各类发展主体的发展权利进行有效分配,对发展义务或发展负担进行轻重适度的调整,为此需要明确整体法治的发展导向,并在法治体系的各个环节加以落实。"[14]资源配置应当由市场而不是政府来主导更加合适,然而,我国经济体制改革从来都是

---

[9] 同前注[4],第34—35页。
[10] 〔德〕乌茨·施利斯基:《经济公法》,喻文光译,法律出版社2006年版,第128页。
[11] 陈新民:《德国公法学基础理论》(下册),山东人民出版社2001年版,第365页。
[12] 徐孟洲:《论经济社会发展规划与规划法制建设》,同前注[1],第44页。
[13] 例如,张守文:《政府与市场关系的法律调整》,载《中国法学》2014年第5期;许明月:《市场、政府与经济法——对经济法几个流行观点的质疑与反思》,载《中国法学》2004年第6期。
[14] 张守文:《发展法学:经济法维度的解析》,中国人民大学出版社2021年版,第5页。

由中央政府推动的：市场可以在资源配置中起何种作用，从根本上取决于政府的认识和取舍。从认识到社会主义国家可以实行市场经济体制而不仅仅是计划经济体制开始，到明确市场在资源配置中的基础性作用，及至确立市场在资源配置中的决定性作用，中央政府对于市场在资源配置中的角色定位的认知逐渐清晰。同时，如何"更好发挥政府作用"则一直在与时俱进地作出调整。

资源必然是稀缺的，这使得"生产什么、如何生产、为谁生产"成为资源配置中不得不作出抉择的难题。"了解市民、企业、市场与国家（行政与政治）各自所扮演的角色，发挥着怎样的作用，正要进行怎样的改革，如果采用比较极端的说法即为是选择建立以市场机制为中心的经济体制呢，还是以国家（政府管制）为中心的经济运作的问题。"[15]事实上，完全由市场或完全由政府来完成资源配置的状况在真实世界中都是不存在的，两者不是非此即彼的问题，而是孰轻孰重、孰主孰次的问题。有学者指出，中国经济体制应当选择市场经济，还是选择计划经济，或者说，在资源配置中应当由市场起主导作用，还是应当由政府起主导作用，是一个始终伴随中国数十年改革历程的命题。[16] 尽管理论上关于市场和政府的角色定位的认识始终存在争议，然而，实践表明，市场并不总是有效运作的，政府的作用更不是无关紧要的，"市场和有效负责的政府是相辅相成的"[17]。有学者直言不讳地指出：《"十一五"规划纲要》宣告了计划法的彻底终结，在市场经济条件下，计划法既缺乏现实基础，也无基本的法理支撑。[18] 笔者认为，是否制定计划不是计划经济体制与市场经济体制的区别，从计划到规划，反映的仅仅是内容上的革新，编制和实施规划的经验仍然有必要制定成法律。

法律规制国家发展主要是通过调整政府和市场关系，特别是规范政府的职能而实现的。立法上的备选项包括制定经济稳定发展促进法和发展规划法，分别强调促进经济和社会稳定发展的目标以及通过制定和实施发展规划来实现发展的过程。法律规制国家发展之所以可能，是通过制定发展规划法而实现的。对于市场经济体制国家的发展而言，"在一个按不同分工组织起来的、高度技术化、错综复杂的社会中，不可能通过孤立而暂时的计划来操纵整个国家的经济。经济计划在概念上和性质上都是与未来有关的并且是发展开放的，通过

---

[15] 〔日〕丹宗昭信、伊从宽：《经济法总论》，吉田庆子译，中国法制出版社2010年版，第241页。

[16] 吴敬琏：《回望通向市场经济之路》，载吴敬琏主编：《比较》（总第106辑），中信出版集团公司2020年版，第1页。

[17] 〔英〕布赖恩·斯诺登、霍华德·R.文：《现代宏观经济学：起源、发展和现状》，佘江涛、魏威译，江苏人民出版社2019年版，第456页。

[18] 薛克鹏：《论计划法的终结》，载《社会科学研究》2007年第3期，第63页。

预定的经济指标的制定构想出一种国家行为计划"。[19] 早在20年前,就有学者指出,在中国由计划经济体制向市场经济体制转轨的过程中,通过计划法对计划加以严格规范,以摆脱计划者不恰当的"有意识的控制",使市场经济体制能够真正有效地得以建立,其意义不可谓不重大。[20] 但是,当年关于计划法的研究成果乏善可陈。近年来,规划纲要的编制和实施日益精细,积累了大量经验,因此,要"坚持依法制定规划、依法实施规划的原则,将党中央、国务院关于统一规划体系建设和国家发展规划的规定、要求和行之有效的经验做法以法律形式固定下来"。[21]

二、制内市场:政府和市场关系

一国的政治经济体制是关于政府和市场关系的制度安排。笔者认同,我国的政治经济体制属于负责协调政府和市场关系的特殊机制——以"制内市场"(market in state)为特征,不同于西方发达国家以"场内国家"(state in market)为特征的政治经济体制。在"制内市场"模式中,"市场和市场机制的很大一部分,牢牢地嵌入并被限制在国家的制度机制之内……在资源配置、社会经济分层过程以及国家经济的发展中,国家及其机构的政治权力起着决定性的作用",[22] 其核心意涵是市场机制理应服膺于政府规制。想要构建更加系统完备、更加成熟定型的高水平社会主义市场经济体制,需要合理界定政府和市场在资源配置中所起的作用,推动有效市场和有为政府更好结合。法律规制国家发展是通过调整政府和市场的关系、特别是规范政府的职能而实现的。有为政府超越传统上将政府分为无限政府和有限政府的观点,它主张的是政府应当在市场起决定性作用的情况下更好发挥作用、知所进退。

(一)"制内市场"何所谓

我国政府属于典型的泛利性政府,同等关注经济增长和整个社会的长期利益。"许多发展中国家没有实现赶超的目标,不是由于缺乏市场,而是由于缺乏好的政府",泛利性政府的目标是"长期社会福利的最大化,它既是功利主义的,又能抵抗住利益集团的压力",以及"设计合理的产业政策和就业政策来提高收

---

[19] 〔德〕罗尔夫·斯特博:《德国经济行政法》,苏颖霞、陈少康译,中国政法大学出版社1999年版,第213页。
[20] 李刚:《市场和计划法:对计划的两次限制——试论计划法若干基本问题》,载《经济法论丛》2001年第2期,第260页。
[21] 《国民经济和社会发展第十四个五年规划和2035年远景目标纲要》。
[22] 郑永年、黄彦杰:《制内市场——中国国家主导型政治经济学》,邱道隆译,浙江人民出版社2021年版,第29、32、118页。

入分配的平等程度"。[23] 我国政府不断调整和改进发展目标——从追求经济高速度增长到寻求经济高质量发展，不仅取得了巨大的发展成就，而且保持着持续发展的强大动能。"当今世界最富裕的国家都既拥有发达的市场经济，又拥有强大的中央集权政府"，"政府能力有助于解释能引导市场经济和经济增长的制度的持久性"。[24] 发展规划法是调整政府和市场关系的基本法，其中的重点是清晰、合理、准确、精确地概括进而规制政府的职能。"中国政治经济体制的一个特点是，国家的强制权力总是允许它通过一个复杂的政治经济体制对整个国民经济施加直接和间接的主导，因此，排除了通过自下而上的市场发展和市场整合过程的方式，出现一个独立经济领域的可能性。"[25]

1978 年以前，我国实行高度集中的计划经济体制，政府在资源配置中起决定性作用。从 1984 年党的十二届三中全会明确社会主义经济是"公有制基础上的有计划的商品经济"，到 1992 年党的十四大确立社会主义市场经济体制的发展目标——"使市场在国家宏观调控下对资源配置起基础性作用"，再到 2013 年党的十八届三中全会确定"使市场在资源配置中起决定性作用"和"更好发挥政府作用"。1997 年党的十五大、2002 年党的十六大、2007 年党的十七大、2012 年党的十八大先后提出要"进一步""在更大程度上""从制度上更好""更大程度和更广范围"发挥市场在资源配置中的基础性作用，认识程度不断加深。继 2014 年明确"社会主义市场经济本质上是法治经济"，应"完善社会主义市场经济法律制度"后，2020 年提出，"更加尊重市场经济一般规律……更好发挥政府作用，有效弥补市场失灵"，党的二十大报告要求，"构建高水平社会主义市场经济体制……充分发挥市场在资源配置中的决定性作用，更好发挥政府作用"。[26] 与"市场起基础性作用"对应的是政府起宏观调控作用，而"市场起决定性作用"却未能揭示如何更好地发挥政府作用。"由于现实市场不可能比理想市场运行得更好（往往可能更糟），市场失灵被认为是一种普遍现象。"[27] 政府能做什么取决于市场何时失灵，而可做什么则取决于提供公共服务和维持秩序的能力。

关于经济增长的两个主流理论——"经济体制持续分权理论"和"地方官员晋升锦标赛理论"，均强调地方政府在经济增长中发挥的重要作用，但对"地方

---

[23] 姚洋：《泛利性政府——东亚模式的一个贡献》，载《制度经济学研究》2004 年第 4 期，第 5—6 页。

[24] 〔美〕诺埃尔·约翰逊、马克·小山：《政府与经济增长：能力和约束》，王靖宜译，载吴敬琏主编：《比较》（总第 106 辑），中信出版集团公司 2020 年版，第 84—85 页。

[25] 同前注[22]，第 118 页。

[26] 参见中共中央《关于全面推进依法治国若干重大问题的决定》，中共中央、国务院《关于新时代加快完善社会主义市场经济体制的意见》。

[27] 〔美〕奥利弗·E.威廉姆森：《治理机制》，石烁译，机械工业出版社 2016 年版，第 37 页。

发展主义"提出了不同的解释。有学者不同意上述理论而提出了新的理论分析框架,将当前的经济增长模式概括为:在集权的经济管理体制下,既有民营企业在下游制造业行业的"一类市场化竞争"——下游民企市场化竞争,又有中央和地方政府卷入的"国际和国内两层逐底式竞争",还有国有企业在上游部门、国有银行在金融行业、地方政府在商住用地出让上的"三领域行业垄断"——上游国企行政性垄断、国有银行行政性垄断和地方政府商住用地行政性垄断。基于此,未来经济实现高质量发展的关键在于,通过国有企业、金融、住宅用地供应体制的市场化改革逐步打破行业垄断,同时要以全面、平衡的良性市场经济体制实现以国内循环为主的"国内国际双循环"。[28] 笔者认为,系统完备、成熟定型的社会主义市场经济体制本质上是一种法治经济体制。"国家的经济治理离不开经济立法和经济法治的推进,而由此形成的法律系统或法治系统的结构与功能,直接影响市场和政府的功用,因而需要从结构功能主义的视角展开系统分析。"[29] "制内市场"模式呈现的是"市场机制服膺于政府规制"的架构。

政府应当是有限的还是无限的,可谓见仁见智,因各国的政治制度和历史传统而异。对于一国的经济社会发展来说,政府能起到的作用不言而喻。"制内市场"模式植根于我国传统的政治经济体制,它既不同于在现代欧美占据主导地位的"场内国家"模式,也不同于东亚新兴经济体的发展模式。如学者所言,"制内市场"体制赋予国家对国内市场行为者的绝对主权。国家通过其经济部门(如国有企业、国有银行和地方政府)对工业、金融和土地进行控制,以及对强大的私人行为者进行全面吸纳。在这种安排下,国家拥有必要的资源和机制,使市场成为一种工具而非意识形态权威和政治原则的来源。[30] 在"制内市场"模式中,与市场相比,政府居于主导地位。为了使政府和市场在资源配置中各自发挥其应起的作用,政府应侧重于对国民经济和社会发展进行宏观调节和控制,从原本主导资源配置、培育和扶持市场成长的角色中抽离,自觉、自愿地将本应由市场完成资源配置的领域让渡给市场,同时,要积极、主动地管好应当由政府完成的资源配置事务。"事实上,管制与市场是同时成长的。自律性市场是前所未闻的,自律这个观念的出现是完全违反当时发展之趋势的。"[31]

(二)"有为政府"何所指

理论上说,市场机制和政府规制都有可能发生显著而又可预期的失灵问

---

[28] 参见陶然、苏福兵:《经济增长的"中国模式":两个备择理论假说和一个系统性分析框架》,载吴敬琏主编:《比较》(总第114辑),中信出版集团2021年,第179、182、186—187页。
[29] 张守文:《当代中国经济法理论的新视域》,中国人民大学出版社2018年版,第13页。
[30] 同前注[22],第369页。
[31] 〔英〕卡尔·波兰尼:《巨变:当代政治与经济的起源》,黄树民译,社会科学文献出版社2013年版,第145页。

题,因此,"政府可以提供公共物品、弥补市场失灵、降低收入和机会不平等、稳定极端经济波动等。然而,这不能决定经济发展的成败。经济发展的成败是由保护产权、执行法治、防止政治权力滥用的基本制度和法律基础架构决定的"。[32] 在资源配置中,市场和政府均不是最完善的方案,"政府失灵与市场失灵并存使得经济发展战略面临两难选择",[33]市场机制和政府规制可谓各有千秋,也各有弊病:反对市场的观点,既有从"市场经济的力量和弱点以及这种涉及基本经济学选择的分析所包含的政策意义"等角度所作的讨论,也有从"在作为经济活动的主要调节者的市场或政府之间怎样进行选择"的角度所作的分析;反对政府的观点认为,政府超越其最低限度的公共利益职能的扩张,会削弱资源的有效利用,阻碍经济发展以及限制社会流动和政治自由。[34] 关于市场失灵的认识是有共识的,市场失灵为政府规制提供了必要但不充分的理由。"政府失灵和市场失灵应被视为同一枚硬币的两面。这两种失灵都来自社会组织不可避免地产生的信息不对称、规模经济和外部性,毕竟选择和决策都是由不完美的人而非理想化的经济人作出的……政府失灵恰恰是因为在市场失灵的背景下,政府被要求提供服务或实施监管。"[35]

资源配置既要考虑资源稀缺问题,也要考虑资源生成需求。如果说市场和政府在资源稀缺问题上各司其职的话,政府在资源生成需求上的功能十分显著。城市资源可以分为可经营性资源、非经营性资源和准经营性资源,分别与经济发展、社会民生和城市基础建设相对应。有为政府应保障公益性资源供给、规制经营性资源分配、促进准经营性资源生成。"分析政府的作用可以从两个角度着手:一是规范方法,即强调政府应该做什么;二是实证方法,即强调对政府实际做了什么以及结果是什么的描述与解释。"[36]政府可以从市场运行的各种宏观和微观数据中获取重要的信息和信号,为其制定适当的规制措施奠定了客观的基础。"政府可以在诸如纠正市场失灵、提供公共产品等方面发挥作用,即存在非政治的、经济意义上最佳的政府职能范围。事实上,对于一个社会

---

[32]〔意大利〕圭多·塔贝里尼:《政府在经济发展中的作用》,王旭译,载吴敬琏主编:《比较》(总第 69 辑),中信出版社 2013 年版,第 100—101 页。

[33]〔美〕约瑟夫·E. 斯蒂格利茨:《政府失灵与市场失灵:经济发展战略的两难选择》,吴先明编译,载《社会科学战线》1998 年第 2 期,第 34—36 页。

[34] 前者构成市场缺陷理论和福利经济学的核心,后者得到公共选择理论和新自由主义经济学的佐证。参见〔美〕查尔斯·沃尔夫:《市场或政府——权衡两种不完善的选择/兰德公司的一项研究》,谢旭译,中国发展出版社 1994 年版,第 1—4 页。

[35]〔英〕黛安娜·科伊尔:《市场、国家和民众——公共政策经济学》,郭金兴译,中信出版社 2022 年版,第 304—305 页。

[36]〔美〕约瑟夫·E. 斯蒂格利茨:《公共部门经济学》,郭庆旺等译,中国人民大学出版社 2005 年版,第 75 页。

而言,与收入再分配和稳定经济相比,提供公共产品是政府最根本的职能。"[37] 政府规制也有可能出现失灵现象,甚至产生更有争议的资源配置不公问题。于一国的经济社会发展而言,政府担当着极其重要的角色。与西方国家逐渐认识到市场可能失灵,进而不断强化政府的作用不同,我国政府从主导资源配置的地位逐渐转向在市场对资源配置起决定性作用的基础上发挥作用。"市场和政府的关系,不是简单的一进一退的问题,而是政府能否为市场运行打造出一个基本框架和空间的问题。"[38]

政府需要与市场适当保持距离,而将精力投入市场失灵最明显又有证据表明政府规制很可能更有效的领域。"市场失灵是指市场运行中出现的妨害竞争、外部效应、公共物品、信息偏在等问题,公平分配、币值稳定等问题也是市场机制不能有效解决的。然而,市场失灵却不必然导致政府介入和弥补",[39] 而政府参与资源配置同样可能出现失灵问题。"政府和市场作用的范围和领域应该有有效边界,一旦超出范围,政府干预和市场机制都会破坏正常的市场秩序……界定政府职能,明确政府的干预方式和干预范围,划分政府和市场之间的边界,无论是对提高市场调节效率还是对提高政府效率都有十分重要的意义。"[40] 最符合中国特色社会主义市场体制的政府,应当是兼具引导、促进和保障作用的中型政府——处于无限政府和有限政府之间的有为政府——有所为有所不为,知所进退。有学者指出,"强调官员激励与政府治理的重要性,一个极为重要的原因是迄今为止政府仍然处于经济社会的枢纽地位,经济与社会的发展仍然高度依赖于政府……而解决政府治理难题的一个总体方向就是打造一个有限、有效的政府"[41],从经济建设型的无限政府逐渐转向公共服务型的有为政府。

三、经济社会发展指标的体系

在社会财富的创造和分配过程中,政府充当着促进经济稳定增长、社会和谐进步,保障国民共同体维持生存和全面发展的角色。有为政府应当兼具使经济发展有序、令重大风险可控、促收入分配公平、督市场竞争适度等诸般作用。为此,既要自觉、自愿地将本应由市场完成资源配置的领域让渡给市场,又要积极、主动地管住该当由政府完成资源配置的事务,并引导、规范和保障市场起决

---

[37] 〔美〕维托·坦茨:《政府与市场:变革中的政府职能》,王宇等译,商务印书馆2014年版,第341页。

[38] 兰小欢:《置身事内:中国政府与经济发展》,上海人民出版社2021年版,第293页。

[39] 张守文:《经济法学的基本假设》,载《现代法学》2001年第6期,第51页。

[40] 洪银兴:《市场秩序和规范》,格致出版社、上海三联书店、上海人民出版社2015年版,第139—140页。

[41] 周黎安:《转型中的地方政府:官员激励与治理》(第二版),格致出版社、上海三联书店、上海人民出版社2017年版,第387页。

定性作用。其中,中央政府应"加快建立全国统一的市场制度规则……促进商品要素资源在更大范围内畅通流动,加快建设高效规范、公平竞争、充分开放的全国统一大市场……为建设高标准市场体系、构建高水平社会主义市场经济体制提供坚强支撑"。[42] 国民经济和社会发展规划纲要的编制需要集中民智、反映民意、凝聚民力,阐明国家战略意图。《"十五"计划纲要》首次列明发展的主要目标,包括宏观调控,经济结构调整,科技、教育发展,可持续发展和提高人民生活水平等;《"十一五"规划纲要》第三章"经济社会发展的主要目标",首次将经济社会发展主要目标分解为预期性指标和约束性指标。发展规划法应当分别创设不同的实施义务,以努力争取实现预期性指标、确保如期完成约束性指标。

(一)经济社会发展指标概览

五年规划纲要主要是由中央政府编制的,但要依靠地方政府和市场主体方能实施。中央政府可以通过对规划的主要目标进行分解,与地方政府的职能和市场主体的目标进行匹配,也可以要求地方政府据此编制自身的规划,或者鼓励市场主体据此制定自身的发展战略。"只有通过哲学的和科学的调查,了解在没有国家干预的市场经济领域究竟发生了什么,才能断言就经济政策和经济理论而言,政府应该尽可能地避免任何干预。政府的责任仅限于界定和维护监管框架,以及履行仲裁员的角色。换句话说,政府对制度的影响应当是中立的。"[43] 发展规划制度本质上需要解决的两个核心问题是"信息捕获"和"激励相容",分别指向规划的编制和规划的实施。尽管作为规划编制者的中央政府可能获得的信息是有限的,可能搜集到的主要是整体信息而不是分散信息,据此,可以制定宏观战略性发展规划,但很难制定面面俱到的发展计划。为了解决信息捕获问题,规划编制可以采取注重公众参与的开放式编制和注重数学模型的科学式编制等方法;为了解决激励相容问题,规划实施的进路如下:政府内部设计合理的绩效考核机制,市场主体内部创设降低信息不对称性的机制。[44]

《"十五"计划纲要》首次在第二章列明"国民经济和社会发展的主要目标",对经济发展、国有企业、社会保障、对外开放、就业促进、生态建设和环境保护、科技教育、国民素质、精神文明建设和民主法制建设进行了定性描述,还对宏观调控、经济结构调整、科技教育发展、可持续发展、提高人民生活水平等设定了主要预期目标。"政府做什么或者不做什么,显然将对经济增长与稳定产生重要的影响……政府在经济中的作用应该是什么?贯穿历史,这个重要的问题一

---

[42]《中共中央、国务院关于加快建设全国统一大市场的意见》。
[43] 朱民、周弘、〔德〕拉斯·P.菲尔德、彼得·荣根主编:《社会市场经济:兼容个人、市场、社会和国家》,中信出版集团2019年版,第94页。
[44] 参见前注[4],第45—47页。

直在被人们争论并且渗透在所有重要的公共政策问题中"。[45] 世纪之交,经济发展到了一定的程度,国家认识到经济社会发展不应仅仅局限于"经济增长"的单一目标,而应扩及"物价稳定、就业充分、国际收支平衡、环境保护"等诸项目标。《"十一五"规划纲要》除了将主标题改成"规划"外,内容大大丰富。值得一提的是第三章"经济社会发展的主要目标",这是政府履行经济调节、市场监管、社会管理和公共服务职责的重要依据,集中展现了国家发展的基本思路和价值取向,下设若干具体发展指标。

事实上,经济社会发展指标总是在适时进行调整:《"十一五"规划纲要》首次设置经济增长、经济结构、人口环境资源、公共服务人民生活等四类共22项指标;《"十二五"规划纲要》调整为经济发展、科技教育、资源环境、人民生活等四类共24项指标;《"十三五"规划纲要》调整为经济发展、创新驱动、民生福祉、资源环境等四类共25项指标;《"十四五"规划纲要》进一步调整为经济发展、创新驱动、民生福祉、绿色生态、安全保障等五类共20项指标。

规划编制时应考虑如何根据主要目标来清晰提炼指标的类型、合理确定指标的性质、准确描述指标的内容,而规划实施时则要注重怎样创造有利于争取预期性指标尽量实现的良好的环境,以及采取什么措施有助于确保约束性指标如期完成。《"十四五"规划纲要》设置的五类指标,反映了关系国民经济和社会发展全局的重大战略问题,体现了政府和市场应恪守的各自的职能、作用和边界,避免出现超量过细的定量指标项目:经济发展类指标旨在实现经济高质量发展,创新驱动类指标反映了数字经济时代的要求,这两类指标属于市场可以起作用的领域;民生福祉类指标体现了中国人民日益增长的美好生活需要;绿色生态类和安全保障类指标,属于市场本身所不能解决的重要外部性问题。经济发展始终是国家发展的第一要义。亚当·斯密在其传世名著《国富论》的第五章概括了政府具有保护国家、维护公正与秩序、提供公共物品等职能。[46] 米尔顿·弗里德曼提出了第四项义务:为那些无法对自己的行为负责的社会成员提供保护。[47] "政府必然会在一国经济中扮演某种角色。接下来的问题是,在特定国家的特定时期中,政府应该扮演何种角色?"[48] 可以诠释当前政府角色的"有为政府"的范畴是林毅夫提出的,"在所有成功的国家中,政府在扶持产业升级和多样化方面都扮演着重要的角色",许多发展中国家需要找到经济增长

---

[45] 同前注[17],第455—456页。

[46] 〔英〕亚当·斯密:《国民财富的性质和原因的研究》(下卷),郭大力、王亚南译,商务印书馆2011年版,第254页以下。

[47] 〔美〕米尔顿·弗里德曼、罗丝·弗里德曼:《自由选择》,张琦译,机械工业出版社2013年版,第33页。

[48] 〔美〕理查德·雷恩:《政府与企业——比较视角下的美国政治经济体制》,何俊志译,复旦大学出版社2007年版,第41页。

的新源泉,"发展中国家的政府通过引导和促进结构变迁以扶持增长、增加就业和减少贫困的作用应重新回到中心地位"。[49]

(二)预期性与约束性指标分述

诚如前述,经济社会发展指标要么属于预期性的,要么属于约束性的,两者各有侧重:预期性指标展现了政府在公共服务和公益领域的职责,反映的是市场这一资源配置方法作用的效果,不可作强制性要求。现代市场经济属于有宏观调控的市场经济,"宏观调节市场经济不限于由于社会的和经济的原因进行逐点控制。这种经济形式的目标是,按照'尽可能进行竞争,尽可能不进行计划'的口号,通过中央作出的经济政策和财政方面的决策,达到一种总量经济的平衡"。[50]《"十一五"规划纲要》将预期性指标界定为国家期望的发展目标,主要依靠市场主体的自主行为实现。政府要创造良好的宏观环境、制度环境和市场环境,并适时调整宏观调控方向和力度,综合运用各种政策引导社会资源配置,努力争取实现。[51]《"十四五"规划纲要》将对预期性指标的表述调整为:主要依靠发挥市场主体作用实现,各级政府要创造良好的政策环境、体制环境和法治环境。[52] 从"市场主体的自主行为"发展到"发挥市场主体作用",将"宏观环境、制度环境和市场环境"调整为"政策环境、体制环境和法治环境",描述了在市场起决定性作用的资源配置领域中政府和市场是如何分工协作的。政府的作用是不可或缺的,如学者所言,政府的显著特征——拥有全体的社会成员和强制力——使政府在纠正市场失灵方面具有某些明显优势,包括征税权、禁止权、处罚权、交易成本等。[53]

为了努力争取实现预期性指标,政府"要加强对预期性指标的跟踪分析和政策引导,确保如期完成"。[54] 如学者所言,"预期性指标和产业发展、结构调整等任务,主要依靠激励激发市场主体的自主行为、动员各方力量的积极性和创造性来实现"。[55] 五年规划纲要对市场机制的影响是间接的,"经济计划是指制定前瞻性的经济政策目标并预先考虑安排经济活动主体以及国家为实现经济目标所应当采取的行为方式,人们试图通过经济计划来影响经济行为,使

---

[49] 林毅夫:《新结构经济学:反思经济发展与政策的理论框架》,苏剑译,北京大学出版社2014年版,第194、202页。

[50] 同前注[19],第49页。

[51]《国民经济和社会发展第十一个五年规划纲要》。

[52]《国民经济和社会发展第十四个五年规划和2035年远景目标纲要》。

[53]〔美〕约瑟夫·E.斯蒂格利茨:《政府为什么干预经济——政府在市场经济中的角色》,郑秉文等译,中国物资出版社1998年版,第74—75页。

[54]《中共中央办公厅、国务院办公厅关于建立健全国家"十三五"规划纲要实施机制的意见》。

[55] 同前注[4],第252—253页。

其按计划进行"。[56] 即便是在市场起决定性作用的领域,政府的作用依然是不可或缺的。"运行良好的市场不仅是稀缺资源有效配置的前提,还给长期的可持续经济增长提供了必要条件。然而市场不能在制度真空中运转,它们需要有明确界定和可靠执行的产权,并依赖治理机制对主张和纠纷予以裁决。"[57] 无论怎样认识政府之于市场运行和资源配置的作用,都不能回避这样一个事实:衡量政府作用机制的财政收支总额不断创下历史新高。"无论是以政府支出占经济总支出的份额来衡量,还是以税法和税收规则手册的规模来衡量,政府对经济的干预可谓日益增长",[58] 可见,政府作用机制实质上属于基本公共服务的范畴。

约束性指标同样属于政府应尽的职责、应起的作用,反映的是政府这一资源配置方法作用的效果,需要作强制性要求。市场和政府在资源配置中所起的作用各异,然而,市场和政府不总是有效的,市场失灵是需要政府规制的原因,但政府同样有可能失灵。因此,政府规制应依法进行、有所约束。"市场在一个法治稳定健全的环境下最能运作良好,这一法治体系须包含一系列定义明晰的权利;该法律体系还应该保障这些权利和合同不受伤害。建立稳定的法治系统,保障权利、履行合同,是人们广泛承认和接受的政府职责。"[59]《"十一五"规划纲要》将约束性指标界定为:在预期性基础上进一步明确并强化了政府责任的指标,是中央政府在公共服务和涉及公众利益领域对地方政府和中央政府有关部门提出的工作要求。政府要通过合理配置公共资源和有效运用行政力量,确保实现。[60]《"十四五"规划纲要》调整为:约束性指标要明确责任主体和进度要求,合理配置公共资源,引导调控社会资源,确保如期完成。[61]《"十四五"规划纲要》对《"十一五"规划纲要》中的相关措辞和表述所作的调整和改进,更加清晰地展现了政府在市场配置资源失灵时如何更好地发挥作用。

为了确保如期完成约束性指标,各有关部门要"将《纲要》中可分解到地方的约束性指标落实到各地,并加快完善相关指标的统计、监测和考核办法"[62]。如学者所言,"约束性指标以及重大工程、重大项目、重大政策和重要改革任务一般会落实到各个责任单位,列入各级党委(党组)和政府年度重点事项"[63]。

---

[56] 同前注[10],第126页。
[57] 同前注[24],第101页。
[58] 同前注[35],第101页。
[59] 〔美〕兰迪·T.西蒙斯:《政府为什么会失败》,张媛译,新华出版社2017年版,第16页。
[60] 《国民经济和社会发展第十一个五年规划纲要》。
[61] 《国民经济和社会发展第十四个五年规划和2035年远景目标纲要》。
[62] 《中共中央办公厅、国务院办公厅关于建立健全国家"十三五"规划纲要实施机制的意见》。
[63] 同前注[4],第252—253页。

五年规划纲对政府规制的要求是直接的,"制定经济计划的目的在于积极调整经济生活,同时使相关经济领域系统协调发展,从而避免国家或个人因为不协调的经济行为而导致的决策错误或无效投资"[64]。政府规制应依法进行,方能在最大程度上避免政府失灵。如果想要寻求更好的政府规制,不仅要衡量规制的质量,而且要评估规制的绩效。如学者所言,"更好规制"所推动的政策在基准、策略与度量方面,都会遇到困扰。究竟哪些构成"更好规制",这是一个很难明确,并注定带来争议的问题。[65] 若要如期完成约束性指标,则要尽可能通过法律责任的制度安排来予以保障。"经济法制定法直接设定的一系列责任承担方式,可以提炼为'经济责任'的范畴,指向经济法主体因其角色承担有失妥当或义务履行存在瑕疵而应承担的避免不利后果发生或消除不利影响的新型法律责任,其承责基础是对社会整体利益可能或实际受损所应作出的有效预防和必要补救。"[66]

四、编制程序和实施机制的架构

发展规划法在规范构造上与预算法可谓如出一辙,可以设定规划的编制、审批、执行和监督等一系列程序性规范。"国家发展规划根据党中央关于制定五年规划的建议,由国务院组织编制,经全国人民代表大会审查批准","科学编制并有效实施国家发展规划,阐明建设社会主义现代化强国奋斗目标在规划期内的战略部署和具体安排,引导公共资源配置方向,规范市场主体行为,有利于保持国家战略连续性稳定性"。[67] 起草发展规划法除了要精心设计常规的编制程序、不断提高规划编制质量外,还要费心构造奖惩适度的实施机制。"我国政治经济体制有三大必要组件:掌握大量资源并可以自主行动的地方政府,协调和控制能力强的中央政府,以及人力资本雄厚和组织完善的官僚体系。"[68] 各级政府将经济稳定增长奉为圭臬,尽管国家层面的发展规划立法进程有所延宕,云南省、新疆维吾尔自治区、江苏省、无锡市、昆明市等地方人大和乌鲁木齐市、苏州市等地方政府已经相继制定了发展规划条例/管理办法等,可以为发展规划法的起草和设计提供有益的经验。

(一)常规的编制程序

除了前述五年规划纲要外,我国也根据实际需要制定过其他长期规划纲

---

[64] 同前注[10],第127页。
[65] 〔英〕罗伯特·鲍德温、马丁·凯夫、马丁·洛奇编:《牛津规制手册》,宋华琳等译,上海三联书店2017年版,第305页。
[66] 叶姗:《经济责任:范畴提炼及其构造》,载《北京大学学报(哲学社会科学版)》2022年第1期,第118页。
[67] 《中共中央、国务院关于统一规划体系更好发挥国家发展规划战略导向作用的意见》。
[68] 同前注[38],第302页。

要,如"九五""十四五"时期分别制定的 2010 年、2035 年远景目标纲要。五年规划统领下的发展规划体系,包括专项规划、区域规划、城市规划、土地(空间)规划等,它们是"由国家、省、市县级规划共同组成,定位准确、边界清晰、功能互补、统一衔接的国家规划体系"[69]。例如,中共中央、国务院制定的《成渝地区双城经济圈建设规划纲要》《黄河流域生态保护和高质量发展规划纲要》《国家综合立体交通网规划纲要》《长江三角洲区域一体化发展规划纲要》《粤港澳大湾区发展规划纲要》等,又如,国务院制定的《全民科学素质行动规划纲要(2021—2035 年)》《全国国土规划纲要(2016—2030 年)》《中医药发展战略规划纲要(2016—2030 年)》《全国基础测绘中长期规划纲要(2015—2030 年)》等,再如,国务院关于《河北雄安新区总体规划(2018—2035 年)》的批复。

日本、德国、法国等国家均具有制定经济计划的丰富经验,其中,法国最具有代表性:自 1947 年推行经济计划后,1982 年制定了《计划化改革法》。"法国充分尊重市场的运行规律,早期的经济计划主要是指导性而非指令性的,它不下达任何指令,只是陈述和说明国家权威机构对现实状况的分析和看法、对未来形势的预测,以及国家所确定的今后若干年的目标、国家的愿望和政策。"[70] 然而,"法国的计划具有协商性、指导性和预测性等特征,但终将逐渐走向终结"[71]。概言之,经济计划具有发展参与、实现透明度和强化理性等诸项政治功能,"清楚地说明了国家的经济选择并且一以贯之地阐释这些选择……在经济决策中将理性的作用最大化,增加政策依据理性计算的程度以及提高政策彼此间协调的幅度"[72]。

五年规划纲要的审查、批准和调整,参照我国《全国人民代表大会议事规则》第三章"审议工作报告、审查国家计划和国家预算"的规定执行。五年规划在性质上属于经济计划,"经济计划以经济信息为基础制定,而且完全面向未来,其任务是制定国家活动的计划,据此来实现预定的经济目标。制定经济计划是一个复杂的程序,包括经济信息的收集、筛选和加工,经济目标的确定以及实施手段的选择"[73]。五年规划的编制可以分为中期评估、前期研究、形成基本思路、党中央起草建议、通过中央建议、起草纲要草案、广泛征求内外部意见、审议与发布纲要等步骤。[74] 中央要求,"建立健全规划起草、衔接、论证、审批、

---

[69] 《国民经济和社会发展第十四个五年规划和 2035 年远景目标纲要》。
[70] 黄田华:《法国经济与社会发展计划》,载《计划经济研究》1989 年第 6 期,第 70 页。
[71] 车耳:《法国经济计划化的终结》,载《欧洲》1998 年第 2 期,第 51 页。
[72] 分别是 C. J. Moulin、J. J. Bonnaud、A. Wildavsky 等人的观点,转引自〔美〕彼得·霍尔:《驾驭经济——英国与法国国家干预的政治学》,刘骥等译,江苏人民出版社 2008 年版,第 189—194 页。
[73] 同前注[10],第 126 页。
[74] 同前注[4],第 248 页。

发布等制度。规范规划编制工作方案,重点明确编制依据、进度安排、衔接要求、论证方式和审批机关等……规范规划草案(送审稿)、起草说明、论证报告等审批要件,明确审批权限。规划经审批机关批准后,按程序发布实施"。[75] 五年规划纲要的编制和实施是周而复始的:五年规划实施前一年的10月,中共中央批准由国务院起草的"制定五年规划纲要的建议";实施当年的3月,全国人大全会审议通过且付诸实施新的五年规划纲要。总的来说,想要不断提高规划编制的质量,必须按部就班完成每一道程序,因而需设定一系列程序性规范。

(二)奖惩适度的实施机制

五年规划纲要的实施分为制定实施政策、组织实施、规划评估等阶段。[76] 实施机制的构造应注重奖惩适度,规划的实施应"按照谁牵头编制谁组织实施的基本原则,落实规划实施责任,完善监测评估,强化分类实施,提升规划实施效能"。[77] 国家发展改革委每年都要将规划纲要分解成年度计划,同样需要经由全国人大通过后付诸实施,内容包括前一年的计划执行情况与当年的计划。某种意义上说,分解成年度计划是规划纲要最重要的实施机制。五年规划纲要实施的中期阶段,国务院应当将实施情况的中期评估报告提请全国人大常委会审议。国务院对五年规划纲要实施情况中期评估的监督重点是:主要目标特别是约束性指标完成情况、重点任务和重大工程项目进展情况应当符合规划纲要进度安排。在规划纲要实施完毕后,国务院应当对其实施情况进行总结评估,总结评估报告应与新的规划纲要草案一起提交给全国人大会议审议。全国人大财政经济委员会对年度计划进行初步审查的重点同样是经济社会发展"主要目标特别是约束性指标完成情况、重点任务和重大工程项目进展情况应当符合国民经济和社会发展年度计划进度安排"。[78]

财政政策和金融政策是最重要的经济政策:为了更好地实施五年规划纲要,一方面,国务院财政部门要编制与国家发展规划相匹配的财政规划,更好服务国家发展规划确定的战略目标和任务要求。加强财政预算与规划实施的衔接协调,统筹财力可能合理安排财政支出规模和结构。中央财政性资金优先投向国家发展规划确定的重大任务和重大工程项目。另一方面,制定金融领域专项规划,引导金融要素资源配置方向和结构。货币政策取向的确定,要充分考虑国家发展规划目标、经济发展形势等。信贷政策积极支持国家发展规划确定的重大战略、重大工程、重大项目和重大改革举措,引导和鼓励银行业金融机构

---

[75] 《中共中央、国务院关于统一规划体系更好发挥国家发展规划战略导向作用的意见》。
[76] 同前注[4],第252页。
[77] 《中共中央、国务院关于统一规划体系更好发挥国家发展规划战略导向作用的意见》。
[78] 参见《全国人民代表大会常务委员会关于加强经济工作监督的决定》(2000年3月1日通过,2021年12月24日最新修订)。

重点支持国家发展规划明确的重点领域和薄弱环节。[79]《"十四五"规划纲要》要求"加强中期财政规划和年度预算、政府投资计划与本规划实施的衔接协调"。[80]然而,目前实行的中期财政规划管理是由财政部门会同各部门研究编制三年滚动财政规划,对未来三年重大财政收支情况进行分析预测,对规划期内的一些重大改革、重要政策和重大项目,研究政策目标、运行机制和评价办法。[81]笔者认为,中期财政规划很有必要调整成与五年规划纲要相匹配的五年财政规划。

在地方人大和地方政府制定的发展规划条例/管理办法中,经济社会发展指标体系同样分为预期性指标和约束性指标。《新疆维吾尔自治区发展规划条例》第8条、《江苏省发展规划条例》第6条强调,各级国家规划的约束性指标和主要预期性指标名称应当一致,指标值应当衔接。《无锡市发展规划条例》第20条要求国家规划与重点专项发展规划中的主要预期性指标和约束性指标应当纳入考核指标体系。这一规定的合理性在于,无论是何种性质的指标,都是通过政府规制实施的。于预期性指标而言,政府作用的重点是创造良好的环境,以确保市场在资源配置中起决定性作用。就约束性指标来说,政府作用的重点是合理配置公共资源、引导调控社会资源。《云南省发展规划条例》第28条规定,约束性指标完成情况应当作为县级以上人民政府绩效评价和综合考核的重要内容。概括而言,目前约束性指标的实施规则主要有如下几种类型:其一,应当采取措施确保发展规划约束性指标完成,如《云南省发展规划条例》第24条、《昆明市发展规划条例》第10条、《无锡市发展规划条例》第22条;其二,对预计难以完成的约束性指标、重点任务和重大项目及时预警,如《云南省发展规划条例》第28条、《无锡市发展规划条例》第23条;其三,在制定政策、审批或者核准投资项目、开发利用资源、安排财政支出时,不得违反发展规划的强制性和约束性规定,如《江苏省发展规划条例》第28条;其四,违反发展规划强制性、约束性规定/未按照规定履职的,责令改正;情节严重的,对负有责任的领导人员和直接责任人员依法给予行政处分,如《云南省发展规划条例》第30条、《江苏省发展规划条例》第35条。可见,实施机制构造的重点是确保如期完成约束性指标。

五、结论

五年规划纲要的制定和实施行之有年,经验不可谓不丰富,制定发展规划法的必要性自不待言,而可行性亦无太大争议。经济社会发展主要目标统辖下的指标体系,分为预期性指标和约束性指标,发展规划法理应分别创设不同的

---

[79]《中共中央、国务院关于统一规划体系更好发挥国家发展规划战略导向作用的意见》。
[80]《国民经济和社会发展第十四个五年规划和2035年远景目标纲要》。
[81]《国务院关于实行中期财政规划管理的意见》。

实施义务,以努力争取实现预期性指标、确保如期完成约束性指标。鉴于政府负有经济调节、市场监管、社会管理、公共服务、生态环境保护等职能,想要推动有效市场和有为政府更好结合,政府一方面应以公平为原则,依法保护各种所有制经济产权和合法利益,"营造各种所有制主体依法平等使用资源要素、公开公平公正参与竞争、同等受到法律保护的市场环境"[82],激发各类市场主体活力,另一方面要完善宏观经济治理,建立现代财税金融体制,建设高标准市场体系,加快转变政府职能,更好发挥政府作用,培育"充分发挥市场在资源配置中的决定性作用"的营商环境。

法律规制国家发展主要是通过制定发展规划法实现的,发展规划法调整的是"制内市场"模式中的政府和市场关系,重点是要清晰定向、合理定位、准确定性、精确定量政府的诸项职能。政府和市场在资源配置中的作用厘清、市场机制和政府职能的有机结合奠定了起草和设计发展规划法的理论基础。为确保政府如期完成约束性指标、促进政府和市场协同努力争取实现预期性指标,亟待制定发展规划法,设定规划的编制、审批、执行和监督等一系列程序性规范。其中,因应预期性指标和约束性指标分立而分设的实施义务,皆由政府行使,分别指向创造良好环境、适时调整宏观调控、综合运用各种政策引导社会资源配置的义务,以及明确责任主体和进度要求、合理配置公共资源、引导调控社会资源的义务。

---

[82] 《中共中央、国务院关于新时代加快完善社会主义市场经济体制的意见》。

合意真实的中国范式与实现路径

吕子逸[*]

Chinese Paradigm and the Implementation Path of the Negotiatory Truth

Lyu Ziyi

内容摘要：中国在合意式诉讼的推行中，形成了以"承认真实"为核心，趋向于"完全依附形态"的合意真实模式。基于诉讼合意与司法公正、诉讼模式与改革需求、真相发现与纠纷解决等多对关系的权衡，合意真实的存在有其必要性与合理性。然而，既有模式弱化了合意真实的独立性与实效性，并助长了诉讼权能失衡、"同意式司法"异状等问题。因此，应逐步拓展合意真实的制度内涵，增添以"补强真实"为基础的"相对独立形态"，丰富合意真实的价值蕴含。通过有限真实理念的确立，在推动补强效能正当化建设的同时，优化纠错机制，为合意真实的完善及其效用的发挥探寻可取的路径。

关键词：合意式诉讼　案件真实　认罪认罚　相对独立形态　补强真实

---

[*] 吕子逸，吉林大学诉讼法学博士研究生。

本文系国家社科基金重大项目"中国特色刑事证据理论体系研究"（项目批准号：18ZDA139）与国家社科基金重点项目"认罪认罚从宽制度的程序理论研究"（项目批准号：17AFX015）的阶段性成果。

引言

受益于刑事和解程序、认罪认罚从宽制度等改革的推行与实践,"合意式诉讼"在中国刑事司法体系中已初露端倪。作为一种以协商、妥协为表征的诉讼形态,"合意式诉讼"能否实现与"对抗式诉讼"的分庭抗礼,除了要看庭审模式、诉讼权能配置等内容是否有转变外,更取决于刑事诉讼的核心问题——事实认定的路径是否出现了调整。

现有研究中,部分学者基于对节约司法资源、维护量刑建议效力以及案件结果确定性等因素的考虑,提出应在司法体制中引入一种独立于传统真实观的新形态——"合意真实"。[1] 相较于意图恢复案件原貌的"客观真实"与恪守程序正当性要求的"法律真实",以合意式诉讼为基础的"合意真实"主张真实的形成可立足于诉讼主体合意的达成,无论是事实认定、法律适用、证据运用或是量刑问题,只需考量合意程序是否符合法律要求即可。[2] 同时,也有观点对合意真实提出了批驳和质疑,或以职权主义诉讼模式为依据,或坚持司法公正目标的追寻,又或是指出刑事诉讼活动的公益性特征和合意程序的缺漏,认为合意行为仅具有认定案件情节而非整体事实的效果。[3] 旧有争议尚未停歇,新的焦点却已逐渐凸显。合意可否形成真实?合意真实能否解决客观真实与法律真实的争议,并替代二者成为司法证明活动新的指引?应当看到,合意真实不仅存在于中国的司法实践中,且其内涵、形态还应获得进一步的丰富和创新。立足于对合意真实既有形态的考察,厘清与回应相关的理论争议,可为这一目标的实现提供必要的助力。

一、中国语境中的合意真实

考虑到对合意真实及其制度根基——辩诉交易机制的观察,均需以域外司法经验为参照,对合意真实的理解与讨论应限于特定的时空环境中。随着合意式诉讼理念和制度的引入,中国在司法实践中也逐渐进行了一系列制度建设的尝试。

---

[1] 郭烁:《控辩主导下的"一般应当":量刑建议的效力转型》,载《国家检察官学院学报》2020年第3期,第21—24页;徐阳、王崇:《认罪认罚从宽制度的程序属性解读——从两个试点办法到〈认罪认罚从宽制度的指导意见〉的文本分析》,载《求是学刊》2020年第5期,第109页;陈瑞华:《论协商性的程序正义》,载《比较法研究》2021年第1期,第11页。

[2] 王新清:《合意式刑事诉讼论》,载《法学研究》2020年第6期,第159页。

[3] 此类研究认为,合意行为仅可作为案件审理中的一个情节,仍需接受司法机关的审查。参见叶青:《轻罪刑事政策背景下速裁程序构建之思考》,载《江淮论坛》2020年第6期,第14页;施鹏鹏:《从合意型司法走向协商型司法?——葡萄牙最简易程序研究》,载《人民检察》2020年第21期,第60页;左卫民:《神话与现实:美国轻罪案件诉讼程序勘迷》,载《中国刑事法杂志》2021年第3期,第83页。

（一）合意程序的基础性

案件真实的认定，既是自由心证、经验推论等思维活动的结果，也是证据运用、证明活动等实践行为追求的目标，亦可视为审判模式与社会价值等外部因素综合作用的产物。[4] 对案件真实考察模式的差异，是各类真实观得以存在与区分的基础。

既往的诉讼真实观中，"客观真实"以认识论为根基，重视对实体真实的实现，依托"案件事实清楚，证据确实充分"的证明标准，促使诉讼主体竭其所能恢复案件原貌，确保案件办理的正确性和惩罚犯罪的充分性。在这一观念的要求下，诉讼活动仅可因真相的查明而终止，裁判缺乏稳定性，职权调查色彩较为浓厚。[5] 而作为价值论的体现，"法律真实"着重于程序公正与实体公正的兼顾，要求诉讼主体在法律程序的框架内，运用证据材料展开证明活动，将案件事实证明至"排除合理怀疑"的程度。据此，在最大程度地查明案件真相的同时，防止因权力滥用而侵害其他权益，实现惩罚犯罪、保障人权等价值的兼顾。[6] 由此来看，"客观真实"将真实的形成依附于调查活动的开展和案件原貌的重现，"法律真实"则借助证明活动的实施与证明标准的满足来达到这一目标。

相较之下，"合意真实"对案件真实的考察呈现出颇为明显的特殊性。以《美国联邦刑事诉讼规则》第11条为代表的域外规定，强调在辩诉交易的案件中，只要被告人自愿认罪且充分知晓诉讼后果，审判机关就可径直作出裁判，犯罪事实的存在与否已非核心问题。而在朱利安教授的调研中，法官庭审工作的开展，亦局限于对"犯罪事实是否存在"和"是否强迫认罪"等数个问题的询问，使案件真实的认定脱离于案件实体内容之外。[7] 同时，以2019年中国两高三部联合发布的《关于适用认罪认罚从宽制度的指导意见》（以下简称《指导意见》）为例，审判机关对于认罪认罚自愿性、具结书内容的真实性和合法性等内容的审查，除自愿、明知与明智三类要素外，也主要集中于侦控机关告知义务的履行、控辩双方沟通与辩护人参与程度等方面（第39条），凸显了认罪认罚从宽

---

[4] 方金刚：《案件事实认定论》，中国人民公安大学出版社2005年版，第27—34页；张南宁：《事实认定的逻辑解构》，中国人民大学出版社2017年版，第32—51页。

[5] 陈光中：《公正和真相才是现代刑事诉讼的核心价值观》，载《社会科学报》2016年9月1日，第03版；陈卫东：《真凶应由"证据"说了算》，载《人民法院报》2019年8月2日，第02版。

[6] 樊崇义、赵培显：《法律真实哲理思维》，载《中国刑事法杂志》2017年第3期，第14页。

[7] 对于美国立法和司法实践的介绍，可见格鲁吉亚大学法学教授朱利安·奥尔顿·库克的调研。See Julian A. Cook, *Federal Guilty Pleas: Inequities, Indigence, and the Rule 11 Process*, 60 Boston College Law Review 1073, 1091-1120(2019).

案件办理中合意程序运转状况的重要性,[8]山东、浙江、湖北等地区的指导文件中亦有相近的规定。[9]

因此,纵然认罪认罚从宽制度与辩诉交易制度在具体设计中存在差异,但对于真实的评价与认定模式的设置,域内外实践却都倾向于强调对合意程序的考察工作,在一定程度上容纳了"合意真实"的存在。前述状况的出现,不仅代表着合意程序成为塑造案件真实的重要环节,融入真实认知的过程之中,更象征着合意行为的实施与合意程序的有效运转成为案件真实认定的重要标准。诚然,这一过程也涉及审判机关的调查活动与证据运用,但此类工作的目标在于确认合意行为和合意程序的存在,而非独立认知案件真实。这使得"合意真实"呈现出明显有别于"客观真实"与"法律真实"的特征,具备成为新真实观的生命力和特殊性。

(二)合意范畴的有限性

无论是"客观真实"或是"法律真实",都将诉讼参与主体实施的特定活动视为案件真实认知的来源。即便是在认同"合意真实"的美国司法中,控辩双方也是围绕着案件真实的认定展开讨论,在达成合意的同时形成案件的真实。[10]仅由此看,各类真实观均以塑造案件真实为目标。然而,受制于立法文本、司法理念等因素,"合意真实"在中国的实践运作却呈现出一幅截然不同的图景。

合意式诉讼的兴起,虽然切实推动了诉讼参与主体及其需求的多样化发展,变革了既往严密、封闭的司法环境,但是,在最高人民法院《关于全面深入推进刑事案件认罪认罚从宽制度试点工作的通知》(以下简称《试点通知》)与《指

---

[8] 譬如:在中国庭审公开网收录的四起合并审理的危险驾驶案中,审判机关除对多个被告人核实个人信息外,均要求被告人当庭表示自愿认罪认罚。而对单个被告人的审理,则依托简易程序的适用,集中于询问被告人对指控的犯罪事实、证据及量刑建议有无意见,在核实具结书是否经本人签名后,直接进入被告人最后陈述,在不到十分钟内审理完毕。后续案件遵循同类程序,四个案件审理仅二十分钟,凸显了审查程序的实质特征。具体案情参见:江苏省东海县人民法院(2021)苏0722刑初652号判决书;江苏省东海县人民法院(2021)苏0722刑初653号判决书;江苏省东海县人民法院(2021)苏0722刑初654号判决书;江苏省东海县人民法院(2021)苏0722民初651号判决书。

[9] 相关规定参见浙江省高级人民法院、浙江省人民检察院、浙江省公安厅、浙江省司法厅《浙江省刑事案件适用认罪认罚从宽制度实施细则》第63条。山东省高级人民法院、山东省人民检察院、山东省公安厅、山东省安全厅、山东省司法厅《关于适用认罪认罚从宽制度办理刑事案件的实施细则(试行)》第44条。江苏省高级人民法院《关于办理认罪认罚刑事案件的指导意见》第31条。湖北省高级人民法院、湖北省人民检察院、湖北省公安厅、湖北省国家安全厅、湖北省司法厅《关于适用认罪认罚从宽制度实施细则(试行)》第56条。

[10] 譬如:缅因大学法学院的塔·约翰逊副教授就提出,对抗式的紧张和争斗,在合意式司法中已被妥协和寻求解决方法等方式所替代,当事人可基于诸如保留居住权、获得贷款或免受禁止令等方面的考虑,在辩护律师的帮助下与司法机关进行协商。相较于对抗式诉讼模式,辩诉交易的运用为当事人寻求对自己最有利的裁判结果提供了较大的帮助。See Thea Johnson, *Measuring the Creative Plea Bargain*, 92 Indiana Law Journal 901, 945-946(2017).

导意见》等文件中,坚持证据裁判原则、罪责刑相适应原则等基础理念的态度仍未发生转变。换言之,"案件事实清楚,证据确实充分"的办案要求,在对抗式诉讼和合意式诉讼中都应当得到遵守,证明标准和难度并未因诉讼合意而降低。这一制度设计固然可以保障司法公正的实现,防范错案发生,却也在相当程度上制约了合意式诉讼的推进与合意真实的建构。

具体来看,"案件事实清楚,证据确实充分"要求的设置,使事实认定、证据运用等内容被排除于诉讼合意的范畴之外。以2016年全国人民代表大会常务委员会《关于授权最高人民法院、最高人民检察院在部分地区开展刑事案件认罪认罚从宽制度试点工作的决定》(以下简称《试点决定》)为起始,及至2019年《指导意见》的发布,各类文件相继明确了认罪认罚从宽制度的启动条件,也即当事人应当如实供述罪行,同意指控的犯罪事实,其虽可针对个别案件情节、行为性质认定等问题提出异议,但仍须认同司法机关指控的事实及其认定意见。[11] 在定罪环节中,合意程序对案件真实的影响受到了极大的削弱。同时,根据对《指导意见》等文件的分析,即使诉讼参与主体可通过合意决定审理程序的类型,但速裁、简易等程序的启动,依然以案件性质、具体情形为标准,且最终决策权归属于审判机关。[12] 诉讼合意对程序适用缺乏直接影响力,合意真实缺乏存在的空间,仅依附于对案件情况的考虑而实现。此外,诉讼合意集中于量刑阶段也难以等同于量刑问题均取决于合意程序。根据对《指导意见》与部分地区实施细则的分析,被告方不仅应当明确表示接受刑罚处罚、同意量刑建议并签署具结书,且其刑罚种类、幅度的选择也须受制于法定量刑规则的束缚。倘若量刑情节认定错误,或是量刑幅度与同案犯、同类案件差距过大,抑或是罪责刑严重不符,则合意各方将承受"量刑建议明显不当"的否定评价,面临着合意程序空转的危险。[13]

综上,基于事实认定与证据运用问题合意的禁止,以及量刑问题合意的局限,诉讼合意不仅适用范围颇为狭窄,且在案件真实的提出、认定层面具有浓厚的单方性特征。诚如部分研究指出的,被告一方仅可被视为被动、消极的接受者。[14] 因此,随着诉讼合意演变为对司法机关指控事实与处理意见同意与否的抉择程序,中国语境中的"合意真实"更适宜被解读为"由司法机关提出并经

---

[11] 相关规定参见《指导意见》第6条,湖北省《关于适用认罪认罚从宽制度实施细则(试行)》第8条,山东省《关于适用认罪认罚从宽制度办理刑事案件的实施细则(试行)》第4条。

[12] 详见《指导意见》第42条,山东省《关于适用认罪认罚从宽制度办理刑事案件的实施细则(试行)》第43条。

[13] 相关规定参见山东省《关于适用认罪认罚从宽制度办理刑事案件的实施细则(试行)》第52条、浙江省刑事案件适用认罪认罚从宽制度实施细则》第67条。

[14] 杜磊:《认罪认罚从宽制度适用中的职权性逻辑和协商性逻辑》,载《中国法学》2020年第4期,第225页;高童非:《契约模式抑或家长模式?——认罪认罚何以从宽的再反思》,载《中国刑事法杂志》2020年第2期,第156页。

合意程序承认的案件真实",而非"合意程序塑造的案件真实"。

(三) 合意效力的实质性

案件审理与司法证明活动,是案件情节、事实与真实间相互关系的体现。相较于以个体化、碎片化的证据材料为载体支撑证明活动的"案件情节",以及作为司法证明活动目标与案件办理核心依据的"案件事实","案件真实"是经由法律程序被司法机关固定并赋予法律效力的案件实际状况。鉴于案件原貌恢复的困难,案件真实对于案件具体情况的认知纵然难以达至案件事实的程度,但已可视为最接近原貌的认知状态。[15] 不论是客观真实还是法律真实,如若司法机关确认了案件真实,即可作为终结诉讼程序、定分止争和裁决纠纷的凭据。

然而,有别于对抗式诉讼模式的争斗与辩驳,合意式诉讼的推进依赖于各方主体的参与。给予争斗各方相应的正向激励,乃是合意式诉讼运行的应然之举。基于此,除囊括传统真实模式的既有内容之外,合意真实的效力范畴还得到了进一步的延伸与充实。

1. 合意结果核心地位的凸显

作为合意式诉讼正向激励的核心,合意真实的达成可有效解决案件争点,促使各方服判息讼,减轻司法机关工作负担,提高办案效率。而对于"承认真实"的被追诉方,亦将因此获得实体与程序层面的从宽优惠。在此情形下,审判环节应当围绕合意结果而展开,无论是速裁、简易或是普通程序,都可实现程序环节的削减和审理对象的限缩,仅对于确有争议的问题才适当予以实质化审理。[16] 根据《试点通知》《指导意见》等文件的要求,审判机关应当充分行使权力,及时纠正无辜者认罪、罪名适用错误等状况,严格坚持传统的办案标准。仅由此看,即使面临着合意式诉讼的引入与庭审争斗的弱化,对抗式诉讼的关键——审判机关及其裁判权似乎并未因此而发生变动。

然而,裁判权并非混同式的一体化权能,根据适用对象和实施效果的差异,可进一步区分为界定案件性质的裁断权与选择案件处理模式的裁量权。鉴于诉讼合意在事实认定、证据运用等领域的空白,裁断权较少受到合意程序的影响。但对于裁量权而言,受制于诉讼合意的达成、争议幅度的缩小与合意式诉讼正向推力的需求,其行使范围势必遭受削减。在此趋势下,合意真实已可被视为量刑建议与具结书制作的基础。除存在不宜适用认罪认罚从宽制度、量刑建议明显不当或控辩双方对案件核心问题存有争议等特殊情形外,审判机关一

---

[15] 薛爱昌:《重回认识论:再论司法中的"真实"》,载《法律方法》第20卷,第203页。
[16] 相关规定参见《指导意见》第44—48条,湖北省《关于适用认罪认罚从宽制度实施细则(试行)》第61—65条,山东省《关于适用认罪认罚从宽制度办理刑事案件的实施细则(试行)》第45—48条。

般不应否认合意成果的法律效力。[17] 即使量刑建议、罪名认定等内容确有问题,也应先行听取各方意见。如若拒绝接受合意结果,还需说明理由与依据,为诉讼合意营造良好的生存环境。[18]

基于此,随着合意结果核心地位的突出,审判机关权能的行使将着重于防止错案的发生,并对控辩双方在法定条件内进行的合意给予认可和尊重,减少裁量权对合意范围和合意真实效力的侵蚀。部分研究提出的"底线正义维护""确认核准模式"等观点,[19]也印证了合意结果以及审判职权在合意式诉讼中的属性转变。

2. 控辩权能行使范畴的约束

不同于大陆法系法官对诉讼合意的积极干预,中国合意主体的配置模式与英美国家较为相近,控辩双方的互动主导着合意程序的运行,合意真实在相当程度上是控辩主体意志结合的产物。倘若允许控辩双方对合意真实提出异议却不加约束,势必对合意程序的稳定性、权威性造成巨大的冲击,甚至因程序空转的频繁发生导致司法资源过度消耗,背离合意式诉讼改革的初衷。

针对这一状况,《指导意见》等文件对控辩双方的权能施加了一定程度的约束。如若一方主体在合意后,通过反悔、上诉和抗诉等形式,针对事实认定、证据运用等问题提出异议,动摇合意真实的存在基础,司法机关可终止合意程序,恢复对抗式程序,并取消合意程序的各类优惠措施。当事人一方亦可撤回供述,转而通过实质审理程序寻求案件争议的解决,此类情形的出现,势必导致司法机关面临案件办理难度、资源消耗程度上升的困难,乃至引发认罪认罚从宽制度积极效益的减损。[20] 依托此类机制的运行,督促控辩双方谨慎行使其权能,尊重合意结果,避免异议权的过度行使演化为合意程序的终止权。

二、合意真实的理论争议与反思

"合意真实"的提出,是通过承认合意结果的实效性,来维护合意程序的稳定性与权威性。若以认罪认罚从宽制度为视点,合意真实固然缺乏立法、司法领域的直接确认,但自 2016 年《试点决定》发布以来,随着各类制度的完善与内容的充实,这一真实观的雏形已逐渐显现,成为合意式诉讼研究与实践不容忽

---

[17] 朱孝清:《认罪认罚从宽制度中的几个争议问题》,载《法治研究》2021 年第 2 期,第 11 页。
[18] 相关规定也可参见《指导意见》第 40 条。
[19] 吴思远:《我国控辩协商模式的困境及转型——由"确认核准模式"转向"商谈审查模式"》,载《中国刑事法杂志》2020 年第 1 期,第 153—155 页;徐阳、王崇:《认罪认罚从宽制度的程序属性解读——从两个试点办法到〈认罪认罚从宽制度的指导意见〉的文本分析》,同前注[1],第 109 页。
[20] 相关规定参见《指导意见》第 48 条,江苏省高级人民法院《关于办理认罪认罚刑事案件的指导意见》第 33 条,《浙江省刑事案件适用认罪认罚从宽制度实施细则》第 73、75、78 条。

略的部分。然而,实践的客观存在未必就意味着制度具有正当性和合理性,不仅合意真实的进一步延伸被部分观点所反对,既有的"承认真实"模式也备受攻讦。在此背景下,理论根基的明晰与夯实,已然是探讨此类新型真实观的存在基础和发展前景的前提保障。结合现有研究成果,本文仅就三个方面的问题展开讨论。

(一)诉讼模式与改革效益的权衡

诉讼模式,既是对一国诉讼制度、职权配置和工作形态的宏观描述,也是该国固有的司法理念、社会环境与法律传统的具体反映,影响着司法体制的日常运转和改革创新。中国参照苏联模式,以发现案件客观真相为目标,在刑事诉讼活动中长期坚持实质真实主义与国家追诉主义,职权主义色彩颇为浓厚。基于这一特征,以当事人处分权为前提的合意真实难免与司法体制整体目标相抵牾,部分研究据此认为合意真实的引入与落实缺乏妥当性。[21] 而以许乃曼、艾克斯坦和霍纳尔为代表的德国学者,都主张刑事诉讼应坚持对实质真实的追求,并立足于直接言词原则、公开审判原则等诉讼基础理念,对合意式诉讼与合意真实提出强烈的质疑。[22] 同时,即使是引入了辩诉交易制度的罗马尼亚、爱沙尼亚、德国与法国等欧洲大陆国家,也并未完全采取英美国家的制度设计,而是在立法或司法实践中强调审判机关的实质审查权,履行约束控辩合意与查明案件真相的职责。[23] 仅由这一视角观察,诉讼模式无疑是影响合意程序建设与合意真实效力探究的首要因素。

纵使合意式诉讼在各国的建设尚有待完善,但此类实践经验的积累却也为合意真实的提出奠定了基础。由于内部构成的庞杂性与考量因素的多重性,诉讼模式在变革过程中面临着协调既有制度和新设制度之间关系的任务。与具体制度的调整相比,诉讼模式的转变和革新明显具有滞后性、缓慢性与反复性,但此类障碍并未否认诉讼合意及合意真实的价值。并且,改革需求的出现,也彰显了合意式诉讼和合意真实的价值。

案件数量的攀升和办案难度的加剧已然是诉讼活动亟待解决的现实问题。

---

[21] 王瑞剑:《认罪协商的规范控制路径:德国经验的启示》,载《中德法学论坛》第17辑·上卷,南京大学出版社2021年版,第58页。

[22] 〔德〕贝恩德·许乃曼:《公正程序(公正审判)与刑事诉讼中的协商(辩诉交易)》,载陈光中主编:《公正审判与认罪协商》,法律出版社2018年版,第31—39页;〔德〕托马斯·霍纳尔:《检验台上的德国协商模式——在鼠疫和霍乱之间》,载陈光中主编:《公正审判与认罪协商》,法律出版社2018年版,第242—259页;〔德〕肯·艾克斯坦:《公正审判原则、合意性原则以及非正式的认罪协商》,载陈光中主编:《公正审判与认罪协商》,法律出版社2018年版,第364—372页。

[23] 有学者选取了法国、德国、意大利、爱沙尼亚、罗马尼亚与波兰等西欧、中欧与东欧的数个国家,对辩诉交易的实践进行了较为完整的介绍。See Liviu-Alexandru Lascu, *The Plea Agreement—A New Way of Negotiated Justice in The European Judiciaries*, 2 International Journal of Juridical Sciences 66 (2019).

仅以 2020 年最高人民检察院《关于人民检察院适用认罪认罚从宽制度情况的报告》(以下简称《最高检报告》)为视角,刑事法律规制范围的扩张导致轻罪案件数目急剧增加,案多人少矛盾日益突出且犯罪治理需求日趋多样化,最终演化为司法机关和诉讼活动的"不可承受之重"。在此情形下,依托合意真实的认可,赋予合意结果实际约束力和影响力,不仅可减轻司法机关的工作负担,提高效率,贴合诉讼经济原则的需求,还具有维护当事人权益,缓和社会矛盾,促进社会和谐稳定,进而切实有效地惩治、消弭犯罪的效果。虽然部分研究尚存有争议,但前述效益已得到了域内外理论与实践的认可。[24]

还需看到,合意式诉讼并未局限于认罪认罚从宽制度,早期的刑事和解等制度亦扮演着重要角色。但在此类改革的过程中,却鲜有提出合意真实的主张,[25]究其原因,根源在于合意主体结构的差异。[26] 检察机关等主体的介入,不仅推动了合意式诉讼参与主体的多元化发展,而且依托国家公权力,强化了诉讼合意的实际效力,使合意结果具备成为"真实"的可能性,进而真正表现出有别于争斗式诉讼的形态。前述转变的发生,除舒缓轻罪案件范围扩张、员额制改革可能加剧的工作负担外,更来源于对合意式诉讼效益价值的考虑。因此,诉讼模式远非孤立、闭合或静止的制度空间,而是应适应现实改革的需求,不可仅依据诉讼模式的现状而否决合意真实的价值。

(二)司法公正与诉讼合意的交融

受英美法系国家当事人主义色彩的影响,合意真实自其诞生之初就可被视为诉讼主体处分权行使的产物。有别于以职权探知主义为特征、追求实质真实主义的大陆法系真实观,合意真实及合意程序在实现司法公正的效用层面难免遭受质疑,甚至被认为是以个人意志掩盖法律规范,是产生司法错误的缘由。[27] 但是,正如达马斯卡教授所言,伴随着国际交流的频繁化与法律价值理念的趋同,大陆法系与英美法系在证据制度、司法体制等方面的差异逐渐缩小,[28]合意与公正的关系也经历着由泾渭分明向相互交融的转变。

---

[24] 与《最高检报告》类似,Liviu-Alexandru Lascu 在其文中也将辩诉交易机制引入欧陆国家的缘由归结为"减轻工作负担""保障被告方权利"与"降低审判机关预测模糊性"等数个方面。即便是反对合意的德国学者们,也认可了此类诉讼形态对诉讼经济等目标的推进作用。〔德〕托马斯·霍纳尔:《检验台上的德国协商模式——在鼠疫和霍乱之间》,同前注〔22〕,第 243—244 页;Id., 66-67.

[25] 也有部分学者提出借鉴辩诉交易制度,在事实存有争议时允许当事人和解,从而处理罪与非罪、此罪与彼罪的选择问题,但此类研究数量较少。参见王海军:《刑事审判模式的经济分析——以当事人主义为中心》,中国政法大学出版社 2013 年版,第 223—224 页。

[26] 同前注〔2〕,第 157 页。

[27] 王迎龙:《协商性刑事司法错误:问题、经验与应对》,载《政法论坛》2020 年第 5 期,第 50 页。

[28] 〔美〕米尔建·R. 达马斯卡:《漂移的证据法》,李学军等译,中国政法大学出版社 2003 年版,第 200—212 页。

在一般观念中,司法公正主要包括实体公正与程序公正。前者以罪刑法定、罪责刑相适应等基础原则为核心,实现违法行为界定、法律适用的准确性与适度性。由于对外部主体意志、诉求等因素的关注,合意真实的确立势必冲击既有的实体公正体系,乃至在一定程度上违背实质真实主义。然而,实体法适用条件的设置应当确保实体问题处理的规范性,实体公正的实现虽然依赖相关规范的保障,但此类制度设计的出发点是防止刑罚权的泛滥,并非对法律条款的僵硬化遵从。[29] 前述观点,在甘肃"胡某交通肇事案"[30]等案件的处理中已有体现。除打击犯罪、震慑犯罪分子的报复主义观之外,由于改造罪犯、恢复社会关系与社会秩序等需求的凸显,新刑罚观的引入已然是刑事司法活动难以忽略的发展趋势,诉讼活动的中心逐渐由"实施国家法律"走向"保障公民权益"。在此背景下,实体法规范的理解、运用模式与实体公正的评价标准,均应当适时进行调整。罪刑法定、罪责刑相适应等原则也应注重对犯罪人员人身危险性及其悔过程度、改造难度的考量,从而使实体法的适用切实达到惩治犯罪,恢复社会秩序的良好效果,"李某某强奸、故意杀人案"与"赵某等故意杀人、抢劫案"等案件正是此类价值需求的最佳例证。[31] 因此,接纳合意真实观,允许诉讼合意并认可其效力,有助于促使各方诉讼参与主体积极探寻刑事案件的解决路径,在适当激励措施的引导下弱化犯罪行为的危害后果,进而预防二次犯罪的发生。不论是实体公正还是程序公正的实现,都难以忽视诉讼合意与合意真实的推动。

同时,部分研究指出,基于控辩双方力量的悬殊和制度建设的疏漏,合意式诉讼可能缺乏真正的"合意性",而表现为听取意见的"同意式司法"。[32] 如若控辩双方未能确实展开协商合意,合意程序及其结果的公正性将存在较大疑问。在美国的司法实践中,辩诉交易的推行导致控诉方同时扮演着"事实发现

---

[29] 譬如:达马斯卡教授提出,真实发现固然重要,但也应以社会认可的形式实现。同前注[28],第143页。

[30] 具体案件参见《甘肃省检察院发布6起全省检察机关适用认罪认罚从宽制度典型案例》。在该案的办理中,检察机关明确提到刚性执法与刑事追责的过度不仅达不到惩罚犯罪、保护法益的目标,也无助于法律效果与社会效果的统一。

[31] 云南"李某某强奸、故意杀人案"中,司法机关改判死缓的裁决引发了激烈的社会反响,但司法机关结合被告人从宽处罚情节作出了回应。而辽宁"赵某等故意杀人、抢劫案"中,即使张某某协助侦查机关破获重要案件,属于重大立功情节,司法机关最终仍以犯罪情节严重为由对其判处死刑,两个案件形成了鲜明的对比。具体案情参见云南省昭通市中级人民法院(2010)昭中刑一初字第52号判决书,云南省高级人民法院(2010)云高法终字第1314号判决书。也可参见何泉生:《对适用"坦白从宽,抗拒从严"刑事政策的思考——兼评营口市中院对杀人、抢劫团伙案主犯张恩举的判决》,载《公安大学学报》2001年第4期。

[32] 杜磊:《认罪认罚从宽制度适用中的职权性逻辑和协商性逻辑》,同前注[14],第231页。

者"与"最终决策者"的双重角色,甚至与审判机关协作,形成了"调查式审判"形态。[33] 被告方则因对加重处罚的畏惧或对实质化审判高昂成本的担忧,被迫参与认罪协商,导致出现无辜者认罪的问题。[34] 以至于唐纳德教授坦言:"完善的审判程序可防止控诉方强迫无辜者认罪,而审判无罪的判决恰恰显示了审判程序的不完美。"[35] 中国在认罪认罚案件的办理中,不仅立法文件对控辩协商形式的规定局限于听取意见,[36] 以"张某某挪用公款案"为代表的司法实践中,部分检察人员也仅通过书面形式开展控辩协商工作,[37] 程序公正的实现存在较大阻碍。但是,程序的缺陷不可归因于程序价值的缺失,由于各类因素的影响,刑事诉讼程序长期处于罗尔斯所提出的"不完善程序正义"的状态,程序价值的倡导与程序公正的推动仍是程序法研究与实践的重心。合意真实的承认,除强化诉讼合意的实际效力外,既可确立合意程序相较于传统诉讼程序的独立性,推动对该程序的建设与完善,又可借助对合意程序正当性的探索,充实、深化程序正义的理论与实践。近年来,"协商性程序正义""商谈审查模式"等改革主张的提出,[38] 正是实现前述目标的应然之举。

(三)真相发现与纠纷解决的兼顾

在一般认知的控辩合意格局中,双方主体虽可通过程序性权利和指控权的"买卖",形成共赢的局面,[39] 但由于审判机关享有最终裁决权,控辩合意仍未能得到彻底的确立与稳固,控辩双方既不可放弃免受双重危险的宪法权利,也难以变更定罪标准或违反罪责刑相适应原则,合意真实的完全形成仍存阻碍。[40] 然而,基于保障结果正确性、约束强迫协商和预先知晓量刑信息等因素的作用,审判机关参与诉讼合意的动力日趋强化,"调查式审判"形态已然成为

---

[33] See Inga Ivsan, *To Plea or Not To Plea: How Plea Bargains Criminalize the Right to Trial and Undermine our Adversarial System of Justice*, 39 North Carolina Central Law Review 135, 136-137(2017).

[34] John Blume 与 Rebecca Helm 两名学者对无辜者认罪的影响因素进行了调研,并将其总结为"期待上诉环节取胜""无法通过审判程序获得救济"与"通过认轻罪获益"三个类型。See Donald A. Dripps, *Guilty, Innocence, and Due Process of Plea Bargaining*, 57 William & Mary Law Review 1343, 1357-1363(2016).

[35] Id., 1363.

[36] 相关规定参见《指导意见》第 22、24、27、33 等条款的规定。

[37] 案件来源于《福建省检察院发布首批适用认罪认罚从宽制度典型案例》。

[38] 陈瑞华:《论协商性的程序正义》,同前注[1],第 11 页;吴思远:《我国控辩协商模式的困境及转型——由"确认核准模式"转向"商谈审查模式"》,同前注[19],第 155—159 页。

[39] See Richard Lorren Jolly & J. J. Prescott, *Beyond Plea Bargaining: A Theory of Criminal Settlement*, 62 Boston College Law Review 1047, 1060(2021).

[40] "美国诉布克"(United States v. Booker)等案件的发生就是较好的印证。Id., 1068-1070.

不可避免的选择。[41] 这一转变在沟通诉讼各方、强化合意结果适当性与可接受性的同时,也将扩展合意的主体范围,形成多元主体共同参与的模式。相较于对个体权益的保护,合意程序及合意真实更倾向于寻找正确的、为各方认可的纠纷解决方式。[42] 近年来,合意式诉讼的适用在地域范围、案件类型及案件数量方面均呈现出明显的增长,体现了合意真实的"纠纷解决"价值。

纠纷解决或许是案件争议终结的直接表现,却并不必然导致案件客观真相的查明。在域外实践中,合意真实效用的发挥在相当程度上依托于各方参与主体的协商、妥协,达成各方均可获益的合意,从而消解诉讼主体间的冲突和争端。由此观之,合意真实是建立于诉讼主体处分权基础上的争议解决模式,对案件客观真相探知的关注则较少。这一状况的出现,是否意味着纠纷解决可以掩盖真相发现的需求呢?综合各类研究成果,对纠纷解决目标的重视并非合意式诉讼研究的首创。在法经济学研究领域,亦有学者主张,司法机关面对难以决断的案件争议,可适当运用经济学思维,权衡案件办理成本与诉讼各方的利益得失,选择最为理性的途径。前述观点虽略有差异,在案件办理层面却均注重办案思路、技巧的转变,且与个案实际状况紧密联系。此类模式固然有助于对具体案件的妥善处理,但在纷繁复杂的司法环境中,倘若诉讼活动的进行仅立足于个体思维、意志与利益的交涉,不仅案件办理可能存在极大的不确定性、模糊性和差异性,还将因为主观随意性的偏重与规范性的缺失危及法治的根基,致使"合意真实"成为"掩盖真实的合意"。

据此,除纠纷解决的实际需求外,还应继续明确案件真相认知的基础地位,为合意程序及各类纠纷解决方式的运用提供必要的指引,确保合意真实的"真实性",避免思维、技巧的灵活性异化为无秩序的随意性。同时,不同于以私人权益争端为内容的民事诉讼,刑事诉讼保护权益的公共性与特殊性并未因诉讼形态的调整而变化。[43] 考虑到刑事诉讼活动与公共利益的紧密联系,如若过度强调合意真实的"合意性"要件而忽略其"真实性"需求,使诉讼活动转化为各主体意志或利益的实现渠道,则案件办理程序及其结果的公正性、合理性不免会受到质疑。进而,社会公众对司法活动与司法权的信任感亦将受到损害,有碍于法治建设和权威树立,与合意式诉讼缓解社会矛盾、恢复社会秩序的初衷

---

[41] 具体来看,范德比尔特大学的 Nancy J. King 教授与维克森林大学的 Ronald F. Wright 教授主持的调研中,对美国法官参与辩诉交易的模式及其理由进行了较为详细的整理,除既有的效率因素外,还强调控辩双方视野的局限性,法官参与可保证合意结果质量的提高。同时,在部分情形下,法官还会因工作负担的考虑,促使控辩双方达成合意。See Nancy J. King and Ronald F. Wright, *The Invisible Revolution in Plea Bargaining*: *Managerial Judging and Judicial Participation in Negotiations*,95 Texas Law Review 325,365-366(2016).

[42] *supra* note[33],144.

[43] *supra* note[39],1060.

背道而驰。

因此,合意真实的确立及其功能的发挥固然有其必要性、合理性,但这一转变还难以摆脱对真相发现需求的考量。2021年修订的《最高人民法院关于适用〈中华人民共和国刑事诉讼法〉的解释》虽然明确了审判机关对控辩合意的审理应以"审查"形态为主(第349条),但结合具体条文分析,此类形态的适用仅限于认罪认罚案件的办理,且有较为严格的前提条件限制(第347条)。一旦发现不符合条件,须及时转化为"审判"形态进行实质化审理(第358条),明确了真相发现的核心地位。[44] 基于此,唯有正视纠纷解决单一取向的弊端,厘清合意真实的"合意"限度及其"真实"底线,方可依托真相发现功能的助力,推动"案结事了"目标的实现和诉讼合意效力的发挥。

三、模式选择:合意真实的中国范式

作为司法改革的必然趋势,合意真实的认可与适用有助于诉讼基础理念的创新发展,在实践或是理论层面都有其合理性。然而,作为一种以诉讼形态及思路的调整为表征,且来源于英美法系国家的真实观,合意真实在推行中难免与中国既有真实观发生冲突,并且存在发展路径尚待探索的现实问题。合意真实中国范式的探寻,还需考量合意真实与中国合意式诉讼改革实践的联系。

(一)两极形态的阙如

自合意式诉讼推行以来,围绕合意程序及其效力的探讨已取得诸多成果,丰富了合意真实的理论储备。但是,对于合意真实的具体类型,各类研究或未能进行深入化、专门化的讨论,或仅以英美法系国家的实践模式为参照,未能触及合意真实的其他形态,[45] 减损了合意真实讨论的实质效力。由于运作形态和制度建设的差异,合意真实的模式也呈现出多样性的特征。

1."完全依附形态"的缺漏

在以中国司法实践为代表的"完全依附形态"模式中,司法机关通过调查活动,收集证据,查明案情,在认定犯罪成立时,才与被追诉方进行合意。被追诉方对真实的认可仅具有减少案件争议、提高诉讼效率的作用,并未对真实的形成过程产生实质影响,司法证明的难度与标准仍遵从法定要求,达到"案件事实清楚,证据确实充分"的程度。此类注重"承认真实"的模式,可称为合意真实的

---

[44] 即使认可合意真实的研究,也应对合意的达成进行约束。即仅在确有外部规范限制,而司法机关未发现明显错误时,可承认合意真实的效力。陈瑞华:《论协商性的程序正义》,同前注[1],第11页。

[45] 较为深入的研究,见前注[2],第149—166页。

"完全依附形态",得到了我国理论界与实务界的认同。[46]

然而,即使"完全依附形态"使真实的形成具有一定程度的"合意性",该模式仍保留了证据裁判原则、罪责刑相适应原则等基础理念与制度设计。[47] 诉讼合意的运用,仅具有简化程序、削弱人身危险性等效果,与传统的自首、坦白制度无本质区别。考虑到诉讼合意的范围限于对调查取证结果的认可,"合意性"趋于形式化的状况并未得到缓解,无助于诉讼合意的推广及其激励效果的发挥。相较于客观真实或法律真实模式,这一模式仅居于附庸的状态,难以充分体现合意真实的特殊性。合意真实效力的实现,还依赖于其它模式的引入和应用。

2. "完全独立形态"的风险

结合域外实践分析,辩诉交易可区分为"程序修改型""问题修改型"与"结果修改型"三个类别。[48] 作为"完全依附形态"的对立面,如若诉讼各方参与主体在缺乏证据、线索或案件情节支持的情况下,仍通过诉讼合意达成共识,进而作为解决案件争议、裁决纠纷的基础,则可称之为合意行为的"创设真实",即完全独立型的合意真实。前述模式使得合意真实可以脱离证据材料、案件情节的约束,证明标准亦将随之而降低。[49]

"完全独立形态"对真实形成过程的根本性调整,使其具备了完全独立于既有诉讼真实观的地位,在相当程度上凸显了合意真实的重要性和独特性,极大地强化了合意真实的地位与诉讼合意的效力。然而,由于对合意行为的过度强调,"完全独立形态"难免忽略甚至否定了证据材料和案件情节的价值,使案件真实陷入不确定性与虚假性的风险之中,最终造成"合意造就不真实"的后果。此类状况是中国实务界与理论界担忧乃至批判合意真实的主要缘由。[50] 即使在域外实践中,英美法系和大陆法系诸国也未完全放任诉讼合意的适用,而是明确了事实基础的重要性与司法审查权的存在。[51]

在合意真实的"完全依附形态"和"完全独立形态"均存在缺陷的情况下,合意真实在中国的适用与改革,现阶段应集中于对"相对独立形态"的探讨。

(二)"相对独立形态"的实质内涵

合意真实的"相对独立形态",是指在确有部分证据、线索证实案件整体情

---

[46] 同前注[21],第58页。
[47] 譬如:确保案件真相的查明、维持较高的证明标准和证明难度,以及将从宽范围限定于法定范畴。
[48] 其中,"问题修改型"辩诉交易中,控辩双方为促使合意形成,除对案件事实进行修改、删减外,还可能出现通过创造、虚构案件事实,替代原案件事实的情形,致使诉讼合意的追求凌驾于真实认知目标之上。*supra* note[39],1073-1095.
[49] *supra* note[7],1091-1120.
[50] 同前注[27],第50页。
[51] *supra* note[23],66-77;*supra* note[39],1067-1068.

形或特定情节的存在,却因证据不充分等问题难以完全满足证明标准要求的情况下,允许司法机关依托诉讼合意的渠道,获取被追诉方的供述与妥协,弥补证据的缺陷,实现案件事实的认定和真实的形成。此类模式可概括为合意行为的"补强真实",该模式虽然与英美法系的辩诉交易制度存在较大的相似性,但有别于既有的诉讼真实观和其他类别的合意真实观,"相对独立形态"并未倾向于对诉讼合意效力的完全排斥或完全遵从,而是意图权衡诉讼合意与真相发现、程序正义等价值的需求。此类形态不仅丰富和延伸了自愿性、明知性与明智性等既有特征的内涵,还基于实施方式、改革目标等层面的需求,形成了颇具特色的专有属性。

1. 处分权基础地位的突出

作为合意式诉讼的基础与当事人自愿性的评价标准,处分权的行使始终扮演着维持合意基本形态的重要角色。"相对独立形态"的推行,将处分权行使的范围延伸至对案件实体争议等核心问题的处置,推动被追诉方交易范围的扩张。对处分权地位的关注与强化,是前述趋势不可或缺的步骤。同时,意志自由是处分权行使的基础,意志的自由程度也影响着处分权行使的范围与效果。在"补强真实"中,当事人不仅享有是否赞同合意的处分权,还可在各类问题的处置中充分权衡利弊,选择对己方最为有利的优惠方案。仅由此看,"相对独立形态"促使意志自由的程度、范围更为深化与充实,愈发突出了处分权在合意式诉讼中的基础性角色。

2. 交涉互动的实质化

合意真实的"相对独立形态",既允许诉讼合意触及范畴更为宽泛的案件问题,也增强了合意行为对案件办理活动的影响,推动诉讼合意作用力的实效化发展。交涉互动是诉讼活动的基础,在以协商、谈判为表现的合意式诉讼中,此类活动的重要性尤为突出。"相对独立形态"在突出处分权地位、形成诉讼参与主体多元化格局的同时,还将进一步充实合意程序的运行范围和效力内涵,弱化"承认真实"模式以及"同意式诉讼"的色彩,遏制实际效果缺失、形式化特征明显等问题的出现,减少各主体间交涉互动的阻碍。

3. 证明要求的宽缓化

有别于完全脱离案件基础信息、情节的"完全独立形态","相对独立形态"的适用,是依托诉讼合意弥补现有证据材料与法定证明标准间的差距,本质上并未完全忽视客观真实或法律真实的需求,依然保留着司法证明活动的存在价值。然而,由于此类模式将诉讼合意容纳于真实的认定中,而非完全依靠证据、线索等传统要素,在一定程度上减轻了司法机关调查取证、司法证明等工作的负担,证明标准无须继续维持过严苛的程度要求,司法证明活动趋于宽缓化。

这一态势,在英美法系国家的实践中亦有体现。[52]

(三)"相对独立形态"的价值蕴含

考虑到域内外合意式诉讼改革根源、目标等内容的趋同,以及"孟广虎案""孙某某、刘红勋聚众扰乱社会秩序案"等实践经验的积累,[53]"相对独立形态"在中国的适用并非无源之水。江苏地区对重大毒品犯罪案件适用认罪认罚从宽制度的尝试,已然具备了"相对独立形态"的雏形,足以印证该类模式在我国诉讼改革中的合理性与可行性。[54] 此外,强调"补强真实"的第三类合意真实模式,对于合意式诉讼的适用及合意真实的确立,还具有其他模式难以比拟的价值优势。

1. 制度张力的协调

合意真实能否成为与客观真实、法律真实并驾齐驱的诉讼认识观和真实观,不仅取决于其与案件真相认知活动的联系,更应当立足于对案件真相的认知方式是否发生了变动来进行考察。简言之,"合意性"与"真实性"互动、并存,才是合意真实的理想形态。

"相对独立形态"通过将合意行为嵌入事实认定活动,拓展了合意程序的适用范围,即使现有证据、情节难以达到法定要求,也可凭借合意行为得到弥补。在这一过程中,案件真相形成路径发生实质性转变,从而避免合意真实完全沦为客观真实或法律真实的附庸。同时,在"相对独立形态"中,合意真实未完全隔绝于客观真实或法律真实之外,仍重视必要的、最低限度的证据调查和证明活动,从而维持其作为诉讼真实观应有的本质属性。即便是长期存在争议的客观真实与法律真实,也并未完全否决另一方的价值,而是始终以案件真相的查

---

[52] *supra* note[39],1081.
[53] 在"孙某某、刘红勋聚众扰乱社会秩序案"中,针对公诉机关同意在刘红勋认罪认罚的前提下,按照一般参与者定罪量刑的情况,辩护人更改了辩护策略,由无罪辩护转向罪轻辩护,在一定程度上助推了犯罪事实的证明与认定。具体案情参见河南省叶县人民法院(2019)豫 0422 刑初 96 号判决书。在"中国辩诉交易第一案"——"孟广虎故意伤害案"的办理过程中,检察机关在确认犯罪基本事实清楚,且被追诉人作出有罪供述的前提下,随即与被追诉人、辩护人展开交涉。通过从宽处遇和有罪供述的"对价交换",初步形成了司法机关与涉案人员的辩诉交易。即使该案的裁判结果最终未能得到延续,但其业已为合意式诉讼在域内的实践奠定了基础。
[54] 江苏省高级人民法院《关于办理认罪认罚刑事案件的指导意见》第 51 条明确提出,在重大毒品犯罪案件中,倘若有证据证明被告人实施了指控的犯罪行为,但缺乏其他直接关键客观证据证明,被告人的认罪认罚可协助检察机关对犯罪事实的证明达到法定标准,法院一般应据此对被告人给予必要的量刑"优惠"。诚然,该条款在后续内容中始终强调对"疑罪从无"基本原则的坚持,但前述内容的存在,已为"补强真实"功能的增设奠定了基础。
具体规定为:"认罪认罚对定案有重要作用的毒品犯罪案件。对于重大毒品犯罪案件,有证据证明被告人实施了指控的犯罪行为,但缺乏其他直接关键客观证据证明,被告人认罪认罚对定案起重要作用,使案件证据相互印证,证据链条完整形成,达到'事实清楚,证据确实、充分'证明标准,检察机关建议对被告人从宽处罚的,人民法院一般应当采纳检察机关的量刑建议"。

明为中心。[55]

因此,"补强真实"特征的明确,除可明确"合意性"和"真实性"的核心地位外,还将促使"合意性"与"真实性"的功能切实体现于合意真实的适用中,确保诉讼真实观整体格局的协调与稳定,防止真实性因合意性的泛滥而消散,甚至与其他真实观发生根本性冲突。设想,倘若两类属性的内部矛盾缺乏约束与协调,"合意性"和"真实性"共存尚且困难,更遑论合意真实整体功效的落实。

2. 激励效用的合理发挥

合意程序实现共赢目标的核心要义,乃是避免对特定个体利益的偏重,引导各方主体共同参与诉讼合意。首先,"相对独立形态"凭借合意程序的运作与实质化的交涉互动,减轻了侦控机关调查取证、查明案件真相的工作负担,实现了诉讼经济的目标。其次,合意行为对真相形成的实效性还可增强被追诉方对案件办理的影响力,有助于此类主体实质性参与各类问题的协商过程,争取更为宽缓的优惠待遇。再次,这一模式对调查取证、司法证明等真相认知活动的坚持,亦将为审判机关参与合意程序提供必要的依据,促使审判机关在提高工作效率的同时,减少错案发生的风险,维护其案件办理与职权行使的公正性。最后,司法系统也可通过合意行为实施与真相形成过程的透明化,扼制权权交易与权钱交易,树立"宽严相济"的刑事政策理念,[56]强化国家司法的公信力和权威性,最大限度地彰显合意真实的激励效用。

3. 权能结构的优化

权能的制衡,始终是司法公正和法治建设的基本保障。由于合意式诉讼对庭前程序较为依赖,庭审程序的重要性与审判权对控诉权的制约作用必然受到减损,而控辩双方力量悬殊等客观状态的存在,还将进一步增强控诉权的力量,促使控诉方主导的"检察中心主义"形态的出现。[57]"相对独立形态"的适用及其对合意行为实效性的重视,将在一定程度上强化被追诉方的参与权和协商权。并且,对调查取证活动、最低限度证明活动的强调,还促使"相对独立形态"保留了审判机关介入和审判权运作的空间,防止控诉方形成对案件真相认识的专断。相较之下,无论是"完全依附形态"对辩护权的压制,还是"完全独立形态"带来的审判权虚化,均有损于控辩审三方权能在合意程序中的制衡态势。

---

[55] 在部分研究看来,法律真实的推行仍应当以客观真实为目标,否则其正当性将会受到损害。而客观真实的认知,本质上仍是认识论层面的真实,探寻客观真实的实践形态时,还需以法律真实为途径。同前注[15],第 201 页。

[56] 相关要求在"两高三部"发布《指导意见》的通知中已有体现。

[57] 赵恒:《论检察机关的刑事诉讼主导地位》,载《政治与法律》2020 年第 1 期,第 27—38 页;贾宇:《认罪认罚从宽制度与检察官在刑事诉讼中的主导地位》,载《法学评论》2020 年第 3 期,第 1—11 页。

四、"相对独立形态"的制度展开

合意真实模式的革新及其对"相对独立形态"的提倡,势必对合意式诉讼改革和诉讼真实观产生相当程度的冲击,具体制度的建设应有更为谨慎的考虑。同时,即便合意程序在这一转向中仍占据重要地位,鉴于现阶段对证据开示、法律援助、控辩合意形式与法律救济措施等合意程序内容的研究已较为充分,[58]对于"相对独立形态"制度设计的探讨,或可以案件真实的认知为切入点而展开。

(一)有限真实理念的引入

真实的有限性,亦即真实认知的目标应摆脱对案件原貌的恢复和追寻,转而集中于形成各方均可采纳、具有相对合理性的案件真实。不可否认,对真实认知的重视,并未局限于诉讼活动之中,诸如历史、科学等领域的研究,甚至是某些艺术创作活动均应围绕真实而展开,仅在探知真实的模式层面存有差异。[59]部分研究提出,非法律活动在真实的探知中,除遵守必要的规范约束外,还可兼顾内心情感和社会需求等因素的作用,致使真实的形成陷于不确定、易变更的状态。相较之下,以三段论为核心,将对案件真实的认知建立于证据及证明程序基础上的诉讼活动,可较好地防范外部因素的干扰,保证真实形成的正确性和充分性。[60]仅由此看,规范且严谨的制度设计,确可推动诉讼活动对案件真实的认知,有限真实理念的存在似乎缺乏必要性和正当性。

然而,有限真实理念的提出绝非无根据的逻辑创造,而是植根于真实观发展和诉讼活动推进的必然趋势。首先,真实的探知固然是诉讼活动的基础,但即便是最为重视案件真实的客观真实观,也需将其认知活动立足于证据材料的收集和证明程序的运转,避免因司法的随意性、无序性而背离法治的基本要求。简言之,客观真实是对案件原貌的描述,法律真实则架构起认知案件真实的路径,[61]客观真实对法律真实的容许已可视为真实有限性的前兆。其次,三段论机制的设置与证据的运用也未能保证司法证明及真实认知环境的封闭性、孤立性。真相的存在难以替代真相探知方式的现实状况,在程序法治日趋重要的当

---

[58] 此类研究包括李奋飞:《论控辩关系的三种样态》,载《中外法学》2018年第3期,第726—743页;马明亮:《认罪认罚从宽制度中的协议破裂与程序反转研究》,载《法学家》2020年第2期,第118—132页;龙宗智:《完善认罪认罚从宽制度的关键是控辩平衡》,载《环球法律评论》2020年第2期,第5—22页;鲍文强:《认罪认罚案件中的证据开示制度》,载《国家检察官学院学报》2020年第6期,第115—127页。

[59]〔美〕罗纳德·J.艾伦:《历史、科学、法律与真实:史学、科学和法学领域事实认定的反思》,满运龙译,载《证据科学》2021年第3期,第360—364页。

[60] 宋学勤:《艺术批评的"真实"与法律的"真实"》,载《中国美术报》2021年4月26日,第004版。

[61] 同前注[15],第201—203页。

下,调查取证工作的开展势必受到令状主义、听证原则等条件的制约,程序正义、权利保障等理念的引入业已成为理论界和实务界的共识,实质真实并非诉讼唯一的追求。最后,作为事实认定主体的审判机关,确保诉讼各方对裁决的信服,维护司法活动的权威性和裁判的稳定性,也是其工作的核心目标。基于此,有别于机械化的"自动售货机"形态,事实认定者除依托自由心证、经验推论等机制形成案件真实之外,还需给予各方主体的诉讼主张、裁决效果以及社会价值等外部因素必要的关注,从而减少诉讼参与主体对裁决的异议以及上诉和抗诉的提出,真正实现"案结事了"。[62]

综上,真实认知的有限性将是诉讼活动难以回避的现实状态。当然,真实认知的受限并未否认案件真相的基础性地位。有限真实的承认,乃是对案件真实作用的调整和内涵的拓展,使真实认知活动的功能由"求真"转向"防错",具有一定程度的可错性,[63]以防止根本性、实质性错案的发生为核心任务,并承担起维护底线正义的职责。在此基础上,推动真实认定与各类法律价值、社会价值的融贯协调,在满足案件处置的可接受性与合理性的同时,减少对其正确性、合法性的损害。可以说,有限真实理念的确立,不仅是对法律真实观发展历程、成果的总结和凝练,亦可成为合意真实观的基础与支撑,二者皆可被视为特定时期各类价值权衡的产物。既然基于程序正义理念的需求,可适当约束客观真实的追求,确立法律真实的价值,那么在当事人地位逐渐提高且诉讼和谐、司法效率等目标日趋凸显的现阶段,承认合意真实的存在,促进诉讼活动效益的最大化,亦将是探索真实认知模式的有益尝试。

(二)补强机制的正当化建构

不同于合意程序认可或创造真实的两极化形态,补强机制连接"合意性"与"真实性",充当着维持合意真实"相对独立形态"特征的桥梁。对于此类机制功效的发挥,可从三个层面给予保障和指导。

1. 实体范围的约束

补强功能的强调,有助于明确诉讼合意在真实认知中作用的有限性。简言之,合意行为及合意程序仅具有辅助既有事实情节成为案件真实的效力。因此,诉讼合意适用的要求,应当限定于已有证据、线索支持的"缺陷真实",将完全缺乏证据材料支撑的问题排除于合意范畴之外,避免将诉讼合意的适用异变

---

[62] 具体来看,部分学者基于合议庭成员的主观偏见、个人经验和社会懈怠等状况的存在,围绕法庭认知真实是否理性展开讨论。也有域外学者指出,基于对上诉、撤销等不利后果的担忧,法官在实际审判中可能屈从于控辩合意的结果。对于诉讼活动中司法人员角色的研究,见前注〔39〕,1100.

[63] 相关研究基于证据、经验法则层面的缺失,以及推理盖然性状态的考虑,对事实认定的可错性进行了研究。参见陈爱蓓:《刑事裁判中的事实误认》,知识产权出版社2008年版,第36—51页。

为"创造真实"。

同时,考虑到合意式诉讼改革的推进,促使诉讼合意深入各类案件、各类诉讼环节和各类问题的处置之中,这一发展趋势亦可作为合意真实"相对独立形态"适用范围的参照。当然,鉴于合意真实及其补强功能对司法理念和传统的挑战,可借鉴部分研究的主张,[64]先于速裁、简易程序或其他简单、轻微的案件中推行这一模式,后续再进一步扩展覆盖范围,弱化改革可能遭遇的冲击和阻碍。

此外,为避免诉讼合意的过度扩张危及案件真实的基本需求,还应对补强的问题类型进行限缩,具体来看,补强工作的开展,还需侧重于对非关键问题或部分关键问题的补正,防范补强机制对事实认定活动的过度涉入,并借此减少"合意决定真实"等问题的出现。

2. 程序保障的强化

作为合意式诉讼的组成部分,"相对独立形态"理应对合意程序给予重视,但结合这一模式具体实施的需要,补强功能在彰显诉讼合意效力的同时,还强调了证据材料的基础地位。唯有立足于对证据材料的运用,才可为合意真实的适用提供必要的指导和规范,证据运用和证明程序将是专属于"相对独立形态"的程序重心。因此,在合意真实的探知中,可根据补强功能对实体范畴的要求,增设控诉方的初步举证程序,对诉讼合意的内容及其相关证据材料进行说明,但无须严格要求对此类案件情节的充分证成。其后,被告方、辩护方可结合对证据材料、合意内容及从宽幅度的综合考量,确认合意形成及有罪供述作出的自愿性和真实性。审判机关则可据此转化庭审形态,压缩审查范围,将庭审重心集中于亟待补强的问题,凸显诉讼合意的程序性效力。

并且,即使诉讼合意将引发程序环节的缩减,仍应在诉讼合意后期设置控诉方对真实形成过程的论证程序,以相关性、合法性等特征为凭据,集中考察诉讼合意对证据材料的补充情况,以及控诉方通过诉讼合意、证据材料证明案件真实的效果。依托前述步骤,围绕合意行为、证据信息和案件真实间的关联程度展开论证,确保证明程序内部各要素间联系的紧密性和真实性。同时,基于诉讼效率的需要,应充分发挥庭前会议等制度的作用,通过司法人员履行告知义务,预先厘清"补强真实"的具体内容及其证据、证明方面的要求,为后续审判活动的开展与控辩双方诉讼策略的选择明确焦点和方向。

3. 证据制度的增补

合意行为补强效能的突出,既没有完全放弃对证据制度的依靠,也未选择

---

[64] 汤火箭、郝廷婷、陶妍宇:《认罪认罚案件审判程序分流效果实证研究——以C市基层法院3076件认罪认罚案为分析样本》,载《山东大学学报(哲学社会科学版)》2021年第3期,第62页;李佳威:《刑事诉讼程序分流的多元化建构透视——以认罪认罚从宽制度的设立为切入点》,载《甘肃理论学刊》2021年第3期,第89页。

继续固守既往的制度基础。面对证明程序重要性的提升和具体环节的增加,可分别确立控诉方在诉讼合意启动前的初步举证责任,以及其在形成真实过程中的完全证明责任,保证程序的顺利推进。在此基础上,还需对具体证据制度进行调整。

其一,考虑到补强工作的需要,如若诉讼合意达成且被追诉方作出供述,可视为具有法律效力,并赋予被追诉方供述必要的证据能力和证明力,从而减少此类证据运用的繁琐复杂程度,顺应合意式诉讼中真实认知的现实状况。此外,司法机关仍需适当履行审核义务,考察合意程序是否具有真实性、合法性存疑等情形。前述调整或将引发证据审查规则的转变:"相互印证规则""口供补强规则"呈现出对证明力考察的倾向,围绕"供述真实性""孤证定罪"等问题而展开,确保案件事实证明的正确性;[65]相较之下,对合意程序的审查着重于供述的自愿性,以证据能力的确认为中心。仅由此看,证据审查模式并未因对合意程序的强调发生根本性动摇,也符合近年来认罪认罚案件办理的要求。[66]而且,考虑到"相对独立形态"的内在要求,被追诉方供述的引入乃是补强业已存在的"缺陷真实",绝非独立证明犯罪事实,与"孤证定罪"情形相去甚远,并未背离"口供补强规则"的要求。因此,针对亟待补强的问题,在合意程序真实且合法时,理应认可被告人供述的证明力。当然,倘若供述的真实性、关联性确有异议,足以对其证明力产生实质影响,亦可参照"相互印证规则"进行核实与应对。基于此,依托合意程序审查、"相互印证规则"与"口供补强规则"关系的厘清,或可建构起供述审查工作由证据能力到证明力、由自愿性到真实性、由原子视角到整体视角的逻辑链条与制度衔接路径。

其二,随着证据材料和证明程序的变更,颇为严苛的证明标准已难以适应补强功能的需求,还将与合意真实"相对独立形态"的前提条件发生冲突。因此,可结合各阶段证明工作的实际状况予以调整,降低证明难度和要求。但是,为防止控诉方证明责任的形式化异变,证明标准的宽缓还应保持适度性。在诉讼合意启动前,控诉方对合意内容的证明,限于确有相关信息、线索或证据支持,能够初步确认待证问题存在的情况,并证明到"基本可信"的程度。在后续的论证程序中,控诉方亦可以将合意程序合法、确有证据支持且真实认定无根本性错误作为标准。换言之,对事实精准性、证据充分性的考察理应予以限缩,立足于对无辜者认罪、罪名认定严重错误或罪责刑明显失衡等情形的防范,仅针对"犯罪事实是否存在"等问题展开。相较之下,对于非关键问题或者损害不

---

[65] 董坤:《规范语境下口供补强规则的解释图景》,载《法学家》2022年第1期,第115—116页;林艺芳:《我国口供补强规则的困境与出路》,载《山东警察学院学报》2019年第2期,第52页。
[66] 纵博:《认罪认罚案件中口供判断的若干问题》,载《中国刑事法杂志》2019年第6期,第122页。

大、难以对裁决合法性与正当性造成实质性损害的问题,则应予以宽缓化处置,从而将证明重心转向核心内容认定的正确性。据此,对真实认知全面性、综合性与严谨性的要求均可适当放宽,无须完全达到"案件事实清楚,证据确实充分"的程度。

(三)纠错机制的调整

无论是对抗式诉讼抑或是合意式诉讼,纠错机制始终被视为司法公正的最后屏障。相较于注重"求真"的"完全依附形态"与"求合"的"完全独立形态",在以"防错"为目标的"相对独立形态"中,案件原貌或双方利益最大化已非纠错机制的核心目标。而且,除纠错机制功能的转化外,前述变化的出现,还会压缩控辩双方异议权和审判机关裁决权的运作空间。其中,作为裁决纠纷、维护公正等职责的承载者,审判机关角色形态和权能配置的实际样态,将是纠错机制调整和运行的核心考量因素。

自合意式诉讼改革伊始,审判机关及审判权的"防错"职责就得到了理论界与实务界的认可。但是,结合具体案例分析,审判机关在实践中仍存在着逾越"防错"目标界限、过度"求真"的状况。即便控辩双方已达成合意,审判机关依然根据自己的决断,径行作出减轻或加重处罚的调整,甚至直接否决认罪认罚从宽制度的适用。在以"范某某与海南某某有限公司滥伐林木罪"为代表的案件中,面对审判机关主动加重刑罚的情形,被告方等主体甚至在上诉中提出法院需遵从"一般应当采纳量刑建议"的要求。[67] 此类情形的出现,固然也可归因于控辩合意的失当,然而,审判机关积极主动的"求真"心态,必然危及合意式诉讼的稳定性和权威性。诚然,由于"完全依附形态"的影响,前述状况的出现尚有一定的现实基础,但随着合意真实"相对独立形态"的引入,审判机关的纠错职责理应受到约束,以贴合其"防错"目标的需求。

1. 纠错范围的压缩

审判机关仅可在"缺乏实质性合意程序,影响合意真实的前提条件",以及"案件事实存在根本性错误"和"案件关键问题证据基础缺失"等情形出现时,方可行使纠错权,实现底线正义的目标要求;而对非关键问题或对案件办理的公正性、正确性无实质影响的问题,则可允许适当的容错率。倘若案件全部或大部分关键问题的认定都建立于诉讼合意基础上,审判机关可结合证据基础与实际案情进行综合考虑,判断合意真实的形成是否合理、有效,而非直接作出采纳与否的决断。

---

[67] 具体案情参见海南省三亚市中级人民法院(2018)琼02刑初102号判决书和海南省高级人民法院(2019)琼刑终98号裁定书。

2. 纠错方式的克制

如若审判机关发现案件办理存在严重程序性违法或重大实体性错误,虽可适时依职权进行纠正,但应当保证具体措施的采取有节、有度和有序。审判机关应在履行告知、释明义务,向控辩双方阐明错误的存在及处理办法,听取各方主体的意见之后再作出裁判,防止直接否决、驳回等方式对诉讼合意的过度损害。《指导文件》等规范已将前述模式应用于纠正罪名适用错误这一问题之上,[68]较好地满足了"防错"功能的需求,亦可作为后续纠错机制建设的参考。

3. 纠错缘由的透明化

审判机关充分行使纠错权后,应当详细记载合意真实的错误及纠正的理由、措施等内容,依托裁判文书说理的形式予以公开。由此,使纠错权的行使在社会各方的监督中得到规范,消除社会公众对合意式诉讼公正性、稳定性的质疑,切实体现对"合意"的尊重与对"真实"的捍卫,推动合意真实的确立及其内涵的拓展。

余论

纵然存在诸多争议与批驳,作为新时期诉讼经济、社会和谐等价值的承载者,合意式诉讼逐渐脱离理论化的改革设想,具现于中国司法体制之中,成为司法改革不可逆转的潮流。其中,合意行为效力的认可与合意真实地位的确立,关系着合意式诉讼相较于对抗式诉讼的独立性,也影响着诉讼形态及诉讼真实观多元化格局的建设。因此,在稳固、完善合意真实"完全依附形态"的同时,适当考量逻辑结构与激励效力优化的需求,在特定问题的处理中引入"相对独立形态"的合意真实,不仅有益于既有形态疏漏的弥补,也可较好地协调诉讼真实观的内部关系,达到诉讼权能相互制衡的效果。随着合意式诉讼改革的推进,合意真实或将迎来"相对独立形态"的全面覆盖,抑或是"完全独立形态"的添设。但是,无论何种形态的选择,都难以否认对合意真实独立性、融贯性、正当性与实效性的追寻,唯有"诉讼合意"与"真相发现"的平衡得到维持,合意真实及合意式诉讼才可具备真正的存在根基和改革动力。

---

[68] 具体来看,《指导意见》第40条、《浙江省刑事案件适用认罪认罚从宽制度实施细则》第66条与湖北省《关于适用认罪认罚从宽制度实施细则(试行)》第66条就明确规定,审判机关认定罪名与控辩双方合意认定罪名不一致的,应当听取控辩双方意见后再作出裁判。而江苏省高级人民法院《关于办理认罪认罚刑事案件的指导意见》第36条则直接规定,在指控的罪名与审理认定的罪名不一致,且控辩双方对于所认定的罪名无异议时,可采纳控辩双方合意认定的罪名作出判决。

论第二阶段"危惧感说"

项佳航[*]

On the Second Generation of "Fear of Danger Theory"

Xiang Jiahang

内容摘要：围绕过失犯的构造论，理论上涌现了诸多学说，后期学说的发展建立在对旧过失论的批判上，如今主要是修正旧过失论和新过失论之间的对立。隐藏在过失犯构造论背后的是违法性本质论问题，以违法性二元论为根基的第二阶段"危惧感说"是处于修正旧过失论和新过失论之间的一种学说。对于"危惧感说"理论上存在不少误解，事实上"危惧感说"致力于克服新过失论天生具有的缓和预见可能性程度的倾向。与最初的第一阶段"危惧感说"的进路不同，第二阶段"危惧感说"在坚持预见可能性的"结果回避义务关联性"的基础上，要求作为责任要素的预见可能性受到"法益关联性"的限制。在第二阶段"危惧感说"中，预见可能性既发挥"结果回避义务定立功能"，又发挥"主观归责功能"，故其定位分置于不法和罪责两个层面。其中，程度标准被缓和的只是作为不法要素的预见可能性，作为罪责要素的预见可能性由于坚持"法益关联性"，实际上与"具体预见可能性说"无太大差别。结果回避可能性有结果回避义务的履行可能性和回避措施有效性两重含义，前者是事前判断，划定"法的期待的主观界限"，后者是事后判断，划定"法的期待的客观界限"。在过失不作为

---

[*] 项佳航，北京大学法学院2022级博士研究生。

犯中,关于结果回避义务与作为义务的区分问题,"事前的结果回避可能性"与"保证人地位"同样能发挥决定义务有无的"主体选别功能",因此没有区分两者的必要。

关键词:危惧感说　违法性二元论　法益关联性　结果回避义务定立功能　主观归责功能　主体选别功能

一、理论的胜出:过失犯构造论争的现状与实义

所谓过失犯,乃指以"过失"为成立要件的犯罪。刑法理论上一般对"过失"进行规范的理解,认为其是对"注意义务"的违反。换言之,过失犯虽无犯罪的故意,但因其行为以违反注意义务的方式导致结果发生而受到处罚。[1] 我国《刑法》虽未明文规定"注意义务"要件,但第 15 条第 1 款中的"因为疏忽大意而没有预见,或者已经预见而轻信能够避免"也正是对违反注意义务的法条阐述,故将过失理解为"怠于履行必要的注意"仍然是妥当的。[2] 然而,围绕如何进一步理解"注意义务"的含义以及过失要素在犯罪论体系上的位置问题,理论上以新旧过失论的对立为基轴展开了诸多论争(理论上将此称为"过失犯的构造论")。[3] 又因为在此问题的背后,其实还隐藏着结果无价值论和行为无价值论的交织和对抗,从而使得对该问题的争辩产出了丰饶的理论成果。[4] 引人注目的是,现如今在日本,越来越多的学者开始主张一直以来饱受批判的"危惧感说"。"危惧感说"究竟有何魅力使得其重获青睐? 以下,笔者将对繁复理论的内容和异同加以梳理,从而探明现今争论过失犯构造的交锋重心和实际意义,澄清对"危惧感说"的误解,并在阐明修正了的"危惧感说"的内容、特点和优势后,主张在过失犯构造论上,坚持第二阶段"危惧感说"较为妥适。

(一)旧过失论和新过失论的激战

伴随着古典三阶层体系的勃兴,传统见解将"注意"理解为一种认识到犯罪事实的发生,特别是预见到犯罪结果发生,而产生的意识紧张,注意义务因此指的就是结果预见义务,此即所谓的旧过失论下对过失的理解。[5] 该说对于过失犯的构造逻辑是将作为第二责任条件的过失与作为第一责任条件的故意并

---

[1] 〔日〕山中敬一『刑法総論(第 3 版)』(成文堂,2015 年)380 頁参照。

[2] 参见黎宏:《刑法学总论》(第二版),法律出版社 2016 年版,第 192—193 页。

[3] 〔日〕大塚裕史=十河太朗=塩谷毅=豊田兼彦『基本刑法Ⅰ——総論(第 3 版)』(日本評論社,2019 年)132 頁参照。虽然过失的体系位置的差异对于具体案件的处理结果来说可能并不会产生重大影响,但是对于说明过失犯的处罚根据来说是重要的。

[4] 前田雅英教授以织布作喻,将过失犯的构造论称为"横线",将违法性的本质论称为"纵线",两者相互交织,共同组成过失犯中的争论。〔日〕前田雅英「過失犯論の現代的課題——戦後の理論の展開を踏まえて」法学教室 146 号(1992 年)11—33 頁参照。

[5] 〔日〕平野龍一『刑法総論Ⅰ』(有斐閣,1972 年)191 頁参照。

列起来理解，即与故意是行为人对构成要件事实的认识或预见这种心理状态相对，过失是可能预见到构成要件事实的心理状态（心理说）。[6] 其重视结果预见义务，将预见可能性作为过失的本质要件。[7] 故意和过失在构成要件和违法性层面并无不同，区别仅在于两者是不同的责任形态，并认为将过失的中心放置在责任要素的位置是十分合理的。[8] 隐藏在旧过失论背后的实际是结果无价值论的思想，因为正是从引起法益损害的危险这一视点来看，才能得出过失行为和故意行为在客观上并无不同，故意杀人行为和过失致人死亡的行为只不过是责任上的区别的结论。根据旧过失论的见解，过失犯的认定需要经过以下步骤："① 以行为与过失之间具有相对因果关系为前提肯定构成要件符合性；② 没有违法阻却事由从而肯定违法性；③ 以违反具有结果预见可能性而产生的结果预见义务为前提肯定责任。"[9]

对于旧过失论存在以下三个主要批判：其一在于旧过失论并未就预见可能性提出明确的基准，导致"预见可能性的抽象化、空洞化"。由于社会发展的需要，现实中存在着大量蕴含了法益侵害风险但又被允许存在的行为，这导致一旦结果发生，往往就会被认定为具有预见可能性，这种过分强调"法益保护主义"的做法将与"责任主义"产生冲突，从而使得对过失犯的处罚滑入结果责任的泥沼。[10] 其二是对旧过失论中预见可能性体系位置的批判，认为旧过失论将预见可能性作为责任要素，在无预见可能性从而无过失的情形下，也会得出行为符合构成要件且违法的评价，这显然是不合适的。[11] 其三在于旧过失论中过失犯的认定在客观方面过于简化，由于结果本身不具有规范性，仅以因果关系的判断作为构成要件符合性的判断乃至不法的判断，无法合理限制过失犯的成立范围。[12]

另一边，Welzel 提出了"目的行为论"，根据"目的行为论"，犯罪论评价的

---

[6] 〔日〕内藤謙『刑法講義総論（下）Ⅰ』（有斐閣，1991 年）1104—1105 頁参照。

[7] 与故意是对构成要件该当事实的认识、预见相对，过失被理解为对构成要件该当事实的认识与预见可能性，而在作为典型过失犯罪的过失致人死亡或重伤行为中，由于引起他人的死伤这一结果是构成要件该当事实，所以这种预见可能性很多时候也被简称为结果预见可能性，参见〔日〕山口厚：《刑法总论》（第 3 版），付立庆译，中国人民大学出版社 2018 年版，第 240 页。

[8] 〔日〕前田雅英『刑法総論講義（第 7 版）』（東京大学出版会，2019 年）206—207 頁参照。

[9] 〔日〕内藤謙『刑法講義総論（下）Ⅰ』（有斐閣，1991 年）1105 頁。

[10] 〔日〕甲斐克則「過失・危険の防止と（刑事）責任の負担」法律時報 88 巻 7 号（2016 年）31—39 頁参照。甲斐克则教授对于"预见可能性的抽象化・空洞化"与"责任主义"之间的冲突所提出的解决方案是区分"有认识的过失"和"无认识的过失"，并将"无认识的过失"除罪化，从而缓和两者间的紧张关系。〔日〕甲斐克則「再論：『認識ある過失』と『認識なき過失』の区別」高橋則夫ほか編『刑事法学の未来 長井圓先生古稀記念論文集［上巻］』（信山社，2017 年）119—132 頁参照。

[11] 〔日〕橋爪隆「過失犯（下）」法学教室 276 号（2003 年）39—48 頁参照。

[12] 参见〔日〕高桥则夫：《刑法总论》，李世阳译，中国政法大学出版社 2020 年版，第 190 页。

对象是以将来的事实现实化为目的的对因果流程的控制行为,即"目的关联"(Finalzusammenhang)的行为全体,其认为目的是行为的一部分,而且将主观认识内容也作为违法评价的对象具有重要意义。[13] 这一观点映照到过失犯的构造理论中,就导出了故意犯和过失犯在构成要件符合性和违法性层面应有所不同的结论。[14] 从而,过失的本质是行为人不适当的行为(行为说),而并非只是一种心理状态。申言之,过失犯处罚的基础在于课与了行为人以社会行动准则导出的避免构成要件结果发生的义务,而行为人却违反了这种客观注意义务并引发了结果,此即所谓的新过失论。[15] 新过失论以对过失犯的成立范围加以限制为问题意识,背后是行为无价值的思考模式,即对过失从行为面而非结果面来加以把握,过失的本质是怠于履行社会生活中防止结果发生的必要注意的行为,即违反结果回避义务的行为。[16] 但这并不是说,新过失论中就没有结果预见义务,而是说其在旧过失论的基础上又增加了结果回避义务作为过失犯客观方面的限缩要件。[17] 新过失论并未通过故意犯的结构特征来对照理解过失犯,在新过失论中结果回避义务以预见可能和回避可能为前提,即主观面和客观面并非如同故意犯那样可以截然区分,可谓是一体的构成要件要素。[18] 与旧过失论不同的是,在新过失论看来,即便发生了法益侵害结果,只要行为人没有违反社会生活上所要求的结果回避义务,行为便不具有违法性。例如,甲因自身的不注意而使得驾驶的汽车撞向乙的汽车,导致甲乙两人均受伤的场合,由于发生交通事故时,乙遵守了交通规则,故在新过失论看来其行为便不能被评价为违法,而对旧过失论来说其只能在责任阶层出罪。[19]

新过失论与旧过失论相比,虽然在客观方面对过失犯的成立范围加以限制,并且在将过失不仅仅理解为一种心理状态这点上具有进步意义,但也并非毫无问题。在笔者看来,其主要面临以下两点有力的批判:其一,新过失论难以

---

[13] 〔日〕井田良「過失犯と目的的行為論:過失作為の行為性に関する一考察」法學研究 61 卷 2 号(1988年)129—155 頁参照。

[14] 〔日〕福田平「違法要素としての故意・過失:人的違法観の考察」神戸法學雜誌 9 卷 1・2 号(1959年)148—176 頁参照。

[15] 〔日〕日高義博「新過失論からの一試論」植松正ほか編『現代刑法論爭Ⅰ』(勁草書房,1983年)255 頁参照。我国的周光权教授即持此见解,参见周光权:《刑法总论》(第 3 版),中国人民大学出版社 2016 年版,第 164—165 页。

[16] 〔日〕曾根威彥『刑法の重要問題〔総論〕』(補訂版)(成文堂,1996年)139 頁参照。新过失论更为重视刑法规范作为"行为规范"的明示功能。

[17] 〔日〕井田良『講義刑法学・総論(第 2 版)』(有斐閣,2018 年)216 頁参照。

[18] 参见〔日〕桥爪隆:《过失犯的构造》,王昭武译,载《苏州大学学报(法学版)》2016 年第 1 期,117—131 页。

[19] Welzel, Das deutsche Strafrecht, 11. Aufl., 1969, S. 128. 该教学案例首见于 Welzel 的教科书,后被主张主观违法性的学者所转引。〔日〕大谷實『刑法講義総論(新版第 5 版)』(成文堂,2019年)181 頁等参照。

为每一种行为设定行为基准,而不得不将标准委于行政管理法规、行业标准甚至是不成文规范,这会不适当地将其他法领域的义务作为刑法上的义务来评价,使得过失犯沦为行政违法行为的结果加重犯。[20] 同时,行为基准的模糊与新过失论注重刑法法规的"行为规范"面向、想要保护公民对刑罚的"预测可能性"这一初衷相背离。其二,新过失论的内在机理必然导致新过失论构造中预见可能性的缓和(详见下文),这会与"责任主义"产生冲突。[21] 这又会与新过失论以限制过失犯的处罚范围为问题意识的初心相殊途。

(二)修正旧过失论和危惧感说的应援

在过失犯构造论的发展过程中,除了以上所述的最为纯正的旧过失论和新过失论,为了回应理论弊端和解决社会演进所带来的新问题,理论上又以新旧过失论为基础,各自发展出了新的学说变种。

旧过失论将故意和过失进行并列把握的思路为修正旧过失论的提出埋下了伏笔。修正旧过失论为了回应旧过失论在客观方面过于简化,仅以因果关系的判断作为构成要件符合性的前提,从而无法合理限制过失犯的成立范围这一批判,提出既然是将故意和过失进行并列把握,那么在故意犯中有实行行为的判断,在过失犯的认定中理所当然也就应该加入这一要件,从而使其起到限制过失犯的客观方面的作用。[22] 同时将实行行为理解为具有导致结果发生危险的行为,并将这种危险性称为结果的客观预见可能性。[23] 修正旧过失论纳入实行行为要件,使得过失犯认定的重心前移,而不再完全留待责任阶层判断,这有利于将本身不具有违法性的行为及时出罪。[24] 归纳而言,修正旧过失论在旧过失论的基础上可谓有"守"有"进":"守"在于其仍然保留了旧过失论将故意犯与过失犯并列把握的思想,且"实质危险"的判断体现的也还是结果无价值的观察视角;"进"首先在于纳入了实行行为要件来限制过失犯的客观方面,同时也解决了旧过失论中过失犯的认定重心过于滞后的弊病,其次,尽管未必彻底,

---

[20] 参见张明楷:《刑法学》(第五版),法律出版社2016年版,第285页。
[21] 同上。
[22] 也即要加入一种事实性而非心理性的过失概念,因为按照旧过失论的观点,在构成要件符合性和违法性阶层甚至不能区分过失造成的不法和不可抗力造成的不法。参见〔日〕大塚仁:《犯罪论的基本问题》,冯军译,中国政法大学出版社1993年版,第229页。
[23] 〔日〕平野龍一『刑法総論Ⅰ』(有斐閣,1972年)194頁;〔日〕平野龍一『犯罪論の諸問題(上)総論』(有斐閣,1981年)95頁参照。不过应注意的是,平野教授认为行为的实质危险性本身就是一种(客观)预见可能性,应与作为责任要素的行为人本人的主观预见可能性一体把握,其无法与行为人的认识相分离,进而将其放置在作为责任要素的预见可能性判断之基准的位置。
[24] 我国坚持此种见解的学者较多,参见张明楷:《刑法学》(第五版),法律出版社2016年版,第287页;付立庆:《刑法总论》,法律出版社2020年版,第211页;黎宏:《过失犯研究》,载刘明祥主编:《过失犯研究——以交通过失和医疗过失为中心》,北京大学出版社2010年版,第1—34页;陈建旭:《论过失犯的实行行为与危险》,载刘明祥主编:《过失犯研究——以交通过失和医疗过失为中心》,北京大学出版社2010年版,第94—103页。

但在对过失本质的把握上也开始告别"心理说"而转向"行为说",最后,区分了客观的预见可能性和主观的预见可能性这一点,使得其在犯罪阶层体系方面也较能与新古典三阶层相融。不过修正旧过失论也并非完美,由于行为是主客观相统一的产物,修正旧过失论在纳入实行行为这一要件之后,预见可能性的判断构造是否变得模糊,以及修正旧过失论虽然强调将故意犯和过失犯并列起来把握,但是两者在实行行为(或"实质危险")上是否有所差异,仍然有待进一步的说明。而且由于过失犯中的实行行为定型性并不好,其最终不过是因果关系的判断,因此与其说是加入了行为要件,不如说是在因果关系的判断上从"条件说"转向了更为实质的"相当因果关系说"或"危险现实化理论"。

"危惧感说"在理论上有将其称为"新新过失论"或"超新过失论"的提法,在发展脉络上存在提出和再活化两个时期,两个时期的"危惧感说"在理论内容上存有差异,因此对于"危惧感说"正确的梳理和把握方式应是将其分两段来加以考察。

第一阶段"危惧感说"由藤木英雄教授提出。作为首倡者的藤木英雄教授为了回应社会分工化、复杂化导致公害、药害等未知危险被现实化的事故增多,但对于企业管理者却由于其对结果没有具体的预见可能性而难以追究刑事责任这一实践问题,主张对预见可能性的判断基准进行缓和。对于第一阶段"危惧感说"理论上存在着非常严重的误解,在讲授上往往将其简单化为"预见可能性只要达到危惧感的程度即可"这样的表述,而这实际上不过是批判者为树立攻击对象所"脑补"的幻象。[25] 第一阶段"危惧感说"的完整表述是,只要产生了虽不能具体确定是何种危险,但是不能无视其发生可能性的危惧感(不安感),为了打消这种危惧感,行为人就具有收集有关安全性的资料或进行相关实验的义务,若行为人未履行此义务导致最后结果的发生,即可认为行为人对于结果的发生具有预见可能性。[26] 从而将过失犯的判断重心再次回转到预见可能性上,认为预见可能性是课与注意义务(更具体地说是"结果回避义务")的前提且是决定其内容的一个要素。[27] 因此笔者认为该说真正的问题并非常说的预见可能性认定标准的缓和导致的与责任主义的冲突,因为"危惧感"导致的是

---

[25] 小林宪太郎教授真知灼见地指出了这一点。〔日〕小林憲太郎「過失犯の成立要件」井田良ほか編『川端博先生古稀記念論文集[上巻]』(成文堂,2014 年)380 頁参照。

[26] 不容忽视的是,危惧感说并非简单地对预见可能性加以缓和,而是在其中又引入了"信息收集义务"作为桥梁,具体来说其认定进路为:对未知危险可能存在的不安感—课与"信息收集义务"—不履行该义务+危害结果发生—肯定行为人的预见可能性。〔日〕藤木英雄『刑法講義総論』(弘文堂,1975 年)240—241 頁参照。该说后又在森永乳业案中为实务所采纳,(发回重审的)法院据此(只)肯定了工厂的制造课长的刑事责任。德岛地判昭和 48・11・28 判时 721 号 7 頁参照。

[27] 〔日〕藤木英雄『刑法講義総論』(弘文堂,1975 年)234 頁参照。

信息收集义务的课与,而非对预见可能性的直接肯定。[28] 而且认为"危惧感说"会与"责任原则"相冲突,是由于旧过失论将故意与过失作为责任要素并列把握,并类比故意的构造,要求对结果具有具体的认识和预见的可能性,实际上"危惧感说"是将预见可能性作为不法要素来把握的,因此不会产生与责任原则相冲突的问题。[29] 真正的问题其实在于信息收集义务的课与是为了防止结果的发生,这可能是将结果回避义务和信息收集义务相混淆的结果,[30]进而使得过失犯均变为不履行信息收集义务的不作为犯,以及,为何仅具有"危惧感"就可以期待行为人履行信息收集义务,若所有主体(特别是自然人)进行社会活动时,均只要具有"危惧感"就需要停下来收集相关信息,是否过于限制公民的行动自由、降低社会的运作效率。[31]

近来使得"危惧感说"重新得以活化的是井田良教授对其的"再评价"以及大塚裕史教授等的改良,因此笔者将以两位教授为代表的对第一阶段"危惧感说"加以修正后的观点称为第二阶段"危惧感"说。[32] 第一阶段"危惧感说"的核心,一言以蔽之,就是"预见可能性的结果回避义务关联性"[33]。详言之,"预

---

[28] 松宫孝明教授亦指出对于"危惧感说",理论上存在着不少误解。"危惧感"不过是赋予"信息收集义务"的契机,若在履行了信息收集义务后仍然无法产生反对动机,则此时是因为否定了"具体的预见可能性"进而否定了过失犯的成立。实际上"危惧感说"所谓的过失是指在产生了"危惧感"之后,还不履行"信息收集义务"的过失,笔者对此深表赞同。〔日〕松宫孝明「過失と『客観的帰属』」法学セミナー 766 号(2018 年)91—104 頁参照。

[29] 〔日〕古川伸彦『刑事過失論序說——過失犯における注意義務の内容』(成文堂,2007年)166—167 頁参照。

[30] 相关信息的调查、收集义务只是防止危险实现的结果回避义务的一部分,从这一点上来看,与新过失论相比,"危惧感说"实际上也未增加新的要件。〔日〕三井誠「予見可能性」藤木英雄編『過失犯——新旧過失論争』(学陽書房,1975 年)149,177 頁参照。古川伸彦博士认为"危惧感说"的问题在于对于同一个内容的注意义务既有"客观的"又有"主观的"标准,与其彻底的"行为无价值一元论"重视行为规范的立场是相背离的。〔日〕古川伸彦『刑事過失論序說——過失犯における注意義務の内容』(成文堂,2007 年)174 頁参照。

[31] 如今仍坚持此第一阶段"危惧感说"的学者已不多,笔者目力所及主要有板仓宏教授、土本武司教授和船山泰范教授,其中土本武司教授特别强调了预见可能性与结果回避义务之间存在着相互关联关系,即预见可能性程度的缓和是以结果回避义务标准的相应降低为前提的。〔日〕板倉宏『刑法総論』(補訂版)(勁草書房,2007 年)256—257 頁;〔日〕土本武司『過失犯の研究 現代の課題の理論と実務』(成文堂,1986 年)35 頁;〔日〕船山泰範『刑法の役割と過失犯論』(北樹出版,2007 年)128—131 頁参照。有趣的是,船山泰范教授认为结果回避措施的判断有其独立要件,而不依赖于预见可能性的判断,也即与土本武司教授主张两者具有关联性的见解相反,乃是通过弱化预见可能性及预见义务的功能来证立缓和预见可能性程度的合理性。〔日〕船山泰範「過失犯における回避措置重心説」井田良ほか編『川端博先生古稀記念論文集〔上巻〕』(成文堂,2014 年)411—438 頁参照。

[32] 大塚裕史教授虽将自己的观点称为新过失论,但就其内容而言基本符合本文所说的第二阶段"危惧感说",大塚裕史教授基本同意井田良教授的观点,唯一差别在于坚持具体的预见可能性说,但在加入"法益关联性"要件后其实两者几乎无差别。

[33] 〔日〕井田良『講義刑法学・総論(第 2 版)』(有斐閣,2018 年)217 頁参照。

见可能性之有无,不能以大致有或无的形式抽象地加以检讨,而是在与应采取的结果回避措施之关系上相对地被决定。并且,就像对低度预见可能性以容易采取的(不太造成负担的)结果回避措施来对应那样,对高度预见可能性则一般而言以立即中止其行为的(负担较大的)结果回避措施来对应,预见可能性与结果回避义务之间存在着相互关联"。[34] 接着井田良教授对"具体预见可能性说"和"危惧感说"进行了比较分析,认为两者仅可能在"预见对象"和"预见程度"两个方面存在差异。[35] 而由于具体的预见可能性说也并不要求对具体结果和导致结果发生的详细的因果流程具有预见可能,而只需要认识到导致结果发生的因果流程的基本部分或本质部分即可,[36] 故即便是具体的预见可能性说,在实施具有高度的结果发生可能性的行为时,预见的对象也被大幅地抽象化,故在"预见对象"上两者并无显著差异。[37] 问题实际在于,"危惧感说"对于预见可能的程度只需要达到"虽不知道会发生什么,但总感觉有事会发生"这种"漠然"的程度,故难以据此确定具体的结果回避措施,由于预见的对象总归是构成要件结果,因此就无法否认"预见可能性的法益关联性"。[38] 换言之,不能仅仅以对某种不可名状的危险性有预见可能性就课与行为人结果回避义务,而是需要使预见可能性与现实的构成要件相关联。井田良教授主张只要在这一点上加以修正,就应该支持"危惧感说"。

第二阶段"危惧感说"除了受到与前述对第一阶段"危惧感说"相同的会与责任主义相冲突的批判外,主要还面临如下批判:首先,小田直树博士批判井田良教授的修正基础是以"监督·管理过失"为基本模型提出的,难以推广到一般的过失犯理论中,但笔者认为就井田良教授总结出的"预见可能性的结果回避义务关联性"和"预见可能性的法益关联性"两个核心观点而言,即便一般化到整个过失犯领域,也不会产生"水土不服"的问题,井田良教授只是以矛盾最为突出的监督·管理过失为例便于说明而已。[39] 其次,古川伸彦博士认为结果

---

[34] 〔日〕井田良:《关于日本过失犯论之现状》,黄士轩译,载《月旦法学杂志》2014年总第235号。由此,危惧感说的论者认为,依照应课与的结果回避措施的内容不同,纵然结果发生可能性低,但只要课以与其低度对应的结果回避义务便并无不妥,此即前述土本武司教授的观点。〔日〕土本武司『過失犯の研究 現代的課題の理論と実務』(成文堂,1986年)35頁参照。

[35] 〔日〕井田良『変革の時代における理論刑法学』(慶応義塾大学出版会,2007年)152頁参照。

[36] 〔日〕山口厚「過失犯に関する覚書」田口守一ほか編『犯罪の多角的検討:渥美東洋先生古稀記念』(有斐閣,2006年)56頁参照。

[37] 前揭注[35],152—153頁参照。

[38] 前揭注[35],153頁参照。

[39] 〔日〕小田直樹「過失の『問い方』について」神戸法學雜誌63卷2号(2013年)1—37頁参照。笔者推测,小田博士会提出这一批判的原因在于,井田教授在前述所引文献中指出预见可能性的结果回避义务关联性问题在火灾这样的监督·管理过失中会变得突出,但显然这不能得出这一问题不能推广到其它类型过失案件的结论。

回避义务的成立以行为规范的违反为前提,为何作为课与结果回避义务之前提的预见可能性需要"法益关联性"?这与行为无价值一元论的立场是相违背的。但笔者认为这其实是将两个阶段的"危惧感说"混为一谈的结果,事实上第二阶段"危惧感说"的背后是结果无价值·行为无价值二元论(以下简称"违法性二元论"),因此并不会产生古川博士所说的问题。[40]

  总结而言,第二阶段"危惧感说"强调预见可能性的"关联性",其以"预见可能性的结果回避义务关联性"为分水岭,表明自己的理论立场为"危惧感说",并且认为要实现预见可能性的前一功能,则在预见程度上应该加以修正,为此需要强调"预见可能性的法益关联性"。与新过失论相比较,第二阶段"危惧感说"的不同在于,在预见可能性与结果回避可能性的关系上,预见可能性不仅仅如新过失论那样,作为结果回避义务成立的前提——预见的程度只要达到足以使人履行结果回避义务的程度即可(预见可能性的结果回避义务的动机赋予功能),还决定着结果回避义务的内容(预见可能性的结果回避义务的内容赋予功能)。[41] 与第一阶段"危惧感说"相比而言,第二阶段"危惧感说"的不同在于,其在总结"危惧感说"的核心时,剔除了危惧感说在预见可能性的判断标准上加以缓和这一点,进而又对预见可能性的程度加以修正,强调了"预见可能性的法益关联性",在这一点上甚至与旧过失论也具有亲缘性,因此可以说第二阶段"危惧感说"是处于新过失论和修正旧过失论之间的学说。需要指出的是,"危惧感"这一概念在两个阶段的"危惧感说"中,内涵有所不同。在第一阶段"危惧感说"中,"危惧感"的含义是指对于未知危险的可能发生有所预感就需要履行"信息收集义务",反映的是与结果预见义务之间的关系。而到了第二阶段"危惧感说","危惧感"一词所欲表达的是,即便是较为抽象的预见可能性,也可以课与一个相应的轻微的结果回避义务,重视的是与结果回避义务之间的关系,而在预见可能性的程度上,由于"法益关联性"的存在,实际上与具体预见可能性说几乎无差别。

  (三)复盘:"横线"与"纵线"的拆解

  归纳来说,过失犯构造论的发展可谓是建立在对旧过失论只将过失理解为心理要素,而缺乏对过失行为进行规范的构造,以及在客观方面无法对过失犯的成立范围加以限制,导致错误地将部分行为评价为具有不法而不能及时出罪这两个弊端的批判之上。以下将以前田雅英教授所提示的作为"横线"的过失犯的构造论与作为"纵线"的违法性的本质论为线索,对上述各说的特征加以

---

  [40] 〔日〕古川伸彦『刑事過失論序説——過失犯における注意義務の内容』(成文堂,2007年)172—174頁参照。

  [41] 平野洁博士亦作出了相同的区分。〔日〕平野潔「過失犯における客観的注意義務と客観的予見可能性」刑法雑誌49巻2=3号(2010年)132—134頁参照。

分析。

修正旧过失论站在结果无价值的立场上,以将过失和故意并列把握为总纲,认为在过失犯的认定中应该加入实行行为要件。实行行为的内核是"实质危险"的判断,因此从这一点来看,修正旧过失论处在"危险的现实化"理论的延长线上。[42] 主张者还认为这本来就是旧过失论的题中应有之义,所谓的修正旧过失论不过是再度确认了需要对构成要件的客观方面加以限定而已。[43] 新过失论立足于行为无价值,强调法规的"行为规范"面向,从而主张以结果回避义务作为限制客观方面的手段,违反了结果回避义务才能证立过失犯的客观不法。新过失论将预见可能性作为结果回避义务的前提,使得预见可能性要件发挥的是"结果回避义务的动机赋予功能",这意味着对预见可能性的把握只要求达到足以使人产生反对动机进而履行结果回避义务的程度即可。因此,若贯彻新过失论对预见可能性功能的此种定位,则必然会滑向第一阶段"危惧感说"中对预见可能性的缓和。[44] 第一阶段"危惧感说"并非单纯地肯定对预见可能性程度的缓和,而是以"信息收集义务"作为过渡,同时辅之以结果回避义务的履行负担的降低。由于新过失论本身也具有缓和预见可能性程度的"基因",所以第一阶段"危惧感说"在这一角度上可以说是对此瑕疵的弥补,是对新过失论的应援。其对预见可能性要件的缓和可以视作向彻底的行为无价值一元论的靠拢,尤其是船山泰范教授主张以结果回避措施判断为重心,同时否认与预见可能性之间关联性的见解。第二阶段"危惧感说"的背后是违法性二元论。申言之,第二阶段"危惧感说"强调的"预见可能性的结果回避义务关联性"体现的是主张"规范违反说"的行为无价值立场,而"预见可能性的法益关联性"体现的是主张"法益侵害说"的结果无价值立场。[45] 相比于第一阶段"危惧感说"为新过失论缓和预见可能性的合理性作补充论证的拯救进路,第二阶段"危惧感说"以承认"预见可能性的法益关联性"直接扭转了预见可能性的程度标准。

现如今过失犯构造论中的争论,可以说主要是修正旧过失论和新过失论之间的对立。主张以实行行为还是结果回避义务来限缩过失犯的客观方面,可谓检验某一观点属于修正旧过失论还是新过失论的"石蕊试纸"。新过失论和"危

---

[42] 〔日〕小田直樹「過失の『問い方』について」神戸法學雜誌 63 卷 2 号(2013 年)1—37 頁参照。

[43] 同前注[18];〔日〕佐伯仁志:《刑法总论的思之道·乐之道》,于佳佳译,中国政法大学出版社 2017 年版,第 245 页。张明楷教授据此主张坚持旧过失论也并无问题,但实际上是通过主张两者无差别而在本质上转向了修正的旧过失论。参见张明楷:《论过失犯的构造》,载《比较法研究》2020 年第 5 期。

[44] 〔日〕小田直樹「過失の『問い方』について」神戸法學雜誌 63 卷 2 号(2013 年)1—37 頁参照。

[45] 〔日〕大塚裕史「予見可能性論の動向と予見可能性の判断構造」井田良ほか編『川端博先生古稀記念論文集[上卷]』(成文堂,2014 年)312 頁参照。

惧感说"虽均强调预见可能性与结果回避义务之间的"关联性",但其本质区别在于对"关联性"的把握,具言之,新过失论和第一阶段"危惧感说"重视"有无"的判断,作为结果回避义务之前提的预见可能性所发挥的是"预见可能性的结果回避义务的动机赋予功能",而第二阶段"危惧感说"认为预见可能性还发挥着决定结果回避义务内容的作用,也即"预见可能性的结果回避义务的内容决定功能"。

二、理论的细貌Ⅰ:第二阶段"危惧感说"中的预见可能性

预见可能性对于认定过失犯是至关重要的要件,不同的构造论对于预见可能性的认识和表示针锋相对,故以下对在第二阶段"危惧感说"中预见可能性要件如何展开加以阐述。

（一）预见可能性的定位与功能

无论旧过失论还是新过失论均承认预见可能性作为过失犯的成立要件,不同的是旧过失论将其与结果预见义务相关联,并将其作为责任论的中心问题,而新过失论将其当作属于违法要素的结果回避义务的前提。[46] 此外在承认注意义务的内容同时包括结果预见义务和结果回避义务的见解中,对于两种义务在体系上的位置问题有如下争论:第一种意见认为,结果预见义务、结果回避义务都是违法要素;第二种意见认为,结果预见义务、结果回避义务既是违法要素,也是责任要素;第三种意见认为结果回避义务属于违法要素,结果预见义务属于责任要素。[47] 根据两者位置的不同,预见可能性的体系地位也会随之相应变化。在此两种义务的位置问题上,基于违法性二元论的第二阶段"危惧感说"认为结果回避义务是违法要素,而结果预见义务是责任要素。

关于预见可能性的讨论如此错综复杂的原因在于,理论上将内容各异的两种预见可能性冠以同一名称;其一是与故意犯的故意相对应的作为过失犯主观要件的结果预见可能性,其二是对结果回避措施之必要性的预见可能性。[48] 在第二阶段"危惧感说"看来,前者是作为责任要素的预见可能性,体现的是预见可能性的主观归责功能,后者是为结果回避义务提供基础的作为违法要素的预见可能性,体现的是预见可能性的结果回避义务定立功能（又可再分为决定"有无"和决定"内容"两个功能）,二者不可偏废。[49] 预见可能性的主观归责功能是指为了对违法结果加以非难,就需要行为人对自己行为的违法性事实具有

---

[46]〔日〕内藤谦「過失犯の要件」法学教室98号(1988年)51頁参照。
[47] 参见〔日〕野村稔:《刑法总论》,全理其、何力译,法律出版社2001年版,第179—180页。
[48]〔日〕高橋則夫=杉本一敏=仲道祐樹『理論刑法学入門——刑法理論の味わい方』(日本評論社,2014年)3頁参照。
[49]〔日〕大塚裕史「予見可能性論の動向と予見可能性の判断構造」井田良ほか編『川端博先生古稀記念論文集[上巻]』(成文堂,2014年)313頁参照。

认识,若无法对自己行为引起的个别具体结果加以认识,便不能说结果的发生是受自己的意思控制的,也就应该将其排除出刑事责任的对象范围。[50] 而要实现将法益损害结果归属于行为人主观的效果,就需要对具体法益损害结果具有预见可能性,因此也就需要承认预见可能性的"法益关联性"。如前所述,预见可能性的结果回避义务定立功能则是指结果回避义务的有无以预见可能性为前提,且预见可能性的程度决定结果回避义务的内容。归纳而言,预见可能性具有双重定位,发挥着两个功能,既为不法提供基础,又是责任的前提条件。同时,主观归责功能还使得第二阶段"危惧感说"与"责任主义"之间的关系变得融洽。

对于此种双重定位的批判见解认为,这种观点"类似于双重故意。如果说双重故意旨在解决正当化事由的错误这一难题,双重过失则没有意义,因为在过失犯中,正当化事由的错误原本就是过失犯,没有必要通过双重过失来处理"[51]。笔者认为这一批判值得商榷。首先,其并未注意到预见可能性的双重功能,而只是认为在过失犯中并不需要解决正当化事由的错误,便以偏概全地否认了双重定位所具有的其他功能。其次,这一批评仍然是基于旧过失论将故意犯与过失犯完全并列起来理解的思维。诚然,故意犯的结构逻辑在过失犯的构造中有值得借鉴之处,但并不等于过失犯的构造及其发挥的功能是与故意犯完全对称的"镜像",过失犯的构造有自己需要解决的问题,两者之间仍然是存有差别的。最后,即便是将故意犯和过失犯加以并列把握,预见可能性要件无论对于故意还是过失也均是必要的,这一点就算是修正旧过失论者也不反对。[52] 既然认为故意的双重定位是可以接受的,也就应当接受在故意犯中预见可能性的双重定位,因此如果按照将两者并列起来理解的思维就更加没有反对过失犯中预见可能性的双重定位的道理。此外,还有批判见解认为对预见可能性因素的重复审查有违体系逻辑的基本要求,具言之,在不同的要素中重复审查相同的内容,不但有悖于体系经济的要求,也会形成自我矛盾的风险。[53]

---

[50] 〔日〕大塚裕史「予見可能性論の動向と予見可能性の判断構造」井田良ほか編『川端博先生古稀記念論文集[上卷]』(成文堂,2014年)315—316頁;〔日〕大塚裕史「予見可能性の対象の抽象化とその限界」高橋則夫ほか編『日高義博先生古稀祝賀論文集』(成文堂,2018年)348頁参照。

[51] 张明楷:《论过失犯的构造》,同前注[43]。

[52] 小林宪太郎教授认为要使过失犯受到与故意犯相同的制裁,即需要受到刑罚而不仅仅是其它处罚,这就需要在故意犯中像要求责任能力和违法性意识可能性一样,要求具有预见可能性,故意犯不过是一种加重了的过失犯。〔日〕小林憲太郎『刑法の帰責——フィナリスムス・客観の帰属論・結果無価値論』(弘文堂,2007年)50—52頁参照。

[53] 当然,劳东燕教授在此真正批判的是在因果关系认定中纳入预见可能性的审查,从而与定位于责任的预见可能性审查相重复的问题,但是从其坚持预见可能性的责任定位立场出发,显然也会对第二阶段"危惧感说"主张双重定位的观点提出相同的批判。参见劳东燕:《过失犯中预见可能性理论的反思与重构》,载《中外法学》2018年第2期,第304—326页。

不过指责具有重复审查缺陷的前提是前后审查的内容构成重复,换言之,前后审查的对象、标准、时间点都是相同的,而在第二阶段"危惧感说"中前后两个预见可能性发挥不同的功能,具有不同的审查标准和审查时间点(详见后文),不会有重复审查的体系冗余。

对于根据预见可能性的程度决定结果回避义务的内容这一点,反对见解提出了以下批判:第一,即使承认预见可能性与结果回避义务的关联,这种关联性的内核只不过是"即便风险很低,如果不承担太大的负担便应采取结果回避措施"这一普通的利益衡量;第二,一方面将客观的预见可能性作为结果回避义务的前提,另一方面又按个人能力(其中包括预见能力)的高低决定结果回避义务的内容,这多少有些自相矛盾;第三,未说明是已经产生的危惧感还是应该产生的危惧感,从而要么无法与法益相关联,要么已经是具体的预见可能性;第四,在过失犯的场合,行为人不能产生规范的抑制动机,预见可能性与结果回避措施是分离的;第五,应当承认行为人对结果的预见可能性是责任要素,因此便不会与作为违法要素的结果回避义务相关;第六,决定结果回避义务内容的是客观存在的危险,没有必要引入客观的预见可能性作为中间项。[54]

通过分析不难得出,第二点和第五点是针对预见可能性体系地位的批判,在坚持预见可能性双重定位的第二阶段"危惧感说"看来,第二点批判是没有认识到预见可能性的双重功能的表现,如果认识到了这种双重功能便不会觉得存在矛盾;对于第五点批判,第二阶段"危惧感说"不否认发挥主观归责功能的结果预见可能性是责任要素,作为违法要素的乃是发挥结果回避义务定立功能的预见可能性。对于其他几点批判,笔者作如下的回应:

第三点与第四点批判实际上是对第一阶段"危惧感说"的反对。对于第三点批判,第二阶段"危惧感说"在此可以明确说明与结果回避义务相关联的预见可能性是已经产生的危惧感,由于其主张行为的规范违反面向,发挥的是结果回避义务定立功能,因此当然不需要和法益相关联,而与结果预见义务相关联的是发挥主观归责功能的预见可能性,对此才需要与法益相关联,如前所述第二阶段"危惧感说"也认为此种预见可能性的程度已经和具体预见可能几乎无差别。第四点批判引证的例子是:即使行为人可能预见驾驶机动车可能发生事故,但一般并不会因此而放弃驾驶机动车。这显然是对结果回避义务定立功能的一种误解,在第二阶段"危惧感说"看来,对于驾驶机动车可能发生事故这种抽象危险的预见本身就不需要课与放弃驾驶这样相对来说过高的结果回避义务,此时应该做的是履行查看路况、机动车的适驾情况和自身身体状态的检查义务后再驾驶,而且其所引证的"预见可能性与结果回避措施是分离的"这一观

---

[54] 参见张明楷:《论过失犯的构造》,同前注[43],第16—20页。

点本身就是支持第一阶段"危惧感说"学者的观点。[55]

第一点批判和第六点批判围绕的是结果回避义务的内容到底应该由什么决定的问题。对于第一点批判所认为的决定结果回避义务大小的是利益衡量而非预见可能性的内容这一观点，笔者认为有失偏颇。第二阶段"危惧感说"从未否认结果回避义务的确定需要利益衡量，但是衡量的双方应该是预见到的或有预见可能的结果发生危险之大小与结果回避义务的内容，通过将没有预见可能性的危险作为衡量的内容来决定结果回避义务内容的做法显然会与责任主义相冲突。例如，以其所举的行为人夜间偷锯高大的杉树，树倒下后砸中悄悄靠近的被害人，致其死亡的情形（锯树案）来说，会认为不可以因为不能预见深夜会有人进入树林，就否认行为人有确定是否有人在场的义务，因此仍然具有违法性，只是应该在责任阶层出罪。[56] 首先，要求一个实施盗伐行为的人承担确认周围是否有人在场的义务显然是荒谬的，即便行为人观察周围是否有人也只可能是为了防止自己的盗伐行为被发现，不可能是出于保护他人的考量，不履行此义务的结果也只会是被人发现，而不可能是其它。其次，如果按照修正旧过失论的观点，需要审查"实行行为性"要件，则不禁使人追问，难道盗伐树木的行为包含了过失杀人的实行行为性吗？这显然突破了构成要件的文义范围。最后，通过预见可能性的结果回避义务定立功能更能揭示此时的结果回避义务内容究竟为何，与盗伐封闭的植物园内的巨型名贵楠木的情形相对比，如果此时楠木倒下不小心砸死了另外一伙前来偷盗的人，难道为防范此种几乎不会出现的风险，也需要课与行为人时时警惕有人会深夜闯入上锁的植物园的义务吗？这简直比第一阶段"危惧感说"的危险判断标准还要抽象。而事实上，只要有人在砍伐现场，那么大树倒下砸死人的危险就一直存在，即便不会有第三人出现，由于盗伐现场也一定有行为人本人存在，那么就会导致在任何情况下都要课与行为人相同程度的义务，而这显然是一种机械的做法。

对于第六点批判来说，首先，修正旧过失论在客观方面加入实行行为要件的做法也是引入了中间项，而由于过失犯中的实行行为定型性不足，所以基本如旧过失论一般沦为因果关系的判断，因此引入中间项的批判是站不住脚的。其次，其认为即便没有认识到车厢里面偷偷溜进了人，行为人仍然有不超速行

---

[55] 〔日〕船山泰範「過失犯における回避措置重心説」井田良ほか編『川端博先生古稀記念論文集［上巻］』（成文堂，2014年）411—438頁参照。

[56] 案情详细经过为：在30多年前的我国某农村，兄弟二人深夜到村里的一片树林里偷锯一颗高大的杉树（平时的深夜根本没有人进入树林）。从外地回村的被害人因为走便道而经过树林时听到了锯树声，被害人想知道是谁在偷锯但又不想让偷锯的人发现自己，于是悄悄向锯树的地点走近。又由于月色暗淡看不见锯树人，此时刚好锯断的杉树倒下砸中了被害人。兄弟二人急忙将被害人送往医院抢救，但未能挽回生命。参见张明楷：《论过失犯的构造》，同前注〔43〕，第18页。

驶的义务,从而认为决定结果回避义务内容的只是危险因素。但是这里并非不存在预见可能性,虽然行为人无法预见到可能对偷偷溜进车厢的人的法益造成损害,但是仍然可以预见到超速行驶会对自己的生命法益造成损害,在此情形下仍然课与行为人不超速行驶的义务,事实上恰恰是为了保护司机自己的法益免受损害。最后,不要求预见可能性,而仅由危险程度决定回避义务内容的做法,是过度法益保护主义的体现,有违责任主义的要求,因为只要有危险并且现实化为损害,也就违反了结果回避义务。

(二)预见可能性的对象、程度与标准

在预见可能性的对象(特别是结果要件)这一问题上,修正旧过失论将其按照故意犯中的故意来对照临摹,预见可能性是责任非难的基础,因此其需要对作为行为违法性之基础的现实发生的个别具体结果有预见可能(重视主观归责功能)。[57] 与此相对,第二阶段"危惧感说"在对发挥结果回避义务定立功能的预见可能性的把握上与新过失论中的预见可能性相同,由于该预见可能性是与作为违法要素的结果回避义务相关联的,因此面对作为预见可能性对象的结果是现实存在的个别具体结果还是现实中并不存在的(假定的)构成要件结果这一问题,所要关注的其实只是他们各自所能定立的结果回避义务。[58] 举例来说,猎人甲在与妻儿共居的房间内清洁猎枪时,不小心走火打死了躲藏在院子里的小偷乙,对于现实发生的乙的死亡结果,甲不具有预见可能性,但是对于可能打死同住的妻儿这一未现实发生的假定结果,甲是有预见可能的。在旧过失论中,甲因为没有对乙的死亡结果的预见可能性,未违反预见义务,因此不构成过失犯;在第二阶段"危惧感说"和新过失论中,甲虽然对现实发生的乙的死亡没有预见可能性,但是对于假定的结果有预见可能性,此时就具有了履行结果回避义务的要求,第二阶段"危惧感说"则更进一步认为预见的程度相应地决定结果回避义务的内容。而对于被置于责任要素地位的发挥主观归责功能的预见可能性,则与旧过失论一样要求对具体个别的结果具有预见可能。

对于预见可能性的标准问题,在笔者看来,法规范的"行为规范"(Verhaltensnormen)面向和"裁判规范"(Sanktionsnorm)面向是规范不可或缺的两个功能。[59] 前者是事前判断,后者是事后判断。反映到以违法性二元论为基础的第二阶段"危惧感说"的构造中,由于结果回避义务定立功能体现的是主张"规范违反说"的行为无价值立场,故在判断时间点上,对发挥结果回避义务定立功能的预见可能性应以行为时作为判断基点,相应的在程度标准上,也

---

[57] 〔日〕山口厚『問題探究 刑法総論』(有斐閣,1998年)165—166頁参照。
[58] 〔日〕大塚裕史「過失犯論(1)過失犯の構造と過失の認定方法」法学セミナー732号(2016年)93—101頁参照。
[59] 〔日〕佐久間修『刑法総論』(成文堂,2009年)164頁参照。

只需要达到足以课与结果回避义务的程度即可，而不必对现实发生的结果具有高度预见可能性。在判断视角上，则以"具体类型人"的预见可能性为标准，所谓的"具体类型人"即与行为人处于同一社会地位的那一类人的总和，如医生、教师、驾驶员、外国人、老人等，其并不等同于社会一般人，也不同于行为人本人。而发挥主观归责功能的预见可能性则是基于结果无价值论的立场，和修正的旧过失论相同，要求对行为后现实发生的个别具体结果的预见可能性，因此其在判断时间点上是一种事后的视角，在程度标准上则要求具有"法益关联性"，在判断视角上则同样采"具体类型人"标准，因为相比于社会一般人标准而言，其已经进行了一定程度的具体化，能够满足责任主义的要求。综合而言，在行为时对构成要件结果发生的预见可能性是必要的（事前的预见可能性），在行为后对现实发生的个别具体的结果的预见可能性也是必要的（事后的预见可能性）。[60] 事前的预见可能性是发挥结果回避义务定立功能的预见可能性，事后的预见可能性是发挥主观归责功能的预见可能性。[61]

在日本，一直以来的通说见解要求，在作为导出结果回避义务之前提的预见可能性达到对特定构成要件结果具有"高度预见可能性"的同时，对于认定责任阶段的结果预见义务，也需要对特定构成要件结果具有"高度预见可能性"。[62] 毋庸置疑这能够显著限定过失犯的成立范围，但是无法回应现代社会的发展产生的大量未知危险所带来的挑战。对于第二阶段"危惧感说"在两种预见可能性上持不同判断标准的见解，冈部雅人教授批判认为，在作为导出结果回避义务之前提的预见可能性上只要求抽象预见可能性，而在认定责任阶段的结果预见义务时，又要求具有"高度预见可能性"，会使得扩张结果回避义务之前提的预见可能性的意义被抵消。[63] 但是，在笔者看来，其一，只要承认

---

[60] 事实上比起预见可能性的程度上的区别，第一阶段"危惧感说"和具体预见可能性说之间的真正区别在于判断时点，即前者是事前判断，后者是事后判断，至于第二阶段"危惧感说"则对两种预见可能性采取不同的标准，以发挥其各自的功能。〔日〕船橋亜希子「過失犯における予見可能性の対象について —具体的予見可能性説と危惧感説の対立構造を中心として—」法学研究論集 45 号（2016 年）79—105 頁参照。

[61] 〔日〕大塚裕史「予見可能性論の動向と予見可能性の判断構造」井田良ほか編『川端博先生古稀記念論文集［上巻］』（成文堂，2014 年）319 頁参照。

[62] 〔日〕岡部雅人「過失犯におけるの『予見可能性』について」高橋則夫ほか編『野村稔先生古稀祝賀論文集』（成文堂，2015 年）63 頁参照。

[63] 需要说明的是，事实上冈部雅人博士也明确支持修正后的危惧感说，不过在观点上有所转向：一开始通过批判二元论具有如上缺陷，最终会回到旧过失论的方式，主张要坚持以单纯结果回避义务为中心的模式，但如今其支持在构成要件和违法性阶段采用缓和标准的"危惧感说"，在责任阶段坚持具体的预见可能性说，基本上已经与本文立场一致。〔日〕岡部雅人「過失犯におけるの『予見可能性』について」高橋則夫ほか編『野村稔先生古稀祝賀論文集』（成文堂，2015 年）64 頁；〔日〕岡部雅人「過失犯における『因果経過の予見可能性』について——渋谷温泉設施爆発事故最高裁決定をてがかりとして」川端博ほか編『理論刑法学の探究⑩』（成文堂，2017 年）31 頁参照。

不法与罪责的区分是有意义的,就仍然能够说明对两种预见可能性持不同判断标准的必要性,虽然在不法阶段被认为具有预见可能性进而课与结果回避义务的人,可能在罪责阶段被出罪,不过违反结果回避义务进而被评定为不法这本身就具有独立意义,如宣誓了对行为的否定评价,为成立过失的未遂奠定基础以及可以对之正当防卫等。其二,所谓的高度预见可能性在第二阶段"危惧感说"看来,与作为不法要素的预见可能性判断标准相比也不过是增加了"法益关联性",两者之间的差异并未达到显著的程度,所谓的具体预见可能性事实上也是抽象化了的产物。[64] 此外,平野洁教授还批判道,对于发挥结果回避义务的定立功能来说,在预见可能性的程度问题上,单纯的危惧感是不够的,因为为了能够实施依据具体的行动准则的结果回避措施,就需要行为人的预见可能性具体到可以控制回避措施的程度。[65] 但事实上,第二阶段"危惧感说"也要求预见可能性具体到可以控制回避措施的程度,只不过由于结果回避义务的内容有轻重之分,对于较轻的结果回避义务来说,相应的预见可能性的程度标准也可以被缓和。

此外还可能面临这样一种批判,第二阶段"危惧感说"将结果预见可能性的高低作为判断过失犯成立与否的一个要件,但即使是把对危险的预见可能性也作为对行为人设定结果回避义务的前提,那也仅仅为过失犯的实行行为性提供了根据,而只有当主观上对该结果发生具有具体的预见可能性时,才能肯定过失行为与结果之间的因果关系。换言之,定位于不法阶层的发挥结果回避义务定立功能的预见可能性仍然是一种极其抽象的"危惧感",而在主张因果关系的判断应该纳入预见可能性的前提之下,就会导致这种依据抽象标准的预见可能性难以对因果关系的判断发挥限定作用的问题。对此,笔者认为:首先,事实上这和平野洁教授的批判一样,都认为对于发挥结果回避义务的定立功能的预见可能性来说,在程度问题上单纯的危惧感是不够的,这其实是对"危惧感"这一词作机械地理解的产物。在此必须要重申的是,对于发挥结果回避义务的定立功能的预见可能性仍然要求其具体到可以控制回避措施的程度,并非完全是抽象的。此外还需要说明的是所谓"仅仅为过失犯的实行行为性提供了根据"的说法仍然是旧过失论的思考方式的反映,由于在过失犯中实行行为性较差,第二阶段"危惧感说"并不要求审查实行行为性要件。其次,对于作为批判前提的因果关系的判断应该纳入预见可能性的主张,在不采用第二阶段"危惧感说"时,其反而会受到这种做法将应在责任阶层审查的预见可能性提前到构成要件

---

[64] 〔日〕土本武司『過失犯の研究 現代的課題の理論と実務』(成文堂,1986年)23—31頁参照。

[65] 〔日〕平野潔「過失犯における客観的注意義務と客観的予見可能性」刑法雑誌49巻2＝3号(2010年)133—134頁参照。

阶层来判断的质疑,而第二阶段"危惧感说"中预见可能性的双重定位恰恰能解决这一点,这正突显了第二阶段"危惧感说"的优势。最后,在因果关系的判断中纳入预见可能性的做法,其实是相对因果关系说为了应对"危险的现实化理论"的批评所作的对"相当性"判断标准不明确的一种补救。[66] 而在发挥结果回避义务定立功能的预见可能性的判断中需要对结果回避义务的轻重根据客观事实进行确定,而这恰恰也为对"相当性"进行具体的判断提供了基础。正如主张因果关系的判断需要纳入预见可能性的观点所常引用的,行为人将被害人拘禁在汽车后备箱中,并停在高楼下,此时从高楼上掉下一花盆,砸中后备箱,并将后备箱中的被害人砸死,行为人是否需要对被害人的死亡负责,即是否要被评价为非法拘禁致人死亡的问题。[67] 先不谈客观归责理论在此问题的解决上是否更有优势,也不谈在加重结果的归属上本来就需要客观上有因果关系主观上有预见可能性,两者可分开判断的问题。即便按照为了限制此种情形的处罚,而需在因果关系的认定中通过加入预见可能性来实现限制功能的观点,也可以发现之所以感觉要在这种情形下排除处罚,正是因为行为人此时并不负有一个需要注意高楼上可能会偶然间掉落花盆砸死被害人并为回避此种结果的发生做相应措施的义务,而这其实正是对发挥结果回避义务定立功能的预见可能性的判断中的结果回避义务的确定过程。

三、理论的细貌Ⅱ:第二阶段"危惧感说"中的结果回避义务

除了上述预见可能性的体系地位和功能外,要构造过失犯的体系还需要对结果回避义务加以阐述,故以下就结果回避义务产生的另一前提——结果回避可能性的含义为何,发挥何种功能,以及结果回避义务与不作为犯中的作为义务是否有区别几个问题展开探讨。

(一) 结果回避义务的履行可能性与回避措施有效性

结果回避可能性是过失犯成立的另一重要要件。即便可以预见到结果的发生,但是在根据具体的情况,实际上完全无法采取结果回避措施的情形下,以及即便采取了结果回避措施,也无法避免结果发生的情形下,由于不具有结果避免可能性,因而不成立过失犯。有必要注意的是如上两种情形下的结果避免可能性是不同层面的问题,也即结果回避可能性的二元性。[68] 第一种情形下的结果回避可能性,是指结果回避义务的履行可能性,由于是在行为时判断的

---

[66] 参见〔日〕井田良:《日本因果关系论的现状——从相当因果关系说到危险现实化说》,林琬珊译,载《月旦法学杂志》2018年总第276号。
[67] 同上。
[68] 〔日〕山中敬一『刑法総論(第3版)』(成文堂,2015年)392—393頁;〔日〕大塚裕史「過失犯論の近時の動向」法学教室395号(2013年)8頁参照。

问题,因此也被称为事前的结果回避可能性,其乃是从"法不强人所难"的观点出发,[69] 在不可能履行结果回避义务时,就不能课与违反了结果回避义务的责任。相应的,第二种情形下的结果回避可能性,是指从事后来看即便实施了适当的结果回避措施,也无法避免结果的发生,因此又被称为事后的结果回避可能性,其所关注的其实是结果回避措施的有效性问题。[70] 举例来说,在日本曾经发生过这样的案件,在驾车过程中由于不注意进入了对向车道,导致与对向车道上的汽车相撞,并使同行的乘客受伤,但事实上司机此时是因为患有睡眠呼吸暂停综合征(sleep apnea syndrome,SAS),而无征兆地陷入睡眠状态,导致无法履行注视前方和避让来车的义务。[71] 此案例就属于在行为时完全无法履行结果回避义务的情形。还发生过的一个案件是,火车司机没有注意到前方的铁路与公路交叉口上有一名1年零9个月的幼儿,而使其被火车轧死,但事实上,即便注意到了该幼儿后就马上鸣笛并紧急刹车,由于火车的速度太快,也无法避免将该幼儿轧死的结果。[72] 此案例不同于前者,行为人此时并非完全不能实施结果回避措施,只不过可实施的措施对于避免结果发生来说并无作用,因此便属于没有事后的结果回避可能性。

对于为何需要事前事后两个结果回避可能性的问题,古川伸彦教授一针见血地回答道:通过事前的"法不强人所难"所规定的危险消除行为有必要通过事后的"法不强人所难"加以确定,即便在行为时具有行为可能,但行为可能性只是行为当为性的必要条件而非充分条件,而从事后来看法所不能强迫的情形,是指即便实施了该危险消除行为,也会发生同一构成要件结果,对被害人造成同等的法益侵害。[73] 事前的结果回避可能性解决的是,当某一行为违反了"法

---

[69] 我国学者则将"法不强人所难"这一原则在过失犯中的体现称为"逾越能力则无义务",参见蔡仙:《过失犯中结果避免可能性理论的法理展开——以"逾越能力则无义务"原则为解释中心》,载《刑事法评论》2017年第1期,第44—65页。

[70] 〔日〕大塚裕史「過失犯論の近時の動向」法学教室395号(2013年)8—9頁;〔日〕大塚裕史「過失犯論(3)結果回避可能性と信頼の原則」法学セミナー734号(2016年)92—95頁参照。高桥则夫教授则认为事前的结果回避可能性是过失犯固有的问题,而事后的结果回避可能性是义务违反与结果之间的因果关系问题。〔日〕高橋則夫『刑法総論(第3版)』(成文堂,2016年)223頁参照。山中敬一教授则秉持客观归责的思考框架,认为事前的结果回避可能性与创设法所不容许的风险相关,事后的结果回避可能性则与风险的实现相关。〔日〕山中敬一『刑法総論(第3版)』(成文堂,2015年)393頁参照。我国学者邹兵建也敏锐地意识到了结果回避可能性在刑法中的不同意涵,并区分了"结果回避义务意义上的结果回避可能性"和"合义务替代行为意义上的结果回避可能性",分别对应的是行为不法和结果不法的判断,这与本文所指出的结果回避可能性的二元性在本质上是相同的。参见邹兵建:《过失犯中结果回避可能性的混淆与辨异》,载《中外法学》2021年第4期。

[71] 大阪地判平成17·2·9判時1896号157頁参照。

[72] 大判昭和4·4·11新聞3006号15頁参照。

[73] 〔日〕古川伸彦『刑事過失論序説——過失犯における注意義務の内容』(成文堂,2007年)222—223頁参照。

的期待"而惹起法益侵害结果时,如何将结果归属于行为的问题,划定了"法的期待的主观界限",需要站在行为时点,就法益侵害危险通过① 该危险的认识可能性,② 消除该危险的可能性,③ 消除该危险的必要性的认识可能性,来加以判断。事实上在笔者看来,预见可能性与结果回避义务相关联的部分,也正是在于划定了"法的期待的主观界限"时以预见可能性为起点。[74] 相对的,事后的结果回避可能性解决的是合义务的行为是否真实存在的问题,划定的是"法的期待的客观界限",需通过① 使该危险消灭的必要性,② 假如实施了危险消除行为就不会发生构成要件结果(即有效性),来加以判断。[75] 不难看出,此处亦延续了同时兼顾事前判断(意思决定规范的违反)和事后判断(评价规范该当性)这一违法性二元论一贯的思考方式。

对此冈部雅人教授批判认为,所谓的事前的结果回避义务虽然作为案例分析方法存有益处,但是在具体的案件中并无独立存在的意义,其功能可以由事后的结果回避义务、预见可能性以及信赖原则来代替,申言之,在事前的结果回避义务被否定进而不构成过失犯的情形中,往往也可以通过信赖原则否认预见可能性或通过排除事后的结果回避可能性达到相同的限缩功能。[76] 但笔者认为,首先,需要明确的是冈部雅人教授也认为在思考方式上区分两种结果回避可能性的做法存在益处,不能因为最终结果上可能得出同样的结论就抛弃此种思考模式。其次,对于通过信赖原则否认预见可能性这一点,与第二阶段"危惧感说"实际上是殊途同归,因为只要理解了预见可能性的结果回避义务定立功能,就会发现两者最终都是通过排除结果回避义务来否认成立过失犯。最后,通过事后的结果回避可能性来达到同等结果的做法,是因为结果回避措施的有效性以实施的可能性为前提,冈部教授所谓的达到同等结果实际上在无意间已经包括了对事前的结果回避可能性的审查,相比而言本文将两者分开考察的做法显然更加精确化。蔡仙博士则批判道:"如果从事前视角出发的话,人们通常会将违反注意义务后造成法益侵害的结果归责于他人,因为,从事前来看,如果他人没有违反注意义务的话,本来或许可以提高被害人生还的机会。如此一

---

[74] 杉本一敏则将此称为在行为时,行为人的"负担要求可能性"和"负担自觉可能性",与对结果回避措施之必要性的预见可能性相关。〔日〕杉本一敏「不作为犯(1)不作為犯の結果回避可能性——『危険の現実化』か『負担要求可能性』か」法学セミナー 689 号(2012 年)113—118 頁参照。

[75] 此外,这样的区分有利于在过失犯中妥当处理"接受危险"和"容许危险"的体系位置问题,其中前者是与事前的结果回避可能性相关的问题,后者是与事后的结果回避可能性相关的问题。〔日〕古川伸彦『刑事過失論序說——過失犯における注意義務の内容』(成文堂,2007 年)194—265 頁参照。

[76] 〔日〕冈部雅人「過失犯におけるの『結果回避可能性』について」井田良ほか編『山中敬一先生古稀祝賀論文集[上巻]』(成文堂,2017 年)453—466 頁参照。

来,事后的检验就没有任何必要了。"[77]但在笔者看来,事实上其所谓的"或许可以提高被害人生还的机会",就是回避措施有效性的检验即事后的检验,也就是说,在第二阶段"危惧感说"看来,蔡仙博士在分析过程中其实已经包含了事后检验,而并非像其所说的"事后的检验就没有任何必要了"。与蔡仙博士恰好相反的是,杉本一敏博士立基于彻底的结果无价值立场,主张对于违法的判断应该采裁判时的事后视角。要认定结果犯,只有在事后根据现实的结果和发生结果的过程,才能证明行为是否恰当,因此便只需要事后的结果避免可能性的判断即可。[78]笔者以为,且不论违法性的判断是否以结果无价值为标准,杉本一敏博士的观点其实等于是在强调只需进行结果回避措施有效性的判断,而没有关注实施结果回避措施可能性的判断,因此其和冈部雅人教授的观点一样存在有效性的判断其实已经暗藏可能性判断的问题。

(二)结果回避义务与作为义务的关系

对于结果回避义务与作为义务之间究竟有无区别和有何区别的问题,理论上有激烈的论争,尤其是在承认过失不作为犯成立的情况下,如果承认两者各自有独立存在的意义,则在体系上应如何放置两者显然是迫在眉睫的难题。在旧过失论中,由于将注意义务理解为结果预见义务并置于责任阶层,故不会产生与在客观方面发挥作用的作为义务交叠的问题,两者之间泾渭分明。[79]相比于能否区分的问题,旧过失论更注重应否区分的问题,前者在其看来似乎并不成问题。[80]但是,随着对过失犯的讨论囊括了如何在客观方面对其成立范围加以限制的问题,则难免产生与作为义务的交错,这是修正旧过失论、新过失论和"危惧感说"所共同面对的挑战。对此,有学者从两者的产生前提出发,认为过失犯中的结果回避义务因以预见可能性为前提,故与依保证人地位这一客观事实判断作为发生根据的作为义务不同。[81]此说确实在一定程度上说明了两者在发生前提上的差异,但仍然没有说明在均以结果回避可能性为前提这一点上是否还存有差别。有学者以义务发生时是否已经特定为区分标准,"认为过失犯所未履行的是'事中'的'特定作为义务'",而保证人的作为义务则属于

---

[77] 同前注[69]。
[78] 〔日〕杉本一敏「結果無価値から見た過失犯の結果回避可能性」高橋則夫ほか編『曽根威彦先生・田口守一先生古稀記念論文集[上巻]』(成文堂,2014年)534頁参照。
[79] 〔日〕井上祐司『行為無価値と過失犯論』(成文堂,1973年)29頁参照。
[80] 旧过失论者认为如果在过失犯的判断中不区分作为义务(保证人义务)和注意义务(结果回避义务、预见义务),会产生将本不构成犯罪的非保证人的不作为行为以过失犯进行处罚的危险,因此必须明确两者的关系和范围,同时认为在过失不作为犯中,保证人义务解决的是是否应该防止结果发生的问题,而注意义务解决的是如何防止结果发生的问题。〔日〕神山敏雄『不真正不作為をめぐる過失犯』(成文堂,2020年)127—129頁,131—132頁参照。
[81] 参见许泽天:《过失不作为犯之结果归责——切除肿瘤成植物人案之评释》,载《月旦法学杂志》2010年总183号。

"事前"的"不特定义务",进而认为过失犯的注意义务与作为义务两者并不相同。[82] 其实质是认为作为义务的内容是事先规定的,而结果回避义务的内容是根据现实情况确定的,但只要在作为义务的发生根据上坚持如"机能的二分说"之类的实质判断标准,则此标准便无法再适用。还有学者认为"前者(作为义务)是指行为具有期待作为之可能性,与回避结果发生可能性间具有假设之因果关系而言;后者(结果回避义务)是指行为违反客观注意义务的结果回避之可能性,与结果的发生具有事实上的因果关系"[83]。这一标准对于坚持结果回避可能性具有二元性的第二阶段"危惧感说"而言,由于事后的结果回避可能性在判断回避措施的有效性时采用的也是假定的因果关系的判断,所以以此标准并不能区分两者。[84] 笔者主要站在第二阶段"危惧感说"区分两种结果回避可能性的视角上,认为其与"保证人地位二元说"中的"保证人地位"与"保证人义务"分别对应,两者在发挥的功能上可以等同起来,进而支持在过失不作为犯中不需要区分两者的立场(区分不要说)。以下,笔者以作为义务和结果回避义务的功能为轴心,对前述立场加以展开说明。

在同样从作为义务和过失犯中结果回避义务两者所发挥的功能角度来解决在过失不作为犯的场合下,两者之间是否有独立存在的必要性这一问题上,主张两者在功能上存在区别的学者,在笔者看来主要是为了强调作为义务的"主体选别功能"。[85] 申言之,笔者在此提出的"主体选别功能"是指即便具有结果回避可能性和预见可能性,但如果不是履行结果回避义务的主体,则应该将其从一开始就排除到检讨的对象之外。特别是在具有多个未阻止结果发生的主体存在时,不具有保证人地位的主体就可能负有结果回避义务,也就不需要进行结果回避可能性和预见可能性的判断。[86] 在作为义务的问题上,区分决定作为义务发生根据问题的保证人地位和决定作为义务内容的保证人义务。只有保证人地位的问题是作为义务所独有的问题,而保证人义务的内容则是通

---

[82] 参见郑逸哲:《评析"不纯正不作为业务过失犯构成要件"》,载《月旦法学杂志》2008 总第 158 期。

[83] 陈宏毅:《论过失不作为犯》,元照出版社 2014 年版,第 319 页。

[84] 对于结果回避义务与作为义务在各种学说之下的关系问题,囿于篇幅限制不再展开,详细梳理参见洪兆承:《论过失不作为犯的"注意义务"与"作为义务"之关系——从"结果回避义务"的理论发展谈起》,载《中原财经法学》2018 年总第 40 号。

[85] 还可能有观点基于两者义务内容的不同提出,既然结果回避义务往往表现为"行为禁止",旨在禁止行为人实施特定行为,而按照通常的理解,与不作为犯相关的作为义务,则是"行为要求",旨在要求行为人实施特定行为,因此不能将两者等同。但出现这样的批判是因为机械地理解结果回避义务这一概念,结果回避义务要求的是避免结果的发生,在过失犯的情形中事实上往往对应的是谨慎地履行检查、预防义务,要求行为人做相应的行为,而非"行为禁止"。

[86] 〔日〕大塚裕史「過失犯論(2)予見可能性の認定の仕方を中心に」法学セミナー 733 号(2016 年)75 頁参照。

过过失犯中的结果回避义务加以具体化的。[87] 正是由于"主体选别功能"的存在,使得区分说得以主张有区分这两种义务的必要。但是,区分说面临的批判是,难道过失犯中结果回避义务就没有"主体选别功能"吗?[88]

事实上,在第二阶段"危惧感说"中,与作为义务的产生有"保证人地位"(义务的有无)与"保证人义务"(义务的内容)相类似的结构,作为结果回避义务之前提的结果回避可能性也有两个层次的表达。而其中被表述为结果回避义务的履行可能性的结果回避可能性就发挥着决定义务有无问题的功能,也即"主体的选别功能",而被表述为回避措施有效性的结果回避可能性,发挥着决定义务内容的功能。例如,在前述睡眠呼吸暂停综合征而导致交通事故的案件中,无征兆地陷入睡眠状态,导致无法履行注视前方和避让来车的义务的情形,既不具有结果回避义务的履行可能性,也同时因为陷入睡眠状态,对发生交通事故的危险不处于支配控制状态,因而不具有保证人地位,从而印证了结果回避义务的履行可能性和保证人地位两个要件均是在发挥"主体选别功能"。故在笔者看来两者在功能上是完全重合的,进而在过失不作为犯的审查中没有区分的实质意义。

四、结论

通过以上论述,笔者对第二阶段"危惧感说"的地位、特征、内容等方面进行了描绘。以下,仅就一些相对重要的观点加以总结和重申:

第一,过失犯的构造论是有关"注意义务"内容及各要素体系地位的学说,其与违法性本质论之间有着复杂的交错关系,与旧过失论、修正旧过失论背后是结果无价值论,新过失论、第一阶段"危惧感说"背后是行为无价值相对,矗立在第二阶段"危惧感说"背后的是违法性二元的思考模式,可以说其实是处于修正旧过失论和新过失论之间的一种学说。过失犯构造的发展建立在对旧过失论在客观方面没有对过失犯的认定加以限制,以及将过失理解为一种心理要素的批判上。其中修正旧过失论的特点是将故意与过失并列起来把握,要求过失犯中也应该加入"实行行为"要件。但是,由于过失犯中的实行行为定型性差,

---

[87] 〔日〕冈部雅人「過失不作為におけるの『注意義務』について」高橋則夫ほか編『曽根威彦先生・田口守一先生古稀記念論文集[上巻]』(成文堂,2014年)195—212頁;〔日〕大塚裕史「過失犯論の近時の動向」法学教室395号(2013年)6頁参照。理论上,也有认为是结果回避义务被作为义务具体化了的见解,如小田直树教授指出"注意义务"面向于对危险的控制,在不能期待其他人控制该危险的场合,以"保证人"的方式积极地加以介入是必要的,此时"注意义务"就被作为"作为义务"加以具体化了,但总的来说两种见解均是认为在内容层面上,结果回避义务和作为义务之间的界限被消融了。〔日〕小田直樹「過失の『問い方』について」神戸法學雜誌63巻2号(2013年)22頁参照。

[88] 参见同前注[84]。

最终仍然会变成对因果关系的判断,因此更准确地说其本质是在因果关系的判断上,从"条件说"转向了更为实质的"相当因果关系说"或"危险现实化理论"(客观归责理论)。

第二,理论上对于"危惧感说"存在不少误读,无论是第一阶段还是第二阶段"危惧感说"都不仅仅是对预见可能性程度标准的缓和,而是致力于通过修正,解决新过失论本身就具有的缓和预见可能性的倾向与责任主义之间的紧张关系。两者均使用以结果回避义务来限定过失犯的客观方面的做法,只不过前者是通过引入"信息收集义务",而后者是通过承认预见可能性的"法益关联性",来解决新过失论具有缓和预见可能性的倾向的问题。"法益关联性"要件体现了预见可能性的主观归责机能,在秉持责任主义的同时,防止了对过失犯的处罚走向结果责任。

第三,"危惧感"一词在第二阶段"危惧感说"中,所欲表达的是即便是较为抽象的预见可能性也可以课与一个相应的轻微的结果回避义务,即预见可能性的结果回避义务关联性的简称与另表。至于预见可能性的程度,由于"法益关联性"的存在,实际上使得作为责任要素的预见可能性在程度标准上与具体预见可能性说几乎无差别。事实上比起预见可能性的程度上的区别,第一阶段"危惧感说"和具体预见可能性说之间的真正区别在于判断时点,即前者是事前判断,后者是事后判断,至于第二阶段"危惧感说"则对两种预见可能性采取不同的标准,以发挥其各自的功能。

第四,预见可能性的讨论如此错综复杂的原因在于,理论上将内容各异的两种预见可能性冠以同一名称。在第二阶段"危惧感说"中,预见可能性发挥着"结果回避义务定立功能"和"主观归责功能",相应地既有作为违法要素的预见可能性,又有作为责任要素的预见可能性。程度标准被缓和的只是发挥"结果回避义务定立功能"的预见可能性。两种功能的发挥,可以使得过失犯的认定既能回应科技进步、社会发展带来的未知危险现实化后难以归责的挑战,又能与责任主义处于相对融洽的关系中。

第五,结果回避可能性其实有回避义务的履行可能性和回避措施的有效性两个层面,可能性判断和有效性判断共同作为必要性判断的前提。其中,前者解决的是,当某一行为违反了"法的期待"而惹起法益侵害结果时,如何将结果归属于行为的问题,划定了"法的期待的主观界限",需要站在行为时点判断,因此也称为"事前的结果回避可能性"。后者解决的是合义务的行为是否真实存在的问题,划定的是"法的期待的客观界限",需要站在裁判时点判断,因此也称为"事后的结果回避可能性"。其体现的是对违法性二元论思考模式的贯彻。

第六,关于在过失不作为犯中,过失的结果回避义务与作为义务的关系问题,本文主张以发挥功能是否有差异作为应否区分的标准。区分说强调作为义务中"保证人地位"的判断所发挥的"主体选别功能"乃作为义务所独有,因此应该区分两者。但是在第二阶段"危惧感说"中存在与"保证人地位二分说"相似的结构,其中"事前的结果回避可能性"发挥决定义务有无的问题,与"保证人地位"的功能相同,都解决了主体选别问题,而"事后的结果回避可能性"与"保证人义务"相似,发挥决定义务内容的功能,因此不存在区分两者的意义。

行政规制何时需要成本效益分析?
——美国司法经验的启示

严丹华[*]

When Does Administrative Regulation Require Cost-Benefit Analysis?
—Insights from the U. S. Judicial Experience

Yan Danhua

内容摘要：成本效益分析作为一项发端于经济学领域的规制影响分析工具，有助于提升现代行政活动的理性与效能。我国自本世纪初探索构建针对行政规制的成本效益分析制度以来，取得实效有限，重要原因之一是未能对其适用范围作出科学界定。理论界在引介比较法经验时也存在泛化成本效益分析适用范围的倾向。在立法暧昧的情况下，美国联邦最高法院作出的"密歇根州等诉联邦环保署"一案判决，通常被研究者解读为确立了"行政机关在授权法未作明示要求时也应对规制活动进行成本效益分析"的规则，但实际上这份判决并无意于将这项高成本、颇有争议的分析工具进行过度推广。本文以这一里程碑式的判决为切口，对此案前后美国司法机关围绕成本效益分析适用范围阐发的真实教义作出厘清与提炼。基于比较法经验及我国的制度语境，本文提出，

---

[*] 严丹华，北京大学法学院硕士研究生。

我国在确定成本效益分析的适用范围时,可以参考"两步法"的分析思路:第一,从规制的价值目标出发,确定广义的成本效益分析的适用范围;第二,从成本效益分析在特定规制场景中的操作可行性与决策成本出发,确定成本效益分析的具体形式。

关键词:成本效益分析 行政规制 美国行政法 决策成本

一、问题的提出:成本效益分析是普遍要求吗?

随着现代行政对合法性的关注逐步由形式合法转向实质正当,行政活动的理性与效能成为理论与实务界共同探索的又一重要课题。以成本效益分析[1]为代表的规制影响分析工具越来越多地被应用于各个国家与地区的行政实践,[2]也在我国推进国家治理能力与治理体系现代化的改革进程中受到持续关注。我国自本世纪初开始探索针对行政规制[3]的成本效益分析制度。国务院2004年颁布的《全面推进依法行政实施纲要》指出:"积极探索对政府立法项目尤其是经济立法项目的成本效益分析制度。政府立法不仅要考虑立法过程成本,还要研究其实施后的执法成本和社会成本。"2010年颁布的《关于加强法治政府建设的意见》重申:"积极探索开展政府立法成本效益分析、社会风险评估、实施情况后评估工作。"2019年出台的《重大行政决策程序暂行条例》第12条要求决策承办单位根据需要对决策事项涉及的人财物投入、资源消耗、环境影响等成本和经济、社会、环境效益进行分析预测。此外,地方政府层面相继出台了一些实施意见或细则,旨在为成本效益分析制度的落地提供更具操作性的指引。[4] 不过,我国对成本效益分析制度的探索迄今仍止步于理念层面,甚少

---

[1] 本文所称"成本效益分析"对应英文中的 Cost-Benefit Analysis 或 Benefit-Cost Analysis,此前国内研究者多译作"成本收益分析",而以"成本效益分析"指代英文中的 Cost-Effectiveness Analysis。本文考虑到下述官方文件中主要采用"成本效益分析"的表述,而其含义近似英文中广义使用的 Cost-Benefit Analysis,故选用"成本效益分析"的译法,而将 Cost-Effectiveness Analysis 译作"成本—有效性分析"。

[2] 据笔者不穷尽检索,除本文重点论及的美国之外,欧盟与英国长期以来在交通投资领域实施成本效益分析,日本从2019年开始正式在卫生监管领域运用成本效益分析,我国台湾地区"预算法"也要求对重要公共工程及重大施政计划先行制定成本效益分析报告。

[3] 主流观点认为,行政规制既包括制定行政法规、规章等行政立法行为,也包括制定政策、规划等行为,还包括具体干预行为,因此本文选用"行政规制"的概念统合现行法规范及政策性文件中的"行政决策"与"政府立法"。

[4] 比如海南省人民政府办公厅于2007年发布《关于开展立法成本效益分析工作的实施意见》,对成本效益分析的内涵、基本原则、主要内容、方法与程序作出了规定。又如浙江省人民政府办公厅于2014年发布《政府立法项目前评估规则》,要求起草单位在开展立法前评估时论证说明立法的制度成本和效益,其中第4条规定:评估报告应定性分析与定量分析相结合,可定量分析的内容应尽量量化说明,并采用最新数据(注明来源)。必要时,可用表格、图例等进行辅助描述。

见到实际应用的例证。[5] 部分学者已经意识到,为突破这一困境,除强化技术与制度支持之外,还需科学界定成本效益分析的适用范围[6]——成本效益分析对成本和效益量化指标的特殊技术要求,决定了这种分析方法难以配备给所有行政规制。然而,目前我国各地方政府出台的规范性文件大多要求对政府立法项目普遍适用成本效益分析,[7]这些规定看似拓宽了成本效益分析的适用范围,实则导致制度难以真正落地。

这种泛化成本效益分析适用范围的倾向同样存在于此前理论界对于比较法的引介中。部分学者在介绍美国联邦政府相关行政实践时,仅指出"总统行政命令要求规制行为必须进行成本收益分析,否则不得予以实施"的原则性规定,容易引发"成本效益分析是一项普遍要求"的理解。[8] 更多学者则仅仅关注到总统行政命令从经济影响重大性的角度对适用范围施加的限制,便得出"几乎所有重要的规制,行政机关都必须进行成本收益分析"的推论。[9] 这些研究忽略了两个重要事实:第一,在法理层面,被国内学者视为规范依据的总统行政命令实际上只"在法律允许的范围内"(to the extent permitted by law)发

---

[5] 参见王彦明、戴燕:《成本效益分析法在我国地方经济立法中的适用及改进》,载《学术论坛》2019年第6期。笔者利用谷歌、百度等搜索引擎能够检索到的公开的成本效益分析应用实例,限于法治甘肃建设理论研究中心发布的《〈甘肃省地质环境保护条例〉立法后评估报告》,此外大多是学者利用公开数据对政府立法进行的分析。

[6] 参见汪全胜:《立法成本效益评估研究》,知识产权出版社2016年版,第254—255页;王彦明、戴燕:《成本效益分析法在我国地方经济立法中的适用及改进》,同前注[5],第91页。

[7] 《海南省人民政府法规起草和省政府规章制定程序规定》第19条规定:"起草法规和省政府规章,应当进行立法效益成本分析。"浙江省《政府立法项目前评估规则》第2条就适用范围和效力规定:"有关部门、单位(以下称起草单位)向省政府申报和报送立法计划一类项目的,要开展立法前评估,并提交立法前评估报告(以下简称评估报告)。"

[8] 参见高秦伟:《美国规制影响分析与行政法的发展》,载《环球法律评论》2012年第6期,第100页。

[9] 比如刘权在《作为规制工具的成本收益分析——以美国的理论与实践为例》一文中,将12866号总统行政命令第3条f款第(1)—(4)项的规定视作成本收益分析的适用边界,称:"在适用范围上,行政机关必须进行成本收益分析的重要的规制主要有4种情形:(1)年度经济影响在1亿美元以上的规制,或在实质上对经济、经济部门、生产力、竞争、就业、环境、公众健康或安全,或对州、地方、宗族政府、共同体产生不利影响的规制;(2)造成了严重冲突,或者干预了其他机关已经执行或者计划执行的规制;(3)实质改变了资格授予、拨款、使用权费或贷款项目的预算影响或受众的权利义务;(4)在法令、总统优先权或本行政命令所确定的原则之外所引发的新的法律或政策问题",并总结道,"从这些适用情形可以看出,几乎所有重要的规制,行政机关都必须进行成本收益分析"。参见刘权:《作为规制工具的成本收益分析——以美国的理论与实践为例》,载《行政法学研究》2015年第1期,第137页。前述汪全胜、王彦明、戴燕等人的研究也类同。

挥内部管理效力,而并未创设任何法律上的权力或义务。[10] 在三权分立的宪制安排下,美国联邦行政机关无固有立法权力,其规则制定权来源于国会授权,因而成本效益分析的适用范围根本上受制于合法行政的基本原则与国会立法的实际授权规定。第二,从实践来看,联邦行政机关每年颁布的重大规则(major rules)中,对成本与效益端都进行了严格量化分析的规则也是相当有限的。[11] 可见,既有研究以总统行政命令的一纸规定为据,论定成本效益分析适用之普遍性,未免有失妥当。美国素来被视为成本效益分析的母国,因此,国内研究者对于成本效益分析在美国法上实践图景的理解,很大程度上影响了他们对这一规制评估工具在我国制度前景的想象。在这个意义上,澄清比较法研究中的误读尤为必要。

那么,成本效益分析在美国行政规制实践中究竟有没有成为一项普遍要求呢？如果没有,何时需要进行成本效益分析？遗憾的是,哪怕是在成本效益分析的母国,也尚且没有明确的法律规则对这一问题给出泾渭分明的回答。不过,由于联邦规制机关因为在规制过程中考虑或未加考虑经济影响而遭到起诉的情况并不少见,这一问题时常被卷入美国司法机关对行政合法性的审查中,也正因如此,这些司法经验为我们探寻成本效益分析在美国行政实践中的适用范围提供了颇具参考价值的素材。

国内外不少研究者认为,2015年联邦最高法院在"密歇根州等诉联邦环保署"一案(以下简称"密歇根案")[12] 中判决环保署在《清洁空气法案》无明确要求的情况下未经成本考量而制定的规则无效,对成本效益分析的适用范围问题作出了里程碑式的回答。本文冀图以这一"里程碑式"的案件为切入点,探寻美国联邦规制实践中有关成本效益分析适用范围的真实教义,从而为国内研究者科学界定"行政规制何时需要成本效益分析"寻找有益启示。本文将首先在第二部分剖析成本效益分析在美国规制实践中产生适用范围之惑的内在根源与直接原因,交代法官裁判此类问题时面对的复杂背景。以此为铺垫,在第三部

---

[10] 以现行有效的12866号总统行政命令为例,该行政命令明确规定:"本命令不得取代法律规定的权力或责任","本行政命令仅旨在改善联邦政府的内部管理,而不为任何人创设任何可以在法律或衡平法上强制执行的权利,无论是实质性的还是程序性的"。See Executive Order 12866, *Regulatory Planning and Review*, 58 Federal Register 51735(1993) ("E. O. 12866") Section 1(b), 9, 10.

[11] 负责对联邦规制的成本效益分析进行集中监督审查的白宫管理与预算办公室(Office of Management and Budget,以下简称OMB)每年会向国会提供成本效益分析的年度报告,其中2020年提交的报告显示,联邦行政机关2019年共颁布55项重大规则,仅有5项对成本与效益端均进行了量化分析,另有15项对效益端或成本端之一作了量化分析。See OMB, *2018, 2019, and 2020 Report to Congress on the Benefits and Costs of Federal Regulations and Agency Compliance with the Unfunded Mandates Reform Act*, https://www.whitehouse.gov/wp-content/uploads/2021/01/2018_2019_2020-OMB-Cost-Benefit-Report.pdf, last visited: June 9, 2021.

[12] Michigan *v.* EPA, 135 S. Ct. 2699 (2015). ("*Michigan*").

分,本文将详细解读密歇根案的判决及其与先例的区分,辨析这一判例在多大程度上确立了"法无明示也当为"的教义。随后本文将在第四部分中考察密歇根案教义的后续影响,包括相关学理讨论及裁判发展,并基于这些考察尝试提炼美国迄今为止就这一问题形成的复杂教义。在最后一部分,本文将回归本土问题,基于从比较法分析中汲取的经验及我国独特的制度语境,尝试对成本效益分析在我国行政规制中的适用范围问题提出初步方案。

二、成本效益分析在美国规制实践中的适用范围之惑

成本效益分析在美国有久远的发展历史,在20世纪80年代"放松规制"的浪潮中,借由若干总统行政命令得到推广。[13] 美国法学家凯斯·桑斯坦(Cass Sunstein)以"成本效益型国家"(Cost-Benefit State)盛誉这一发端于经济学领域的分析工具给规制实践带来的深刻变革。[14] 不过,"成本效益型国家"毕竟还只是学者的美好期许,成本效益分析要从一种工具蜕变为一项成熟、系统的制度,还面临着诸多难题,首先便是适用范围问题。成本效益分析在美国的适用范围之惑,内生于这种分析工具之于现代行政的两面性,直接表现为在立法层面缺乏明确指引。部分授权法对行政机关的规制活动提出了有关成本、效益或合理性的要求,但这是否意味着要求行政机关进行成本效益分析甚或刚性的成本效益分析?语辞上的暧昧不明,使得何时需要成本效益分析的判断转化为一个解释论的问题。

(一)内在根源:成本效益分析的功能与局限

有关"成本效益分析"的内涵,素无定论。[15] 为方便论述,本文主要依照美国第12866号总统行政命令的要求界定"刚性成本效益分析",或称"正式的成本效益分析",其基本要求包括:(1)行政机关在决定是否以及如何进行规制时,评估所有替代性方案的成本与收益;(2)对这些成本与效益应尽可能以货币形式量化,对少部分难以量化的成本或效益也应以合理方式进行评估;(3)只有证明潜在效益超过潜在成本时,行政机关才能采取规制措施,且政府应当选择社会净收益最大的方案。[16] 与之相对,广义的成本效益分析指的是

---

[13] 有关成本效益分析在美国的历史沿革,参见金成波:《行政立法成本收益分析制度研究:以美国为例》,中国法制出版社2016年版,第38—47页。

[14] See Cass Sunstein, *The Cost-Benefit State*, Coase-Sandor Institute for Law & Economics Working Paper 1, 1 (1996).

[15] 美国著名法官、法学家理查德·波斯纳(Richard Posner)在总结美国法学界关于成本效益分析的论战时提出,诸位学者对这个概念的意涵与用法的理解有很大不同,这个概念既有可能指向一套充斥着计算公式的体系化的评估方案,也可能指向日常生活中权衡利弊的朴素理性。See Richard A. Posner, *Cost-Benefit Analysis: Definition, Justification, and Comment on Conference Papers*, 29 The Journal of Legal Studies 1153(2000).

[16] See E.O. 12866, Section 1(b)(2)-(8).

包括刚性成本效益分析在内的多种分析方法,概言之,只要行政机关对规制产生的成本与效益作了某种定性或定量的考量与比较,都属于运用了成本效益分析的方法。[17]

刚性成本效益分析作为一种理性化、程式化、精确化的决策方式,于现代行政而言有不少积极功能。首先,它将市场配置资源的逻辑引入公共决策领域,以成本最小化、效益最大化约束规制决策,提高有限资源的利用效率,缓解"规制失灵"问题。[18] 其次,量化要求使得行政决策更多基于证据、数据,而非直觉、教条,促使行政机关收集与决策相关的信息,推动决策的科学化。同时,这些要求也使得决策过程更具透明度、公开性,加大了利益集团不当干预行政决策的难度,也为外部监督者监督、控制行政行为提供了抓手。[19] 最后,以上种种均增益于行政行为的实质正当性,一定程度上能够缓解现代行政所面临的"民主赤字"危机。

然而,成本效益分析(尤其是刚性成本效益分析)也存在着一些内在局限,正是这些局限以及人们对此的认知差异影响着其适用范围的厘定。对成本效益分析最为突出的批判来自道德层面,批评者认为行政机关在评估政策带来的社会福利影响时,容易忽视一些无法或难以量化的道德因素,比如人的尊严、社会公平等。[20] 这一批评或许尚可通过成本效益分析本身操作方式的调整予以回应,[21]但更为根本的局限在于,当下的"社会福利最大化"并不当然具有道德

---

[17] 美国学者艾米·辛登(Amy Sinden)认为,广义的成本效益分析是一条从正式成本效益分析到非正式成本效益分析的光谱,最为正式的是福利经济学上高度技术化、理论化的成本效益分析方法(总统行政命令的要求接近这一极),最为非正式的是"本·富兰克林成本效益分析",指的是分两栏列出成本与效益,进行定性描述,对其相对分量进行比较。在这两极之间,不同的成本效益分析在三条"轴线"上相互分异,包括:(1) 量化/货币化程度,(2) 进行成本效益比较时的精确程度,(3) 所比较的替代性方案数量。See Amy Sinden, *Formality and Informality in Cost-Benefit Analysis*, 2015 Utah Law Review 93, 106-108(2015).

[18] 参见前注[9],第 139 页。

[19] See Cass Sunstein, *The Cost-Benefit Revolution*, The MIT Press, 2018, p. 23.

[20] See Robert H. Frank, *Why is Cost-Benefit Analysis so Controversial*, 29 The Journal of Legal Studies 913, 917-920(2000). W. Kip Viscusi, *Risk Equity*, 29 The Journal of Legal Studies 843, 853-861(2000). Also see Martha C. Nussbaum, *The Costs of Tragedy: Some Moral Limits of Cost-Benefit Analysis*, 29 The Journal of Legal Studies 1005, 1006-1007(2000).

[21] 比如美国行政法学者阿德勒(Matthew Adler)与波斯纳(Eric Posner)提出"弱福利主义"的思考进路,即承认成本效益分析本身在道德分析上的局限性,避免将其视作唯一需要遵从的分析模式,以便在使用这种规制工具的同时,综合运用各种政治、法律与社会机制来弥补其价值盲点。See Adler & Posner, *New Foundations of Cost-Benefit Analysis*, Harvard University Press, 2006, p. 40-61.

正当性[22]——比如环保主义者往往成为环境规制领域成本效益分析的反对者,他们认为不应出于合规成本的顾虑而牺牲更大的环境效益。[23] 此外,成本效益分析在技术操作层面也有较多争议,比如,对于不具有市场价值属性的成本与效益,往往需要通过测量人们的主观偏好替代市场价格,而调查对象主观汇报的价值与客观的社会福利损益之间难免存在偏差。[24] 部分技术问题很可能会转化为政治问题,比如,测量对象的选定对应着利益攸关者的范围,[25] 贴现率的计算涉及代际公平。[26] 即便技术问题或随成本效益分析的日臻成熟而被克服,不可否认的是,要实施如此正式、精确的成本效益分析仍需耗费大量的决策成本,可能导致决策拖延。[27]

鉴于成本效益分析之于现代行政的两面性,从原理上分析,并非在任何行政规制场景下都应适用这种分析方法,即使规制追求的目标是成本最小化、效益最大化,也不必然采用刚性的、需要严格量化的成本效益分析。由此可见,"何时需要成本效益分析"的问题与"需要何种成本效益分析"的问题紧密关联,并且受到道德追求、技术能力、决策成本约束与紧迫性等因素的综合影响,这构成了成本效益分析适用范围之惑的内在根源。

(二) 直接原因:立法规定模糊

面对诸多理论争议与现实局限,尽管成本效益分析在美国联邦政府中已有较为深厚的实践基础,是否要让它成为行政规制中的一项法定权力或义务,仍是一个需审慎考量的问题。或许正因如此,美国在立法层面至今未对何时需要成本效益分析作出明确指引。

如前所述,成本效益分析在联邦规制实践中的推广归功于一系列总统行政命令,但这些行政命令在性质上均不属于行政立法,不具有法律约束力,不能够

---

[22] 比如义务论(deontological)的价值立场通常不认同用工具主义或后果主义的取向来考虑问题,See Amartya Sen, *The Discipline of Cost-Benefit Analysis*, 29 *The Journal of Legal Studies* 931, 933(2000)。也有论者认为成本效益分析无法处理来自于人类的需求、科技创新和环境变迁所带来的不确定性,认为成本效益分析秉持效用主义的观点,将人类的思考、感受、行为经验化约为快乐和痛苦的效用形态并不合理。See Alasdair MacIntyre, *Utilitarianism and Cost/Benefit Analysis: an Essay on the Relevance of Moral Philosophy to Bureaucratic Theory*, in Englewood Cliffs ed., Ethical Theory and Business, Prentice-Hall, 1979, p. 271-274.

[23] See David M. Driesen, *Distributing the Costs of Environmental Health and Safety Protection: The Feasibility Principle, Cost-Benefit Analysis, and Regulatory Reform*, 32 Boston College Environmental Affairs Law Review 1, 3(2015).

[24] See Matthew D. Adler, *Implementing Cost-Benefit Analysis when Preferences are Distorted*, 29 The Journal of Legal Studies 1105(2000).

[25] See W. Kip Viscusi, *Risk Equity*, Supra note[20], 860-861.

[26] See Robert H. Frank, *Why is Cost-Benefit Analysis so Controversial*, Supra note[20], 915-916.

[27] 根据估计,美国环境保护署约花费一百万美元,才完成一个减少汽油含铅量的分析计划,而每年在各种成本收益分析的研究之上总计花费超过一亿美元。同前注[8],第102页。

授予行政权力或创设可被司法强制执行的义务。[28] 合理推测,总统颁布行政命令的初衷,是希望成本效益分析能够成为强化内部管理的工具,而非对行政权力构成实质性的外部约束。此后,为加强对成本效益分析的引导与规范,美国白宫管理与预算办公室(OMB)发布了以《A-4号通知》为代表的指导性文件,要求对所有重大规则均进行刚性成本效益分析,在主要效益项无法被量化的情况下还应同时采用成本—有效性分析(Cost-Effectiveness Analysis)作为补充,只有当成本、效益、有效性均无法被量化的特殊情况下(unusual cases),才退而求其次采取定性分析。[29] 该文件对成本效益分析的适用范围与形式提出了最为激进的要求,不过其在性质上也仅仅是行政机关内部的软法规则,并不具有强制约束力。

因此可以总结认为,对刚性成本效益分析的普遍要求就其法律效力而言恰恰是内部的、软性的。反观立法层面,作为行政规制的授权者,美国国会对成本效益分析一直态度暧昧,尽管国会自20世纪90年代中叶起陆续颁布了部分相关法案,但始终浅尝辄止,至今未就成本效益分析的适用范围问题形成清晰明确的意见。[30] 目前国会立法涉及成本效益分析的主要有两类规定。第一类是在跨部门的规制改革法中的规定,主要包括《无经费补助强制改革法案》(Unfunded Mandates Reform Act)、《规制灵活性法案》(Regulatory Flexibility Act)与《缩减文书工作法案》(Paperwork Reduction Act)等,不过这些规定的适用情形相当狭窄,有的在实践中几乎被架空。[31] 近十年来相继有议员提案,试图效仿12866号行政命令的规定,颁布专门针对成本效益分析的跨部门立

---

[28] 除前注[10]中引述的12866号行政命令的规定外,其前身12291号行政命令、奥巴马发布的13563号与13610号行政命令均有相同的表述。

[29] See OMB, Circular A-4, Regulatory Analysis, 68 *Federal Register* 58366, 2003, "D. Analytical Approaches".

[30] 金成波:《行政立法成本收益分析制度研究:以美国为例》,中国法制出版社2016年版,第55页。

[31] 《无经费补助强制改革法案》仅适用于联邦政府在不提供经费补助的情况下强制要求州、地方政府实施的规制措施。See Unfunded Mandates Reform Act, 2 U. S. C. §1501 et seq (1995).《规制灵活性法案》仅要求政府制定对小企业产生巨大经济影响的规则前进行规制影响分析,在实践中几乎不被使用。See U.S. General Accounting Office, *Regulatory Flexibility Act: Inherent Weaknesses May Limit Its Usefulness for Small Governments*, GAO/HRD-91-16 (1991); also see U. S. General Accounting Office, *Regulatory Flexibility Act: Status of Agencies' Compliance*, GAO/GGD-94-105 (1994).《缩减文书工作法案》要求政府在收集信息时必须权衡信息价值以及给相对人造成的成本,严格来说并非上文论及的成本收益分析。See Maeve P. Carey, *Cost-Benefit and Other Analysis Requirements in the Rulemaking Process* (9 December 2014), CRS report for congress, Order Code R41974.

法,但纷纷搁浅。[32] 第二类是分散在各部门授权法中的规定——国会在授予行政机关针对特定事项的规制权力的同时,往往会作出一定约束,其中包含了有关成本效益分析的要求。部分条款明确要求行政机关在制定规则或标准时考虑成本与效益;[33]部分条款采用了貌似与成本效益分析关联的暧昧表述,如"在必要范围内,使用造成最少负累的要求,充分防范此类风险";[34]还有部分条款使用了如"最佳的""合适的""必要的"等关乎合理性的不确定法律概念。[35] 在授权法的措辞不甚明确的情况下,何时需要成本效益分析就转化为了一个解释论的问题。面对立法者暧昧不明的修辞,不同机构作出形形色色的解释,为长期以来成本效益分析适用范围的混乱与争议埋下了伏笔。

三、法无明示也当为?作为里程碑的密歇根案

在授权法未作明确规定的情况下,行政机关是否有权或有义务对规制活动进行成本效益分析?如果需要,这种成本效益分析是否应符合一些特定的形式要求?实践中,行政机关与利益相关方时常对授权法条文持不同的理解,围绕成本效益分析适用范围的争议就这样越来越多地在行政规则之诉中走进司法审查的视野。联邦最高法院自 20 世纪 80 年代以来作出过一系列有关这一问题的判例,其中最为新近也最受瞩目的莫过于 2015 年的密歇根案。在这份判决中,联邦最高法院首次判决行政机关未作成本效益分析的规制行为违法,并首次提出了"法无明示也当为"的论断——即便授权法未明示要求,行政机关也需要对规制活动进行某种形式的成本效益分析。这份判决是否代表着联邦最高法院就此认可了成本效益分析的普遍适用呢?

(一)密歇根案之前的相关判例

早在成本效益分析成为一项普遍的行政实践之前,与之相关的争议已进入司法审查。1981 年,联邦最高法院开庭审理"美国纺织品制造商协会诉多诺万"及"美国国家棉业总会诉多诺万"两案(以下合称"多诺万案")。[36] 多诺万

---

[32] 比如 2013 年编号为 H. R. 2122 的提案,建议对《联邦行政程序法》规定的规则制定过程进行一些修改,包括要求各机构在发布规则时进行成本收益分析,2014 年编号为 H. R. 3863 的提案也提出了相似建议。See Maeve P. Carey, Cost-Benefit and Other Analysis Requirements in the Rulemaking Process, *Id.*.

[33] 比如《联邦杀虫剂、杀真菌剂、灭鼠剂法》第 136 条要求环保署在批准某种杀虫剂时考虑杀虫剂带来的成本与效益。See Federal Insecticide, Fungicide, and Rodenticide Act, 7 U. S. C. § 136 (1994).

[34] See Toxic Substances Control Act, 15 U. S. C. § 2605(a) (2008). (该条款 2016 年已被修订)

[35] 详见本文第四部分。

[36] American Textile Manufacturers Institute, Inc. *v.* Donovan, 452 U. S. 490 (1981). ("*Donovan*")

案的争议聚焦于劳动部门制定的棉尘标准,这一标准严格限制了工作场所的棉尘暴露水平,以降低劳动者罹患棉纤维吸入性肺炎的风险,但与此同时,它大大抬高了棉花业的生产成本,故而引起了企业主与行业代表的不满。企业家们向法院起诉的主要依据是《1970年职业安全与健康法》第6条(b)(5)项的规定——劳动部长在制定涉及有毒有害物质的标准时,应"基于现有最好证据,在可行(feasible)的范围内,最充分地(adequately)"保障雇员免受健康损害,他们主张劳动部门在制定标准时没有衡量成本与收益之间的关系,这有悖于授权法关于"可行性"的要求。但这种观点并未获得联邦最高法院的支持,布伦南大法官撰写的多数意见认为,若国会有意要求行政机关权衡成本效益,这种意图将表现在法条的字面含义中,[37] 言外之意是,在授权法未作明示的情况下,行政机关无须进行成本效益分析。

在多诺万案下判近20年后,联邦最高法院在"惠特曼诉美国卡车运输协会案"(以下简称"卡车运输协会案")[38] 中抛出了一个对成本效益分析更不友好的论断。该案中,九名大法官在解释《清洁空气法案》有关"美国环保署制定的国家环境空气质量标准应当对于保护公共健康来说是必要的(requisite to protect public health)且有充分的(adequate)安全边际"的规定时,一致认为立法者不可能用如此"含蓄的(implicit)辞藻"将考虑成本的权力授予行政机关。[39] 从结论上看,这一判例直接否定了行政机关在授权法无明示的情况下主动选择成本效益分析的可能性。

卡车运输协会案确立的立场在此后环保领域的另两起案例[40] 中一定程度上发生了松动。两案均涉及环保署在授权法未作明确规定的情况下将成本效益分析的方法运用于环境标准的制定过程。这种实践获得了联邦最高法院多数意见的肯定,法官们的主要依据是美国行政法上著名的"谢弗林尊让"原则(Chevron Deference)[41],他们认为,环保署在两案中对成本效益分析的运用,属于对授权法中不确定法律概念的一种合理解释。通过这两个判例,联邦最高

---

[37] *Donovan*, at 510.

[38] Whitman v. American Trucking Associations, Inc., 531 U. S. 457 (2001). ("*Trucking Association*")

[39] *Trucking Association*, at 468.

[40] 分别为2009年的"安特吉公司诉护河者案"(Entergy Corp. v. Riverkeeper, Inc.)与2014年的"环保署诉EME荷马市发电厂案"(EPA v. EME Homer City Generation)。

[41] 这一原则在联邦最高法院1984年判决的"谢弗林案"被确立,该原则明确了法院审查行政机关对法律作出的解释时应遵循的步骤:第一步,判断立法机关是否在法条中明确表达了其意图,若表述明确且无歧义,那么行政机关应遵从立法机关的意图,若没有表明意图或表意模糊不清,则进入第二步;第二步,由法院对行政机关的解释进行审查,只要行政机关对不确定法律概念的解释是可接受的且没有被法条表述阻却,法院应对行政机关的解释予以尊让。See Chevron U. S. A. Inc. v. Natural Resources Defense Council, Inc., 467 U. S. 837 (1984).

法院创设了"在授权法未作明确规定时,行政机关可以在合理情形下采用成本效益分析"的裁判规则。

从多诺万案的"法无明示可不为",到卡车运输协会案的"法无明示不可为",再到此后的"法律沉默可解释",联邦最高法院对此类问题的处理始终聚焦于授权法解释这一技术问题,新近判例则流露出对成本效益分析逐渐宽容的政策倾向,这为即将到来的密歇根案埋下了伏笔。

(二)密歇根案的背景与核心争议

密歇根案是一起发生在环境规制领域的案件。《清洁空气法案》第112条授权美国环保署对固定污染源(如工厂)及移动污染源(如汽车、飞机)排放的有害空气污染物进行规制。发电厂作为一类特殊的固定污染源,因其排放量大、对周边社区影响显著而受到立法者的特别关注。法案第112条(n)款(1)项(A)段要求环保署在决定对发电厂实施规制前,先行研究规制实施后发电厂排污对公共健康造成的危害,只有当环保署认为"基于研究结果,规制是适当且必要的(appropriate and necessary)",方可实施规制。[42] 随后的(B)(C)两段还要求环保署与国家环境健康研究所分别进行两项研究:(1)汞排放研究,包括发电厂排放汞的速率和质量、对健康与环境的影响,以及控制此类排放的技术及其成本;[43](2)汞暴露阈值研究,旨在确定不会对人类健康产生不利影响的汞浓度阈值水平。[44]

美国环保署在2000年基于上述三项研究结果,判定其对燃煤及燃油发电厂的汞排放进行规制是"适当且必要的"。此后,规制措施几经调整,环保署曾一度虑及合规成本而放松规制要求,被法院判决违法。[45] 2012年,环保署在对发电厂分类制定汞排放量的"基本标准"(floor standard)时,重申了其2000年的判断——对发电厂的汞排放进行规制是"适当的",因为汞排放对人体健康与环境构成风险,存在可用的控制手段来减少此类排放;规制是"必要的",因为法案的其他要求不足以降低此类风险。[46] 尽管环保署制作的规制影响评估报告显示,规制若付诸实施,发电机厂每年将承担96亿美元的合规成本,而可以

---

[42] See Clean Air Act, 42 U.S.C. § 7412(n)(1)(A) (2012).

[43] Id., § 7412(n)(1)(B).

[44] Id., § 7412(n)(1)(C).

[45] See Gretel Lee, *Casting a Wide Net: Why It Is Incumbent upon the Environmental Protection Agency to Expand the Scope of Its Cost-Benefit Analysis to Include Native American Populations and Cultural Fishing Practices in the Aftermath of Michigan v. EPA*, 35 Law & Inequality 393, 398-399(2017).

[46] *Michigan*, at 2705.

量化的年效益仅有 400 至 600 万美元,[47]但环保署坚持认为,依据《清洁空气法案》第 112 条进行规制时,"成本不应被考虑在内",[48]其"适当且必要"的判断也并非基于这份规制影响评估报告。[49]

环保署的规制决策由于过高的合规成本而遭遇了诸多反对。密歇根州等 23 个州及一些工业团体向法院提起诉讼,哥伦比亚特区上诉法院维持了环保署的决策,故原告将案件上诉至联邦最高法院。2015 年 3 月,联邦最高法院开庭审理该案,双方的核心争议在于,依据《清洁空气法案》第 112 条的规定,环保署是否应该在决定对发电厂实施规制前考虑成本。[50]

(三)密歇根案中的法官意见

密歇根案的判决虽然表面看来是一份 5∶4 的争议性判决,但多数意见与反对意见针对本文关注的成本效益分析适用范围问题实际上达成了共识。九名大法官一致认为,环保署应当在实施规制措施前考虑成本。

斯卡利亚(Antonin Scalia)大法官主笔的多数意见认为,本案核心争议点可以归结为对第 112 条(n)款(1)项(A)段的解释问题,即行政机关是否可以将"适当且必要"解释为与成本无关。[51]沿袭此前判例中的思路,法官在"谢弗林尊让"原则确立的两步法框架下讨论这一不确定法律概念的解释问题。他首先指出,"适当的"一词是"典型的宽泛且包罗万象的概念,其天然地、在传统上就包含了对所有相关因素的考量",尽管这一概念给行政机关留下了灵活裁量空间,但行政机关在确定规制是否"适当"时,不能完全遗漏问题的某一重要方面。[52]斯卡利亚大法官转而论述为何对案涉条款的合理解释必定包含成本考量。一方面,从文义解释来看,"适当且必要"的词义天然地要求对成本予以关注——斥上亿之资换回几美元的利益,难谓理性,更别说是"适当的",若规制带来的危害远远超过好处,它一定不会是"适当的"。[53]大法官承认,"适当且必要"并非在所有语境下都包含成本因素,但行政机关长期以来都将成本作为权衡是否进行规制的核心要素,它反映了"对一个问题过多的资源投入,意味着能

---

[47] 环保署在规制影响分析报告中还提到了间接效益(ancillary benefits),包括减少颗粒物、二氧化硫排放(这部分物质并非《清洁空气法案》所规制的"有害物质"),并认为如果算上这些间接效益,那么可量化的年效益将达到 370—900 亿美元,也即超过了成本。但由于环保署声明其"适当且必要"的判断与规制影响分析报告无关,因此间接效益是否计算在内的事实不影响多数意见的核心判断。

[48] *Michigan*, at 2705.
[49] *Michigan*, at 2706. (Brief for Federal Respondents 14)
[50] *Michigan*, at 2701.
[51] 环保署在口头辩解中提出,"适当的"不应被解释为包含成本考量。*Michigan*, at 2706.
[52] *Michigan*, at 2707.
[53] *Michigan*, at 2707.

用于处理其他（或许更严重的）问题的资源大大减少"[54]的现实。鉴于这一既成的行政实践，再将法条要求行政机关考虑"规制是否适当且必要"解释为忽略成本，就完全不合理了。[55]另一方面，从体系解释来看，第112条(n)款(1)项共要求环保署进行三项研究，其中(B)段的汞排放研究明文要求环保署考虑技术成本，而环保署自己也认为在衡量规制是否适当且必要时，应以这三项研究为背景综合考量，[56]因此没有理由认为无须考虑成本。综上所述，斯卡利亚大法官总结称，"谢弗林尊让"原则尊重行政机关在对授权法的诸种合理解释中作出选择，但并未授权行政机关借此对立法加以操纵——留下法律文本中对其有利的部分，剔除对其不利的部分。[57]

由卡根（Elena Kagan）大法官执笔的反对意见尽管并不认同环保署在作出"适当且必要"的判断时就应当考虑成本，[58]却同样认为考虑成本是实施规制前的必要环节。卡根大法官在反对意见中提出，在规制活动中，成本几乎永远是一个相关的（甚至高度重要的）因素，"除非国会作出了相反规定，行政机关在施加重大的规制负担前，必须通过某种方式将成本考虑在内"。[59]从这一论断可见，卡根大法官对成本效益分析适用范围的乐观态度，相较于多数意见，似乎有过之而无不及。

不过，多数意见与反对意见也都特别指出，这份判决无意要求行政机关必须进行正式的、量化的成本效益分析，行政机关有权在合理范围内决定具体如何考量成本。[60]也就是说，密歇根案仅仅处理了"何时需要成本效益分析"的问题，而将"需要何种成本效益分析"的问题归于行政裁量的范畴，至于什么是行政裁量的"合理范围"（何种形式、何种程度的成本考量是合理的），受案件争议范围所限，法院并未作出回应。

（四）密歇根案对先例作出的区分处理

联邦最高法院在密歇根案中的论断与修辞，似乎与其十四年前在卡车运输协会案中提出的"法无明示不可为"的裁判逻辑大相径庭。事实上，环保署在密歇根案中的主要答辩意见恰恰遵循了"法无明示不可为"的思路：《清洁空气法案》的其他条款若要求考虑成本，一般都会予以明示，但第112条(n)款(1)项

---

[54] 多数意见在这里援引的是布雷耶大法官在"安特吉公司诉护河者"一案协同意见中的原句。*Michigan*, at 2707.

[55] *Michigan*, at 2708.

[56] 多数意见的论据是环保署在发布规制措施时作出的说明。*Michigan*, at 2708.

[57] *Michigan*, at 2708.

[58] 反对意见认为环保署对发电厂的规制可以分为好几个阶段，"适当且必要"的判断仅仅作为启动阶段，随后环保署还要将发电厂分为若干类型，分别设定标准，至于在哪个阶段考虑成本，是国会授予发电厂的裁量权。*Michigan*, at 2714, 2716.

[59] *Michigan*, at 2717.

[60] *Michigan*, at 2711, 2717.

(A)段却并非如此。[61] 这种"以明示否定默示"的推理逻辑这一次却并没有得到斯卡利亚大法官的青睐,他在多数意见中反驳道,案涉条款使用"适当且必要"的宽泛表述,说明它要求行政机关综合考量多种因素(其中可能包括成本因素),而其他条款明示要求考虑"成本",意味着将成本列为单一考量因素,两者并不矛盾。[62]

这是否意味着联邦最高法院就此否定了此前在卡车运输协会案中的说理呢?又是否意味着联邦最高法院背离了遵循先例原则(stare decisis)呢?多数意见对此特别作出了澄清。多数意见指出,卡车运输协会案固然确立了"节制原则"(modest principle),即当《清洁空气法案》明确指示环保署基于某项因素进行规制,且该因素从字面上看不包括成本,该法案正常情况下不应被解释为允许行政机关考虑成本因素。但该原则在本案中没有适用空间,因为"适当且必要"的词义包容性远远高于"对保护公共健康来说是必要的",[63]它在文义上就包含了成本要素。[64] 由此,联邦最高法院在保留先例效力的前提下,从授权法条文的用词上对两案作了区分处理,就其实现的效果而言,即针对成本效益分析的适用范围,另辟了一类"法无明示也当为"的新情形。

四、何时需要成本效益分析的复杂教义

经由上一节对判决内容的细致审读,足以见得,密歇根案虽作出了"法无明示也当为"的论断,却并没有在真正意义上将成本效益分析的适用范围推广到所有立法暧昧的情形,也并未明确要求适用刚性成本效益分析。那么,密歇根案的教义应当作何理解?这一里程碑式的判例究竟对成本效益分析适用范围的厘定产生了何种影响?密歇根案之后,美国学者围绕这份判决展开了激烈讨论,联邦法院的法官们也频繁将这一先例运用于审判实践,不断重述并发展着它的教义。经由这些讨论,何时需要成本效益分析的复杂教义正在逐渐明晰。

(一)美国学者对密歇根案的不同理解

密歇根案在美国法学界引起了巨大反响,此后法学界有关成本效益分析的讨论,几乎到了言必称密歇根案的程度。不过,学界对于密歇根案的教义与影

---

[61] Michigan, at 2708-2709.
[62] 为增强说服力,多数意见还以美国宪法第四修正案为例进行类比论证:第四修正案禁止对人身、住宅、文件和财产进行不合理搜查(against unreasonable searches),同时要求开具搜查令必须基于"正当理由"(probable cause)。"正当理由"是美国刑事诉讼法上的专用词汇,后一分句使用这一词汇毫无疑问表明开具搜查令应达到相当的证明标准,但不能据此推断,没有使用"正当理由"的前一分句便意味着搜查无须达到这一证明标准,相反,人们在解释第四修正案时通常认为"合理的"一词中自然包含了对证明标准的考量。Michigan, at 2709.
[63] 言外之意是案涉条款中的"适当且必要"并不属于卡车运输协会案所称"节制的辞藻"。
[64] Michigan, at 2709.

响见地不一,部分素来倡导成本效益分析的学者将密歇根案视作引领美国向"成本效益型国家"高歌猛进的一面旗帜,却也有部分学者持保留态度,认为不可高估密歇根案的影响。

桑斯坦自然处于为密歇根案叫好的学者之列。判决出台后,他立即发表了题为《感谢您,斯卡利亚大法官,为了成本效益型国家》的评论文章,认为多数意见与反对意见达成的共识将产生深远影响。[65] 桑斯坦提出,诸如"适当的""合理的""有效率的"等表述常见于国会立法,依据密歇根案,便可以主张行政机关在这些情形下都应当平衡成本与效益的关系。况且,由司法审查提出的这一要求不仅适用于环保署等传统行政部门,同时也可以约束证券交易委员会、联邦通信委员会等独立规制机构。[66]

持保留态度的学者大多聚焦于法院并未要求行政机关作正式的、量化的成本效益分析这一事实。在阿德里安·维米尔(Adrian Vermeule)看来,密歇根案不过是一个谨遵"谢弗林尊让"原则进行司法审查的寻常判例,其形成的裁判规则也是高度尊让的,"仅要求行政机关同时权衡利与弊,而非像洛克纳案一般,激进地将正式的、量化的成本效益分析解释进授权法的宽泛规定"[67]。与之态度相似的另一位研究者也指出,一系列正式或非正式的决策方式都落入了"考虑成本"的范畴,联邦最高法院尽管在该案中流露出"支持成本考量"的倾向,却同时延续了其一贯立场——对正式的、量化的刚性成本效益分析抱有怀疑。[68]

实际上,桑斯坦也无意将密歇根案"考虑成本"的教义等同于刚性成本效益分析,[69] 但他认为行政机关考虑成本的具体方式依然受到"任意性审查"(arbitrariness review)[70] 的约束。联邦巡回上诉法院在部分判例中依据《联邦

---

[65] See Cass Sunstein, *Thanks, Justice Scalia, for the Cost-Benefit State*, https://hls.harvard.edu/bibliography/does-michigan-v-epa-require-cost-benefit-analysis/, last visited: June 9, 2021.

[66] 这类独立规制机构由国会通过专门的组织法创立,依据法律授权管理特定领域的某项事务,直接对授权法负责,受总统控制有限,因而相比于一般的内阁部门或行政机关有更强的独立性。正因如此,12866号总统行政命令与OMB第4号通告有关成本效益分析的要求并不及于这类独立规制机构,OMB也无权对独立规制机构制定的规则进行审查。

[67] See Adrian Vermeule, *Does Michigan v. EPA Require CBA?*, https://www.newmarksdoor.com/mainblog/2017/08/thanks-justice-scalia-for-the-cost-benefit-state.html, last visited June: 9, 2021.

[68] See Amy Sinden, *A 'Cost-Benefit State'? Reports of Its Birth Have Been Greatly Exaggerated*, 46 Environmental Law Reporter 10935(2016).

[69] See Cass Sunstein, *Cost-Benefit Analysis and Arbitrariness Review*, 41 Harvard Environmental Law Review 1,3-4(2017).

[70] 桑斯坦所言"任意性审查"即法院依据任意性标准进行的司法审查。"任意性标准"(arbitrary and capricious)是美国行政法上对行政裁量进行审查的重要标准,其源于判例法,而后在《联邦行政程序法》中固定下来,即,若行政机关的行为被认定为专横、任性、滥用自由裁量权,法院有权撤销之。See The Administrative Procedure Act, 5 USC § 706(2)(A).

行政程序法》对"如何进行成本效益分析"作出的严苛审查为桑斯坦的观点提供了素材。[71] 他认为,为了证明规制能给社会福利带来增益,且决策是非任意的,行政机关有时必须通过量化的方式比较成本与效益的大小,并应当在无法量化的情形下充分说明理由。[72] 以波斯纳(Eric Posner)、马祖尔(Jonathan Masur)为代表的学者则认为,密歇根案的整体论述逻辑就已经隐晦地包含了量化要求——法院提出适当性意味着"成本没有显著高于效益",如果完全不作量化,又如何能够确定成本没有远超于效益呢?[73]

可见,理论界围绕密歇根案的主要分歧在于法院是否对成本效益分析的具体形式作出了一定要求,联邦最高法院对这一问题的噤声,使得部分学者难免怀疑法院要求的不过是一种宽泛的利弊权衡。不过,更多学者指出,密歇根案展现了联邦最高法院自卡车运输协会案以来对成本效益分析日益亲和的立场,其教义至少明确了某种形式的成本效益分析可能成为法律的默示要求。[74] 由此,有部分学者开始总结这种默示要求的适用范围,[75] 或尝试从理论上建构成本效益分析的法律渊源,[76] 这些理论思考与下述实务界的探索呈现出相似的走向。

---

[71] 联邦巡回上诉法院在不少案件中依托此前审查行政裁量的经验,对"如何进行成本效益分析"进行了审查,其中最受争议的是哥伦比亚特区巡回上诉法院 2011 年判决的"商业圆桌诉美国证券交易委员会案"(Business Roundtable v. SEC),诸多论者认为该案突破了宪法分权原则为司法审查设定的边界。美国已有研究者对相关案件进行了梳理。See Caroline Cecot & W. Kip Viscusi, *Judicial Review of Agency Benefit-Cost Analysis*, 22 *George Mason Law Review* 575, 609-617(2015)。桑斯坦在探讨法院应该如何进行任意性审查时,将"商业圆桌诉美国证券交易委员会案"作为一个重要分析样本。See *supra* note [69], 12-15.

[72] See *supra* note [69], 33-34.

[73] See David Fox, *Considering the Cost: Applying Michigan v. EPA to Financial Regulations*, 25 George Mason Law Review 839, 854, 846(2018).

[74] See Caroline Cecot & W. Kip Viscusi, *Judicial Review of Agency Benefit-Cost Analysis*, *supra* note [71], 587; Jonathan S. Masur & Eric A. Posner, *Cost-Benefit Analysis and the Judicial Role*, Coase-Sandor Working Paper Series in Law and Economics, No. 794, 2017, 32-36; Adelaide C. McGraw, *Costs before Regulation: Michigan v. EPA and the Implicit Prerequisite*, 40 American Journal of Trial Advocacy 175, 175-176(2016); Karmina Caragan, *Arbitrary and Capricious Cost-(Non) Consideration after Michigan v. EPA*, 85 George Washington Law Review 1514, 1522(2017)。即便是对密歇根案的影响力持保留态度的学者也承认联邦最高法院的这一立场变化,参见前注[68]。

[75] See Karmina Caragan, "Arbitrary and Capricious Cost-(Non) Consideration after Michigan v. EPA", *supra* note [74], 1526-1527. Also see Paul R. Noe & John D. Graham, *The Ascendancy of the Cost-Benefit State?*, 5 Administrative Law Review Accord 85, 119-129(2020).

[76] 美国行政法学者马祖尔和波斯纳总结了"授权法的默示规则""行政程序法基本原则"及"普通法规则"这三种理论方案,从而在授权法暧昧不明的情况下建构成本效益分析的法律渊源。See Jonathan S. Masur & Eric A. Posner, "Cost-Benefit Analysis and the Judicial Role", *supra* note [74], 37-40.

(二) 密歇根案之后的裁判发展

理论界对密歇根案的影响预判迥异,那么近几年来,这一判例究竟对审判实践产生了何种现实影响,是否为法官厘定成本效益分析的适用边界提供了一定指引呢?要回答这一问题,需要将目光投向密歇根案之后的判决,观察法官们如何援引作为先例的密歇根案。笔者经检索发现,尽管联邦最高法院在2015年之后未再受理相关案件,下级法院却在数百个判决中援引了密歇根案,少量判决意在将该案与密歇根案作区分处理(其中并无判决试图挑战密歇根案),有若干案件详细阐读乃至发展了密歇根案的教义。[77]

2016年,时任哥伦比亚特区巡回上诉法院法官的卡瓦诺(Brett Kavanaugh)在"明戈·洛根煤炭公司诉美国环保署"一案[78]中,将密歇根案的判决作为一项主要法律依据。[79]卡瓦诺这样总结密歇根案的教义:作为一项普遍性的原则,行政机关应在决定是否实施某项行政行为前考虑成本……因为合理的决策需要评估是否利大于弊,而正如联邦最高法院所强调的,成本是这项计算的必要组成部分。[80]他进一步补充道,许多知名法官与学者早已认识到,成本考量是《联邦行政程序法》所要求的合理决策的基本组成部分。[81]他提出,当国会没有像卡车运输协会案那样明确禁止行政机关考虑成本时,一般行政实践(common administrative practice)与常识(common sense)都要求行政机关考虑一项行动的成本与效益,合理地作出决定,并解释收益是否超过了成本。[82]不难察觉,卡瓦诺在阐发密歇根案教义的同时,似乎将成本效益分析的适用范围作了进一步拓宽——相较于密歇根案多数意见从特定法律术语中解释出成本因素的进路,卡瓦诺的论述将成本考量与行政合理性这一基本原则

---

[77] 笔者在美国案例数据库 Lexis Advance 上检索密歇根案,根据谢泼德(Shepard's)报告,该案在272个案例中被援引,有9个案例对其作了区分处理(distinguished by),13个案例沿用了该案的裁判思路(followed by),其余案例或无明显立场(neutral),或只是援引(cited by)。笔者阅读了前两类案例,尤其是对密歇根案判决作详细分析的案例,从而形成了这一结论并选取了下文论及的重点案例。

[78] Mingo Logan Coal Co. v. EPA, 829 F. 3d 710 (2016). ("*Mingo Logan*")

[79] 该案涉及环保署撤回某项行政许可的行为,主要争议在于环保署是否应当以及如何计算原告所称的"信赖成本"。尽管卡瓦诺在该案中发表的是反对意见,但他有关成本效益分析的法律分析得到了多数意见的认同。(多数意见称:"事实上,我们无意对反对意见的基本前提进行辩驳,也包括反对意见援引的许多优秀的法学思考,即,一般来说行政机关需要衡量成本与效益的关系。")只不过,多数意见认为,本案原告针对"考虑成本"这项主张,并未穷尽行政救济,也没有在初审中提出,因此法院不能审。另外,原告没有向行政机关表明信赖成本(信赖利益损失),因此行政机关无法将其计算在内。

[80] *Mingo Logan*, at 733.

[81] 卡瓦诺在这里引述了卡根法官在荷马市发电厂案中的意见、布雷耶法官在护河者案中的意见,以及著名行政法学者桑斯坦和皮尔斯的相关著述。这些论述不具有正式的法律渊源地位,但作为"辅助的权威",具有加强正式权威的效果。*Mingo Logan*, at 733-734.

[82] *Mingo Logan*, at 734.

直接挂钩，意欲将其视为国会没有明确禁止时的缺省规则。[83] 至于何为国会"明确禁止"的情形，卡瓦诺在该案中采取的界定方式是将案涉条款与卡车运输协会案、密歇根案以及最高法院对另一个相似法律概念的解释相比照，最终认定案涉条款并非立法明确禁止的情形。[84]

这种通过比照联邦最高法院的两个关键判例来决定是否适用成本效益分析的思路，在2020年哥伦比亚特区地区法院裁判的"美国水路运营商诉惠勒"案[85]中得到进一步发展。负责该案的地区法官梅塔(Amit Mehta)提出，基于卡车运输协会案与密歇根案的区分，可以归纳出这样的教义——授权法是否要求行政机关考虑成本，取决于立法文义的宽泛程度，以及它在多大程度上敦促行政机关平衡成本与效益。[86]

梅塔法官将这一区分称为"卡车运输协会案—密歇根案"两分法(dichotomy)，他认为哥伦比亚特区巡回上诉法院在密歇根案后的若干判例已经能充分说明这一教义的具体应用。[87] 比如，"公用事业固体废物活动团体诉环保署"案[88]是卡车运输协会案一端的典型代表，案涉授权法要求环保署在认定露天垃圾场时确定"在该场所丢弃固体废物，是否有合理概率对健康或环境造成负面影响(if there is no reasonable probability of adverse effects on health or the environment)"，法院认为立法既没有明确提到成本，也不包含像"适当且必要"那样灵活(flexible)的语言，由此判定立法不要求成本效益分析。而在另一起诉美国食药监局的案例[89]中，授权法要求食药监局"应当规制其认定为烟草产品的商品"(shall regulate products that the Secretary deemed to be tobacco products)，特区上诉法院认为授权法没有用任何标准来约束食药监局的权力，因而同样无须进行成本效益分析。与之相反，密歇根案一端的典型代表是"大都会人寿保险诉金融稳定监管委员会"案(以下简称"大都会人寿案")[90]，案涉授权法要求金融稳定监管委员会考虑"所有其认为适当的风险相关因素"(any other risk-related factors that it deems appropriate)，法院认为条

---

[83] 卡瓦诺在少数意见中发表的此番论证并没有法律约束力，不过，由于卡瓦诺已于2018年被提名为联邦最高法院的大法官，美国学者比较重视他的观点，有学者提出这很可能代表了联邦最高法院最终的裁判立场。See *supra* note[45], 401.

[84] *Mingo Logan*, at 735-736.

[85] *American Waterways Operators v. Wheeler*, 2020 U.S. Dist. LEXIS 225085, 2020. ("*Wheeler*")

[86] See *Wheeler*, at *21.

[87] See *Wheeler*, at *21. "Since the Supreme Court decided Michigan, courts in this Circuit have helpfully fleshed out the Whitman—Michigan dichotomy."

[88] *Utility Solid Waste Activities Group v. EPA*, 236 F. 3d 749 (2001).

[89] *Nicopure Labs, LLC v. FDA*, 266 F. Supp. 3d 360 (2017).

[90] *MetLife Inc. v. Financial Stability Oversight Council*, 177 F. Supp. 3d 219 (2016). ("*MetLife*")

文中"适当的"一词是一块"试金石",暗示行政机关应当考量成本。梅塔法官继而将其总结的教义运用于眼前的案例。案涉授权法要求环保署对是否存在"合理可用的"(reasonably available)污水处理设施作出判断,[91] 法官认为这一立法规定与密歇根案、大都会人寿案更加类似,"合理可用的"与"适当的"类似,都属于"天然地、在传统上就包含了对所有相关因素的考量"的概念,要求政府权衡行政决定的利与弊。[92] 因此,该案在两分法之下显然偏向了密歇根案那一端,应当进行成本效益分析。

卡瓦诺法官与梅塔法官所作的努力,都可以视作为密歇根案首倡的"法无明示也当为"厘定更为明确的适用边界。密歇根案与卡车运输协会案裁判结论的对立,为法官们界分"为"与"不为"提供了基本指引,有关何时需要成本效益分析的教义也随着相关案例的积累不断得以充实。

(三) 美国成本效益分析适用范围的教义提炼

诚如前文所述,讨论成本效益分析在美国政府规制中的适用范围问题,需要立足于"授权立法"的宪制背景。在这一背景下,判断"何时需要成本效益分析"的难点在于对形形色色暧昧不明的授权法条文进行解释。以卡车运输协会案、密歇根案等关键判例为支点,随着司法经验的逐步积累,有关成本效益分析适用范围的复杂教义正在日渐明晰,笔者在本部分试作提炼,也作为对美国比较法观察的简要总结。

首先,若立法明确提示行政机关进行成本与效益的考量,或要求行政机关考虑效率或进行经济分析,行政机关无疑应当实施某种形式的成本效益分析。典型立法例包括"基于以下五项因素考虑行为的成本与效益"[93] "考虑行政行为是否能够促进效率、竞争与资本形成"[94] "考虑经济影响"[95] 等。

在立法未作明确正面要求的情况下,则应转而判断立法是否明确排除了成

---

[91] 案涉授权法规定,"如果一州认为保护和提高州内部分或全部水域的水质需要加强环境保护,该州可完全禁止所有船舶向该水域排放任何污水,不论是否经过处理,除非管理人认为存在合理可用的设备可以安全且卫生地消除船只排放的污水"。See 33 U.S.C. § 1322(f)(3).

[92] Wheeler, at *23.

[93] 比如《商品交易法》要求"美国商品交易委员会(CTFC)拟议行动的成本与效益应根据下列考虑进行评估:(A) 保护市场参与者和公众的考虑;(B) 考虑期货市场的效率、竞争力和财务完整性;(C) 价格发现的考虑因素;(D) 考虑健全的风险管理做法;以及(E) 其他公共利益考虑。"See 7 U.S.C. § 19(a)(2).

[94] 比如《国家证券市场改善法案》要求美国证券交易委员会(SEC)在规制时"考虑行动是否能够促进效率、竞争与集资"。See 15 U.S.C. § 78c(f).

[95] 比如《濒危物种法案》要求鱼类和野生动物管理处在认定关键栖息地(critical habitats)时"考虑经济影响"。See 16 U.S.C. §1533(b)(2).

本考量。从既有判例中,大致可以总结出三种"明确排除"[96]的情形:

第一,立法明确列举了若干需要考量的因素,但其中不包括成本因素。典型代表是卡车运输协会案,授权法要求规制措施"对公共健康来说是必要的""有充分的安全边际",表明公共健康、安全是需要被考虑的要素,而非成本。作为对比,大都会人寿保险案的授权法要求考虑"适当的风险相关因素",经济损失(成本因素)被包括在"风险相关因素"中,因而该授权法不能被理解为是对成本要素的排斥。[97]

第二,立法文本虽无明示,但结合立法史等材料可以推断出,立法者在制定法律时已进行成本效益考量,且认可为服务于其他规制目标,成本并非一项考虑因素。典型代表是联邦最高法院 1981 年裁判的多诺万案,在解释授权法"在可行(feasible)范围内,最充分地保障(雇员免受健康损害)"的条文时,布伦南大法官执笔的多数意见认为,从法案修改过程中可以推断,立法者认为企业合规成本是"为了 8000 万美国劳工所必须承受的代价"。[98]

第三,立法文本虽无明示,但通过体系解释可以判断出成本并非考虑因素。比如哥伦比亚特区地区法院 2019 年在一个案例中指出,案涉条款与卡车运输协会案中被认定为禁止考虑成本的条款涉及同一项标准的制定问题,从体系一致性的角度出发,本案案涉条款也应作相同理解。[99]

反之,若立法没有明确排除成本考量,又存在两种可能的情形:

第一,立法默示要求行政机关考虑成本,那么行政机关应当进行成本效益分析。授权法文本中有时会出现一类"天然地、在传统上就包含了对所有相关因素的考量"的裁量标准,如上述密歇根案中的"适当且必要"、明戈·洛根案中的"(不)可接受的"、惠勒案中的"合理可用的"等,此时法院倾向于认为,权衡规制措施的成本与效益是裁量合理性的内在要求。此外,如果通过历史解释、目的解释等方法,可以推定立法者有意要求行政机关实施成本效益分析,则也可以归为默示要求的情形。

第二,立法既未明确排除成本考量,也不包括上述默示要求,那么行政机关可以自由裁量是否适用成本效益分析。比如在上述诉美国食药监局的案例中,

---

[96] 卡车运输协会案严格来说确立的是立法"禁止/排除考虑成本"的情形,但由于在实践中尚未出现行政机关作了成本效益分析而被法院认定为违法的案例(唯一一例是联邦第二巡回上诉法院对"安特吉公司诉护河者案"作出的判决,但后来该案被联邦最高法院推翻了),这一教义在论述中时常被弱化为"无须进行成本效益分析"。See Paul R. Noe & John D. Graham, The Ascendancy of the Cost-Benefit State?, 5 *Administrative Law Review Accord* 85(2020). 此处为求严谨,笔者在提炼教义时还是把"禁止/排除考虑成本"和"无须考虑成本"作了区分。

[97] See *MetLife*, at 241-242.

[98] See American Textile Manufacturers Institute, Inc. *v.* Donovan, 452 U. S. 490 (1981), at 514-520.

[99] See Murray Energy Corporation *v.* EPA, 936 F. 3d 597 (2019), at 621-622.

授权法要求美国食药监局对其认定为烟草产品的商品实施规制，而未引入其他任何标准限制这一授权，故而法院认定美国食药监局无须考虑成本。[100] 笔者推测，如若美国食药监局实施规制前真的考虑了成本，在授权法未作明确排除的情况下，应当也是合法的。再如授权法中常见的诸如"最佳可用技术"（best available technology，BAT）、"最佳实践"（best practice）的表述，一般认为与成本无必然联系，但如果行政机关选择将"最佳"解释为"最有经济效率的"，并据此进行成本效益分析，也会被法院认定为是合理的。[101] 不过，鉴于理论界与实务界均出现了将成本效益分析与合理行政的基本原则直接挂钩的倾向，[102] 未来此类立法例或许也将被归入需要成本效益分析的情形。

更进一步，或许可以从原理上对上述复杂教义作如下总结：（1）国会对于是否适用成本效益分析具有优先判断权，这意味着"何时需要成本效益分析"首先是一个政治问题，只要能够达成政治合意，立法机关可以随时要求行政机关选用或弃用这一决策方式。（2）鉴于"成本—效益"权衡与合理性的内在联系，当立法包含笼统要求合理性的修辞时，推定认为其中涵括了需要成本效益分析的政治合意。（3）在立法机关未对此作出政治判断的情况下，行政机关就获得了裁量是否需要成本效益分析的政策空间，法院对此予以尊让。

此外，"何时需要成本效益分析"与"需要何种成本效益分析"的问题紧密联结。联邦最高法院在密歇根案中将后者留予行政机关自由裁量，这意味着当法院要求行政机关进行成本效益分析时，并不是要强制执行12866号行政命令的规定，行政机关也可以选择成本—有效性分析法、多标准成本效益评估法、盈亏平衡分析法等其他量化或非量化的方式，但这种自由裁量仍将接受法院基于行政合理性的审查。至于何种形式、何种程度的成本效益分析在具体规制语境下才足够合理，本文暂且不作讨论。

五、代结语：成本效益分析适用范围的本土方案初探

回归本土视野，美国行政法上有关何时适用成本效益分析的经验，或许能为我国的制度探索提供一些有益的启迪。两国的制度环境固然差异悬殊，但涉及"如何厘定成本效益分析的适用范围"这样的具体问题时，仍分享着许多共

---

[100] See Nicopure Labs, LLC v. FDA, 266 F. Supp. 3d 360 (2017), at 401.

[101] 《清洁水法》第1326条（b）款要求环保署在给冷却进水装置制定标准时，应当采用"能够最小化（minimize）对环境不利影响的最佳可用技术（best available technology）"。在联邦最高法院2009年裁判的"安特吉公司诉护河者案"中，多数意见指出，审查"最佳可用技术"的法律解释应适用谢弗林原则，第二巡回上诉法院提出的"以技术而非成本为导向"固然是一种合理解释，却并非唯一可能的解释，"最佳"也可以理解为"最有效率的"，即单位产出所需的投入最低。环保署采取后一种解释方法是合理的，它基于这种解释对规制进行成本效益分析也是合理的。See Entergy Corp. v. Riverkeeper, Inc., 129 S. Ct. 1498 (2009), at 1505-1506.

[102] 如上文提到的卡瓦诺法官的观点，以及美国行政法学者马祖尔、小波斯纳的观点。

性,比如,都需要以成本效益分析之于现代行政的功能与局限为基本出发点,都需要将这种新的决策工具与既有的制度体系、机构能力相衔接。基于美国有关这一问题深厚的司法经验与理论思考,笔者拟为成本效益分析在我国行政规制中的适用范围设计初步方案。

(一)我国关于成本效益分析适用范围的既有探索

目前我国对于成本效益分析适用范围的探索大致表现出两种倾向。一是以规制领域作区分,重点对经济领域的立法实施成本效益分析,以2004年《全面推进依法行政实施纲要》提出的"积极探索对政府立法项目尤其是经济立法项目的成本效益分析制度"为代表,得到了不少学者的认同。[103] 二是以规制影响力为标准,2019年《重大行政决策程序暂行条例》要求重大行政决策事项的承办单位根据需要对相关成本、效益进行分析预测,一定程度上展现出了这一倾向。另有部分学者借鉴美国总统行政命令的规定,也建议将规制影响的重大性作为一项标准。[104]

以规制领域作区分的主要考量在于,经济立法的规制目标通常是提高资源配置效率、促进经济效益的最大化,与成本效益分析的价值追求相契合,其政策措施产生的影响也往往比较容易用货币形式来表达,适用成本效益分析的可操作性较强;[105] 社会立法则更多考虑对特殊群体的保护、社会救济等,不宜以成本效益来衡量。[106] 然而,"经济立法"与"社会立法"的界分并不清晰,这两种提法虽常见于我国立法实践,却并非具有明确内涵与规范性意义的法律概念,[107]

---

[103] 比如汪全胜提出"任何经济性法律规制都应当适用成本效益评估方法",参见汪全胜:《立法成本效益评估研究》,同前注[6],第243页;王彦明也认为"确定成本效益分析的范围的第一步是甄别地方经济立法和社会立法",参见王彦明、戴燕:《新时代地方经济立法质量提升路径探讨——以成本效益分析方法的适用为中心》,载《兰州学刊》2020年第5期,第78页。王彦明还提出"将地方立法成本效益分析的范围确定为在城乡建设和管理以及环境保护两个方面比较适宜",参见王彦明、戴燕:《成本效益分析法在我国地方经济立法中的适用及改进》,同前注[5],第91页。

[104] 比如王彦明认为"按照重要立法应当进行成本效益分析的要求",符合特定条件的立法"可以确定为重要法规规章列入成本效益分析的范围",参见王彦明、戴燕:《成本效益分析法在我国地方经济立法中的适用及改进》,同前注[5],第92页。金成波认为"美国是将成本收益分析作为立法选择性程序,标准是影响的金额",参见金成波:《立法中成本收益分析制度的论争、作用及定位》,载《浙江学刊》2016年第1期,第157页。

[105] 参见汪全胜:《立法成本效益评估研究》,同前注[6],第243页。

[106] 参见王彦明、戴燕:《新时代地方经济立法质量提升路径探讨——以成本效益分析方法的适用为中心》,同前注[103],第78页。

[107] 笔者在北大法宝上检索全文包含"社会立法"与"经济立法"的法律法规,并未找到对于这两个概念的准确定义。我国《宪法》第15条第2款规定"国家加强经济立法,完善宏观调控",该条款能否解释为"旨在完善宏观调控的立法即经济立法"尚无讨论。

其理论原型——经济性规制与社会性规制的二分,也因操作性不强而招致反对。[108] 更何况,经济、社会两域本就交融难分,且经济领域的影响并非都能落实到市场价值上,社会效益也并非一概不能用定量方法来测量。这种思路贵在从成本效益分析本身的工具特征出发划定适用范围,但如此二分,难免导致僵化、武断与偏颇。

以规制影响力为标准则关注到了成本效益分析带来的高昂决策成本,故而将其适用范围限定于重大规制事项,避免"大炮打麻雀"。这种思路无疑有其合理性,但在实际操作中面临如何界定"重大"事项的难题。现行制度对于"重大行政决策事项"并未作出明确的法律界定或立法解释,《重大行政决策程序暂行条例》第3条第1款虽作了列举式的规定,[109]却并未解决"重大"的法解释问题,真正的界定方法在第3款,"决策机关可以根据本条第一款的规定,结合职责权限和本地实际,确定决策事项目录、标准,经同级党委同意后向社会公布,并根据实际情况调整"。这并没有超越学者早些年的判断——我国对决策是否"重大"的界定仅有定性分析,没有定量指标,重大与否完全取决于决策者的主观判断。[110]

(二)界定成本效益分析适用范围的思路探析

上述两种界定方式虽然均有其合理性,但仔细分析却过于片面,也缺乏可操作性。那么,如何科学界定成本效益分析在我国的适用范围?如何从比较法经验中汲取有益的启迪?笔者认为,破题的总体思路仍是"求同存异",即从成本效益分析的功能与局限、两国行政规制的共同诉求等共性问题中提炼分析逻辑,再结合我国独特的制度背景及法治文化,谋划具体的实践方案。

如本文第二部分所述,成本效益分析的适用范围问题内生于这一分析工具本身的功能与局限,于美国如此,于我国亦然。因此,在考虑成本效益分析是否应当适用于特定的规制情境时,应当综合考虑行政规制是否以福利最大化为价值导向,规制影响是否可以用货币化的方式来衡量,以及规制是否能够经受得起冗长繁琐的决策过程以及较大的人、财、物力投入等因素。在上述影响因素

---

[108] 经济性规制与社会性规制的区分由日本经济学家植草益在《微观规制经济学》一书中提出,但由于一项立法的目的很难作出明晰区分,这一标准的操作性不强。参见金成波:《立法中成本收益分析制度的论争、作用及定位》,同前注[104],第157页。

[109] 《重大行政决策程序暂行条例》第3条第1款规定:"本条例所称重大行政决策事项(以下简称决策事项)包括:(一)制定有关公共服务、市场监管、社会管理、环境保护等方面的重大公共政策和措施;(二)制定经济和社会发展等方面的重要规划;(三)制定开发利用、保护重要自然资源和文化资源的重大公共政策和措施;(四)决定在本行政区域实施的重大公共建设项目;(五)决定对经济社会发展有重大影响、涉及重大公共利益或者社会公众切身利益的其他重大事项。"

[110] 参见朱海波:《地方政府重大行政决策程序立法及其完善》,载《广东社会科学》2013年第4期,第228页。

中,规制的价值目标直接关系到应否采用广义上的成本效益分析方法,而操作可行性、决策成本等问题则可以通过调整成本效益分析的具体形式(避免适用刚性的成本效益分析)来解决。

同时,我国迥异于美国的制度背景与法治文化决定了在具体实践方案上,我国不能够效仿大洋彼岸以授权法解释为基点、以司法审查为重要约束的路径。

一方面,美国行政法上成本效益分析的适用范围界定立足于其"授权立法"的宪制背景,政府能否在特定规制情境下适用成本效益分析,首先取决于授权法的规定,进而,对立法文本的不同解释方案以及解释权在三权之间的分配,也成为讨论这一问题的焦点所在。但在我国的语境下,除全国人大及其常委会制定的法律外,行政法规、地方性法规乃至规章都可以成为行政规制权力的有效来源,[111]因而在寻找或建构成本效益分析的规范依据时,除法律以外,也应考虑其他有效的法律渊源。同时,相较于日益广泛且多样化的行政规制情境,现阶段我国立法体系并不完备,立法技术与法律解释技术也欠发达,故而在界定成本效益分析的适用范围时,固然要以法规范为据,但不可将法律条文奉为圭臬。此外,还需考虑在法规范并未对行政效率、效能或经济合理性等因素作出规定时,是否应当适用成本效益分析。

另一方面,就实施与监督机制而言,美国联邦法院对政府成本效益分析的司法审查在实然上把控着这一规制工具的适用范围,也客观上推动了美国行政法上有关成本效益分析适用范围问题的规则生成。但回归本土语境,受我国行政诉讼受案范围的约束,法院不能对抽象行政行为进行审查,也不能对作为过程性行政行为的成本效益分析本身进行审查,[112]因而司法机关在制度建构与执行中发挥的功能恐怕是有限的。不过,各级人大对行政机关的监督职权以及备案审查制度可以对政府规范性文件的制定提供一定程度上的约束,此外,政府内部监督机制的完善以及行政裁量标准的明确也将成为规范成本效益分析适用范围的重要依托。

另外,成本效益分析适用范围的探索注定是一个漫长且曲折的过程。美国有关成本效益分析适用范围的探索历时四十余载,迄今也并未提出明晰的最终回答。纵览前文所述诸多判例,可以说,这个回答是由立法、行政、司法分支在一个个具体规制情境中切磋、打磨而成的,利益群体的冲突与妥协、公共讨论的争议与共识、成本效益分析方法本身的成熟与流变,也是这一过程的必要组成部分。因此,当这种新的决策工具走入我国的公共行政领域,政策设计者也应当正视这种"试验性",并善于利用我国的制度基础来推动这场试验的发生。

---

[111] 参见《立法法》第 65 条、第 80 条、第 82 条,以及《行政诉讼法》第 63 条。
[112] 参见《行政诉讼法》第 12 条。

（三）我国确定"何时需要成本效益分析"的可能进路

基于上述思路，本文提出，我国在进行有关成本效益分析适用范围的制度设计时，可以遵循以下"两步法"的判断逻辑：

第一步，从规制的价值目标出发，确定广义成本效益分析方法的适用范围。行政规制的价值目标应当首先依据上位法规范或特别授权决定[113]来确定，并主要立足于立法总则部分对立法目的、行政任务的规定。举例来说，笔者认为在现行法规范中有以下几类规定可以被解释为对成本效益分析的要求：(1) 要求行政规制以提高效率或效益为原则的规定，比如《固体废物污染环境防治法》第 82 条要求"危险废物转移管理应当全程管控、提高效率，具体办法由国务院生态环境主管部门会同国务院交通运输主管部门和公安部门制定"。《森林法》第 55 条第 2 款要求"省级以上人民政府林业主管部门应当根据前款规定，按照森林分类经营管理、保护优先、注重效率和效益等原则，制定相应的林木采伐技术规程"。(2) 要求行政规制考虑经济条件或经济影响的规定，比如《水污染防治法》第 13 条："国务院环境保护主管部门……可以根据国家确定的重要江河、湖泊流域水体的使用功能以及有关地区的经济、技术条件，确定该重要江河、湖泊流域的省界水体适用的水环境质量标准，报国务院批准后施行。"(3) 明示或隐含了比例原则、损益平衡要求的规定，[114]比如《突发事件应对法》第 11 条："有关人民政府及其部门采取的应对突发事件的措施，应当与突发事件可能造成的社会危害的性质、程度和范围相适应；有多种措施可供选择的，应当选择有利于最大程度地保护公民、法人和其他组织权益的措施。"《无线电管制规定》第 4 条："实施无线电管制，应当遵循科学筹划、合理实施的原则，最大限度地减轻无线电管制对国民经济和人民群众生产生活造成的影响。"(4) 笼统要求行政规制顾及合理性的规定，比如《土地管理法》第 17 条规定："土地利用总体规划按照下列原则编制……（四）统筹安排城乡生产、生活、生态用地，满足乡村产业和基础设施用地合理需求，促进城乡融合发展……"鉴于实定法规范不尽完善，在立法未作明确规定的情况下，有权机关可以通过法律解释的方式明确行政机关需要对哪些规制进行成本效益分析。此外，考虑到确定规制之价值目标的关键在于政治合意，笔者认为，当行政机关依法需要将规制向党中央、同级党委（党组）、本级人大及其常委会报告时，[115]这些组织或机关也有权要求行政机

---

[113] 比如《立法法》第 12 条规定的"本法第十一条规定的事项尚未制定法律的，全国人民代表大会及其常务委员会有权作出决定，授权国务院可以根据实际需要，对其中的部分事项先制定行政法规……"

[114] 学者蒋红珍对此类规范作了归纳与总结。参见蒋红珍：《比例原则适用的规范基础及其路径：行政法视角的观察》，载《法学评论》2021 年第 1 期，第 55—56 页。

[115] 参见《行政法规制定程序条例》第 4 条、《规章制定程序条例》第 4 条、《重大行政决策程序暂行条例》第 8 条。

关进行成本效益分析。若行政规制所依据的法规范中并无有关效率、效能或经济合理性的规定,各级党委、政府的政策性文件也未作相关要求,原则上可以认为规制活动无须进行成本效益分析。

第二步,从成本效益分析在特定规制场景中的操作可行性与决策成本出发,确定成本效益分析的具体形式。货币化的刚性成本效益分析不仅面临技术层面的困难,也会消耗大量的决策成本,因此正如国内部分学者所倡导的那样,更切实可行的做法是基于不同的行政任务,综合运用各种分析工具,构建起多重的成本效益分析机制。[116] 就实施机制而言,由于行政机关对规制事务拥有最为丰富的知识资源,成本效益分析的实施也确实受限于人力、资金、信息资源等机构能力,将成本效益分析的具体形式交予行政机关自主裁量较为妥当。国务院与省级人民政府应出台一些指导性的规定,对正式的成本效益分析法、成本—有效性分析法、多标准成本效益分析法、敏感性分析法、损益平衡法等不同形式的评估技术及其适用场景进行介绍,为下级行政机关的裁量提供指引与基准。同时,可以适当强化行政机关对行政裁量的解释说明义务,比如,应当要求行政机关在成本效益分析报告中针对评估方法及评估结果充分说明理由(尤其是在主要采用定性分析的方法、量化效益明显低于量化成本的情况下),并接受内外部监督。

由于目前我国行政机关利用成本效益分析对行政规制进行评估的实例稀缺,笔者上述提出的"两步法"逻辑难免有驰于空想之弊,也注定挂一漏万。不过,任何制度的生成都无法一蹴而就,或许可以遵循这种逻辑挑选出一部分行政规制活动作为成本效益分析的"试点",并向社会公开成本效益分析报告。如此,不仅能够加速这一制度构想在我国的落地,也能促进知识积累与公共讨论,为成本效益分析在我国行政规制中适用范围的厘定提供更为精细化、本土化的方案。

---

[116] 参见陈鹏:《行政决策成本效益分析的多重机制》,载《中外法学》2021年第4期,第1103—1109页。

通信秘密保护范围的解释路径:原旨立场与比较考察

梁芷澄*

The Interpretative Path of The Protection Scope of Communication Secrets: The Originalism Interpretation and Comparative Investigation

Liang Zhicheng

内容摘要:厘清通信秘密保护范围是展开基本权利限制审查框架的第一步。在原旨主义的视角下,通过考察制宪记录、报刊杂志、法律通识读本以及相关立法,挖掘《宪法》第40条通信秘密的生成背景、内在逻辑和制度意涵,可以发现:该条款继承了《共同纲领》、"五四宪法"、1979年《刑法》和《刑事诉讼法》的规定,其保护的核心利益并非隐私,而是表达自由的消极面向。通过对既有解释路径的反思和比较法上的考察可以发现,两种路径皆与现行《宪法》第40条的原初含义和结构存在间隙,但仍存可保留之处。在充分考察宪法原意和比较法方案的基础上,反思既有学说,尝试建构"存储地点+差别保护"的解释路径。

关键词:通信秘密 保护范围 隐私 原旨解释

---

* 梁芷澄,北京大学法学院博士研究生。

一、问题的提出

随着数字时代的到来,通信方式也从过去的纸面通信拓展到蜂窝通信、微波通信、互联网通信等新通信方式,将"通信"局限于"书信"的传统理解[1],已经无法适应数字社会的发展。[2]数字时代的通信方式与传统的书信完全不同,这给界定"通信秘密"的保护范围带来了困难。实践中出现了"法院调取通话记录"[3]"交警查阅、复制通讯记录"[4]等充满争议的案件,其争议焦点在于:新通信方式会在通信方和通信公司留下数据痕迹,例如通话记录、通讯记录和通话详单等,何种通信信息能落入现行《宪法》第40条的保护范围?此外,在基本权利限制的"保护范围—限制—限制的合宪性论证"审查框架中,"保护范围"是其中最为关键亦最富争议的步骤。因此,厘清通信秘密的保护范围,有助于审查框架的展开和通信权的宪法释义。

对此,既有解释路径可分为两类:一是"内容与非内容区分说"[5],通过对通信内容的判断,决定其是否受通信秘密的保护,以及能否适用《宪法》第40条

---

[1] 1982年宪法的起草者,把"通信"仅理解为书信。"在修宪讨论时班禅委员提出,现代技术发达,电话窃听等是否包括?彭真说,这里只讲通信,其他勿谈吧。"蔡定剑:《宪法精解》,法律出版社2006年版,第265页。

[2] 学界主流观点认为,"通信"不限于"书信"。例如,张翔教授认为,互联网时代,各种电子通讯方式早已取代书信成为最主要的通信方式。参见张翔:《检查公民通信是谁的权力?——小议网络安全法二审稿第46条》,载《法治周末》2016年8月30日,第01版。刘素华教授对比了美国《电子通信隐私法案》、韩国《通信秘密保护法》、日本《通信旁受法》中的"通信"一词后发现,在信息时代,"通信"与"通讯"的涵义一致,可以互换。参见刘素华:《网络时代通讯自由基本人权保护研究》,载《浙江学刊》2005年第1期,第164页。《刑法》第252条"侵犯通信自由罪"中的"信件"遇到了同样的问题,梁根林教授认为,随着科技的进步,应当将互联网时代日益成为日常通讯方式的电子邮件等解释为"信件"。参见梁根林:《虚拟财产的刑法保护——以首例盗卖QQ号案的刑法适用为视角》,载《人民检察》2014年第1期,第11页。

[3] 《民事诉讼法》第70条规定,"人民法院有权向有关单位和个人调查取证,有关单位和个人不得拒绝",实践中电信公司依据《电信条例》第66条予以拒绝。早在2003年,全国人大常委会法工委就认可了这一做法:"移动用户通信资料中的通话详单清楚地反映了一个人的通话对象、通话时间、通话规律等大量个人隐私和秘密,是通信内容的重要组成部分,应属于宪法保护的通信秘密范畴。"参见全国人大常委会法制工作委员会编:《法律询问答复(2000—2005)》,中国民主法制出版社2006年版,第129—131页。

[4] 有的地方性法规规定,公安机关交通管理部门调查交通事故时可以查阅、复制当事人通讯记录。全国人大常委会法工委认为,该规定不符合保护公民通信自由和通信秘密的原则和精神,对公民通信自由和通信秘密保护的例外只能是在特定情形下由法律作出规定。参见全国人大常委会法制工作委员会法规备案审查室:《规范性文件备案审查理论与实务》,中国民主法制出版社2020年版,第113页。

[5] 本文有关"内容信息"与"非内容信息"的定义取自张翔教授的区分,"非内容信息"包括通话对象、通话时间、通话规律等。参见张翔:《通信权的宪法释义与审查框架——兼与杜强强、王锴、秦小建教授商榷》,载《比较法研究》2021年第1期,第39页。

第2句加重法律保留。[6]该说内部又存在不同的区分标准：有的学者提出"沟通说"，进一步限缩"内容"范围，即只有好友间私聊产生的信息才属于通信内容，基于商业往来产生的信息不属于通信内容；[7]有学者根据通信信息对外在法律关系事实判断的影响程度，将通信信息区分为私人通信和非私人通信，公权力主体对私人通信的干预适用加重法律保留，非私人通信则适用一般法律保留。[8]二是"存储地点说"，该说以秘密的存储地点为标准，判断"通信"是否受"通信秘密"的保护。通信记录或通讯记录若从电信公司、互联网服务提供商处调取，能够得到通信秘密的保护；若从当事人的设备上调取，则不受通信秘密的保护，而属于隐私权或个人信息自决权的问题。[9]这些成果无疑推动了《宪法》第40条释义的发展，但仍存缺陷。一方面，理论上的讨论难以指导实践。无论是在比较法层面引入其他国家的判断标准，抑或是法解释学层面的体系建构，相关学术成果缺乏本土资源，难以转换为实践标准，以上两种学说都存在这一问题。另一方面，"内容与非内容区分说"认为，通信秘密保护隐私价值，尔后通过解释隐私来判断通信秘密的保护范围。这一观点存在两大问题：一是隐私概念具有不确定性和主观性，难以论证非内容信息为何不具有隐私期待；二是从直觉或者比较法的角度得出通信秘密保护隐私权的结论过于武断，缺少制宪史的考察和必要论证。此外，但凡寄希望于通过某种标准对通信信息进行区分保护，皆难以避免一个实践困境，即在法院或执法机关调取信息之前，它们不可能知晓某一信息能否满足区分保护的标准。总之，上述讨论难以回答："八二宪法"中的"通信秘密"保护何种利益？保护范围是什么？只有在中国法律体系的本土话语下，比较法上的求同存异才是有意义的。

基于以上情况，笔者试图从相关史料中考察通信秘密的保护利益。这一原旨主义的解读是可行的。一方面，存在相应的制宪史料，有助于我们考古现行《宪法》第40条之滥觞，揣测制宪者的真实意图；另一方面，通过考察制宪时期的报纸、大众通识读本和公务员指导手册等史料，可以了解制宪时期人们对该条文的普遍理解。结合制宪者的真实意图和社会普遍理解，我们可以看到一幅认识通信秘密的完整地图，探寻宪法的原初含义。唯有在此基础上，结合宪法实践，寻找通信秘密保护范围的解释路径才最贴合宪法原意，并与相关法律相

---

[6] 参见杜强强：《法院调取通话记录不属于宪法上的通信检查》，载《法学》2019年第12期，第83—85页。

[7] 参见刘松山：《治理街头小广告的法律问题》，载《法学家》2003年第4期，第47页；李忠夏：《数字时代隐私权的宪法建构》，载《华东政法大学学报》2021年第3期，第52页。

[8] 参见熊静文：《通信记录的调取与"通信秘密"的宪法含义》，载《中国法律评论》2021年第6期，第196页。

[9] 参见王锴：《调取查阅通话（讯）记录中的基本权利保护》，载《政治与法律》2020年第8期，第111页。

协调，实现法秩序的统一。遗憾的是，由于我国宪法判例的缺失，尚未在实践中确立通信秘密保护范围的判断标准。此时，就需要引入比较法上的经验，在充分了解我国宪法通信秘密的保护利益以及宪法整体结构的前提下，反思既有解释路径，进行符合中国现行宪法结构的适度改造，尝试建构通信秘密保护范围的解释路径。

二、探寻宪法原意

"八二宪法"中有关通信自由和通信秘密的规定从何而来、作何理解，需要我们深入考察历部宪法文本、制宪记录、报纸、通识读本等相关史料。为了方便讨论，笔者将宪法中有关通信自由和通信秘密的规定分为两个时期：前传（从《共同纲领》到"五四宪法"时期）和正传（"八二宪法"时期）。每一时期除了考察相应宪法文本的规定，还需要比较其与前后宪法文本中相关内容的异同，并考察对应时期的制宪记录、报纸、法学著作和通识读本等史料，挖掘通信秘密的保护利益。

（一）前传：从《共同纲领》到"五四宪法"

1.《共同纲领》：保护消极表达自由

《共同纲领》第5条[10]规定了通讯自由，将其视为一般自由权和政治性权利，与诸如思想、言论、出版、集会等自由规定在一起。实际上，在《共同纲领》之前，宪法层面已经存在关于"通讯自由"[11]的规定。有关"通讯自由"的规定最早出现在1911年《中华民国鄂州临时约法草案》第7条，[12]1931年《中华民国训政时期约法》第13条[13]和1936年"五五宪草"第14条[14]，它们对通讯自由和通讯秘密一并作出规定。但是，1913年"天坛宪草"第7条[15]只规定了通信秘密；1941年《陕甘宁边区抗战时期施政纲领》第8条[16]与《共同纲领》第5条一样，只规定了通信自由。对比以上各种规定，可以发现两个问题：第一个问题是：通信自由和通信秘密的关系是什么？如果宪法条文只规定通信自由而未规定通信秘密，是否可以认为其不保护通信秘密？若只规定通信秘密而未规定通

---

[10]《共同纲领》第5条：中华人民共和国人民有思想、言论、出版、集会、结社、通讯、人身、居住、迁徙、宗教信仰及示威游行的自由权。

[11] 虽然"通讯"与"通信"存在差别，但学界对此尚无太大争议，笔者将在后文考察这一差别，在此不作区分。

[12] 1911年《中华民国鄂州临时约法草案》第7条规定：人民自由通讯，不得侵其秘密。

[13] 1931年《中华民国训政时期约法》第13条规定：人民有通信通电秘密之自由，非依法律不得停止或限制之。

[14] 1936年"五五宪草"第14条规定：人民有秘密通讯之自由，非依法律不得限制之。

[15] 1913年"天坛宪草"第7条规定：中华民国人民通信之秘密，非依法律不受侵犯。

[16] 1941年《陕甘宁边区抗战时期施政纲领》第8条：保障人民言论、出版、集会、结社、信仰、居住、迁徙与通信之自由，扶助人民抗日团体与民众武装之发展，提高人民抗战的积极性。

信自由,又是否可作通信自由不受保护的解释?随之而来的第二个问题是:通信自由和通信秘密的保护利益是什么?这需要我们通过报纸考察彼时的社会普遍理解。

首先回答第一个问题,通过考察宪法文本、报刊、杂志可以发现,通信秘密蕴含于通信自由,通信自由是通信秘密的前提条件。理由有二:一是从宪法文本来看,除了《共同纲领》《陕甘宁边区抗战时期施政纲领》和"天坛宪草",其他宪法文本均将通信自由和通信秘密并列规定,文本表述"人民自由通讯,不得侵其秘密"[17],"人民有通信通电秘密之自由"[18]以及"人民有秘密通讯之自由"[19]均能体现二者的紧密联系,且将通信自由作为通信秘密的前提。

二是通过报刊、杂志考察当时社会的普遍理解,可以得出同样的结论。林秋涛曾于1930年在《会报》发表文章:"上古之世为闭关时代,人民有老死不相往来者,故无通信之可言。今则人事日繁,通信亦日形需要,然书信秘密为人民之自由权,除法律外,得保其书信之秘密不受他人侵犯之权利也。"[20]文中将通信秘密视为一般自由权,而非人格权等其他权利。史济行于1932年在《沪报》发文批评平津当局检查信件侵犯通信自由:"通信自由为民主国家的人民天赋之权利,不料近来平津当局又派检查员分驻各邮局检查信件。"[21]作者在文中未使用"通信秘密"的概念,而是将"检查通信"这一侵犯通信秘密的行为视为侵犯通信自由,如果将通信自由和通信秘密割裂理解,仅将通信自由理解为切断通信,那么难以解释史济行在文中的措辞,申言之,通信自由隐含着通信秘密的意思。1940年,孟辨发表文章指出:"在民主国家内,老百姓写信,打电报,或者用各种方法通讯,政府机关,或者任何私人不能拆开来检查。这就是人民有通讯秘密的自由。在民主国家内,宪法(国家的根本大法)上都有通讯秘密自由的规定,政府机关不敢违背。"[22]民国时期各大报纸中的表述,均将通讯秘密视为通讯自由的一部分内容,且将通讯自由作为通讯秘密的前提条件,无通讯自由谈何通讯秘密。正因如此,通信秘密保护的是"通信"过程中的"秘密",例如,防止公权力机关在邮局检查信件。

第二个问题涉及通信自由和通信秘密的保护利益,其保护利益是否是隐私?答案显然是否定的。理由主要有三:一是通过考察报刊杂志可以发现,通信自由和通信秘密保护的是消极表达自由,而非隐私。"表达自由"以表达内容是否公开为标准,可以分为"积极表达自由"和"消极表达自由"两个面向。相较

---

[17] 同前注[12]。
[18] 同前注[13]。
[19] 同前注[14]。
[20] 林秋涛:《公务员对于通信秘密应付之责任》,载《会报》1930年第57期,第10页。
[21] 史济行:《通信自由》,载《沪报》1932年6月10日。
[22] 孟辨:《民主政治》,载《学习生活》1940年第1卷第3期,第21页。

于前者,学人往往忽视对"消极表达自由"的研究。"消极表达自由"意味着国家不能干预公民私下表达其不愿公开表达的信息。如果国家能够任意地知晓公民的通信内容、通信记录,表达自由便荡然无存。因为保护通信秘密是"实现言论自由和思想自由的一个重要形式"[23]。吴迺弃于1945年在《金竹邮刊》中提出了对邮政邮检当局的建议,他认为:"书信为人类传达思想之工具,而思想之活动,为一切事业之渊源,人生于世,思想万端,关系至为重大,若使其表思想之书信尽付公开,则人类生活,未有不遭受危险者,故各国之宪法,均认书信秘密为人民基本权利。"[24]作者将思想表达自由作为通信秘密的保护对象,若将书信公开,人们惧于犯错,难以自由表达见解。此外,言论自由与通信自由的侵权行为类型相似,民国时期一直存在"邮检制度",即允许报纸出版,但对报纸在邮政发行环节予以检查,限制言论自由。[25] 我们可以将出版自由和通信自由分别视为积极表达自由和消极表达自由,二者在本质上皆属表达自由,对二者的检查方式也相同。

二是从法律文本来看,通信自由一般与表达自由等其他政治性权利一同规定,可以看出,通信自由与表达自由性质上存在共通之处。例如,《共同纲领》第5条将通讯自由与思想、言论、出版、集会等政治性自由权规定在一起,类似的规定还有《陕甘宁边区抗战时期施政纲领》第8条。可以看出,通信自由和通信秘密被理解为一种与政治性权利相关的自由权。

三是建国前期乃至初期,世界范围内尚无宪法层面的隐私观念,通信秘密的宪法规定远远早于隐私权。有学者研究指出,1789年《人权与公民权利宣言》的草案中包含通信秘密的内容,但最终通过的正式文本却不包括这一内容,理由是宣言起草者将通信秘密视为《人权与公民权利宣言》第11条见解和表达自由的一部分。[26] 其实,早在欧洲出现隐私观念之前,宪法早已将通信秘密权作为宪法权利。[27] 以德国为例,1831年德国《黑森州宪法》第38条明确要求邮政部门尊重一切邮递行为之秘密。1919年《魏玛宪法》第117条[28]将书信、

---

[23] 全国人大常委会办公厅研究室政治组编:《中国宪法精释》,中国民主法制出版社1996年版,第166页。

[24] 吴迺弃:《通信秘密与邮票检扣:建议邮政邮检当局几点意见》,载《金竹邮刊》1945年第4卷第1期,第5页。

[25] 参见张友渔:《宪政论丛(上册)》,群众出版社1986年版,第218、224页。

[26] 参见〔西〕布兰卡·R.瑞兹:《电子通信中的隐私权》,林喜芬等译,上海交通大学出版社2017年版,第72页。

[27] 《比利时宪法》(1831)第22条;《丹麦宪法》(1953)第72条;《德国基本法》(1949)第10条;《希腊宪法》(1975)第19条;《意大利宪法》(1947)第15条;《卢森堡宪法》(1868)第28条;《荷兰宪法》(1983)第13条;《葡萄牙宪法》(1976)第34条;《西班牙宪法》(1978)第18条。

[28] 1919年《魏玛宪法》第117条:"书信秘密以及邮政、电报、电话之秘密,不得侵害,其例外惟依据联邦法律始得为之。"

邮政、电报和电话这些新通信方式纳入其中。[29] 直到1958年,德国联邦司法部在总结各类案例的基础上提出了德国民法典人格权部分的修正案——《德国民法典人格和名誉保护改革法草案》。该草案虽未获通过,却是最早明确规定隐私权的德国法律。[30] 因此,可以发现,直到20世纪60年代,法律层面的隐私概念才正式出现在法律文本当中,《共同纲领》及之前的宪法文本中有关通信自由和通信秘密的规定,其保护利益并非隐私,而是消极表达自由,即不公开发表个人见解的自由。由此我们也可以理解,为何《共同纲领》中只规定"通讯自由",而不规定"通讯秘密",并将"通讯自由"与其他政治性权利一同规定。通信自由和通信秘密诞生之初,就被理解为政治性权利——消极表达自由的一部分,其与其他一般自由权存在亲缘关系。它们保护的是公民在非公开场合表达思想和个人见解的自由,即"消极表达自由"。这意味着国家不得干预通信过程,公权力不得恣意检查流通于通信过程中的通信信息。

2. "五四宪法":保护利益未改变

"五四宪法"最终通过的正式文本将《共同纲领》中的"通讯自由"改为"通信秘密",并将其与住宅权、居住和迁徙自由一同规定在第90条[31]。该条的诞生是反复讨论的结果,草案曾采用了不同方案,主要围绕三点争议:

第一点争议是采用"秘密"还是"自由"。毛主席曾认为"自由"较妥。宪法草案第一次修正稿第77条规定:"国家保障公民的居住自由不受侵犯。公民的通讯秘密受法律的保护。"所附修正说明提出:此款另一方案为将"通讯秘密"改为"通信自由",毛主席在"通信自由"旁画一竖线,并批了"较妥"二字,但最终并未采纳毛主席的建议。[32] 毛主席希望采用"通信自由"的原因可能有二:一是《共同纲领》中规定的是"通讯自由","通信自由"的表述能与《共同纲领》保持一致;二是第一次修正稿第77条第1款规定了"居住自由",属于一般行为自由。如前所述,通信秘密的前提是通信自由,虽然草案只规定了"通讯秘密",但其实现仍需以通讯自由为前提,通讯自由本身就包含了通讯秘密;而"通信自由"一方面能与"居住自由"保持一致,另一方面又能突出通信权为一般自由权的权利属性。我们可以合理推测,毛主席亦认同通信秘密的保护必须建立在通信自由的基础之上。

第二点争议涉及语词的修改,即"通讯"是否应改为"通信"。在宪法起草座谈会各组召集人联席会议上,田家英提到,有人认为第82条存在疑问,"通讯"

---

[29] 同前注[26],第71—74页。
[30] 参见屠振宇:《宪法隐私权研究——一项未列举基本权利的理论论证》,法律出版社2008年版,第69页。
[31] 1954年《宪法》第90条:中华人民共和国公民的住宅不受侵犯,通信秘密受法律的保护。中华人民共和国公民有居住和迁徙的自由。
[32] 韩大元编著:《1954年宪法与新中国宪政》,湖南人民出版社2004年版,第79页。

是否包括电报、电台,因此有人建议采用"通信"可能更为妥当,最终决定将"通讯"改为"通信"。[33] 由此可知,"通信"并不包括电报、电台等通讯方式。

第三点争议是住宅权、通信秘密、居住和迁徙自由三者同处一条之中,位置如何摆放。田家英借鉴了其他国家关于住宅权和通信秘密权的写法:"波兰宪法是这样写的:'住宅不可侵犯和通讯秘密均受宪法法律的保护'。"[34] 由此可知,"通讯秘密"条款的写法来源于欧洲,但彼时欧洲的隐私观念尚未出现。

总结制宪史料可以发现,该时期的宪法规定虽与《共同纲领》中"通讯自由"的规定不完全相同,采用了"通信秘密"的表述,但是,制宪者对其保护利益的理解并未发生重大变化,与《共同纲领》对通信权的理解一样,通信秘密的保护重点仍在于消极表达自由。理由有三:

首先,"五四宪法"中的"通信秘密"来源于《共同纲领》中的"通讯自由",毛主席在宪法草案第一次修正稿中曾认为"通讯自由"更为妥当,人们对"通信秘密"的理解主要在于与"通信过程"相关的消极表达自由,而非与"秘密"相关的隐私。此外,如前所述,通信自由是通信秘密的前提条件,简言之,二者在保护利益、保护方式以及权利范围上并无明显差异。将"通讯自由"替换为"通信秘密",只存在保护范围上的差异——"通讯"与"通信"概念上之区别,尚未改变通讯自由的本质内涵。此外,与《共同纲领》时期规定的"通讯自由"一样,"通信秘密"针对的是通讯过程中的检查行为。张友渔在解读"五四宪法"的这一条款时指出:"这一条又规定保护公民的通讯秘密。现在有些机关,甚至有些收发人员随便拆阅工作人员的信件,以后这是不允许的。这是犯法的行为。有人问,反革命分子的信也不能检查吗?关于这一点法律会有另外的规定,按照法律的规定就可以检查,因为法律可以剥夺反革命的这个自由权利。"[35] 从张老先生的这一解读可以看出:一方面,"五四宪法"的通信秘密针对的是通讯过程,与《共同纲领》中的通讯自由无异;另一方面,"五四宪法"暗含了对反革命分子信件的检查,且宪法未规定干预的形式条件。

其次,"五四宪法"第90条的写法借鉴了波兰宪法,将住宅权与通信秘密权一同规定。20世纪四五十年代,欧洲尚不存在宪法层面的隐私权观念,通信秘密权在欧洲诞生之初被视为表达自由的一部分,隐私权观念的引入则是后话。有的学者认为,"五四宪法"将住宅条款和通信条款合二为一,表明二者具有一定的共通性,都涉及隐私利益。[36] 这一论证存在事后诸葛亮之嫌,彼时世界范围内尚无法律上的隐私观念;此外,"五四宪法"将通信秘密、住宅权和迁徙自由

---

[33] 同前注[32],第174页。
[34] 同前注[32],第249、255页。
[35] 张友渔:《宪政论丛(下册)》,群众出版社1986年版,第58页。
[36] 参见李忠夏:《数字时代隐私权的宪法建构》,同前注[7],第51页。

规定在一条,如果说通信秘密与住宅权存在共通性,那么这一观点忽视了通信秘密也应当与迁徙自由存在共通性的结构要求。因此,仅从"五四宪法"第90条将通信秘密与住宅权一同规定的特点,难以解读出通信秘密保护隐私利益的内涵。用现时的隐私观念去解读彼时之规定,无异于刻舟求剑。如欲证成通信秘密保护隐私价值,我们需要首先弄清通信秘密的原初含义,再观察是否发生宪法变迁,通过宪法解释的方式赋予通信秘密新的解读。总之,既然通信秘密权条款所借鉴的母本都尚未保护隐私,且制宪会议的讨论中亦未明确提及隐私等新的保护利益,那么我们可以认为,"五四宪法"虽将"通讯自由"改为"通信秘密",但其保护利益尚未发生根本改变。

最后,除了将"通讯自由"改为"通信自由"外,"七五宪法"第28条[37]、"七八宪法"第45条[38]都恢复了《共同纲领》的规定,改变了"五四宪法"将其与住宅权、迁徙自由放在一起的条文结构,将其与言论、出版、集会等政治性权利一同规定。[39] 可以看出,通信权一直被视为与表达自由相关的权利,其保护利益并非隐私,而是消极表达自由,这一观念无论是在"五四宪法"之时,抑或是"七五宪法""七八宪法"之时都尚未发生改变。

(二)正传:"八二"宪法

"八二宪法"讨论稿第38条恢复了"五四宪法"的规定,且增加了第二句——除在特定条件下公安机关和检察机关可以依法对通信进行检查外,任何个人和组织不得以任何理由侵犯公民的通信自由和通信秘密的规定。[40] 检查通信条件的增加是总结"文革"教训的结果。如前所述,"五四宪法"未规定对通信进行检查的限制条件,并认为法律可以剥夺反革命分子的通讯秘密权。[41] "八二宪法"增加了对通信进行检查的限制条件。更显著的变化是,"八二宪法"加入"通信自由",意味着在文本层面强调通信自由仍是通信秘密的前提条件。申言之,"八二宪法"继承了"五四宪法"和《共同纲领》对通信秘密的认识:通信权的核心是"通信过程"而非"秘密"。我们可以考察制宪史料和相关立法实践证明这一观点。

1. 回顾制宪史料:保护利益未改变

我们可以通过三方面的制宪史料全景还原现行《宪法》第40条的原初

---

[37] 1975年《宪法》第28条:公民有言论、通信、出版、集会、结社、游行、示威、罢工的自由,有信仰宗教的自由和不信仰宗教、宣传无神论的自由。

[38] 1978年《宪法》第45条:公民有言论、通信、出版、集会、结社、游行、示威、罢工的自由,有运用"大鸣、大放、大辩论、大字报"的权利。

[39] 由于通信自由一直被视为政治性权利,因此,刑法中剥夺政治权利包括剥夺通信自由权。参见张友渔、王叔文:《法学基本知识讲话》,中国青年出版社1980年版,第100页。

[40] 许崇德:《中华人民共和国宪法史》,福建人民出版社2003年版,第622页。

[41] 同前注[35],第58页。

含义:

首先,法律通识读本等普法读物能充分反映当时社会对通信秘密的普遍理解,也能证实这一观点。当时的宪法通识读物说明了将通信自由从言论、出版、集会等政治性权利中独立出来的原因。周旺生在其1985年主编的《生活中的法律 公民的法律权利》中作出如下解读:"过去几部宪法,把公民的这一权利同公民的言论自由等权利写在同一条文中,使它成为公民政治权利中的一项内容。但实践证明,通信自由和通信秘密不受侵犯权利的性质远不是政治权利的性质所能概括得了的,公民的大量信件并不是政治信件或与政治有关的信件,公民行使这项权利的目的也远不止政治。因此现行宪法把它从言论自由等政治权利中独立出来,单独写了一条。"[42]金默生在其1988年主编的《常用法律知识手册》中也有类似表述:"妨碍和破坏机关、团体和公民之间的通信活动,往往会给双方造成严重损害,甚至贻误大事。所以,我国前几部宪法都规定保护通信自由。一九八二年宪法从社会生活的现实情况出发……把通信自由单独列为一条,并且加上通信秘密的内容。"[43]此外,我们还可以从制宪参与者的著述中发掘该条独立规定的原因。根据彭真的记录,"八二宪法"的权利和义务部分由王汉斌、张友渔、王叔文、杨景宇负责[44]。因此,他们对条文的解读可能蕴含着原初含义。张友渔、王叔文和杨景宇在其著述中皆归纳了将通信自由单列一条的原因:"七八宪法"将通信自由和政治自由规定为一条,不确切;现行宪法将其单独列为一条,表明了国家对保障公民的通信自由和通信秘密的重视,是对"七八"宪法的完善和发展。[45] 从以上材料中我们可以分析出三点:一是与《共同纲领》时期一样,"通信自由"仍被理解为"通信秘密"的前提。二是通信秘密和通信自由都与言论自由存在联系,将其从政治性权利中剥离出来,并非因为其保护利益发生质变,而是基于实践需要,即并非所有信件都与政治相关。三是本条改变前几部宪法的规定,将其单列一条的另一理由是:突出强调通信自由和通信秘密的重要性,使其明确具体。此外,制宪参与者的相关著述中尚未提出隐私概念。因此,通信权的保护利益尚未扩充至隐私,仍属消极表达自由,这与通信权在欧洲的发展是吻合的。

其次,我们还可以从制宪之时存在的其他法律中找到线索。我们知道,

---

[42] 周旺生编著:《生活中的法律》,时事出版社1985年版,第34—35页。
[43] 金默生等编著:《常用法律知识手册》,中国青年出版社1986年版,第64页。
[44] 参见《彭真传》编写组编:《彭真年谱(第五卷)》,中央文献出版社2012年版,第137页。
[45] 参见张友渔、王叔文主编:《中华人民共和国法律通解》,吉林人民出版社1993年版,第26页;王叔文:《我国公民的基本权利和义务》,载河南省普及法律常识办公室:《法律宣传员讲义(上)》,河南省普及法律常识办公室1986年版,第99页;杨景宇:《宪法是治国安邦的总章程》,载全国人大常委会办公厅组织编写:《人大代表任职学习读本》,中国民主法制出版社2008年版,第79页。

1979年《刑法》和1979年《刑事诉讼法》制定于"文革"结束之后,是可供"八二宪法"参考的为数不多的法律,《刑事诉讼法》中的相关规定被视为"检查通信"的法定程序。[46] 虽然1979年《刑法》和1979年《刑事诉讼法》只规定了"通信自由",但我们仍能从中窥探"通信权"的保护利益。1979年《刑法》第149条在第二十二稿中是这样写的:"隐匿、毁弃或者非法开拆他人信件的,处拘役。但是侦查机关、审判机关对于反革命分子和反革命嫌疑分子信件的检查除外。"修改中对于是否保留"但书"有不同意见。有的同志认为,宪法规定公民有通信自由,如刑法不规定对反革命嫌疑分子信件的检查,那么检查就将没有法律根据。但多数同志认为,对犯罪嫌疑分子的信件进行检查,属于侦查手段问题,应规定在刑事诉讼法中。此外,该条规定的"但书"逻辑不通,因为前面说"非法开拆"的问题,后面则是"合法检查"的问题,不宜把"合法检查"从"非法开拆"中除外。[47] 由此可知,若想理解"非法开拆",则必须弄清楚什么是"合法检查"。更具体一点,什么是"检查"?"检查"的对象是什么?我们需要结合1979年《刑事诉讼法》第86条进行理解。1979年《刑事诉讼法》第86条第1款规定:"侦查人员认为需要扣押被告人的邮件、电报的时候,经公安机关或者人民检察院批准,即可通知邮电机关将有关的邮件、电报检交扣押。"值得注意的是,这里规定的"扣押"实际上就是刑法中"非法开拆"的例外,可以理解为一种干预通信自由的行为方式,这里的干预是将邮电机关控制下的信件交由公安机关或人民检察院检查。我们可以认为,"检查"针对的是通信过程中产生的信息。1979年《刑法》和1979年《刑事诉讼法》中的通信自由保护的是"通",即对邮电机关安全、秘密转达信件的信任,进而保护消极表达自由。在1985年的一起案件中,某邮电局投递员陈某应局外人张某的央求利用职务之便,把张某丈夫王某的十余封私人信件隐匿起来,私下交给张某,由张某开拆后复印,再封好交给陈某,由陈再投送给王。陈某利用职务之便隐匿邮件,私自交给他人开拆,虽后来复封后再投送,但该行为仍被认为侵犯了公民的通信秘密。[48] "八二宪法"正是在这一理解下草拟通信权条款的,与《刑法》和《刑事诉讼法》一样,现行《宪法》第40条对通信权的理解重点也在"通"上,保护消极表达自由。

最后,我们可以用"八二宪法"制定过程中的公民来信佐证:广西杨春恒来

---

[46] 张友渔、王叔文认为:"在例外情况下,需要具备以下三个条件,才能对公民的通信进行检查。(1)由于国家安全和追查刑事犯罪的需要。(2)由公安机关和检察机关进行检查,根据六届全国人大常委会二次会议通过的《关于国家安全机关行使公安机关的侦查、拘留、预审和执行逮捕的职权的决定》,除公安机关和检察机关外,也应包括国家安全机关在内。(3)需要依照法律规定的程序。例如,我国刑事诉讼法第八十六条的规定。"张友渔、王叔文主编:《中华人民共和国法律通解》,同前注[45],第26页。

[47] 参见高铭暄编:《中华人民共和国刑法的孕育和诞生》,法律出版社1981年版,第200页。

[48] 参见路达、王永臣主编:《实用法律问答选编》,光明日报出版社1985年版,第276页。

信反映,当地海关曾扣押他投给港台报纸的稿件,认为"宪法既然规定公民有言论、通信的自由就应理所当然地得到享受"。[49] 由此可见,杨氏的来信将通信自由与言论自由相联系。

2. 考察立法实践:有限渗入隐私利益

以上是制宪参与者与社会公众对通信权的普遍理解,立法实践中如何落实也是值得考察的。《最高人民法院办公厅转发邮电部〈关于人民法院要求邮电部门协助执行若干问题的批复〉的通知》(法办发[1992]14号)(以下简称《通知》)规定:"对人民法院以督促当事人履行义务为由,要求邮电部门停止提供通信服务的做法,与我国《宪法》第四十条的规定相抵触,邮电部门不予协助执行。"《通知》的目的是保证通信过程不受公权力干预,体现了通信权保护公民对邮电机关安全、秘密转达信件的信任。1986年,时任邮电部部长的杨泰芳在《关于〈中华人民共和国邮政法(草案)〉的说明》中指出:"依据《宪法》关于公民的通信自由和通信秘密受法律保护的规定,对公民的通信权利给予了充分的尊重和切实的法律保护。规定:除法律另有规定(为了追查刑事犯罪和维护国家安全,公安、检察机关可依照法律程序检查邮件)者外,任何单位和个人不得检查、扣押邮件,邮政机构不得向任何单位或个人提供用户使用邮政的情况,不得泄露因工作职务之便而得悉的通信秘密。"[50] 1995年《放开经营的电信业务市场管理暂行规定》(邮部[1995]773号)第17条亦有类似规定:"经营单位及其工作人员应当依法保护用户的通信自由和通信秘密,不得从事下列行为……(二)擅自向他人提供用户使用电信业务的情况和内容。"2001年制定的《电信业务经营许可证管理办法》规定:"经营者应当保护用户通信自由和通信秘密,除国家法律另有规定外,不得向他人提供用户使用电信网络所传输信息的内容。"2015年《邮政普遍服务监督管理办法》第36条规定:"公民的通信自由和通信秘密受法律保护。任何组织或者个人不得私自开拆、隐匿、毁弃他人邮件。除法律另有规定外,邮政企业及其从业人员不得向任何单位或者个人泄露用户使用邮政服务的信息。"由此可知,通信权仅保护通信过程中所产生的信息。此外,相关规范性文件未对"内容"和"非内容"信息区分保护,原因在于:通信权保护的是公民对邮电机关安全、秘密转达信件的信任,这就要求邮电机关对通信过程中产生的所有信息予以保密。

然而,通信秘密保护消极表达自由,并不意味着其不能保护隐私利益。值得注意的是,随着隐私概念在全球范围内的兴起和数字时代的到来,隐私也逐渐走进通信秘密保护利益的范围当中。宪法层面有关通信秘密保护隐私利益

[49] 同前注[40],第573页。
[50] 杨泰芳:《关于〈中华人民共和国邮政法(草案)〉的说明》,1986年8月27日在第六届全国人民代表大会常务委员会第十七次会议上。

的表述,最早出现在 1996 年全国人大常委会办公厅研究室编写的官方读本当中,通信自由与通信秘密"既体现了国家对公民个人隐私权的保护,同时,它也是实现言论自由和思想自由的一个重要形式"。[51] 尔后,隐私概念于 2003 年在法律文本中正式出现,2003 年《全国人民代表大会常务委员会法制工作委员会关于如何理解宪法第四十条、民事诉讼法第六十五条、电信条例第六十六条问题的交换意见》(法工办复字〔2004〕3 号)指出:"移动用户通信资料中的通话详单清楚地反映了一个人的通话对象、通话时间、通话规律等大量个人隐私和秘密,是通信内容的重要组成部分,应属于宪法保护的通信秘密范畴。""人民法院依照民事诉讼法第六十五条规定调查取证,应符合宪法的上述规定,不得侵犯公民的基本权利。"

以上实践表明:首先,凡是通信过程中产生的信息,无论是否与通信内容相关,都属于通信秘密的保护范围。然而,对于通信过程之外的信息,并无立法将其与通信秘密相关联,且尚无该方面的立法予以保护。通信秘密保护范围以"通"而非"秘密"为标准,保护利益是消极表达自由的传统观念未发生质变。其次,虽然立宪之时仅将消极表达自由作为通信秘密的保护利益,但是,由于通信秘密与隐私存在天然联系,20 世纪 90 年代末隐私权在中国兴起[52],其开始影响通信秘密的宪法释义,扩充通信秘密的保护利益。值得注意的是,虽然在数字时代下,给《宪法》第 40 条注入隐私这一新的保护利益存在可能,但其不能取代消极表达自由成为主要保护利益,更不能将其作为解释《宪法》第 40 条的主要依据,否则将扰乱法秩序的统一。

三、通信秘密保护范围的解释路径

通过上文对制宪记录、制宪时期的报刊、杂志以及法律通识读本等历史材料的考察,可以发现,通信秘密诞生之初,尚未存在隐私观念,其保护的是消极表达自由。申言之,通信秘密权的重心在于"通信过程",而非"秘密"。在深入了解通信秘密的保护利益之后,比照既有研究可以发现,既有研究提出的两种解释路径——"内容与非内容区分说"和"存储地点说",分别在美国法和德国法中存在宪法实践,它们与我国《宪法》第 40 条的原初含义和条文结构存在差异,致使理论难以契合实践需要。然而,两种解释路径并非全无可取之处,本文将在反思既有解释路径和比较法方案的基础上求同存异,尝试提出最符合《宪法》第 40 条原初含义和条文结构的解释路径。

---

[51] 全国人大常委会办公厅研究室政治组编:《中国宪法精解》,中国民主法制出版社 1996 年版,第 166 页。

[52] 笔者在中国知网上,以"隐私权"为关键词,检索到有关"隐私权"的当年论文数量从 1990 年的 182 篇激增至 2000 年的 972 篇。

(一) 反思既有解释路径

1. 内容与非内容区分说

(1) 梳理既有解释路径

"内容与非内容区分说"以通信信息是否具有隐私期待为标准,区分内容和非内容信息,只有内容信息(如通讯记录)[53]才能落入现行《宪法》第40条的保护范围,非内容信息则受隐私权或个人信息权的保护。对于何为"内容",该说内部尚存争议,可以进一步区分为"内容说"和"沟通说",但二者皆认为通话记录不属于内容信息,不应受到通信秘密的保护。"内容说"认为,通话记录不属于通信自由和通信秘密的保护范围,而属于隐私,原因在于:通话记录类似于传统书信上的信封,在邮递员投递、收发室任人查找等场景下,信封上的信息具有公开性,不属于通信秘密的保护对象。然而,信封与通话记录也有一定差异,由于人们对通话记录的隐私期待较高,属于宪法隐私权的保护对象。[54]"沟通说"则进一步限制了受通信秘密权保护的"内容"信息,认为只有好友间私聊的信息才属于"内容",基于商业往来的信息不属于"内容"。[55]李忠夏教授认为,"通信内容"属于沟通领域的"通信"范畴,而通话记录是"元数据",属于个人信息(数据)的保护范围。二者虽都属于隐私,但通信隐私与信息隐私之间存在着功能上的不同。[56]

此外,在"保护强度"上,亦有学者基于内容与非内容的区分,给予二者不同的保护强度。他们认为,对内容信息的保护是第40条的核心利益,应当适用第40条第二句的"加重法律保留",非内容信息仅适用"一般法律保留"。正如杜强强教授所总结的那样,"基本权利的规范领域愈宽,则其保护程度愈低;规范领域愈窄,则其保护程度愈高"[57]。若将保护范围扩大至非内容信息,那么其与他人权利、公共利益发生碰撞的可能性就更大,就更有可能受到限制。可是第40条恰恰是一个保护范围宽泛的权利搭配了极严格的限制条件。[58]因此,张翔教授认为,"内容"和"非内容"信息应当受到"差别保护"。制宪者只对通信内容给予了严格保护,而对非通信内容的其他信息缺乏预见,由此导致了宪法漏洞。"内容信息"与"检查通信"直接对应,适用加重法律保留;"非内容信息"(通

---

[53] 本文认同王锴教授有关通话记录与通讯记录的定义:通话记录专指使用电信网络的电话或手机的通话,而通讯记录主要是基于互联网的即时通讯工具的文字、语音、视频等聊天记录。同前注[9],第111页。

[54] 同前注[6],第83—85页。

[55] 参见刘松山:《治理街头小广告的法律问题》,同前注[7],第47页;李忠夏:《数字时代隐私权的宪法建构》,同前注[7],第52页。

[56] 李忠夏:《数字时代隐私权的宪法建构》,同前注[7],第51—52页。

[57] 杜强强:《基本权利的规范领域和保护程度——对我国宪法第35条和第41条的规范比较》,载《法学研究》2011年第1期,第3页。

[58] 参见前注[5],第42页。

话对象、通话时间、通话规律等)需要遵循"单纯法律保留"、比例原则等对基本权利限制的宪法约束。[59] 这一观点是为了保证保护强度的统一性,防止公权力规避严格保护,而选择更易干预的路径,将非内容信息也纳入宪法通信秘密权的保护范围,使其获得宪法层面的保护。然而,该说建立在"内容"与"非内容"的区分之上,使其难以回避由隐私概念的不确定性带来的"内容"与"非内容"区分的模糊性。此外,张翔教授提出的观点——制宪者只是对通信内容给予了严格保护——缺少史料支撑。依据前文对制宪史料的考察,制宪者希望保护的并非通信内容,而是通信过程中流通的信息。

以隐私为基础的"内容与非内容区分说"在论证上存在问题:首先,它难以论证通话记录不具有内容,将其排除在通信秘密的保护范围之外。有学者提出通话记录属于"元数据",应当落入个人信息(数据)的保护范围,论证上引用了欧盟法院的案例,但尚存商榷之处。欧盟法院虽将"计量记录"(Metering)视为"元数据",但其认为"计量记录"包含的拨打号码等信息被视为电话通信中不可或缺的元素。因此,"计量记录"仍受《欧洲人权公约》第8条"通信秘密"的保护。[60] 日本宪法第21条通信秘密的保护范围也不限于通信内容,与通信相关的信息——信件电报收发人、收发时间、次数及电话通话人、通话时间、次数等,也属于通信秘密的保护范围。[61] 虽然持"内容说"的大部分学者将"非内容信息"(如通话记录)视为隐私权和个人信息权的保护对象,但将其视为"非内容"排除出"通信秘密"保护范围的理由就是通信方对该信息不具有隐私期待。这一方案本身就与基于隐私区分"内容"和"非内容"的保护模式自相矛盾。"沟通说"试图修正这一缺陷,将"隐私"区分为"通信隐私"和"信息隐私",但这一方案同样难以逃避将"隐私"作为现行《宪法》第40条基础的缺陷,即隐私概念边界难以确定。因此,"通信隐私"和"信息隐私"的边界同样难以确定——通话记录为何没有服务于沟通的功能而将其排除在"通信隐私"之外?况且将隐私作为是否落入通信秘密保护范围的标准与《宪法》第40条的保护利益存在根本差异。

(2) 比较法考察

除了理论上的问题,该解释路径在实践中是否可行?我国不存在相应宪法实践,难以论证其在实践上的可行性。通过考察美国法上通信秘密的解释路径可以发现,其与美国宪法的独特结构和现实需要息息相关。

---

[59] 同前注[5],第39—41页。

[60] Malone v. United Kingdom, Application No. 8691/79 (European Court of Human Rights, August. 2, 1984), p. 33.

[61] 参见葛虹:《日本宪法隐私权的理论与实践》,载《政治与法律》2010年第8期,第142页。

在美国,通信秘密现今虽受第四修正案[62]的保护,但对第四修正案的理解曾发生过从财产解读到隐私解读的转变,"通信秘密"借助宪法解释(constitutional interpretation)得以成为宪法层面的权利。[63] 在接下来的案例中,美国最高法院基于"隐私利益"区分"内容"和"非内容"信息,并逐步建立了只保护通信内容的解释路径。

第一步:确立"内容"信息受第四修正案保护。在 Katz v. United States 案[64]中,最高法院宣布,在公共电话亭外安装窃听设备,违反第四修正案的规定。因为人们有权假定自己在公共电话亭内所说的话不被他人知晓。随后,为了巩固 Katz 案的成果,最高法院通过 1967 年的 Berger v. United States 案[65],阐明了"合理窃听"的宪法条件。在 Berger 案中,最高法院注意到随着科技的进步和通讯手段的多样化,窃听逐步成为侵犯公民隐私权的一项重要手段。为了保证公民通讯不受不合理截获和窃听,最高法院提出了窃听的宪法要求:一是在发布监视内容的命令之前,应当通过一个"中立和独立机构"的审查;二是只有在"有合理理由相信可能获得犯罪证据"的情况下,才能采取窃听的侦查方式。[66]

第二步:确立"非内容"信息不受第四修正案保护。在 Smith v. Maryland 案[67]中,一起抢劫案的受害者经常能接到自称是抢劫犯打来的电话。警方在没有搜查令的情况下,在中央电话系统安装了一台笔式记录仪(pen register),

---

[62] 美国宪法第四修正案:"人民的人身、住宅、文件和财产不受无理搜查和扣押的权利,不得侵犯。除依照合理根据,以宣誓或代誓宣言保证,并具体说明搜查地点和扣押的人或物,不得发出搜查和扣押状。"

[63] 早期美国法院认为,第四修正案保护的是私人财产而非隐私。在 1886 年的 Boyd v. United States 案(Boyd v. U. S., 116 U. S. 616 (1886))中,美国最高法院选择将私人财产作为第四修正案保护的核心利益。1967 年,在 Maryland Penitentiary v. Hayden 案(Maryland Penitentiary v. Hayden, 387 U. S. 294 (1967))中,美国最高法院选择将私人财产作为第四修正案保护的核心利益。争议焦点在于,紧迫情势下,警方无搜查令扣押的衣服能否被采纳为证据。如果按照 Boyd 案的理解,第四修正案保护"财产",且所涉衣服属于合法占有之私产,警方无论如何不能进行"不合理"的搜查和扣押。本案改变了这一观点,美国最高法院宣布:"第四修正案的主要目标是保护隐私而不是财产。政府搜查和扣押受财产利益控制的前提已被否定,因此,即使政府在普通法上宣称有优越的财产利益,也可能被视为'不合理'。"几个月后,在 Katz v. United States 案(Katz v. U. S. 389 U. S. 347 (1967))中,美国最高法院宣布口头交谈受到第四修正案的保护。在本案中,被告因通过电话传送赌注信息违反联邦法规而被定罪,联邦特工将被告在公共电话亭的电话录音作为证据提交给法院。美国最高法院认为,第四修正案保护的是人,而不是地方,电话亭里的人可以受到第四修正案的保护。进入电话亭、关上身后的门并支付电话费用的人,应当假设他希望自己对着话筒说的话不会被传播给全世界。因此,法院裁定,政府人员忽视了电子监控前应事先说明理由的程序。

[64] Katz v. U. S. 389 U. S. 347 (1967).

[65] Berger v. United States, 388 U. S. 41 (1967).

[66] Ibid.

[67] Smith v. Maryland, 442 U. S. 735 (1979).

以确定嫌疑人的电话号码。在警察逮捕受害人,并指控其犯有抢劫罪后,嫌疑人主张笔式记录仪构成了第四修正案的"搜查"。法院没有支持这一主张。多数意见首先回顾了哈兰大法官(Justice Harlan)在 Katz 案中的附随意见,指出"正当的、合理的或合法的隐私期待"是信息能否落入第四修正案保护范围的关键。法院进一步发展了哈兰的观点,提出"隐私期待"应当通过两个角度检验:一是"主观期望",即一个人的行为是否能表现出他认为自己的行为属于隐私;二是客观地看,这种期望是否"合理",是否符合社会客观标准。最终,法院认为:嫌疑人对他在手机上拨打的号码没有合法的隐私期待,因为这些号码会自动转给第三方电话公司。此外,即使嫌疑人对他拨打的号码拥有某种主观隐私期望,社会也不会认可这种期望是合理的。因此,法院认为,安装笔式记录仪不是第四修正案所指的"搜查",不需要搜查令。[68] 但是,斯图尔特大法官(Justice Stewart)抓住了区分"内容"与"非内容"这一关键,他在反对意见中指出:"从私人电话播出的号码,和通话过程中发生的对话一样,属于 Katz 案中承认的宪法第四修正案的保护范围。虽然电话号码比谈话本身更普通,但并非没有'内容'。虽然大多数私人电话用户愿意在电话簿中列出自己的号码,但我怀疑有谁会乐意向全世界公布他们拨打电话的清单。这并不是因为这样的名单在某种意义上可能入罪,而是因为它很容易揭示被呼叫者的身份和地点,从而揭示一个人生活中最私密的细节。"[69]

总之,第四修正案的保护范围只涵盖"通信秘密",更准确地说,它只涵盖符合社会隐私期待的秘密。直接诉诸隐私一方面扩大了通信秘密的保护范围,即从纸面通信扩大至无线通信,过去对第四修正案的财产解读只能将有形物书信作为保护对象,隐私解读则使保护对象不再局限于有形物,无线通信亦能受到第四修正案的保护。可以看出,第四修正案解读方式的转变是顺应数字时代通讯方式发展的需要。由于美国宪法不存在类似于西欧国家宪法中的通信秘密条款,若不通过第四修正案解读方式的转变扩充保护范围,那么现代通讯将难以得到宪法层面的保护。另一方面,直接诉诸隐私也缩小了通信秘密的保护范围,即只有满足隐私期待的通信"内容",才能受到保护。然而,隐私本身属于高度模糊的法律概念,尚不存在清晰的隐私定义。[70] 第四修正案的隐私解读,使最高法院不得不通过建立隐私标准对"内容"和"非内容"信息予以差别保护,并通过案例的方式,宣布通信"内容"受第四修正案的保护,"非内容"信息则无法得到宪法层面的保护。此外,第四修正案注入隐私价值是 20 世纪 60 年代美国

---

[68] *supra* note [67].
[69] *Ibid*.
[70] See Daniel J. Solove, Conceptualizing Privacy, 90 *California Law Review* 1087, (2002)1087—1155;参见前注[30],第 70—92 页。

隐私权发展的结果。

(3) 反思既有解释路径

区分内容与非内容的观点属美国的解释路径,这一模式实际上将是否具有隐私期待作为"通信"能否落入第40条保护范围的标准。首先,如前所述,"通信秘密"所保护的利益不限于隐私,还包括消极表达自由。因此,通信秘密权并不从属于隐私,也就不能单纯用隐私标准划定权利界限。其次,把隐私作为《宪法》第40条的核心利益,将使"通信"的保护范围受"隐私"概念模糊性的影响。正因如此,该方案招致了为何"非内容"信息不具有"内容"的质疑。其实,早在2003年,全国人大常委会法工委亦认为,移动用户通信资料中的通话详单清楚地反映了一个人的通话对象、通话时间、通话规律等大量个人隐私和秘密,是通信内容的重要组成部分,应属于宪法保护的通信秘密范畴。[71] 最后,以隐私为基础的解释路径将"通信秘密"作为隐私的一部分实际上是可以理解的。与我国和德国宪法不同,美国宪法文本并不存在"通信秘密权"。如前所述,若将"有线通信"纳入第四修正案的保护范围,最高法院不得不将第四修正案从财产解读转换为隐私解读。考虑到保证宪法的安定性以及美国修宪难度之高,这种转变实属无奈之举。然而,我国《宪法》第40条明确规定了通信秘密权,既然业已存在相关规定,从准确的"通信"概念倒退回模糊的"隐私"概念则显得画蛇添足。因此,这一解释路径无论在理论上还是在实践上皆存在问题。此外,从通信内容入手对通信信息进行区分,在实践中不具有可操作性。法院或执法机关在调取通信信息之前不可能知晓或预测通信内容,自然难以就通信信息适用何种保护标准进行判断。有的学者近期提出以"通信信息对外在法律关系事实判断的影响程度"为标准区分私人通信和非私人通信,前者适用加重法律保留,后者适用一般法律保留。[72] 该观点和"内容与非内容区分说"如出一辙,实质上仍是从通信内容角度对通信信息进行区分,甚至更为复杂。在实践中,该分类方式不具有可操作性。

然而,这一解释路径也并非完全没有可取之处。现行《宪法》第40条第二句加重法律保留的特殊规定,使"保护范围"必须限制在一定范围内,因此,必须对通信信息作出区分,只是区分标准不能从通信内容入手。另外,笔者认同张翔教授"差别保护"的处理方案,即将现行《宪法》第40条区分为第一句一般法律保留和第二句加重法律保留,只有核心部分的通信信息才属于第二句加重法律保留的保护范围。问题在于:何种信息适用加重法律保留?

---

[71] 全国人大常委会法制工作委员会编:《法律询问答复(2000—2005)》,同前注〔3〕,第129—131页。

[72] 同前注〔8〕,第196页。

2. 存储地点说

第二种解释路径为"存储地点说"。该说认为,应以秘密的存储地点判断"通信"是否受"通信秘密"的保护:如果从电信公司、互联网服务提供商处调取,通信记录或通讯记录仍受通信秘密的保护;如果从当事人的设备上调取通话记录或通讯记录,则不属于通信秘密,而是隐私权或个人信息自决权的问题。[73]

该解释路径在德国存在宪法实践。德国《基本法》采用了"内容+非内容"的保护模式,认为无论是内容抑或非内容信息都属于《基本法》第10条[74]的保护范围。除了内容之外,通信的地点、时间、方式、涉及哪些人或电信设施以及谁进行传输等信息都受到保护。[75] 联邦宪法法院认为:"电信隐私有助于保护人们通过电信媒介进行交流,有利于人格的自由发展。交流的内容并不重要,它们是否属于私人、商业或政治性质的问题也不重要。保护不仅限于德国联邦邮政历来提供的技术(例如电话、电传或图文电视),而是涵盖通过可用电信技术进行的所有信息传输。特定的传输方式(有线或广播、模拟或数字)和表达类型(语音、图像、音调、字符或其他数据)都与保护问题无关。"[76] 宪法法院认为,如"通信内容"一样,"通信程序"(Kommunikationsvorgang)同样受《基本法》第10条的保护:"宪法的保护延伸至通信程序,受保护的是电信关系的特定情况。"[77]

德国宪法法院创造了"存储地点标准",保存在第三方通信公司的信息受《基本法》第10条第1款的保护,保存在通信方控制区域内的通信信息则不受该条保护,而是受《基本法》第2条第1款一般人格权的保护。宪法法院采取这一方案的理由在于:"通信"保护的核心价值在于"通",即保护传输介质的机密性。联邦宪法法院认为,保存在参与者控制区域内的通信内容不受第10条的保护,这是因为:一方面,第三方通信公司不可能在通信方不知情的情况下访问存储数据;另一方面,保存在参与者控制区域内的通信内容,与保存在电话中的电话簿或保存在计算机硬盘上的信息类似。在这些情况下,由不受通信方控制

---

[73] 同前注[9],王锴文,第111页。

[74] 德国《基本法》第10条:一、书信秘密、邮件与电讯之秘密不可侵犯。二、前项之限制唯依法始得为之。如限制系为保护自由民主之基本原则,或为保护各联邦之存在或安全,则法律得规定该等限制不须通知有关人士,并由国会指定或辅助机关所为之核定代替争讼。

[75] See Christian Bumke & H. C. Andreas Voßkuhle, *German Constitutional: Law Introduction, Cases, and Principles*, Oxford University Press, 2019, p. 238.

[76] BVerfGE 106, 28—Mithörvorrichtung, trans. Christian Bumke & H. C. Andreas Voßkuhle, *German Constitutional: Law Introduction, Cases, and Principles*, Oxford University Press, 2019, p. 236-237.

[77] BVerfGE, 85, at 396, trans. Paul M. Schwartz, *German and U. S. Telecommunications Privacy Law: Legal Regulation of Domestic Law Enforcement Surveillance*, 54 Hastings Law Journal 751, 777 (2002).

的传输方式所带来的特定风险不再存在。[78] 因此,"只有当国家行为者从外部监视电信连接而不是通信一方时,才能构成对第10条基本权利"的侵犯[79],其余情形仅可能构成对基本法一般人格化的侵犯。例如,宪法法院曾在"在线搜索"判决中,针对国家机关利用键盘记录打开当事人电脑进入邮箱或者封闭的聊天室的行为,从《基本法》第2条第1款的一般人格权中解释出保障信息技术系统的可信赖性与完整性的权利,专门用来应对秘密进入信息技术系统并阅读存储介质的行为。[80] 此外,正如宪法法院在1983年"人口普查案"[81]中指出的那样,信息自决权与通信秘密权有很强的相似性。信息自决权保护个人不受个人数据无边界的收集、存储、应用和传输的影响,从而避免破坏,但是,"从互联网服务提供商的服务器上保护和获取电子邮件必须根据电信隐私标准来判断,因为服务器上的电子邮件不受通信各方的控制,而是由提供商控制"。[82] 由此可见,"存储地点"是区分通信秘密权与个人信息自决权和隐私权的重要标准。值得注意的是,无论通信信息是否控制在第三方通信公司手中,亦无论是否受到通信秘密权、个人信息自决权或隐私权的保护,当事人的基本权利都能在宪法层面得到解决,权利保护层级并未因信息存储地点的不同而有差别。

总之,德国《基本法》中的通信秘密权并非从属于隐私利益,甚至该权利最初便被视为表达自由的一部分,隐私的兴起则是后话,这一发展历程与中国法是一致的。现在,基本法中的通信秘密权囊括了表达自由和隐私双重利益。一方面,这为隐私兴起后,通信秘密权仍能作为一项独立的权利,未被隐私权吸收提供了理由。另一方面,其保护利益与美国的差异导致两国对通信秘密保护的重点不同,采取了两种不同模式:德国模式注重"通",《基本法》第10条基本权利的存在是为了保障通信方对通信方式的信任,因而采取了"存储地点"方案。与德国不同,美国区分"内容"与"非内容"信息,只有通信内容才受第四修正案的保护。造成这一区别的理由有二:一是两国的宪法结构不同,美国宪法并未

---

[78] BVerfGE 183 et seq. -Verbindungsdaten, trans. Christian Bumke & H. C. Andreas Voßkuhle, *German Constitutional: Law Introduction, Cases, and Principles*, Oxford University Press, 2019, p. 238.

[79] BVerfGE 120, 274, 340 et seq. -Online-Durchsuchung, trans. Christian Bumke & H. C. Andreas Voßkuhle, *German Constitutional: Law Introduction, Cases, and Principles*, Oxford University Press, 2019, p. 239.

[80] BVerfGE NJW 2008, 835,转引自王锴:《调取查阅通话(讯)记录中的基本权利保护》,载《政治与法律》2020年第8期,第109—110页。

[81] BVerfGE, 65 (1983), trans. Paul M. Schwartz, *German and U. S. Telecommunications Privacy Law: Legal Regulation of Domestic Law Enforcement Surveillance*, 54 Hastings Law Journal 751, 780.

[82] BVerfGE 124, 43, 54 et seq. EMail Beschlagnahme, trans. Christian Bumke & H. C. Andreas Voßkuhle, *German Constitutional: Law Introduction, Cases, and Principles*, Oxford University Press, 2019, p. 238.

明确规定通信秘密权,而这项权利在欧洲早已受到宪法层面的认可;二是通信秘密完全被隐私吸收,换句话说,通信秘密仅是第四修正案隐私解读的副产品,其本身并没有独立存在的价值,仅属于隐私保护的一个方面。

我国既有解释路径中的"存储地点说"滥觞于此。但是,该说借鉴德国《基本法》第 10 条的解释方案,将通话记录纳入隐私权的保护范围,轻易规避了中国现行《宪法》第 40 条对通信权严格保护的目标。此外,该说将同一保护对象分别置于不同权利之下,接受不同强度的保护,可能导致公权力规避严格保护,而选择更易干预的路径。[83] 持该说的学者忽视了德国《基本法》和中国现行《宪法》结构上的差异。由一般人格权衍生出的隐私权和个人信息自决权能够得到德国《基本法》的保护,换句话说,同一信息存储地点不同只会导致适用宪法条文的不同,但都能得到宪法层级的保护,且二者在法律保留方面亦无区别。然而,中国宪法尚未发展出隐私权和个人信息自决权的规定,且我国《宪法》第 40 条前后两句存在保护强度上的差异。迥异的规范结构导致同样的方案在不同国家的适用结果完全不同。但是,该说尚存可取之处。本文已通过制宪史料说明,"八二宪法"第 40 条保护的核心利益是表达自由的消极面向,而非隐私。简言之,其保护的核心利益是"通",而非"秘密"。在此,我国现行《宪法》第 40 条的保护利益与德国《基本法》第 10 条基本相同,应将"存储地点"作为我国通信权条款区分保护之标准。

(二)解释路径之选择:存储地点+差别保护

综上所述,本文认为通信秘密的保护范围应采取"存储地点+差别保护"的解释路径。

首先,将所有通信信息均纳入我国《宪法》第 40 条的保护范围,不区分"内容"和"非内容"信息。这一方案有优有劣:优势在于概念边界确定,与将"隐私"作为划分"内容"和"非内容"信息的标准不同,将所有通信信息均纳入保护范围,不需要将区分标准建立在不确定的法律概念之上。"八二宪法"与德国早期宪法中规定"通信秘密权"而非隐私权一样,是为了保护表达自由而非隐私,且能避免隐私概念的不确定性所带来的麻烦。劣势在于"八二宪法"第 40 条的特殊结构。与德国《基本法》第 10 条不同,"八二宪法"第 40 条对"通信秘密权"的保护更上一层楼,采用加重法律保留。有必要对适用加重法律保留的权利范围予以限制,对通信信息进行某种程度的区分,在宪法层面进行差别保护。

其次,以"存储地点"为标准,将所有通信信息区分为存储于电信公司、互联网提供商处的信息和存储于通信方设备上的信息。如前所述,《宪法》第 40 条保护的核心利益是消极表达自由,该方案最能符合"八二宪法"的原初含义。

---

[83] 同前注[5],第 40—41 页。

最后,差别保护应为宪法层面的差别保护,即存储于电信公司、互联网提供商处的信息是制宪者保护的核心信息,应受第二句加重法律保留的保护;存储于通信方设备上的信息应受第一句一般法律保留的保护。按照德国方案,后者应属于隐私权或个人信息权的保护范围;然而,由于我国目前尚未发展出宪法层面的隐私权和个人信息权,若生搬硬套德国方案,将会使存储于通信方设备上的信息难以得到真实保护。

从这一方案来看,法院若依据《民事诉讼法》第65条向个人调取通话记录、通讯记录,符合宪法规定;若向电信公司调取通话记录、通讯记录,则违反《宪法》和《电信条例》的规定,电信公司可以不予提供。这一解读能够得到全国人大常委会法工委的认可。[84] 此外,交警有权查阅、复制通讯记录的地方性法规,因违反《宪法》第40条第一句一般法律保留而违宪。[85]

四、结语

本文以原旨主义的立场解释"八二宪法"第40条可以发现:该条的保护利益并非隐私,而是表达自由的消极面向。通信秘密的保护利益是"通"而非"秘密"。既有研究提出两种解释路径:"内容与非内容区分说"和"存储地点说",它们分别保护隐私利益和消极表达自由,对应美国和德国的宪法实践。如果不考虑中国宪法的特定结构和制宪原意,直接照搬上述两种解释路径,将招致"水土不服"。以隐私为基础区分内容与非内容在美国存在宪法实践,但是,美国宪法与中国宪法不同,其未明文规定通信秘密权,而是通过宪法解释的方式,将通信秘密作为隐私权的一部分纳入第四修正案。并且,内容与非内容的区分,无法回应通话记录为何不具有内容的质疑,在实践中不具有可行性。德国等西欧国家之所以将通信秘密规定在宪法当中,是因为隐私概念极具抽象性。若采取这一解释路径,则将面临从确定的"通信"概念倒退回"隐私"这一不确定法律概念的风险。"存储地点说"在德国存在宪法实践,根据制宪史料,该方案的保护利益虽与"八二宪法"第40条相同,皆为表达自由的消极面向,但是,该说将非存储于通信公司的信息作为隐私权的保护对象并不妥当。理由在于:中国《宪法》与德国《基本法》的结构并不完全相同,德国宪法法院通过基本法的一般人格权解释出宪法层面的隐私权,且与通信秘密一样,适用一般法律保留。然而,中国《宪法》尚未解读出宪法层面的隐私权,实践中难以得到宪法层面的保护。因此,应将非存储于第三方通信公司的信息作为《宪法》第40条第一句的保护对象,即适用一般法律保留;而对于存储于第三方通信公司的通信信息,无论是通

---

[84] 参见全国人大常委会法工委编:《法律询问答复(2000—2005)》,同前注〔3〕,第129—130页。

[85] 同前注〔4〕。

信记录抑或通话记录,皆适用《宪法》第40条第二句加重法律保留。本文提出的"存储地点＋差别保护"解释路径,既能符合"八二"宪法的原初含义和宪法结构,又能经受实践检验。

若不能充分了解中国宪法的生成背景、内在逻辑和制度意涵,单纯套用外国法的解释方案,无助于建构中国本土的宪法教义。原旨主义避免了直接套用外国法的简单比附,有利于体悟真正的"中国"宪法。[86] 本文从原旨主义的角度出发,将通信秘密的保护利益界定为消极表达自由而非隐私,仅意味着通信秘密权的主要保护利益并非隐私,而不代表通信秘密不能保护隐私。其仍能成为宪法隐私权的一部分,但需要在尊重宪法原初含义的前提下,证成宪法通信权的隐私价值。此外,本文仅完成"保护范围—限制—限制的合宪性论证"的基本权利限制审查框架的第一步,第二步和第三步尚有待讨论。通过对通信秘密保护范围的探讨,笔者希望能对《宪法》第40条的解释抛砖引玉,建构中国宪法的本土教义。

---

[86] 参见彭錞:《八二宪法土地条款:一个原旨主义的解释》,载《法学研究》2016年第3期,第51页。

作为跨法域概念的"协议"

王 宁[*]

Agreement, a Concept Involving Different Branches of Law

Wang Ning

内容摘要：2014年修正、2015年施行的《行政诉讼法》正式在立法层面确立"行政协议"的用语，而此前更为行政法学界所熟知的概念是行政合同和行政契约。契约、合同和协议在民法上本就存在区别——契约和合同均指双方合意，区别仅在于时间维度，协议则长期主要被作为动词使用。我国《民法典》中的"协议"既有可以替代合意或合同的名词用法，也有意为协商一致的动词用法。行政协议的所指亦有流变，过去习惯称行政机关间的合意为行政协议，行政机关与私主体间的合意为行政契约、行政合同。"行政协议"用语的确定，有意在名称上和民事合同相区分，但这一区分实质上仍需通过综合考量合意各要素来实现，且文字上的区分同时也会带来行政协议和契约精神联结的困难。对于法域交互中的"协议"，需看到契约精神之体，重新建立行政协议和契约精神的联系。面对不同用法的"协议"，考虑概念流动带来的相互影响，或许要诉诸奥卡姆剃刀原则，不仅在同一法域，也要跨法域地实现用语逻辑的统一，以助力法学

---

[*] 王宁，浙江大学光华法学院博士研究生。

不同领域间的交叉对话。

关键词：协议 契约 合同 行政协议 法域交互

2014年修正、2015年施行的《行政诉讼法》于第12条第1款第11项明确将"行政协议"纳入行政诉讼的受案范围。2019年11月27日,历经二十余稿的锤炼,最高院发布《关于审理行政协议案件若干问题的规定》(法释〔2019〕17号,以下简称《行政协议司法解释》)。由此,我国在规范层面正式确定"行政协议"的用语。但在学理和实践中,指称作为公权力者的行政机关以公权力担当人的身份[1]与另一方非公权力者当事人达成的合意时,仍存在"行政契约""行政合同""行政协议"的语词混用。其至在《行政协议司法解释》发布后,仍有以"行政契约"[2]"行政合同"[3]为主题的论文发表,亦有使用"行政合同"[4]或者对三者同义作出说明[5]的行政诉讼法教科书、释义书,也有法院在裁判理由中特地说明行政协议、行政契约、行政合同的同义性[6]。

"藉由对语词的明辨,可以深化我们对现象的觉知。"[7]"行政协议"的语词在规范层面木已成舟,但在行政法学理、司法层面仍有"行政契约""行政合同"的身影。如果这些用语含义相同,术语的统一显然更有利于学科的发展。但在用语不统一的现象确实存在的前提下,有必要考察这些用语含义的潜在差别。鉴于各法域[8]的相互影响,"行政协议"的用词不单是行政法领域的问题,还需回到民法中与契约、合同并存的协议概念,受此影响的还有劳动法等"第三法域"以及新兴"诉讼契约"[9]问题的诉讼法领域。因此,有必要作一番语词的梳

---

[1] 关于公私法的界分,理论上存在利益说、隶属说和主体说,主体说又分为新旧两说,区别在于旧说仅需一方当事人为公权力者,新说则另外要求该公权力者以公权力担当人的面目出现。参见朱庆育:《民法总论》(第二版),北京大学出版社2016年版,第9页。本文从新主体说。

[2] 如于立深:《行政契约履行争议适用〈行政诉讼法〉第97条之探讨》,载《中国法学》2019年第4期。

[3] 如陈家希:《类型化视域下行政合同签订范围的公法规制研究》,载《东南大学学报(哲学社会科学版)》2020年第22卷S2期。

[4] 如何海波:《行政诉讼法》(第二版),法律出版社2016年版,第113页。

[5] 如江必新主编:《中华人民共和国行政诉讼法理解适用与实务指南》,中国法制出版社2015年版,第71页。

[6] 如"原审法院认为,行政合同也叫行政契约",参见山西省太原市中级人民法院(2020)晋01行终248号行政判决书;又如"拆迁安置补偿协议也可以称为一种行政契约",参见河南省高级人民法院(2020)豫行再51号行政判决书。

[7] J. L. Austin, *A Plea for Excuse: The Presidential Address*, 57 Proceedings of the Aristotelian Society 1, 8(1956). 转引自金敏:《眼睛就是一切"法"的语词与源流辨析》,法律出版社2019年版,第49页。

[8] 本文所使用的"法域",系指统摄公法、私法、社会法的概念,而非区际法意义上的法域。关于前一意义法域(Rechtsgebiet)的定义,参见苏永钦:《多元法域的六个介面——现代法教义学的最后几片拼图》,载《师大法学》2019年第2期,第3—27页。

[9] 舒瑶芝:《民事证据契约效力探析》,载《政法论坛》2010年第6期,第133—140页。

理、明辨,以期深化"对现象的觉知"。

一、合意形式的语用源流

作为合意形式的契约、合同、协议本是私法上的概念,但理论上亦有公法主体参与合意达成的可能。从传统的行政法理论来看,契约上的平等观念在以"支配—服从"关系为特征的行政法领域很难有生存空间,但伴随现代法治国家给付行政的兴起,"人民仅在法律规定范围内有服从之义务,质言之,人民亦有其限度内之自由意思,基此自由意思而缔结契约,在法律上应属可能"[10]。因此,要研究"行政协议"的用语逻辑,需要追根溯源地回到私法上的"协议",以及大致与其同义的"契约""合同"等相邻概念。

(一)从契约到合同

中国古代以契承载合意,但对此也有不同的用语,差异源于合意的不同内容或形式:"傅别""质剂"因内容而异,分别指借贷契约和买卖、抵押、典当契约;"判书""合同""单契"则因形式而异,前两者即"半分而合者",区别在于先合后分还是先分后合,[11]后者则只需单方出具。另外,契本身又有不同的称谓,如券、书等。"契""约"连用在古汉语中虽然存在但并非习惯,受清末学习日本法的影响,1907年开始编撰的《大清民律草案》明确使用"契约",此后这一用语逐渐普遍。[12]

由此可见,"契""约"或"契约"的用语在我国历史悠久,而"合同"在中国古代仅指契的一式两份可验证的一种形式,它的前身是判书,与之并行的还有单契。但契约和合同的地位在当今显然完全翻转——契约在民事立法及民众生活中被弃置不用,仅在学理中尤其是比较法上占据一隅之地,合同则变成了于立法、于生活都广为流传的概念。由此,我们所面对的是一幅一面言说"契约"精神、一面着手订立"合同"的奇特景象。

1949年以后各民事法律的起草过程,呈现出合同成为契约的同义词并开始取代后者的发展趋势。第一次民法起草开始于1954年,几乎一以贯之地使用"契约"的表述。1956年的《买卖(第一次稿)》原本并用"契约"与"合同",后为统一用语而特意通篇使用"契约"。但1957年的《买卖契约(合同)第六次草稿》一改此前"买卖(第X次稿)"的写法,于"契约"后打一括号写入"合同",表

---

[10] 余凌云:《行政契约论》,中国人民大学出版社2006年第2版,第6页。
[11] 合同在中国古代只是契的一种形式,在"书两札"之后,再并和两札,于并和处骑写一个大"同"字,后来发展为骑写"合同"二字,或骑写一句较长的吉祥语,再或者写一些"九月初九日合同约"等记录立契情况的话语。参见张传玺:《秦汉问题研究》,北京大学出版社1995年版,第176—180页。
[12] 俞江:《"契约"与"合同"之辨——以清代契约文书为出发点》,载《中国社会科学》2003年第6期。

明二者同义。[13] 虽然历次《买卖》草稿文本使用的几乎都是"契约",全国人大常委会办公厅研究室于 1958 年 3 月 31 日编定《买卖草稿》卷宗的手写说明却通篇使用"合同"。在承揽草案中,契约与合同之争更为明显。1956 年的第三次草稿题为《承揽(或写为:包工合同)》,第四次也是如此,但 1957 年的第五次稿的标题又更改为《承揽契约》。而在关于承揽草案的讨论中,"合同"的使用频率却明显高于"契约"。在借贷草案中,文本通篇使用"契约",但在讨论中混用"契约"和"合同",甚至该起草小组也名为"借贷合同小组"。[14] 从以上立法文本材料来看,此时的"契约"与"合同"大致是同义词,但为保障规范用语一贯性、尊重生活用语习惯,立法仍采取了尽量通篇使用"契约"的主流方案。

但此时的契约与合同又有所区别,这从 1957 年 1 月的《债权编通则草稿》[15]可以看出。按这一草稿的定义,合同是社会主义经济组织在完成国民经济计划的任务时根据国家计划法律、法规的规定签订的(但也存在根据法令规定不经过签订合同而直接履行债务的情形),契约则由双方当事人根据国家计划、法律、法令或依照自己的意思需要而达成。简言之,合同适用于国家计划任务的完成,而契约适用于民间的私人事项。但该草稿还有一另案,直接将计划法令作为和契约并列的债的发生原因,否认了此种合同与契约的区分。第三次草稿沿用了另案的写法。[16] 以计划目的区分合同和契约实际并非立法创设,而是对生活实践的总结。1955 年 5 月的《关于加工订货合同的问题(民法问题座谈会记录之五)》记录道:"甘肃酒泉分院同志则反映:法院对契约实行公证,只能就合同的文字上审查,具体内容还是不能掌握;他们不明确的是经公证后的合同是否作为法律来执行,要求在法律上有所规定,否则国家会受损失。"[17]更早的 1950 年政务院财政经济委员会发布的《机关、国营企业、合作社签订合同契约暂行办法》也可为此提供佐证,"合同""契约"在其中均有出现,区别在于前者用于机关、国营企业、合作社之间非即时清结的业务关系,后者则用于这些公有制主体和银行之间的借贷关系。由此可见,此时的实践中已经存在以合同指公、以契约指私的做法。这样的用语区分并非我国所独有,在其他社会主义国家也能找到类似范例,东德便称前者为"经济契约",苏联亦作出计划契约与非计划契约的区分。在计划经济体制下,计划行为产生了特定经济组织与发布指令的当局之间的行政法律关系,同时也产生了不同的接受指令的经济组织间订立计划契约的义务,这种契约包含着将计划行为所概括要求的交易予以具体

---

[13] 何勤华等编:《新中国民法典草案总览(上卷)》,法律出版社 2003 年版,第 257 页。
[14] 同前注[13],第 252—253 页、第 346—349 页、第 473 页。
[15] 这里应为第二次稿第一案,1957 年 1 月 9 日还有一另案。同前注[13],第 200 页。
[16] 《债的通则第二次稿(另案)》第 2 条:"债是由于契约、计划法令、侵权行为、不当得利、无因管理以及其他法定的依据而发生。"
[17] 同前注[13],第 306—307 页。

化的细节,[18]主要目的在于完成经济计划,而与传统的悬迁有无的契约有显著区别。举例而言,计划契约因关乎计划的执行而必须实物履行,不履行的后果是行政处罚,甚至还有纪律上、刑事上的制裁,这些后果并不能由契约相对人免除。[19]

在1962年开始的第二次民法起草中,契约的地位已经日渐式微。1964年7月的《中华人民共和国民法草案(拟试稿)》便以合同为主,以契约为辅,具体体现为第68条第3款的"合同应当以书面形式订立。契约或者其他书面形式的协议,与合同有同等的法律效力"。在1979年底开始的第三次民法起草中,合同继续占据主导地位,契约反而沦落为括号内的角色,如1981年4月10日的《中华人民共和国民法草案(征求意见二稿)》第109条:"合同(契约)是当事人之间确立、变更、终止民事权利义务关系的意思表示一致的行为。"80年代的《经济合同法》《涉外经济合同法》《技术合同法》已完全不再使用契约概念,其中的经济合同既包括计划合同,又包括非计划合同。自此,契约在我国民事立法文本中完全销声匿迹,直到今天的《民法典》及相关司法解释,都是一幅"只见合同,不见契约"的景象。

"契约"的消失可能有两方面的原因。一方面是计划经济的影响,合同特指社会主义经济组织间为完成经济计划而达成的合意,以便与传统的私人间的契约相区分,1981年颁布的《经济合同法》的名称便可以很好地说明这一点。此时的合同并非"当事人为增进其私人利益而自由地交换商品和劳动的手段",而是"履行国家经济计划并使其具体化的一种工具"[20]。作为自由交换手段的契约在这一时期只在极狭小的范围内存在,而且是不受重视的,因为它们"大部分是简单的、有关日常生活的、不引起大的法律上困难的契约",[21]甚至可能需要被消灭。此种界分的任务亦可由计划合同与非计划合同(也称为普通合同)的区别用语[22]来承担,契约概念的淡出因此便不足为奇了。另一方面是由于1949年以后中国立法通俗化的基调。[23]这在1956年12月的《中华人民共和国民法典(草案)债篇承揽第四次稿意见汇辑》里主张将"承揽"改为"包工合同"的意见中可见一斑,其理由谓:"法律条文必须通俗易懂,才易使群众了解其精

---

[18] 参见〔德〕K.茨威格特、H.克茨:《比较法总论》,潘汉典等译,法律出版社2003年版,第491—493页。
[19] 〔法〕勒内·达维德:《当代主要法律体系》,漆竹生译,上海译文出版社1984年版,第283—288页。
[20] 同前注[18],第488页。
[21] 同前注[19],第287页。
[22] 参见佟柔等主编:《民法概论》,中国人民大学出版社1982年版,第182页。
[23] 同前注[1],第21页。

神实质并贯彻执行。"[24]我国 20 世纪 60 年代的文盲率在 40% 左右,[25]"合同"二字的书写显然较"契约"更为简单,此时的契约/合同实为履行国家经济计划的工具,选择更为简单的"合同"显然更有利于实现当时的立法者"为使由之,而使知之"的目的。1987 年施行的《民法通则》中的合同已经与计划脱钩,[26]但相较于契约,它在术语上选择了更为常见、更易书写的合同,只是其含义已同过去大相径庭。

当今,"契约"早已退出我国立法领域,仅作为学理上的概念存在,多见于法制史研究中,也有学者将其用于比较法。[27] 简而言之,契约与合同含义相同,若真要辨出区别的话,也不过是语言的连续轴线 CD 的问题,[28]在我国计划经济的特定历史时期内,合同系以指公,契约系以指私。

（二）协议与合同之别

相较于合同、契约,协议是一个另属他类的概念。在中国古代契约称谓的相关研究[29]中,未见协议的列入。在古汉语中,"协"有共同、合作的引申义,"议"有商议、讨论之意,"协议"连用亦有出处,意为协商。[30] 由此可见,中国古代契、合同、协议的区别在于:契是双方合意的载体,合同是验证合意的符号,两者均是名词;协议则是动词,侧重于磋商、谈判的协商过程。

《大清民律草案》中对"协议"概念的使用符合其历史传统,仍作动词用于分别共有物的分割和继承人对遗产物的处置,系指多人协商。[31] 北洋政府时期起草的《民国民律草案》延续了《大清民律草案》将协议用于分别共有物分割和遗产处置的做法,[32]所设想的依然是多方协商的情形。相较于《大清民律草案》新增的协议的使用范围,如确定家谱编定的规则、数个宗祧继承人确定家族事务的管理方法、允许带产出继,[33]也符合协议系指多方协商的习惯,但这些

---

[24] 同前注[13],第 349 页。
[25] 国家统计局:《新中国 50 年系列分析报告之十五:控制人口增长成绩巨大 坚持基本国策任重道远》,http://www.stats.gov.cn/ztjc/ztfx/xzg50nxlfxbg/200206/t20020605_35973.html, 2022 年 6 月 1 日访问。
[26] 参见谢怀栻:《谢怀栻法学文选》,中国法制出版社 2002 年版,第 180、198 页。
[27] 如梅因著名的"从身份到契约"的表述,又如我国学者在翻译茨威格特和克茨的《比较法总论》时,采用的是"契约"的表述。参见〔英〕梅因:《古代法》,沈景一译,商务印书馆 1959 年版,第 109—112 页;同前注[18]。
[28] 参见〔瑞士〕费尔南迪·德·索绪尔:《普通语言学教程》,高名凯译,岑麒祥等校,商务印书馆 1980 年版,第 111 页。
[29] 同前注[11][12]。
[30] 如《隋书·律历志》中"二人协议,共短孝孙"。
[31] 《大清民律草案》第 1473 条规定,"各继承人对于遗产物件非经协议一致,不得自行处置",第 1052 条规定,分别共有物的分割"依分别共有人之协议行之"。虽然也可能存在只有两个分别共有人或继承人的情形,但这毕竟不是这些条文所设想的典型。
[32] 《民律二草》第 838 条、第 1376 条第 2 款。
[33] 各详见《民律二草》第 1068 条第 2 款、第 1333 条第 2 款、第 1352 条。

新增限于传统的家族议事,实为家族事务中的多方协商。但《民律二草》中的协议也被用于特殊情形下法定地上权地租的双方协商。[34] 另外,此时的协议并未涉足债编,大概是因为契约、约定的用语足以担负表述债权合意的重任。

在我国台湾地区"民法典"中,"协议"的使用频率急剧上升。传统的分别共有物分割中的协议得到保留,但继承编中只有遗嘱执行人报酬数额的确定[35]一处使用。于地上权部分使用协议的做法也得到延续,但不再考虑墓地的问题,而概括地规定土地、建筑异主的情形中对于地上权地租、期间、范围的商定,以及地上权存续期间届满后的建筑物补偿、期间延长的商定。[36] 由"不能协议者,得请求法院以判决定之"的用语可知,这里的"协议"意为协商一致,这与《民律二草》不同,后者的语境为"协议不谐,由审判衙门定之","协议"仅指协商的过程,与协商的结果无关。典权部分所使用的"协议"的意义与地上权部分相似。[37] 就租金的商定而言,协议于此涉足债编,但仅限于第425条之1一个条文,即土地及土地上房屋的所有人由同转异时推定在"土地受让人或房屋受让人与让与人间或房屋受让人与土地受让人间"于房屋的使用期限内有租赁关系,租金数额由当事人协议确定。[38] 这里的租赁关系并非意定,而属于法定之债,只是当事人可以就租金数额进行协商。另外,"协议"在亲属编中被大量使用,[39]但在该编中亦有"契约"的身影,如夫妻财产制相关的契约、收养契约,[40]二者因名词动词之别而互不妨碍。由此可见,我国台湾地区"民法典"中协议的使用范围较为广泛,其意义主要有多方协商一致、身份法上特殊的双方协商、房地别体情形下关于租金等问题的双方协商等。但无论如何,协议在台湾地区"民法典"中的用法与之前的立法一致,其被作为动词来使用,且从未触及意定之债。

而在大陆地区,在第一次民法起草中,《买卖条例(第一次稿)》第6条将"协议"解释为互相同意,[41]后续的五次草稿亦延续了这一用法。《供应(第二次草稿)》中也存在意为同意的"协议",如第24条中的"需要方对保管的产品,在双方对处理没有达成协议以前不能动用"。也有若干买卖部分的另案认为协议是

---

[34] 如《民律二草》第865条、第911条。
[35] 中国台湾地区"民法典"第1211条之1。
[36] 中国台湾地区"民法典"第838条之1、第840条、第841条之4。
[37] 中国台湾地区"民法典"第924条之2、第927条。
[38] 中国台湾地区"民法典"第425条之1。
[39] 具体为中国台湾地区"民法典"988条之1、第1002条、第1018条之1、第1055条以及第1120条。
[40] 中国台湾地区"民法典"第1012条、第1079条之3。
[41] 《买卖条例(第一次稿)》第6条:"口头形式的买卖契约,在双方就标的物和价金取得协议(互相同意)的时候,即为成立;书面形式的买卖契约,双方签名盖章后即为成立。"

契约的同义词,以买卖协议指代买卖契约。[42]《借贷(第三次稿)》及后续稿亦将协议作互相同意解,针对的是双方当事人后续约定转期归还的问题。[43] 此外,"协议"也可作正式合同之预备解,如《基本建设承揽(第一次草稿)》第 4 条:"基本建设工程必须在签订合同后才能施工,如因特殊任务急需施工的工程,虽未具备签订合同的条件,但经双方主管机关批准后,可以签订协议书先行施工,并限期补订合同。"第二次草稿虽然严格要求签订合同后才可施工,但也在法律上认可施工准备协议书。关于这一时期协议和合同、契约的区别,第二机械工业部对《供应(第三次草稿)》提出的建议可资参考,即合同应包括契约和协议,因《国务院公断委员会暂行条例》注中曾说明这点,且当时社会主义经济组织之间往来的一般习惯是合同必须遵守,协议则没有法律性和约束力,故应将协议作为合同的一种形式,以明确协议的拘束力。[44] 由此可见,在当时的经济活动中,存在以协议之名规避合同拘束力之实的做法。但这些都是财产法的规则。与此相对,在身份法领域,1950 年颁布的《婚姻法》中就已使用"协议"。"协议"被用于离婚时对子女抚养各事宜的协商确定,以及离婚后的财产分配、困难帮助,既有动词用法,如"由双方协议"[45],又有名词用法,如"关于子女生活费和教育费的协议"[46]。

此后的第二次、第三次民法起草中出现的"协议",大致也是这些含义。2002 年第四次民法起草"改批发为零售",此期间诞生的是我们熟知的《物权法》《侵权责任法》和《民法总则》。2020 年 5 月 28 日通过的《民法典》因是编纂,大量条文承继前法,故旧有的各单行民事立法中的协议语用可于下文和《民法典》一并考虑。

二、我国当代民法中的"协议"

如前所述,从《民法通则》到《民法典》,都是一幅"只见合同,不见契约"的景象,用合同指称以发生民法上效果为目的的合意。[47] 但与此同时,协议一词也出现得较为频繁,且有着不同的含义,故有必要对此加以梳理。在现有研究中,梁慧星教授曾对协议的用法略作梳理,认为其有名词和动词两种用法。作名词使用时,协议或等同于合意,或为合同的同义语;作动词用时,则义同协商。[48]

---

[42] 如《买卖(第三次草稿)》第 10 条的另案:"买受人已占有出卖物的,买卖协议成立的时候即为交付。"
[43] 同前注[13],第 487 页。
[44] 何勤华等编:《新中国民法典草案总览(中卷)》,法律出版社 2003 年版,第 161、369 页。
[45] 如 1950 年《婚姻法》第 21 条第 1 款。
[46] 1950 年《婚姻法》第 21 条第 2 款。
[47] 韩世远:《合同法总论》,法律出版社 2004 年版,第 2 页。
[48] 梁慧星:《论我国民法合同概念》,载《中国法学》1992 年第 3 期,第 52—57 页。

这一框架值得采纳,下文的扩展论述也以此为基础。

(一) 作为合意的协议

若将协议作名词解,其可与合意同义。比如,原《民法通则》第 85 条第 1 句对合同的定义为:"合同是当事人之间设立、变更、终止民事关系的协议。"这一定义经原《合同法》第 2 条第 1 款延续到今天《民法典》第 464 条第 1 款,虽合同主体的表述经历了从"当事人"到"平等主体的自然人、法人、其他组织"再到"民事主体"的变动,"民事关系"也经"民事权利义务关系"变为"民事法律关系",但"合同是协议"的主谓宾结构并未变动。

梁慧星教授指出,这里的协议就是指合意,即双方意思表示的一致。虽然双方合意最为典型,但此定义无法解释"合伙合同",是故不妨采拉伦茨教授"合同是必须由多个人(通常是两个人)参与才能成立的法律行为,两个人(或全体人)所期待的法律后果因他们相互一致的意思表示而产生"[49]的定义。此外,这里之所以没有使用"合意""意思表示一致"的表述,可能是缘于历史惯性,毕竟 1949 年以后第一次民法起草中对契约的定义就是"契约是两个或两个以上的人,为了设立、变更或者解除债权、债务关系而达成的协议"。[50]

将协议理解为合意,也可为身份法、同向行为等特殊领域的固有用语习惯提供解释。合同有广义狭义之分,原《民法通则》第 85 条位于"债权"一节下,且并无当今关于身份关系的第 2 款,当时的合同主要被狭义地理解为债权合同,婚姻也是一个合同的说法在当时也被学者明确否认。[51] 久而久之,合同便被习惯性地与债权债务相联系,由此被涂抹上了较浓的经济、交易(尤其是平等主体间的交易)色彩。[52] 不同于此,协议是包罗万象的,在有需要的时候可于非经济因素较重的领域或者较为综合的领域发挥用语区分的作用。身份法领域中双方当事人的合意通常用协议指称,如离婚协议、收养协议、遗赠扶养协议等,《民法典》第 464 条第 2 款也明确规定为"婚姻、收养、监护等有关身份关系的协议"。如果不考虑名词动词的用法区别,这与前面所讲的中国历史上民事立法中的协议多用于身份行为相一致。此外,尽管《民法典》选择了"合伙合同"的用语,但若要描述合伙等同向行为中的合意,协议还是习惯用语,如合伙协议、发起人协议、出资协议等。同向行为在部分规则的适用上不同于以买卖为典型的逆向行为,例如出资协议基于设立团体的共同目的而不适合援用同时履

---

[49] Karl Larenz, Allgemeiner Teil des Bürgerlichen Rechts,7. Aufl.,1989,§18,S.319-320.

[50] 同前注[13],第 175 页。应注意的是,这一条文虽也采"契约是协议"的主谓宾结构,但这里的契约仅限于债之关系。

[51] 同前注[47],第 2—3 页;又见前注[48];又见王家福等:《民法基本知识》,人民日报出版社 1987 年版,第 108 页。

[52] 当然,赠与合同等并非交易,这里的论断是就"合同"一词的总体联想而言的。

行抗辩权。《民法典》第 967 条对合伙合同的定义也与前面规定的所有典型合同不同,这里的合伙合同是具有某特征的协议,前面买卖合同则是具有某特征的合同,合伙协议的用语习惯于此得到隐晦的保留。由此可见,立法及实践中约定俗成地于身份关系、同向行为中使用协议,同财产关系、逆向行为相区分,以尊重前者的特殊性。

(二) 作为合同替代概念的协议

与此相对,若将协议作名词解,其也可与合同相替换。此意义上的协议实际上是《民法典》第 464 条第 1 款定义的另一种解读。该条文用协议来定义合同。常见的定义需要同时做两件事:提供一个把被定义的语词转换成另一个为人所熟知的用语的符号(code)或表达(formula),以及通过指出该词与同类事物的共有特征和与同类事物相区别的特征来确定该词所指的事物。[53] 在这里,"协议"是为人所熟知的用语的表达,"当事人之间设立、变更、终止民事关系"是合同的特征。

这与作为合意的协议的区别在于,合意被用于"要约—承诺—合意"的意思交互过程,实际上是协议与合同的共相,条文弃合意而用协议,既有前述历史惯性的因素,又有法律通俗化的考虑,毕竟协议比合意更贴近生活。这一条文用具有特定特征的协议来定义合同,说明协议是较合同更广义的概念,即还存在"民事主体之间设立、变更、终止民事法律关系"之外的协议,如请客吃饭、"君子协议"等不具法律意义的合意。简言之,协议是一个上位概念,其中包括具有较明确法律色彩的合同。

在日常生活中,存在以上位概念替换下位概念的情形。比如某开发商与购房者签订《都市花园·天域住宅订购协议》[54]、某人与某天主教爱国会签订房屋租赁协议书[55]、某票务公司与某航空公司签订航空旅客国内运输销售代理协议[56]等,但在法院裁判中需将这些协议作合同解,即住宅订购合同、房屋租赁合同和航空旅客国内运输销售代理合同。

生活用语和法律用语的偏差,由律师、法官等专业的法律人将生活事实解读为法律事实即可解决。但值得注意的是,《民法典》中仍有一个条文不惜破坏"合同"用语的前后一致而在此意义上使用"协议"一词,即第 221 条第 1 款第 1 句"当事人签订买卖房屋的协议或者签订其他不动产物权的协议,为保障将来实现物权,按照约定可以向登记机构申请预告登记"。这一条文源于原《物权法》第 20 条,当时也采用了"买卖房屋或者其他不动产物权的协议"的表述。各

---

[53] H. L. A. Hart, *The Concept of Law*, Clarendon Press, 1994, p. 14.
[54] 戴雪飞诉华新公司商品房订购协议定金纠纷案,载《最高人民法院公报》2006 年第 8 期。
[55] 江西省萍乡市中级人民法院(2002)萍民再终字第 6 号民事判决书。
[56] 福建省厦门市中级人民法院(2001)厦经终字第 228 号民事判决书。

种释义书直接援用了这一表述,而未解释为何这里要突兀地使用"协议"。[57]这或许是法典编纂中统一术语的立法疏漏,但若妄加揣测,这里不惜破坏用语一贯性,以"买卖房屋的协议"替代"买卖房屋的合同",或许是为了规避"物权合同"这样的字眼的出现。物权行为理论的认可与否在我国存在巨大争议,如果这里使用的是"其他不动产物权的合同",大概会存在偏袒理论争议一方的担忧,故而使用作为合同替代概念的协议。至于此处协议的另一个定语"买卖房屋",便是为了实现同一条文内部的用语一致而作出了屈从。但这样的担忧完全是多余的,因为本条的协议与第 215 条的合同一样,仅指债权合同:于第 215 条是因为其"未办理物权登记的,不影响合同效力"的规定;于本条则是因为规定的是预告登记,物尚不存,当下何来物权,又何谈物权合同?因此,为了用语的一贯性,第 221 条第 1 款第 1 句的协议最好还是改为合同。

另外,我国《民法典》中还存在"补充协议"的用语,如第 510 条、第 680 条第 3 款。这里的协议所指向的并非整体的合同,而是合同的部分内容,补充协议实为后续补充的合同条款。

(三)作为协商的协议

如上所述,协议的动词用法有着深厚的历史渊源,在《大清民律草案》《民国民律草案》以及我国台湾地区"民法典"中,协议都仅被作为动词使用,与协商同义,只是我国台湾地区"民法典"中的协议较为特殊,也有协商一致之意。与之类似,我国《民法典》中出现的"协议",绝大多数都被用作与协商同义的动词,且更进一步地指协商一致,对一致性的要求由第 1054 条第 1 款第 2 句后段的"协议不成的,由人民法院根据照顾无过错方的原则判决"可以推知。协议作协商一致的用法具体如第 409 条第 1 款第 2 句"抵押权人与抵押人可以协议变更抵押权顺位以及被担保的债权数额等内容"等。

出于民法典体系效率的考量,既然协议可与协商同义,那么单用其一即可,而我国《民法典》中却存在着混用协商、协议的现象,尤其是第 304 条第 1 款"共有人可以协商确定分割方式。达不成协议……",在一个条文中紧挨的两句话里就分别使用了协商和协议。此外,还有一个有趣的现象,第 348 条的建设用地使用权的取得方式是"招标、拍卖、协议等",第 342 条土地承包经营权的取得方式则是"招标、拍卖、公开协商等",如果不是因为立法疏漏,则潜在的推论就是,协议也必须公开进行而不能私下行为,这显然是不合常理的。当然,协商也

---

[57] 如胡康生主编:《中华人民共和国物权法释义》,法律出版社 2007 年版,第 61—63 页;最高人民法院民法典贯彻实施工作领导小组主编:《中华人民共和国民法典物权编理解与适用》,人民法院出版社 2020 年版,第 117—120 页;黄薇主编:《中华人民共和国民法典释义》,法律出版社 2020 年版,第 428—429 页;郭峰等编著:《中华人民共和国民法典条文精释与实务指南(物权编)》,中国法制出版社 2021 年版,第 68—72 页;刘智慧:《中华人民共和国民法典物权编释义》,中国法制出版社 2021 年版,第 46—50 页。

可区分为双方协商和多方协商,双方协商不再赘述,多方协商如第1112条的养子女姓氏的协商,可能涉及父母、养父母和子女,又如第1132条的继承人协商处理继承问题。既然《民法典》既使用了协议,又使用了协商,且二者均可指双方或多方,从语言学的角度看,倒不如明确作出区分,统一地以一个指称双方协商一致,另一个指称多方协商一致。考虑到合伙协议等名词性用法已成为习惯,可以将协商用于双方,而将协议用于多方。在双方的身份关系中,也可以遵循用语习惯,基于和财产性合同相区分的目的而使用协议。协议解除的用语之分可以为此提供支持——《民法典》第562条第1款财产性合同的解除是"当事人协商一致",第1115条收养关系的解除则是"协议解除收养关系"。

三、我国行政法中的"协议"

行政法中合意的理念源于民法,2014年修正、2015年施行的《行政诉讼法》在立法层面确定的用语是"行政协议",而经由前文梳理可知,"协议"在民法中本就有不同含义。此外,行政协议还有行政合同和行政契约这两个前身,它们都曾在学理中得到长期而广泛的使用。《行政诉讼法》背离学理用语习惯的理由何在,这样的另起炉灶又有何利弊,都是值得探讨的问题。

(一)行政协议的两重含义

当今被热烈讨论的行政协议,是指行政机关与公民、法人或者其他组织订立的协议。但另外还存在同样名为行政协议的仅行政机关参与的区域合作协议,且这一用法的历史更为悠久。该概念内部存在的双重含义迥然有异,值得对比分析。

1. 行政机关之间的行政协议

在2014年《行政诉讼法》修正之前,行政法学界主要是在区域政府为克服行政区划障碍而进行合作的法律机制的含义上理解行政协议的。[58] 这一理论热点源于实践中地方政府突破行政区划上的障碍、推动和促进区域经济一体化的具体做法,比如《长江三角洲地区城市合作协议》等。关于区域合作协议的研究,也可推而广之适用于所有行政主体之间纠纷的解决与合作。

早在20世纪80年代,行政法学者就已注意到行政法领域的合同因缔约主体的不同而存在差异。当时的行政合同是一个大的概念,既包括行政机关之间的合同,又包括行政机关与个人或组织之间的合同。但这样的表述过于拗口,当时教材的关注重点也不在前者。例如罗豪才主编的《行政法学》,虽然对行政合同采广义解,但又以"双方当事人地位不同"为其特征。另外还有内部合同与

---

[58] 如叶必丰:《我国区域经济一体化背景下的行政协议》,载《法学研究》2006年第2期;何渊:《论行政协议》,载《行政法学研究》2006年第3期;崔卓兰、黄嘉伟:《区际行政协议试论》,载《当代法学》2011年第6期。

外部合同这一较为简洁的分类,但这与前面以主体为标准的分类又不完全等同,因为行政机关与公务员之间签订的合同也属内部合同。[59]

后来的行政协议与行政合同/行政契约之分,倒是解决了过去表述拗口的问题。行政法学界曾明确区分行政协议和行政合同,如"(区域性行政协议)既不是共同行政行为也不是行政合同","与行政合同不同的是,行政协议本质上是一种对等性行政契约"[60]等。彼时,行政合同是由行政机关与私主体之间订立的;行政协议是行政机关之间平等合作理念的产物,属于所谓的"宪法上的合同"。这里的协议概念源于民法,其所对应的民法上的含义是合意,因行政机关的合作可能涉及多方且各方目标同一,故属类似于合伙的同向行为。2014年《行政诉讼法》修正以后,这一意义上的行政协议便淡出了行政法学理研究的视野。

2. 行政机关与私主体之间的行政协议

以行政协议的概念指代行政机关与私主体之间的合意不过是新近的做法。这一意义上的行政协议又有两重含义,即作为替代行政处理手段的协议和国家作为公共财产所有者和管理者所订立的协议。[61] 后一意义上的行政协议虽由《政府采购法》规定适用合同法,但就划归民事诉讼还是行政诉讼处理的问题而言仍存在较大争议,这一问题将留待后文讨论。这部分所讲的行政协议,仅限于为《行政诉讼法》所明确包括的作为替代行政处理手段的协议。

具体而言,以《行政诉讼法》2014年的修正为界,此前的行政协议多指行政机关之间的合作协议,此后的行政协议则多指行政机关与私主体之间的协议,早些时候行政法学理上对后者多以行政契约或行政合同指称。[62] 并且从历史上观察,早在1955年5月全国人大常委会办公厅研究室关于加工订货合同问题的座谈会中,就提出过"公私合同,公方所给原料不合规格是否算违约"等问题。[63] 这虽然是一次民法问题的座谈会,当时的这些问题也在民法上解决,但由此可见,我国早已存在以合同指"公与私"的合意的做法。

在2014年《行政诉讼法》修正前,有学者认为行政契约和行政合同是同义词,[64] 但也有学者强调要区分行政契约和行政合同,认为"合同强调的是当事

---

[59] 罗豪才主编:《行政法学》,中国政法大学出版社1989年版,第228—229页。
[60] 叶必丰:《我国区域经济一体化背景下的行政协议》,同前注[58];何渊:《论行政协议》。
[61] 同前注[4],第159—161页。
[62] 较早使用"行政合同"的文献如何卫东、熊博荔:《环境行政合同研究》,载《中国环境科学》1998年第4期;较早使用"行政契约"的文献如贾秀芬、孙冬鹤:《行政契约的司法救济》,载《当代法学》,1995年第3期。而在双方地位不对等的合意上使用"行政协议"一词的期刊论文,至早也要到2015年,即梁凤云:《行政协议案件的审理和判决规则》,载《国家检察官学院学报》,2015年第4期。
[63] 同前注[13],第306页。
[64] 同前注[10],第4页。

人的地位平等,而契约则重点强调一种'合意'",主张应一贯地使用"行政契约"。区分的理由大致有两点:其一,原《合同法》第 2 条第 1 款对合同的定义"特别强调合同双方的法律地位是平等的",而罗马法对契约的界定是"由于双方意思表示一致而产生相互间法律关系的一种约定";其二,如果采"行政合同"的用词,将会造成称"行政合同"但又不适用合同法的乱象,会让人误以为"有法不依"。[65]但这两点理由均站不住脚,因为原《合同法》第 2 条第 1 款已明确"本法所称合同",自然还有其他法上的合同,这些合同未必都适用合同法,如劳动合同,况且罗马法时期也不存在行政机关和市民缔约的情形,其契约默认是指市民间的合意。至于第二点理由,行政合同未必不适用合同法,当今《行政协议司法解释》第 27 条第 2 款已经作出回答,"人民法院审理行政协议案件,可以参照适用民事法律规范关于民事合同的相关规定",只是所谓"乱象"发生错位,变成了称"行政协议"但参照适用合同法。由此可见,区分行政契约和行政合同是不可行的,因为民法上的契约、合同本就同义,只是"契约"更具历史色彩。

由 2014 年《行政诉讼法》修正前后的用语转变可知,当今行政法领域的"行政契约""行政合同"和"行政协议"的概念差异也不过是时间维度的问题。在立法层面确定使用"行政协议"的术语以后,原来一贯使用"行政契约"的学者,也不得不作出用语的转变,[66]"心有不甘"地发出"学术史上却又多了一次无可奈何的遗憾,用了一个已有特指的法律术语替换了一个约定俗成的学术术语"[67]的感叹。

3. 行政协议的两重含义之别

虽然 2014 年《行政诉讼法》修正前学理上的行政协议多与行政机关之间的区域性合作协议相联系,修正后立法、学理上的行政协议多指行政机关与私主体之间的合意,但前一意义上的行政协议在当今仍未消失,因为行政机关间的合作还在继续,只是学理上对此研究的热情有所衰减。

总结来看,上述两重含义上的行政协议的区别主要在于主体的不同,当下的行政协议是行政机关与公民、法人或者其他组织订立的,简言之为"公与私"的协议,彼时的行政协议则是行政机关之间订立的,跨区域、跨层级均为可能,简言之为"公与公"的协议。由于参与主体不同,纠纷的解决方式也有所差异。在"公与公"的行政协议中,纠纷的解决方式在实践中主要有和解、调解、共同上级机关决定等,虽有学者提出可以"通过行政诉讼对行政行为是否越权的裁判

---

[65] 高正文:《〈行政契约法〉立法刍议》,载《行政与法》2002 年第 2 期,第 63—66 页。
[66] 如较早研究行政契约的余凌云教授,当今也适合主流地使用了行政协议的说法。如余凌云:《论行政协议的司法审查》,载《中国法学》2020 年第 5 期,第 64—83 页。
[67] 余凌云:《行政协议的判断标准——以"亚鹏公司案"为分析样本的展开》,载《比较法研究》2019 年第 3 期,第 98—115 页。

来间接解决",[68]但这样的观点仍值得三思。"公与公"的行政协议的可诉性显然存疑——如果因《民法典》中有关于机关法人的规定而诉诸民事诉讼,此行政协议背后的行政管理、公共服务的目的考量可能为民庭所忽视,并且这里也涉及宪法对国家机构的设置的问题,法院和行政机关的权力同源,为何法院能居中裁断行政机关之间的纠纷?如果诉诸行政诉讼,又因行政机关不能成为行政诉讼的原告而在根本上毫无可能。因此,对于参与方地位对等的行政协议的纠纷,大概只能诉诸非诉讼的争端解决方式,这是寻求共同上级解决纠纷的行政逻辑使然,除非行政诉讼中发展出所谓的"机关诉讼"[69]。因此,就我国目前现实而言,"公与公"的协议实属不具法效的"君子协议",需与"公与私"的协议清晰界分。

(二)行政协议用语的利弊

2014年修正、2015年施行的《行政诉讼法》确定使用行政协议,切实影响了行政法学理及司法实践的用语习惯。这一立法层面的术语确定,可谓影响深远、利弊并存。

1.行政协议用语之利

(1)与民事合同相区分?

面对不同用语,立法者基于和民事合同相区分的目的选择了行政协议,但这一优势实际上值得仔细检讨。

《行政诉讼法》于立法层面毅然背离学理上"行政合同""行政契约"的用语习惯而采"行政协议",初衷在于明确和民事合同相区分,理由谓"合同法明确规定的'合同'中没有包括行政合同,因此,对于'行政合同'的概念暂时以'行政协议'命名,将来合同法修订时,对于行政合同问题可以作统一考虑"。[70]这一理由一方面是自相矛盾的,因为它既将行政合同纳入行政诉讼领域,又期待民事的合同法考虑行政合同;另一方面又有推卸责任之嫌,因为原《合同法》第2条第1款对合同的定义已明确限定范围为"本法所称合同",《民法典》虽删去此句,但仍是对法典范围内的合同作出的定义,《民法典》管领范围之外的合意仍可被称为合同,如劳动合同。另外,作为合同主体的法人依原《民法通则》第50条已经包括行政机关,民法学界也存在用合同法处理行政合同纠纷的观点,[71]且过去计划经济体制下社会主义经济组织间为完成计划而达成的合意也叫合同,合同的用语与行政目的之间并无明显的鸿沟。

---

[68] 叶必丰:《我国区域经济一体化背景下的行政协议》,同前注〔58〕。又见王宝治、张伟英:《京津冀行政协议争端解决机制的基础理论研究》,载《河北法学》2017年第4期。
[69] 章剑生:《现代行政法总论》,法律出版社2019年第2版,第197页。
[70] 梁凤云:《新行政诉讼法讲义》,人民法院出版社2015年版,第63页。
[71] 如王利明:《合同的概念与合同法的规范对象》,载《法学前沿》第2辑,法律出版社1998年版;崔建远:《行政合同之我见》,载《河南政法管理干部学院学报》2004年第1期。

区分的理由值得怀疑,初衷的实现情况也是事与愿违,用语的刻意区别和立法的周全定义并没有一劳永逸地解决两种合同的区分问题。《行政诉讼法》已采"行政协议"之称,但行政法学界仍有不顾立法者彰显相较于民事合同的特殊性的"良苦用心"而径直将行政协议等同于行政合同的做法。虽然有释义书依葫芦画瓢地通篇使用"行政协议",[72]但也有释义书直接把第 11 项概述为"认为行政机关未依法依约履行行政合同义务的"[73]。就教科书而言,何海波教授在解读《行政诉讼法》的修正时直接无视条文中"行政协议"的用词,表述为"增加列举了可以起诉的情形,行政机关不履行行政合同的行为也被纳入受案范围"。[74] 这里的表述不一源于立法对习惯的偏离,《行政诉讼法》修正时争议的是"行政合同"要不要纳入受案范围,立法者给出的仓促回答使用的却是"行政协议"。之所以说这一回答是仓促的,是因为《行政诉讼法》修正的一审稿、二审稿均无今天的第 11 项,该项是于第十二届全国人大常委会第十次会议和第十一次会议之间的短短两个月时间里临时增加的。用语习惯于此表示,名称上的差别不足以区分行政和民事。况且,即使立法者使用的是"行政协议",这一对行政诉讼受案范围争议进行定分止争的决断背后也是行政合同学理的长期发展在支撑。

既然名称不足以区别行政和民事,那么便需要从合同的具体要素入手。行政法学界共识性地在《行政协议司法解释》第 1 条的基础上认为行政协议涵盖的关键要素包括目的要素、主体要素、意思要素、职责要素(法定要素)和内容要素。何为行政协议区别于民事合同的根本性标准,曾经的单一决定性要素之争已经过时,各要素的综合判断乃是当今的共识。[75] 但在综合判断的共识之下,就内容要素的具体内涵而言,仍隐隐存在行政优益权说、行政法上权利义务说、非市场行为说等理论的角力。

行政协议中的行政优益权即行政机关享有的对合同的单方变更解除权,但必须限于公益维护的需要,[76]学理上也有行政机关享有对行政协议条款的单方解释权的观点,但解释权的归属需要以法定职责为准,解释权的享有者未必

---

[72] 全国人大常委会法制工作委员会行政法室编写:《〈中华人民共和国行政诉讼法〉解读与适用》,法律出版社 2015 年版,第 32—34 页。

[73] 江必新主编:《中华人民共和国行政诉讼法理解适用与实务指南》,中国法制出版社 2015 年版,第 71 页。

[74] 同前注[4],第 113 页。

[75] 金诚轩:《行政协议纠纷的契约属性——兼对王利明教授〈论行政协议的范围〉一文的回应》,载《行政法学研究》2021 年第 6 期。但另有观点彻底否认要素识别的思路,认为其"忽视了对行政协议的目的功能及应用场域的关照",另辟蹊径地主张基于功能目的上的差异将行政协议类型化为程序介入型协议和公务转移型协议,在此基础上进一步进行识别,参见徐键:《功能主义视域下的行政协议》,载《法学研究》2020 年第 6 期。

[76] 章程:《论行政协议变更解除权的性质与类型》,载《中外法学》2021 年第 33 卷第 2 期。

是签约的行政机关。余凌云教授反对行政优益权标准,理由为"合同法的公法化趋势日趋明显",行政机关在协议中的"特权"已日益受到限制,且这一标准只是一种静态的法律状态描述。[77] 诚然,将行政优益权作为行政协议区别于民事合同的标准存在因果倒置的问题,实际上应先判断民事合同和行政协议的界分,再于后者承认行政优益权。破除行政优益权标准之后,余凌云教授赞同的是内容标准,即"具有行政法上权利义务内容",核心在于缔约行政机关及其他相关行政机关对行政权的未来处分,即作为当事人一方的行政机关未来必须作出的某种行政行为,或者必须履行的某种行政法上的义务,此行为不仅受合同效力拘束,也必须遵守依法行政原则。

有的民法学者认为,行政协议和民事合同的最大区别在于,行政协议的订立本质上不是一种市场交易行为,而是一种行政权的行使方式,即替代行政行为,无法完全适用民法的等价交换、公平等原则。[78] 但很快有行政法学者针对性地对此提出反驳,认为行政协议制度亦可蕴含市场交易,例如在国有土地上房屋征收补偿协议中征收的房地产的价值按照市场价格衡量,且评估时点可以根据市场行情重新确定。[79] 只不过这一回击似乎打偏了靶子,因为前述的非市场交易行为标准实质为替代行政行为,行政学界也有行政协议"在功能上,它是行政决定的一种补充;在适用上,它是单方行政行为的一种例外"的观点。[80] 用行政协议来替代或补充行政行为,和就行政协议中具体内容考虑市场因素并不矛盾。由此可见,非市场行为标准虽然和内容标准披着不同的外衣,但本质是相同的,即以行政机关作出行政行为或者履行行政法上的义务为标准。之所以出现这样的偏差,可能是因为有的民法学者误解了"行政法上的权利义务关系"要素,认为其内涵过于宽泛,并且侧重权利层面的考量,认为我国现行法律极少规定行政协议中行政机关的优益权,即使有所规定,此类协议的履行也必须遵循民法的平等、自愿、有偿等原则。[81] 但是,行政法学界所说的"行政法上的权利义务关系"更侧重于行政机关的义务,即行政机关的义务需要通过行政权的行使来履行,以此来界定行政协议,再进一步观察行政机关的权利以及协议相对人的权利义务。

(2)更符合协议的用语习惯

由前文对我国当代民法中协议用语的梳理可知,作为法律用语,当今民法中的合同更具经济色彩,更多地与平等主体间的交易相联系,协议则于非经济

---

[77] 同前注[67]。
[78] 王利明:《论行政协议的范围——兼评〈关于审理行政协议案件若干问题的规定〉第1条、第2条》,载《环球法律评论》2020年第1期。
[79] 同前注[75]。
[80] 同前注[69],第196—197页。
[81] 同前注[78]。

因素较重或者较为综合的领域更为常见。因此与界分民事合同的理由不同，从用语习惯入手的立法理由存在正当性，若稍作修改，可以更具说服力。我国民事立法用协议来定义合同，说明协议的含义较合同更广，其既涉足法律，又用于生活，既驰骋于民事领域，但又不限于此，故有外拓的可能。作为替代行政处理手段的行政机关与私主体的合意相较于民事合同有其特殊性，其内容必然包含行政法上的权利义务，这类行政性的部分遵循的是依法行政原则。这样的合意并不完全是经济性的，因此使用更多地与非经济性相联系的协议，这也同民法的用语习惯相一致。

2. 行政协议用语之弊

（1）替代已有术语

如上所述，对应于替代行政处理手段的合意的语义，曾经学理、司法中的用语是行政契约、行政合同。与之不同，当今立法对此确立的语用是行政协议，直接带来学理、司法并未完全适应此种用语变迁的结果。尤其是在司法实践层面，为了调和立法与习惯、文本与实践用语的不一致，有的法院在说理时首先要进行一番概念同义的说明，如"行政协议又称行政合同、行政契约"[82]，"行政机关在法律规定的职权范围内，通过协商一致的方式约定其与行政管理相对人之间的权利义务关系，此种协议被称为行政协议（也称行政契约或行政合同）"[83]。但说明不当也会引起更深的误解，如"上述协议的内容符合行政契约的特征，其性质属于行政合同"[84]，一句话中先后出现三个概念，这样的说明难免让人陷于概念的混乱，也徒增说理、理解的成本。

此外，行政协议的用语变迁实属"鸠占鹊巢"，已在很大程度上影响了原指行政机关间的协作协议的"鹊"。此种"公与公"的合意一方面属不具法律拘束力的"君子协议"，不同于定义已含法效意思的合同，另一方面又属同向行为，这一领域已经习惯使用协议，故以"协议"来指称显然更符合民法上的理解。当今用何种语词代之难免会成为问题——若继续沿用行政协议，则需特意说明这一概念的不同含义，以在不同语境中作出限定；若使用区域性行政协议，[85]虽起到了区分的作用，但难以涵盖非区域性的行政主体之间的合作协议，如常见的多部门联合执法；若颠倒过来使用行政契约、行政合同，仍免不了作一番含义说明，还会面临因合同与交易性相联结而导致的名实不副的问题。

（2）表面上与契约原则相断联

此外，"行政协议"的用语是为区别于民法而生，此一区分也隐隐在行政协

---

[82] 广西壮族自治区桂林市中级人民法院(2015)桂市立民终字第268号民事裁定书。
[83] 黑龙江省高级人民法院(2019)黑民终61号民事判决书。
[84] 江苏省南京市中级人民法院(2014)宁商初字第220号民事裁定书。
[85] 如何渊：《区域性行政协议研究》，法律出版社2009年版。

议和契约原则之间划了一道楚河汉界。契约原则是民法的重要原则,正如朱庆育教授所指出的,"私法自治要求,法律关系所涉之人,均须有其意志参与其中,否则,此人即被他治"。既然行政协议具有让行政相对人成为行政伙伴、共同完成现代行政任务的宪政意义,[86]那么,一方面借鉴民法上的契约、合同或协议的概念来面对理念上平等的行政伙伴,另一方面又将契约原则还给民法,无异于买椟还珠。因此,行政协议需要和契约原则相联系。但新术语另起炉灶地取代旧术语,未免让人怀疑新旧术语间的体系断裂。在当今的学理和司法实践中,也或多或少地会因为新的用词而产生误解,消除误解又需要一定的成本。

在学理层面,"行政协议"用语上的另起炉灶是部分民法学者担忧行政权恣意的诱因之一。毕竟在民法领域,合同毫无疑问是契约精神的承载者,协议则多用于非经济性或不具法律拘束力的领域。这样的担忧如"现实中,过度扩张行政协议的范围,导致一些行政机关打着公共利益的名义任意解除合同、单方违约,并拒不承担民事责任,严重破坏了合同严守原则,有害于交易安全和交易秩序"[87]。有行政法学者为打消这一担忧,又重申行政协议的契约属性,认为行政审判应凸显契约权重并注意分类处理,裁判时应对行政优益权的行使进行严格规制。[88]

在司法实践层面,为了将行政协议和契约精神相联结,法院需要费周折地进行一番概念解释,事先说明行政协议与行政契约的同义,甚至连最高人民法院都不能避免。[89]民法中合同、契约的差别仅是用语更替的问题,《民法典》第464条第1款虽对合同进行广义的定义,但第2款又在身份关系领域尊重习惯地使用协议来与此区分,故合同天然地和契约原则相联系。但到了行政法中,"行政协议"的用词又多设置了一重屏障,联结契约精神需要从协议联系到合同,再从合同联系到契约精神。另外,生活用语和法律用语之别更是于此徒增困扰。在民法上,无论当事人用何种名称指代具有法效意思的合意,法律人都可将其解读为规范中的合同;在行政法上,当事人若用其他名称指代合意,法律人首先要将其解读为行政协议,若要参照适用民事合同相关规定,便需进一步解释此协议为彼合同,否则将很难说服当事人。

由此可见,"行政协议"替代已有术语、表面上和契约原则相断联的弊端是切实存在的,而与民事合同相区分的所谓优势只是名称上的一刀两断,实质上仍需具体地对协议各要素进行综合考量。目前更符合协议用语习惯的理由尚

---

[86] 同前注[69],第197页。
[87] 同前注[78]。
[88] 同前注[75]。
[89] "因此,拆迁安置补偿协议也可以称为一种行政契约,那么就要求协议双方以合同的方式、契约的精神达到维护公共利益和个人权益的目的,协议双方的诚实守信是协议存在的基础",最高人民法院(2019)最高法行申12577号行政裁定书。

不足以弥补前述弊端,仍会存在用语的混乱,徒增成本。唯有期待将来"行政协议"的新用语习惯形成,且契约精神也根植其中,最终为立法选择赋予正当性。

四、法域交互中的"协议"

苏永钦教授指出,法域内部的典范转移、法域间的互动介面都在向法教义学提出挑战,包括不同法域指导理念间调和的方式,相关联的制度如何更好地配套,乃至规范技术上有没有"书同文、车同轨"的空间等。"以国家、社会二元论为基础的公私法二分因为官民伙伴关系的建立而在许多时候不再是泾渭分明的"[90],借此机会由私法流入公法的"协议"概念,便是回应上述法域交互中挑战的一次尝试。

(一)契约精神之体与合意形式之用

"体用"是中国哲学的重要范畴,关乎哲学中理气、道器等重要问题。[91] 熊十力先生的"新唯识论"的体用理论认为,"只存在一种实体,即本体或本心,其他的存在,无论物质或精神,均可归结为本体的功用"[92]。这里不妨借鉴这一思想,契约、合同、协议为用为器,承载的是契约精神之体。

如前所述,契约与合同的差异在于用语更替,合同与协议的差异在于交易性的强弱。契约、合同、协议这三种容器,虽使用语境有别,但形式性外衣下的实质均为合意,因此都承载着契约精神。尽管协议因交易性较弱而可能存在有约必守的例外,但这不过是体之多或少的事情,而不是有或无的问题。

1. 体用合一的另一种视角

以不同的用语指代不同法域中的合意已是我国的现实。但由于契约精神之体是共通的,这并不妨碍我们观察、借鉴体用合一的体系的运作方式,德国便是典型。德语的契约(Vertrag)源于民法却不限于民法,比如,行政法借鉴为行政契约(öffentlich-rechtlicher Vertrag),诉讼法借鉴为诉讼契约(Prozessvertrag)。德国主流观点认为,德国民法典中契约法所包括的一般法律原则适用于整个法秩序。因此,这些原则于行政契约、诉讼契约也可适用。就行政契约而言,其已依前述原则具备形式平等性,但又切实存在事实上的不对等,故需防范可能由此带来的问题。具体措施主要是契约的内容禁止或程序要求,前者如"禁止不当联结",后者如书面形式要求。[93] 就诉讼契约而言,前述契约法原则直接适用于此,只是需就各具体的法律行为进行调整,具体应依

---

[90] 同前注[8]。
[91] 杨国荣:《体用之辩与古今中西之争》,载《哲学研究》2014年第2期。
[92] 夏静:《体用的思想谱系与方法意义》,载《甘肃社会科学》2018年第4期。
[93] 余凌云:《行政契约论》(第三版),清华大学出版社2022年版,第14页。

照诉讼行为理论的规则或者德国民事诉讼法的特别规定。[94]

总结来看,在体用合一的情形下,契约精神会随契约一道从民法进入其他法域,由于用语的统一,这些法域的契约原则上适用契约原则,不适用才是例外,后者需要结合具体情形来确定。

2. 重新联结行政协议与契约精神

如前所述,我国的行政协议表面上与契约精神相断联已成定局,要考虑的是如何重新建立行政协议和契约精神的联系。首先是形式平等与实质平等的问题。当今行政法领域的合意,依主体的不同分为行政机关间的行政协议和行政机关与私主体间的行政协议,但另有观点称二者为双方地位对等的行政协议和双方地位不对等的行政协议的指称。[95] 但这样的名称是与行政协议的内涵相矛盾的,毕竟行政协议的相对人并非行政客体,而是同行政机关协力完成现代行政任务的行政伙伴。[96] 既然行政法因将行政相对人作为行政伙伴而接纳了民法上承载契约精神的协议的概念,那么合同的形式平等性也就随之而来。行政协议双方当事人地位平等,在磋商、谈判、让步的过程中达成合意,双方均自愿受其拘束,这是合同的形式平等性使然。

但不可否认的是,行政机关和私主体之间存在实质上的地位不平等,行政机关在行政协议中享有单方变更、解除等行政优益权,甚至因理论的错误还可能享有通过行政处罚等高权行为促使相对人履行协议的特权。现代民法在形式平等的原则下,也关注若干实质不平等的例外,如承租人保护、承包人就建设工程价款的优先受偿等,对弱者的关怀方式是设置相应的不允许当事人约定排除的保护性规范,如"买卖不破租赁"。对于行政协议的实质不平等问题,《行政诉讼法》及其解释、《行政协议司法解释》并未完全解决,因此需要在解释上削弱行政协议的实质不平等性,即控制、削减行政机关在行政协议中的特权,具体需考虑以依法行政原则规制行政协议中的高权行为。

依法行政原则是行政法的首要原则,其核心内容是行政职权来源合法和行政行为受法律拘束。[97] 这里的"行政行为"实为行政法上的行为,其内涵逐渐扩张,且经《行政诉讼法》第12条将行政协议纳入受案范围而得到立法确认。但"行政行为"亦有其狭义用法,即涉及公权力行使的行政法上的行为。[98] 为明显区分二者,这里使用"高权行为"指代狭义的行政行为。这样的行为因涉及公权力对私主体居高临下的特权,需严格遵循依法行政原则。

---

[94] Gerhard Wagner, Prozeßverträge: Privatautonomie im Verfahrensrecht, Mohr Siebeck, 1998, S. 343.
[95] 何渊:《论行政协议》,同前注[58]。
[96] 同前注[69],第197页。
[97] 胡建淼:《行政法学》(第四版),法律出版社2015年版,第47—50页。
[98] 同前注[76]。

就行政协议可能涉及高权行为的问题，可以对行政协议进行拆分，进而分门别类地加以处理。行政协议是"各种具体行政行为、行政事实行为以及相对人的意思表示、事实行为的集合体"，传统的高权行为之诉的诉讼标的是行政行为违法性，所以可以按照不同的诉讼标的是否涉及行为违法性区分有关高权行为合法性的行为之诉和无关高权行为合法性的当事人主义诉讼。行政优益权的行使属于高权行为，行政机关订立、履行、变更、解除行政协议的行为则可区分是依法而为还是依约而为，进而归入行为之诉和当事人主义诉讼。[99] 虽然也有反对将行政协议进行拆分的观点，但这一观点是对过去的将行政协议中行政机关一方行为全部拆分为高权行为的理论的反驳，[100] 识别高权行为并对症下药地采行为之诉来应对的观点并不在其射程范围内。

识别出高权行为后，就可以依法行政原则对其加以拘束，"法无授权即禁止"的思维需贯彻始终。以基于行政优益权的解除权为例，在司法实践中需对《行政协议司法解释》第16条第1款规定的"可能出现严重损害国家利益、社会公共利益的情形"进行严格认定。并且，基于行政优益权的解除权的范围也可进行限缩，使其仅适用于继续性合同，因其比较法源流如此，也因财政需要并不属于公共利益需要。[101]

（二）法学概念的奥卡姆剃刀

"协议"作为原生于民法的概念，因现代法治国家给付行政的兴起而进入行政法领域。这一自由往来于公私法之间的概念，难免将整个法体系规范的"书同文，车同轨"的问题推到台前。奥卡姆剃刀定律可在此发挥一定作用，其可被简要概括为"如无必要，勿增实体"。这一定律虽源于经院哲学和基督神学之争，但其影响力早就扩张于外，法学领域也难免受此影响。当代法教义学在分属的各法域精耕细作，但若法域间互动介面出现问题，将如苏永钦教授所担心的那样，"对各法域体系化效益造成的减损，整个体系的运转因此出现的不必要的遗漏、重复或矛盾，都不免让人油然而生'为山九仞，功亏一篑'的感慨"[102]。因此，在奥卡姆剃刀定律之下，概念精简是必要的。

以最重视体系性的民法为例，面对多变的现代社会、案例思考的思维模式、电子检索技术的发展、渐进调适的需求，当今的民法典模式仍保有容让公法、经济理性、裁判规范、体系效率和转型工具的优势。[103] 术语使用的多样、不一致，显然会影响民法典的体系效率，故而有适用奥卡姆剃刀定律的必要。"协议"一

---

[99] 章程：《行政协议诉讼类型的区分、融合与转换》，载《行政法学研究》2021年第3期，第103—113页。

[100] 同前注〔66〕。

[101] 同前注〔76〕。

[102] 同前注〔8〕。

[103] 苏永钦：《寻找新民法》，北京大学出版社2012年版，第5—12页。

词在《民法典》中就存在名词性的合同、名词性的合意以及动词性的协商三种用法，但与此同时也有"合同""合意"和"协商"概念的大量使用。简言之，含义多样的协议和其各含义的同义词同时出现在我国《民法典》中。因此，在遇到某一"协议"时，需要先明确它的含义才能正确地适用规范。于此最好的做法是在身份关系及同向行为中遵循习惯保留协议，在其他地方依其含义分门别类地使用"合同""合意"或"协商"。

奥卡姆剃刀定律也须适用于法域之间的概念共用。行政法借用民法中的概念创设行政协议，虽然符合民事领域协议的用语习惯，但其名称上的另起炉灶并不能实现和民事合同相区分的目的，又偏离了行政法学理、实践原本的用语习惯，造成了本不必要的口舌花费以及与契约精神的迂回联结。在公私法以外的、属于社会法领域的《劳动合同法》中，也有协议用语的混用问题。这部法律虽在标题中使用合同，条文中主要使用的也是合同，但也较多地使用了替代合同的协议，如约定服务期的协议（第22条）、保密协议（第23条）、劳务派遣协议（第59条）、非全日制用工的口头协议（第69条）。这里的协议可分为两类：一类与合同条款同义，如保密协议；一类完全与合同同义，只是用生活用语替代法律用语，如劳务派遣协议。就后一类协议而言，这些条文将"合同"这一法律术语弃置不用，不是用一句"劳动法不像民法那样注重术语的精准"能解释的。这或许缘于私法与社会法之别，因为理想的民法规范应仅为裁判规范，以裁判者为规范对象，财产法模拟经济理性人间正常的交易活动而作规定，身份法则建立于普遍的人伦和习惯上，不必"使知之"即可"使由之"。[104] 但在介于公私法之间的第三法域中，是存在"使由之"的需要的，因此《劳动合同法》使用"劳务派遣协议"这样的生活用语，大概可以起到便于用人单位理解、遵守的作用。

更为吊诡的是，同样出于与民法上的合同相区分的目的，在诉讼法领域还出现了所谓的"诉讼契约""证据契约"。这一领域一方面承认"诉讼契约与一般民事契约虽同为契约"，另一方面又指出二者的区别在于"基于诉讼法的公法性质，诉讼契约在可契约程度及契约效力认定上明显有别于一般民事契约"。[105] 但是，契约在当今民法看来不过是一个历史的概念。并且，行政法和诉讼法同属公法，行政法原本一直毫无顾忌地使用"行政合同"，"行政协议"的广泛使用只是缘于立法选择的影响，诉讼法学界为何一开始就顾虑重重地选择"诉讼契约""证据契约"的用词？这一现象很难不让人警觉，若每一法域都为同民法相区分而刻意对自己领域的合意采不同用语，势必会造成概念紧缺，因其一方面须与民法相区分，另一方面也须与已作出用语选择的法域相区分，那么除了合同、协议和契约，还有什么表述合意的概念可供选择？正如前文所指出的，这里

---

[104] 同前注[103]，第10—11页。
[105] 同前注[9]。

的关键并不在于用语上的区分,而在于可因具有大体一致的特征而使用相同的用语,该一致特征即契约精神之体,以此为基础,再进一步结合各法域自身的特征对用语作出具体的阐释。由此,用语的区别便可因语境的不同而实现。这样才有利于学科间的交叉对话,在共同的基础上展开对问题的讨论,否则每次对话前都须作一次用语的厘清,效率的折损便可想而知。

(三) 牵一发而动全身的法学概念体系

若将视角从特定法域拓展到整个法秩序,法学概念的跨法域流动还是一个法域间相互影响的过程,不仅在术语层面有所作用,还与规范协调层面直接相关。

前文对协议及其承载的契约精神由民法向行政法的流入着墨较多,但行政协议反过来也会对民法产生影响,且此影响并不像想象的那般轻微。行政协议(或行政合同)的诞生本身,就已影响到了"民法中法律行为"与"民事法律行为"的术语之争。相较于比较法上的法律行为,我国《民法通则》开创的民事法律行为的术语被誉为"世界民法立法史上的一个独创"[106],其"独创性的成就"在于解决合法性矛盾与法域区分难题。行政协议所影响的,是民事法律行为概念所欲解决的法域区分问题。在单方行政行为主导行政法的时代,民事法律行为的"民事"二字纯属多余。因为单方行政行为虽然是行政主体作出的直接或间接发生行政法律效果的行为,但发生行政法律效果并非目的,行政管理才是目的,且须依照法律规定的内容、程序为之,因此这一行为只是法律上的行为(juristische Handlungen),或曰具有法律意义的行为,而非承载当事人以己之意志实现己所欲求的法律效果这一任务[107]的法律行为(Rechtsgeschäft)。单方行政行为与法律行为的区别主要有依法行政原则和私法自治原则之别,内容自决和内容法定之别,意志因素对行为效力的重要性之别,意志因素的活动空间之别以及行为的强制力之别。但法律行为必属民法领域,"民事法律行为"的"民事"二字纯属多余,这样的观点是建立在"行政行为必为单方行为"的基础上的。当然,持这一观点的朱庆育教授也注意到了行政协议(行政契约)的存在,但行政协议只是出现在脚注里,他认为行政协议因当事人地位实质上的不平等以及私法的契约自由原则和公法的依法行政原则难以协调这两点原因而未得到太多重视。[108] 但是,随着行政协议于实践中的广泛使用和得到立法的明确承认,行政协议案件数量激增,或许当年把"法律上的行为"等同于"法律行为"的误解反而在当今误打误撞地发挥效用,即以"行政"和"民事"的定语区分行政法领域和民法领域的法律行为。

---

[106] 佟柔主编:《中国民法学·民法总则》,中国人民公安大学出版社1990年版,第208页。
[107] Detlef Leenen, BGB Allgemeiner Teil: Rechtsgeschäftslehre, 2. Aufl., 2015, § 1, Rn. 2.
[108] 朱庆育:《法律行为概念疏证》,载《中外法学》2008年第3期,第367页。

另外,规范协调层面的影响主要在作为替代行政处理手段的协议和国家作为公共财产所有者和管理者所订立的合同的二分方面体现出来。何海波教授有意在此作出协议和合同的用语区分,但认为二者均应通过行政诉讼处理。前者属于《行政诉讼法》第12条第1款第11项的范围并无太大问题,但后者则颇具争议。何海波教授的理由在于这样的合同具有明显的公益性,法律、法规和规章对合同订立过程和合同内容设置了比普通合同更多的强行规范,通过行政诉讼处理"有利于法院公正、及时、完全地解决相关争议,有利于保护公民、法人的合同权利"。[109] 依此理由,似乎民事审判庭就不能公正、及时、完全地解决此类争议,不保护公民、法人的合同权利。但《政府采购法》第43条第1款已明确规定政府采购合同适用合同法,且民法也已为强制性规范的介入设置了管道,比如《民法典》第153条第1款的转介条款。具体到批准等手续对合同效力的影响问题,《民法典》第502条也有所规定,完全有能力处理类似问题。另外,如果将国家作为公共财产所有者和管理者所订立的合同完全划归行政诉讼调整对象,那么自《民法通则》以来我国民法关于公法人的规定将形同具文,因为这样的独特规定主要处理的是国家通过国库参与民事交往的问题。为使整个法体系的"僵尸法条"[110]限于最小,宜将替代行政处理手段的协议划归行政领域,将国家作为公共财产所有者和管理者所订立的合同划归民事领域。

五、结论

本文从概念考察的角度对"协议"一词在我国各部门法中的用法进行梳理和分析,并从法域交互的角度分析其现行用法产生的影响,得出结论如下:

契约、合同、协议三者在我国均有着深厚的历史渊源。契约和合同的区别在于时间维度,当今的合同实乃过去的契约,但在特定历史时期内二者也存在指公与指私之别。过去的协议与合同、契约并非同类,其被用作动词而非名词,在《大清民律草案》《民律二草》到台湾地区"民法典"的承继中,协议的适用范围一再扩大,但其动词本质未受挑战,且多用于身份法,从未涉足意定之债。与之不同,我国当代民法中的协议有名词和动词两种用法,名词性的用法可作合意或合同的同义词两解,动词性的用法则意同协商。《民法典》第464条第1款对合同的定义可解读出协议的两种名词含义:作为合意的协议与合同的区别在于交易性的强弱;作为合同替代概念的协议则多见于生活用语,在《民法典》中仅第221条一个条文错误地加以使用。作为协商的协议在《民法典》中也有协商一致之意,面对协商、协议的混用,可将协商用于双方,将协议用于多方,身份关

---

[109] 同前注〔61〕,第160页。
[110] "僵尸法条"系指由于逻辑结构和体系构造上存在瑕疵而欠缺适用可能或实益的法条,详见贺剑:《民法的法条病理学——以僵尸法条或注意规定为中心》,载《法学》2019年第8期。

系因其用语习惯仍可沿用协议。

行政法领域的契约、合同和协议的区别也在于时间维度。行政协议的用语之利在于同协议的用语习惯相一致,与民事合同相区分的立法目的仅无法通过名称差异来实现,仍免不了综合考虑合意的目的要素、主体要素、意思要素、职责要素和内容要素,内容要素的内容之争实际上殊途同归。弃合同而用协议的做法有违行政法学理及实践的用语习惯,也或多或少会产生误解及消除误解的成本,比如,司法裁判中为联结行政协议和契约精神而重新取道合同,此曲折做法的效率较低,还容易引发争议。

从整个法体系上看,概念的整合、体系的精简有益于效率的提高,这并不限于某一部门法。就协议的语词问题而言,语词选择不过为用,契约精神才为体,故需重新建立行政协议和契约精神的联系。此外,"如无必要,勿增实体"的奥卡姆剃刀原则也适用于法域间的概念流动,"诉讼契约"便是一个例证。从法体系整合的角度审视协议概念的流动,不难发现,作为输出者的民法需因此重新审视旷日持久的民事法律行为与法律行为的术语之争,并且,国家作为公共财产所有者和管理者所订立的合同由民法处理才能最大程度地减少整个法体系的"僵尸法条"。

法域虽然固定,概念却跨越界限而流动,此现象日益增加。各部门法内部的研究日益精细、深入,学者感慨于"前人之述备矣",一方面总结、发展前人之述,另一方面又抱着"何者能为我所用"的想法把目光投向其他法域探求理论资源。在跨法域的交流中,概念的整合是必要的,否则相关的研究便只是"夜幕下独自打球的那个人影"[11]。本文以"协议"为例在公私介面上的梳理,只是起了个小题,跨法域方法的深入研究仍任重而道远。

---

[11] 毛尖:《没有人看见草生长》,载《上海文学》2010 年第 7 期。转引自前注〔7〕,金敏:《眼睛就是一切"法"的语词与源流辨析》,第 49 页。

论国际私法视域下涉外股东代表诉讼规则的完善

——以最高院"乐金案"为切入点

冯 硕[*]

Improvement of the Rules of Foreign Shareholder Derivative Lawsuit under the Perspective of International Private Law

—From the Perspective of "Le Jin Case" by the Supreme Court

Feng Shuo

内容摘要： 在最高院作出的"乐金案"裁决中，大股东通过关联交易侵蚀公司利益，并以约定域外诉讼的方式规避中国法院管辖和中国法的适用，借助消极诉讼阻却小股东提起股东代表诉讼，令保障小股东合法权益的目的落空。该问题将会在《合资企业法》向《公司法》转型后频繁发生，需要基于尊重公司自治和股东保护以及尊重意思自治和维护主权及本国国民利益两对价值，对涉外股东代表诉讼进行规则完善。在管辖规则完善上，基于当前解决股东代表诉讼管辖模式，中国应设立再审之诉审查域外不当诉讼，并在限制适用范围和严控起

---

[*] 冯硕，上海政法学院司法研究所助理研究员法学博士。
本文系国家社会科学基金一般项目"我国国际商事法庭重大制度革新研究"（项目编号：19BFX204）的阶段性成果。

诉资格的前提下,赋予股东挑战域外不当诉讼的权利。同时要妥善处理可能出现的管辖冲突,化解再审之诉与判决或裁决承认与执行程序之间的龃龉。在冲突规则的完善上,应站在实质正义的立场上推动弱者利益保护目的的实现。基于再审之诉对域外不当诉讼纠偏的目的,在识别上不应受限于域外诉讼,可基于本国冲突法对纠纷重新识别。在中国法下,应看到再审之诉实际上是针对公司内部纠纷展开的,故应破除外部纠纷的表象而将其识别为公司内部纠纷中的股东权利义务纠纷,并适用《法律适用法》第14条解决纠纷。

关键词: 股东代表诉讼　涉外管辖　冲突规则　弱者保护

一、问题的提出

2020年《中外合资经营企业法》(以下简称《合资企业法》)的废止,使得我国合资企业转为由《公司法》等法律调整。但《合资企业法》实施40余年来,已经深刻影响了我国相关法律制度的构建,我国《民法典》关于中外合资等三类特殊涉外合同直接适用中国法和我国《民事诉讼法》"涉外编"关于三类特殊涉外合同纠纷的专属管辖的规定便是重要体现。随着《合资企业法》向《公司法》的制度转型,相关纠纷从合资纠纷转为涉外股权纠纷,有关管辖和法律适用规则能否实现有效衔接,成为国际私法领域应予关注的问题。法律规则的完善应以问题为导向,问题的产生往往来自真实判例。

2020年12月的"乐金电子(沈阳)有限公司与LG电子株式会社管辖权纠纷"一案(以下简称"乐金案")[1]便是一例典型的合资企业涉外股权纠纷案件,引出了相关规则的疏漏。该案中,乐金电子(沈阳)有限公司(以下简称"乐金公司")系注册于中国沈阳的中韩合资公司,股东为LG电子株式会社(以下简称"LG公司")(56.34%股权)、乐金电子(中国)有限公司(22.53%股权)和长白计算机股份有限公司(以下简称"长白公司")(21.13%股权)。2011年税务部门查明乐金公司曾支付给LG公司的1.45亿美元销售佣金构成关联交易,并处以罚款。长白公司得知后立即致函要求乐金公司追回损失,乐金公司承认存在关联交易,并于收到长白公司函件后第30日依据乐金公司与LG公司关联交易合同的协议管辖约定,在韩国首尔法院对LG公司起诉。乐金公司起诉一周后,长白公司向中国法院提起股东代表诉讼,一审法院将纠纷识别为侵权纠纷,以合资纠纷专属管辖为由裁定中国法院具有管辖权。[2] 后乐金公司上诉,二审法院将纠纷识别为合同纠纷并认定协议管辖条款有效,同时法院查明乐金公司在韩国已经起诉,依据《公司法》第151条认定长白公司未满足提起股东代

---

[1] 最高人民法院(2020)最高法民申4732号民事裁定书。
[2] 辽宁省高级人民法院(2016)辽民初77-2号民事裁定书。

表诉讼的条件，撤销一审裁定，驳回长白公司诉请。[3] 长白公司对此申请再审，提出乐金公司在韩国诉讼所依据的管辖协议系伪造，在韩诉讼因消极怠诉而败诉，损害公司利益，故申请撤销二审裁定。但再审认为本案并非《民事诉讼法》规定的专属管辖纠纷，且长白公司不满足提起股东代表诉讼的资格，故驳回再审申请，维持原判。[4]

一审与二审及再审之间裁判倾向的差异，起于案涉核心纠纷应识别为侵权纠纷还是合同纠纷。识别所导致的结果便是，前者将适用《民事诉讼法》等法律针对合资纠纷的特别规定，由中国法院专属管辖且直接适用中国法解决纠纷，呈现出一种中国法控制的局面，可能在实体裁判上有利于中方当事人。而后者则需要依据《民事诉讼法》《涉外民事关系法律适用法》（以下简称《法律适用法》）和《公司法》等法律的一般规定，在管辖和法律适用上尊重当事人意思自治，从而在实体裁判上有利于外方当事人。在该案中，一审法院在某种程度上看到了域外诉讼的非正义性以及可能损害本国小股东合法权益的情况，故在立场上带有对中方小股东的支持倾向以追求实质正义。但在法律解释的技术与逻辑上，一审裁定显然难以满足现行法的程序要求并存在一定的法律解释缺陷。对此，最高院在二审和再审中则着重强调对程序正义的维护，选择尊重当事人约定，由韩国法院以外国法解决纠纷，故而令中方小股东认为其利益受损并反复向法院提出申诉。

个案的裁判差异有其自身的特殊性，并受到裁判者在事实查明和法律解释立场上的影响。但跳出个案从制度层面反思乐金案，其反映了在合资企业股份制转型后，过去有关"三资企业"纠纷的专属管辖和直接适用中国法的规定，转为适用涉外管辖与法律适用的一般规定。在有关涉外股东代表诉讼的处理上，当大股东通过关联交易等方式侵蚀公司利益时，如果约定域外管辖并适用外国法，大股东可以通过域外消极诉讼等方式阻却小股东提起股东代表诉讼，最终导致公司败诉无法挽回损失，从而规避中国法院管辖和法律适用并达成非法目的，令保障小股东权利目的落空。并且域外诉讼终局判决仍有机会依据条约及相关规则申请我国法院承认与执行，依据程序性审查标准则中国法院难以进行实体审查且须执行，进一步损害了公司及小股东的利益。因此，在《合资企业法》向《公司法》转型的过程中，需要从国际私法视域，对有关涉外股东代表诉讼的管辖和法律适用问题作出检视，以期通过规则的完善保障实体法的有效运行。

---

[3] 最高人民法院（2018）最高法民辖终 419 号民事裁定书。
[4] 最高人民法院（2020）最高法民申 4732 号民事裁定书。

二、涉外股东代表诉讼规则完善的动因

对涉外股东代表诉讼管辖与法律适用规则的关注，源于在《合资企业法》向《公司法》转型后，有关合资企业转为股份制，过去的中外合资纠纷就变为涉外股权纠纷。在纠纷解决的视域下，《合资企业法》规制的阶段，无论是涉外管辖还是法律适用都强调中国法院与法律的主导，具有高度控制的显著特征。而进入《公司法》调整阶段，则在某种程度上允许当事人基于意思自治协议选择，较之前者显现出一种相对的自由。

（一）高度控制型中外合资纠纷解决的理论争鸣

1979 年颁行的《合资企业法》作为中国现代公司制度建立与完善的起点，其所建立的合同制公司治理模式深刻影响着中国公司制度的发展。尽管随着公司制度的改革和《公司法》的实施，内资企业逐渐从合同理论模式转向财产理论模式，但合资企业仍以合同作为协调企业内部法律关系的依据，[5]故而我国在相关纠纷的解决上主要将其定性为一种合同纠纷。在包括合同纠纷在内的民商事纠纷解决上，管辖和法律适用问题是程序启动的前提。而《民事诉讼法》"涉外编"第 273 条则将中外合资经营企业合同纠纷归为由中国法院专属管辖，排除当事人基于意思自治协议选择他国法院管辖的可能。同时，《民法典》第 467 条也规定，合资企业合同纠纷的解决均应当适用中国法律，以单边冲突规则排除了适用外国法的可能。这种在管辖和法律适用上的排他性规定，构成了一种高度控制型的纠纷解决模式。

对合资合同纠纷采用高度控制型的纠纷解决模式，主要延续了改革开放以来我国对外资引进的谨慎态度和保护本国主权与利益的基本立场。[6] 从这一立场出发，在投资纠纷解决中强调东道国救济并排除外国管辖的做法，是镌刻在每一个主权国家基因当中的权力冲动。早在 19 世纪末的国际投资法律体系构建上，以阿根廷法学家卡洛斯·卡尔沃（Carlos Calvo）为代表的学者就认为，"国内法庭应对外国人与主权国家之间的争端享有排他性的管辖权，外国人不应当寻求外交保护等非当地救济"。[7] 以反对"超国民待遇标准""排他的国内管辖"和"拒绝外交保护"为核心的卡尔沃主义，成为包括拉美国家在内的发展中国家维护本国主权并抵御外资控制的重要理念，展现出东道国绝对的控制权

---

[5] 参见邓峰：《中国公司理论的演变和制度变革方向》，载《清华法学》2022 年第 2 期，第 50 页。

[6] 参见韩德培主编：《国际私法新论》，武汉大学出版社 1997 年版，第 11 页。

[7] Thomas E. Carbonneau & Mary H. Mourra, *Latin American Investment Treaty Arbitration: The Controversies and Conflicts*, Kluwer Law International, 2008, p. 8.

和强烈的属地主义色彩。[8] 即使是在以投资条约为基础解决投资纠纷的当代,将用尽当地救济作为启动投资仲裁的前置程序仍广泛存在于发达国家与发展中国家缔结的投资协定当中。因此,采用高度控制型的投资纠纷解决模式,是在国际投资领域南北国家实力悬殊的现实背景下,发展中国家的阶段性选择,反映着国际投资争端解决体系构建过程中的客观规律。[9]

反观《合资企业法》颁布实施之时,刚刚开始改革开放的中国,对外资的引入依旧高度谨慎。外资以合资或者合作等方式进入中国开展投资,合同的签订与实施需要经过相关政府部门的行政审批,在投资领域、持股比例和外资汇兑等方面都深受行政权的影响。故而围绕外资所构建的相关法律体系,必然也保留了东道国施加行政影响的权力空间。尤其对于纠纷解决而言,其关系到中外双方企业的利益平衡。对于刚刚开放的中国,中方企业既不熟悉也不信任外国法院及外国法律,一旦放开极有可能导致中方企业的反复败诉。尤其在彼时的计划经济体制下企业主要为国有或集体所有,一旦败诉于外资则可能导致所谓的国有资产流失。本着防止国有资产流失的目的,以相对保守的方式控制合资企业纠纷的解决在当时具有一定的合理性。

但回归民商事领域,合资企业合同纠纷本质上仍属于私主体之间的商业纠纷,管辖与法律适用问题仍应在民商法和国际私法的视角下检视。在管辖方面,允许当事人协议选择解决纠纷的方式与机构体现了私法的意思自治,以专属管辖方式禁止当事人选择外国法院无疑与之相悖。虽然基于公共利益或秩序的需要,国际私法允许各国通过强制性规范,阻断当事人意思自治而强调本国法院的管辖权。但对于公共秩序的理解与适用,国际上普遍还是秉持限制解释的立场。[10] 对于包括合资合同在内的三类特殊涉外合同而言,其仍是中外私主体之间基于商业利益缔结的民商事合同。虽然会面临行政审批等事项,但审批仅仅决定了合同的生效与否,并不影响合同的具体执行。从域外立法实践来看,专属管辖的覆盖范围主要为不动产、专利、身份以及涉及国家安全的纠纷,合同纠纷多允许当事人协议选择,该立法模式也背离了主要域外立法导向。[11]

---

[8] Denise Manning-Cabrol, *The Imminent Death of the Calvo Clause and the Rebirth of the Calvo Principle: Equality of Foreign and National Investors*, 26 Law and Policy in International Business 1169, 1180-1181.

[9] 参见冯硕:《论第三方解决国际经贸争端的嬗变与重塑——基于贸易与投资争端解决机制的综合考察》,载《甘肃政法大学学报》2021年第1期,第104页。

[10] 参见肖永平、龙威狄:《论中国国际私法中的强制性规范》,载《中国社会科学》2012年第10期,第121—122页。

[11] 参见陶立峰、高永富:《我国三类特殊涉外经济合同纠纷专属管辖条款之重构》,载《国际商务研究》2013年第4期,第80—82页。

在法律适用方面,萨维尼提出的法律关系本座说,核心便在于将国际私法从国际公法中解放出来,承认各国私法的等价性和互换性,从而使法律的地域适用范围问题与国家主权问题脱钩,彻底打破了法律的属地主义。[12] 随着全球化背景下国际民商事活动日趋频繁和商业利益的不断交融,国际私法也渐趋从形式正义迈向实质正义,从追求主权优位转向平权协调。所以在国际私法视域下,通过专属管辖和单边冲突规则的方式控制合资企业合同纠纷的解决以达成维护本国主权和利益的目的似乎过于狭隘。尤其在改革开放不断推进和社会主义市场经济体制渐趋成熟的背景下,依旧以改革开放初期的企业管理思路和方式调整中外合资关系,无疑忽视了民法所倡导的身份平等和意思自治,不利于优化我国的投资环境。[13]

以高度控制模式强调在合资纠纷解决中仅能由中国法院管辖并直接适用中国法,尽管在我国改革开放初期有一定的合理性,但仍然与国际私法倡导意思自治的价值取向有所背离。也恰因理论界的争鸣和近年来批评声音的增强,随着我国外商投资管理体制的转变使得高度控制模式走入穷途,合资纠纷解决进入新的阶段。

(二)相对自由型涉外股权纠纷解决的制度检视

《合资企业法》废止转而由《公司法》调整合资企业,使其从合同法律关系转为股权法律关系。这种基础法律关系的转变,令相关纠纷解决从过去的高度控制型模式转向围绕《公司法》建立的新模式。因此,对涉外股东代表诉讼这一具体诉讼类型的考察,既需要在整个股权纠纷的框架下予以检视,也需要聚焦涉外领域纠纷的特殊性,这些都需要从厘清公司法调整的法律关系入手。

公司法主要聚焦于公司管理层与股东、大股东与小股东以及公司与外部人三对法律关系的调整。[14] 但公司作为一种市场主体全面参与到市场资源配置的活动当中,交易的复杂性决定了与公司相关的纠纷往往涉及多重法律关系。故在纠纷的解决规则设计上,需要对症下药,更需要系统调适。

在管辖层面,不同于合资合同纠纷的专属管辖,有关公司与外部人法律关系的调整主要依据《民事诉讼法》关于合同和侵权纠纷的管辖规定,由被告住所地、合同履行地或侵权行为地等地的法院管辖。对于公司内部的管理层与股东以及大股东与小股东之间关于公司设立、确认股东资格、分配利润、解散等纠纷,由公司住所地人民法院管辖。《最高人民法院关于适用〈中华人民共和国民

---

[12] 杜涛、肖永平:《全球化时代的中国民法典:属地主义之超越》,载《法制与社会发展》2017年第3期,第74页。

[13] 参见丁伟:《我国涉外民商事诉讼管辖权制度的完善》,载《政法论坛》2006年第6期,第161—162页。

[14] See Reinier Kraakman et al., *The Anatomy of Corporate Law: A Comparative and Functional Approach*, 3rd ed, Oxford University Press, 2017, p.2.

事诉讼法〉的解释》则进一步对适用情形予以细化,明确为股东名册记载、请求变更公司登记、股东知情权、公司决议、公司合并、公司分立、公司减资、公司增资等纠纷提起的诉讼。对于涉外纠纷而言,有关合同、侵权等其他财产权益纠纷,《民事诉讼法》涉外编允许当事人通过协议选择被告住所地、合同履行地、合同签订地、原告住所地、标的物所在地、侵权行为地等与纠纷有实际联系地点的外国法院管辖,甚至在专属管辖案件上允许当事人选择包括域外仲裁在内的仲裁解决。至于有关公司内部纠纷,则直接适用《民事诉讼法》一般规定由公司成立地法院管辖。

在法律适用层面,不同于《民法典》在合资合同纠纷中直接适用中国法,《法律适用法》针对涉外公司股权纠纷等问题形成了选择适用的冲突规则模式。[15] 针对公司内部纠纷,该法第14条规定法人及其分支机构的民事权利能力、民事行为能力、组织机构、股东权利义务等事项,适用登记地法律。如果法人的主营业地与登记地不一致,可以适用主营业地法律。法人的经常居所地,为其主营业地。该规定以登记地、主营业地或经常居所地为连接点,赋予了法院通过冲突规则来确定解决纠纷的准据法的权力。而针对以合同或侵权为主要内容的公司外部纠纷,该法第41条和第44条均将当事人意思自治置于优位。在没有基于意思自治的协议选择时,则分别适用最密切联系地、侵权行为地以及共同居所地等地的法律。

比照合资纠纷的高度控制型纠纷解决方式,在股权为基础的公司化组织模式下,相关纠纷解决的管辖与法律适用都呈现出一种适度控制的相对自由模式。所谓适度控制主要集中于该公司内部纠纷的解决,2012年《民事诉讼法》修订创设了有关公司内部股权纠纷等由住所地法院管辖的特殊地域管辖模式。该模式的确立,主要是基于公司内部股权纠纷具有一定的涉众性,如果放任当事人选择或依据合同或侵权类纠纷的管辖模式,则极易造成管辖权冲突。由公司住所地统一管辖,既可以便利当事人诉讼也能有效防止管辖权冲突。[16] 在法律适用上,有关公司及股东权利义务的判定也基本以登记地或主营业地为标准,贯彻了国际私法领域关于法人资格的普遍立法倾向。但也由于适用范围的有限以及识别过程中容易被归为合同或侵权纠纷,从而指向不同的准据法。[17] 因此,在法律适用上的适度控制也因冲突法的特殊性而相对宽松。在相对自由方面,主要集中于公司外部纠纷的解决中。无论是在管辖还是法律适用上,合

---

[15] 参见丁伟主编:《国际私法学》(第三版),上海人民出版社2013年版,第69—70页。
[16] 参见李浩:《民事诉讼管辖制度的新发展——对管辖修订的评析与研究》,载《法学家》2012年第4期,第149—151页。
[17] 参见邢钢:《公司准据法适用范围限定的实证考察与改进路径》,载《江西社会科学》2019年第1期,第185—187页。

同和侵权类纠纷都以当事人意思自治优先,尤其在涉外案件中意思自治的优先性更为明显。该模式完全改变了合资纠纷中的高度控制,直接将纠纷解决推向另一极端。但公司作为具有能动性的市场主体,相关纠纷往往具有内外联动的特性,股东代表诉讼便是典型的因外部侵权或合同关系引发内部股东之间纠纷的案件类型。

回到乐金案的涉外股东代表诉讼,案中所涉及的核心法律关系便是乐金公司与 LG 公司之间基于合同建立的债权关系,因此我国法律允许当事人通过协议选择决定管辖和法律适用问题。但在该案中外部的债权关系是典型的关联交易,存在侵害公司利益的情形。这便牵动了公司内部的股东利益分配问题,从而转化为公司内部纠纷。质言之,该案实际上是以公司外部纠纷为表象的公司内部纠纷。如果沿着相对自由型的外部债权关系解决管辖和法律适用问题,对纠纷的最终解决并无裨益,甚至会加剧内部利益冲突,故须在规则层面加以反思。

(三) 涉外股东代表诉讼的价值平衡

从高度控制型向相对自由型的纠纷解决模式转变,尽管回应了长期以来业界的批评,但这种相对急速的转型也会在某种程度上引发问题,其中以乐金案为代表的涉外股东代表诉讼的规则疏漏便具有典型性。在完善相关管辖与法律适用规则的过程中,需要厘清涉外股东代表诉讼的制度价值,这既需要从股东代表诉讼一般制度入手,也需要聚焦涉外领域的特殊性。

肇始于 19 世纪的股东代表诉讼制度,天生便带有对传统公司法中公司自治原则的尊崇。在传统公司法视域下,公司自治建立在私法自治的基础之上。[18] 其既突出对外的独立性,享有与自然人一致的自由;也强调股东内部自治,要求司法不可过度干预公司的内部决策与治理。正是公司自治理论的影响,使得英美法系法官在早期的相关判例中,始终强调与公司有关的起诉决定应当由公司股东大会多数决议,[19] 从而创制了以"适格原告和股东多数决"为核心内容的"福斯规则"[20](The Foss Rule)。直至 20 世纪初期,英国法官仍强调法院在法律上无权介入公司内部管理事务,事实上也无力管辖公司内部

---

[18] 参见蒋大兴:《公司自治与裁判宽容——新〈公司法〉视野下的裁判思维》,载《法学家》2006 年第 6 期,第 72—74 页。

[19] Paul. L. Davies, *Cower's Principles of Modern Company Law*, 6th ed, Sweet & Maxwell, 1997, p.659.

[20] "福斯规则"源于 1843 年的"福斯诉哈尔伯特案"(Foss v. Harbottle),该案中股东就代表公司及其他股东告公司董事(大股东)通过不合理高价收购董事财产损害公司利益。对此,主审法官詹姆斯爵士(James Wigram)认为股东无权以公司的名义提起诉讼,因为二者在起诉目的上是不一致的,应当予以驳回。

问题。[21]

公司自治落脚于股东自治,公司作为独立法人的意思表示也反映的是股东的意思。股东的共同意思往往只能是多数意思,所谓的公司自治并不完全等同于真正的股东自治,也包含了对少数股东意思表达的消解。[22] 在实践中,通过股东大会以资本换取表决权的决策机制,实际上是将股东大会置于大股东之手。大股东通过对表决权的控制左右公司的人事、财务及信息等各个方面,令公司自治与真正的股东自治割裂,使公司自治止于形式而难以落到实质层面。随着20世纪以来经济治理模式从自由放任到收放并举的转变,包括公司法在内的私法体系开始受到公权力的渗透,私法自治理念逐步得到改良,公司独立人格开始松动。即法律认为在某些特定情况下,过于坚持公司独立人格和有限责任会造成裁判上的不公,需要通过否定公司人格的方式实现实质正义以修补相关制度漏洞。[23] 这便促使法院赋予股东提起代表诉讼的权利,防止管理层及大股东对公司的操纵。

股东代表诉讼制度的关键在于平衡公司自治和股东利益之间的关系,在该过程中也衍生出以前置程序为代表的平衡机制。所谓前置程序主要是通过对提起代表诉讼的股东资格的适当限制,防止股东滥诉而影响公司自治并浪费司法资源。具言之,对于股东资格,相关立法主要在持股等方面作出限制。在持股比例上,通常要求提起代表诉讼的股东的持股应当达到法定额度,或要求股东起诉时提供担保。在持股时间上,要求提起代表之诉的股东应当实际持有股份,防止"购买诉讼"等恶意诉讼的出现。在等待期限上,相关立法均在股东代表诉讼中设定了诸如30日、60日或90日等不同的时限。从诉权理论上看,前置程序的适格请求人并不当然是股东代表诉讼的适格原告,因为请求人只有依法经过前置程序进入诉讼程序后才能成为适格的原告。[24] 所以,等待期限本质上是股东救济请求从内部向外部转化的过渡期,给予了公司自我消化纠纷的主导权,强调司法的谦抑性。

聚焦涉外纠纷的解决,在国际私法理论体系下无论是管辖还是法律适用,实际上都围绕着尊重意思自治和维护主权及本国国民利益展开。意思自治作为整个私法制度的基石,贯彻于整个民商事实体法与程序法的建构历程,并指

---

[21] 〔加拿大〕布莱恩 R. 柴芬斯:《公司法:理论、结构和运作》,林华伟、魏旻译,法律出版社2001年版,第337页。

[22] 参见蔡立东:《公司治理中的"多数派暴政"问题》,载《法制与社会发展》2003年第5期,第86—87页。

[23] 参见朱慈蕴:《公司法人格否认:从法条跃入实践》,载《清华法学》2007年第2期,第112—114页。

[24] 参见沈贵明:《股东代表诉讼前置程序的适格主体》,载《法学研究》2008年第2期,第59—60页。

引着国际民商事司法活动的运行。意思自治既强调平等私主体有权基于独立且自由之意志作出符合其本意的选择,也强调包括公权在内的任何第三方都不应染指私主体的选择而扭曲意思自治。[25]也正是基于意思自治,国际民商事纠纷解决无论是在管辖还是法律适用上,都将当事人基于意思自治的协议选择置于优位,并通过海牙《选择法院协议公约》等一系列国际性条约予以制度化,允许当事人在全球范围内挑选法院和准据法解决纠纷。这也成为过去几十年来批判高度控制型合资纠纷解决模式的主要理据,深刻影响着相关涉外纠纷解决的立法与司法活动。

然而,随着国际私法的发展,各国逐渐认识到对意思自治的过度尊崇会在某种程度上影响各国主权利益。自《威斯特伐利亚和约》以来,主权便成为国际法体系的基石,并日益成为民族国家头顶的王冠而不容染尘。[26]作为国际法分支体系的国际私法,仍要遵循主权原则并维护主权利益。因此,在近年来国际私法的发展中,无论是在管辖还是法律适用上,都存在一种基于维护主权等利益限制意思自治的思潮。各国国际私法立法限制意思自治原则的运用主要采取三种做法:一是基于弱者权益保护原则而排除某些特殊合同中当事人选择法律的权利,不允许强者一方滥用意思自治原则。这尽管根植于对弱者的利益保护,但在很大程度上也是对本国国民利益的维护,构成了主权利益的一部分。二是基于政策导向,强调国家的社会公共利益,排除了当事人意思自治而直接适用内国法。三是基于直接适用的法,即为实现国家重大社会经济利益制定的,直接适用于涉外民商事关系的具有强制效力的实体法律规范,排除当事人意思自治。[27]

总之,在纠纷解决模式从高度控制型向相对自由型转变的过程中,要以尊重公司自治和股东保护,以及尊重意思自治和维护主权及本国国民利益两对价值作为基准,聚焦乐金案所暴露的问题展开规则完善。从乐金案显露出的规则疏漏看,我国在涉外股东代表诉讼上显然存在对小股东利益保障的缺失。而在管辖和法律适用层面则缺乏对意思自治的适度限制,为大股东侵蚀公司利益提供了可能,这便为相关规则的完善确立了目标。

---

[25] 参见刘晓红、冯硕:《论国际商事仲裁中机构管理权与意思自治的冲突与协调——以快速仲裁程序中强制条款的适用为视角》,载《上海政法学院学报(法治论丛)》2018年第5期,第5—7页。

[26] See Antonio Cassese, *State: Rise and Decline of the Primary Subjects of the International Law*, in Bardo Fassbender & Anne Peters eds., The Oxford Handbook of the History of International Law, Oxford University Press, 2012, p.51.

[27] 参见徐伟功:《法律选择中的意思自治原则在我国的运用》,载《法学》2013年第9期,第28页。

三、涉外股东代表诉讼的管辖规则完善

乐金案在管辖权层面将纠纷拒之门外,尽管凸显出对涉外协议管辖的尊重,但在某种程度上令本国股东失去了获得本国司法救济的可能。这也为大股东操纵公司制造虚假的域外管辖协议,绕开中国法院对案件的审查以侵蚀公司利益提供了可能。因此,需要基于对前述两组价值的平衡,探索可行的管辖规则来解决相应问题。

(一)涉外股东代表诉讼管辖模式的选择

涉外股东代表诉讼的管辖规则的完善,首先要立足于对公司自治和股东保护两大价值的平衡,着力通过规则来防范大股东可能通过消极诉讼等方式阻却小股东行使权利,解决乐金案所暴露的问题。从目前股东代表诉讼程序的建构模式看,针对上述问题,域外主要是在现有的基本程序之上通过添加新的程序,防止大股东主导下的公司消极诉讼,并表现为在原有诉讼中细化前置程序的审查和设立再审程序两种模式。

细化前置程序的模式,是法院在确立小股东有权提起代表诉讼并建立管辖权时,依据相应的标准作精细化审查,该模式主要见诸英美法系中。在1976年美国联邦法院审理的Gall v. Exxon案中,由于目标公司存在处理股东起诉的"特别诉讼委员会"且委员会决议成功说服法院驳回了股东代表诉讼,使得特别诉讼委员会制度得以推广。[28] 在具体程序上,特拉华州最高法院在Zapata v. Maldonado案[29]中明确指出股东代表诉讼的审查应分为两步:(1)法院要对公司特别诉讼委员会是否公正作出判断,该过程中法院假定特别诉讼委员会是不公正的,公司承担对特别诉讼委员会公正性的证明责任。若公司无法对此作出证明,法院便有权驳回公司对股东代表诉讼作出的决定。(2)当公司决定接受小股东的提议起诉后,法院会根据"商业判断标准"对公司的起诉是否对公司有利作出判断。[30] "商业判断标准"主要指法院在对公司相关交易的审查中关注公司管理层是否履行了对公司的忠诚义务,并基于谨慎合理的判断作出商业决策。[31] 如果法院认为公司的起诉并不利于维护公司的利益,则会通过许可

---

[28] See A. J. Boyle, *Minority Shareholders' Remedies*, Cambridge University Press, 2003, p.41.

[29] Zapata Corporation v. William Maldonado, Supreme Court of Delaware, 430 A.2d 779 (1981).

[30] Carole F. Wilder, *The Demand Requirement and the Business Judgment Rule: Synergistic Procedural Obstacles to Shareholder Derivative Suits*, 5 Pace Law Review 633, 639 (1985).

[31] See Dennis J. Block, H. Adam Prussin & Bonnie K. Wachtel, *Dismissal of Derivative Actions Under the Business Judgment Rule: Zapata One Year Later*, 38 The Business Lawyer 401, 417-418(1983).

的方式允许股东提起代表诉讼以防止公司利益受损。

同为普通法系的英国,更在判例法的基础上将相关规则成文化并纳入 2006 年英国《公司法》(The Campany Act 2006)中。该法第 262 条及 267 条均规定,在公司启动了诉讼程序后股东仍可向法院申请代表诉讼,如果法院认为 (1) 公司开始或继续诉讼构成对诉讼程序的滥用,(2) 公司未能勤勉地提起诉讼,并且 (3) 股东提起代表诉讼更为合适,则法院有权允许股东接管相应的诉讼进行代表之诉。反之,如果股东无法满足上述标准,或公司已经作出了不利于董事会的和解,则法院应当驳回股东的请求并继续由公司主导诉讼。另外,无论该诉讼是从一开始就以代表诉讼的方式提出,还是由公司提起但后来被代表诉讼接管,无论申请人意欲取代的股东是最初发起诉讼的股东,或是从公司手中接管诉讼的股东,还是已经提起代表诉讼的股东中的某一位,申请人都可以提出接管既有诉讼,且法院都应当予以审查。[32]

不同于英美等国以细化前置程序的方式在确立管辖权阶段解决该问题,以日韩为代表的东亚国家则选择了新设再审程序建立新诉的方式。从日本的立法历程看,针对大股东与第三方通谋损害公司利益的情况,日本商法典除明确股东在满足前置程序的基础上具有提起代表诉讼的权利外,也赋予了小股东提起再审的权利。即在责任追究等诉讼的情形下,原告及被告合谋以损害公司权利为目的取得判决的,公司或股东可以对生效的终审判决提出再审之诉以申述不服。[33] 与之类似,韩国也在该问题上采用了再审救济的方式。其强调在提起股东代表之诉的情形下,若原告与被告共谋以侵害公司权利为目的获得判决,公司或股东可以对已经确定的终审判决提出再审之诉。[34] 虽然韩国在再审可诉范围上较日本更小,但在股东代表诉讼中仍然赋予了小股东提起再审的权利,以实现对其利益的维护。

针对上述两种模式,笔者认为中国应通过新设再审程序解决该问题。因为不同于英美国家由于市场发达和人际关系简单等因素导致的公司股权相对分散,包括中国在内的东亚国家因浓厚的家族意识、密切的人际关系以及财富分配与传承的观念等,公司股权的集中程度更高,这就决定了我国的公司类纠纷多以公司内部股东纠纷为主。[35] 尽管英美法系对于股东代表诉讼尤其是前置程序规则的完善具有借鉴意义,但从目前中国资本市场发展尚不充分和高度集

---

[32] See Paul Davies & Sarah Worthington, *Gower and Davies' Principles of Modern Company Law*, 9th ed, Sweet & Maxwell, 2012, p. 660.

[33] 参见《日本公司法典》,吴建斌、刘惠明、李涛译,中国法制出版社 2006 年版,第 446—447 页。

[34] 参见《韩国商法》,吴日焕译,中国政法大学出版社 1999 年版,第 90—91 页。

[35] 参见赵旭东:《公司治理中的控股股东及其法律规制》,载《法学研究》2020 年第 4 期,第 92—99 页。

中型股权结构的现实出发，贸然引入类似于"特别诉讼委员会"的制度或许并不现实；即使引入也可能成为大股东的又一傀儡，将股东之间的利益冲突转化为司法介入和公司自治之间的冲突，加剧了司法的诉讼压力并破坏公司自治。而赋予小股东提起再审的权利，既保留了现有股东代表诉讼的基本框架，有利于保障体制转型后内外资企业规则一体适用的稳定，促进相关纠纷解决的规则一致性，同时也可以继续维护公司自治，弱化司法过度干预导致的境内外商事主体的抵触。从而在制度上倒逼大股东或管理层在阻却股东代表诉讼后忠实履行义务，将英美法系中有关前置程序的理念贯彻进再审程序。

从管辖权角度出发，由于存在公司与外部人订立的管辖权协议，在《民事诉讼法》现行规定下如果否定管辖协议而由中国法院直接管辖，则会引发不必要的平行诉讼。即使是通过对判决承认与执行的司法审查这种间接管辖权，[36]由于程序审查要求，往往也难以从实体层面实现对域外不当诉讼的纠正。而设立再审程序，可以尊重管辖协议的有效性并实现股东代表诉讼的制度目标，有效维护小股东的合法权益。需要指出的是，此处所确立的再审程序实际上涵摄于《民事诉讼法》第16章的审判监督程序之内。在解决国内纠纷中，再审程序依旧在现行体系发挥纠正一二审法院的裁判失当的作用。而在涉外股东代表诉讼当中，其则构成一种对域外终局裁判的挑战或纠偏，实际上是在我国涉外民事诉讼中借助《民事诉讼法》中的再审程序处理的一种新诉。

（二）涉外股东代表诉讼再审程序的规则完善

通过再审程序赋予本国小股东针对域外公司消极诉讼提起再审的权利，无论对于国内诉讼还是涉外诉讼，法院对再审之诉建立管辖权仍要强调对小股东提起诉讼的适度限制，以防止其滥诉影响公司自治和浪费司法资源，因此需要对相关规则作出进一步的细化。

在适用范围上，赋予股东提起再审以挑战域外裁判的前提，应是目标公司为注册登记于我国内地的公司。之所以如此限定，一方面，是要应对短期内中外合资企业转为股份公司后可能产生的涉外股权纠纷，防止其从高度控制型向相对自由型纠纷解决模式转型后出现的纠纷集中爆发，并且可能出现与乐金案相同的问题，损害我国合资方转为小股东后的利益。赋予相关小股东提起再审的权利，可以在维护其合法权益的同时，有限度地保护本国国民的合资利益。另一方面，注册地位于我国内地，证明其确实与我国存在实际的利益联系，[37]并且在纠纷解决上我国法院亦具有一定的便利性，有利于纠纷的实质性化解。

---

[36] 参见何其生：《海牙管辖权项目的困境与转变》，载《武大国际法评论》2022年第2期，第36页。

[37] 参见刘晓红、周祺：《协议管辖制度中的实际联系原则与不方便法院原则——兼及我国协议管辖制度之检视》，载《法学》2014年第12期，第45—46页。

在管辖法院的确定上,尽管《民事诉讼法》及其司法解释允许当事人协议选择外国法院管辖。但再审之诉其实是针对域外不当诉讼的新诉,并不受制于目标公司在大股东主导下与关联交易方约定的管辖协议。对于一国法院管辖的新的诉讼,笔者认为应当按照《民事诉讼法》第 27 条由公司住所地法院管辖,以便利诉讼当事人并易于案件的实质性审查和财产的执行。需要指出的是,限定适用范围主要针对的是该纠纷是否应由我国法院管辖,是涉外层面的讨论。而具体应由我国哪一个法院管辖,则应按照《民事诉讼法》的具体规定予以确立。

当管辖法院确定后,管辖权的最终确立仍要聚焦于提起再审之诉的股东是否具有诉讼资格。对此,笔者认为应延续股东代表诉讼的相关规定,采用实质性审查标准并重点把握以下关键点:一是提起诉讼的股东应满足《公司法》关于股东代表诉讼所要求的持股比例和时间限制,明确该股东与本案具有真实利益关联。这主要是为了贯彻股东代表诉讼的制度目标,有效防止股东滥诉并与实体法形成规则衔接。二是股东具有相应证据证明已经就涉案纠纷书面请求公司管理层提起诉讼,且公司已经在域外得到终局性判决但并未实现股东的利益诉求。这充分体现了再审之诉挑战域外原审的制度功能,明确域外诉讼过程中小股东始终遵循相应实体法要求并表达了利益诉求,但域外原审存在不当诉讼之嫌难以保障小股东利益,需要通过再审予以矫正。

在举证责任上,笔者认为在股东提起再审时应重点通过举证责任的分配,实现维护公司自治和保障小股东利益的平衡。具言之,提起再审之诉的股东负有相应的初步举证义务,以证明相关诉讼的不正当性。而在原告履行完初步举证义务后,大股东或管理层控制的公司就应当承担较重的举证责任,证明其诉讼的正当性。

在担保上,目前我国股东代表诉讼并不存在担保制度,笔者认为在前置程序中不设置担保,能够体现我国法律对小股东利益的维护。但客观上我国非财产代表诉讼案件的受理费已经较低,与诉讼利益严重不对称。[38] 故在再审程序中,既然小股东对已决纠纷发起挑战,本着防止滥诉和维护公司自治的目的,法院可以要求其提供相应的担保,从而通过经济手段平衡各方利益。

(三)涉外股东代表诉讼再审的管辖冲突化解

再审之诉设立的目的之一在于在尊重管辖权协议的前提下实现对小股东利益的保护。在国内诉讼中,再审之诉属于纠正原审的一种诉讼,但在涉外领域则是一种新的诉讼,构成对相关域外诉讼的一种挑战。因此,在对再审之诉建立管辖权的同时,如何与域外产生的诉讼进行协调便是涉外管辖领域需要关注的问题。

---

[38] 黄辉:《中国股东派生诉讼制度:实证研究及完善建议》,载《人大法律评论》2004 年第 1 辑,第 259 页。

再审之诉管辖权确立的时机,要严格限定为域外诉讼已经作出终局性裁判。如果域外诉讼尚未完结,小股东向中国法院提起再审之诉的,法院应裁定驳回起诉。首先,之所以要严格限定确定管辖的时机,是由再审之诉的设立目的所决定的。从功能上看,赋予小股东提起再审之诉的权利,是对其因大股东操纵公司在域外消极诉讼侵犯其利益的救济,所针对的是域外的消极或虚假诉讼。在域外诉讼尚未作出终局裁判时,公司因关联交易等原因产生的利益受损实际上并未得到法律的固定,小股东也未产生实际的利益损失,再审之诉便无从谈起。

其次,强调再审之诉应在域外诉讼中作出终局性裁判,主要是为了避免产生不必要的管辖权冲突。如果允许小股东在域外诉讼尚未终结时提起诉讼,无疑构成了中国法院与外国法院就同一事实共同行使管辖权的局面,成为了一种典型的管辖权积极冲突。[39] 这种冲突的出现,主要是小股东基于对域外诉讼的忌惮,希冀于本国法院得到救济。但域外诉讼是否真的会造成其利益的损害仍有待评判,中国法院过早介入其中并不利于纠纷的有效化解,并存在突破协议管辖之嫌。在域外诉讼的终局性裁判的确导致公司利益受损后,中国法院再就再审之诉行使管辖权,则凸显出纠正域外不当诉讼以保障股东利益的目的,且新诉并不会导致管辖权冲突。

最后,在域外纠纷已作出终局裁判时,相关判决或裁决如果依照国际条约或司法协助途径向我国申请承认及执行,一旦股东提起再审之诉并满足了前述法律要件,相关程序应当中止留待法院作出再审判决。尽管依据相关条约或民诉法的规定,我国法院有权在承认和执行域外判决或裁决时进行审查,但无论是我国已经缔结的《承认及执行外国仲裁裁决公约》还是即将缔结的海牙国际私法会议《承认与执行外国民事判决公约》等,均对承认及执行地国法院的司法审查范围作出限制,并高度强调只能就案件程序性问题进行审查,不能染指实体裁判。[40]

然而,在再审之诉中,法院应予审查的实际上是包括关联交易在内的大股东侵蚀公司利益的法律事实,需要对其合法性作出评判并产生相应的实体结果。裁判文书的承认与执行程序显然难以满足这一要求,故而将继续陷入大股东埋设的陷阱之中,难以实现保障小股东利益的目的。在再审之诉中予以审查则是对新诉的处理,并不会背离相关国际公约的要求。如果经审查发现域外诉讼符合法律规定,则可以继续承认及执行域外裁判文书。反之,中国法院则可通过再审判决表明域外诉讼在中国法下的非法性,为小股东代表下的公司阻却

---

[39] 参见何其生主编:《国际私法入门笔记》,法律出版社 2019 年版,第 342 页。
[40] 参见徐国建:《建立法院判决全球流通的国际法律制度——〈海牙外国判决承认与执行公约草案〉立法资料、观点和述评》,载《武大国际法评论》2017 年第 5 期,第 117—118 页。

四、涉外股东代表诉讼的冲突规则完善

明确中国法院对涉外股东再审之诉的管辖权后,再审所审查的法律纠纷已在域外得到审查,在相关实体审查中必然要面对法律适用问题。域外法院判决所适用的法律,实际上是按照相关冲突规则指引所确定的。如果再审继续按照相关法律则在很大程度上难以发挥纠正原审的作用,因而需要通过对冲突规则的解释与完善达成再审之诉的目的。

(一)实质正义下冲突规则的弱者利益保护

大股东通过操纵公司与关联交易方订立管辖协议,约定按照对其有利的法律和法院解决纠纷,防止了其他国家法院及法律的染指,这看似通过意思自治的方式实现了形式上的正义,但在实质层面却暗含着大股东侵蚀公司和小股东利益的非正义目的。也恰是大股东的强势地位,促使了以保护小股东合法权益为目的的股东代表诉讼制度的出现,以矫正这种实质上的不公平,实现纠纷解决的正义性。

正义是经久不衰的法学论题,在法学基础理论层面,尽管对正义的定义和分类标准纷繁复杂,但将其归为形式正义与实质正义则较为常见。形式正义是指舍弃了具体内容和特殊情况的一般正义,是抽象正义;实质正义则指存在于具体的人、事件或行为之中的具有实际的、具体内容的正义,是具体正义或特殊正义。[41] 在冲突法视域下,有关形式正义与实质正义的探讨延伸为冲突正义与实质正义的对垒,前者强调在涉外案件的法律选择中以规则为基准确立准据法,而不关心案件的实体处理结果。与之相对,后者是指在法律选择过程中,更多关注案件实体处理结果的正义。[42] 萨维尼划时代地提出法律关系本座说,推动了各法域法律平等适用,并使得依照稳定的冲突规则确定准据法的方法得以确立,彰显着冲突正义的精神意旨。但进入20世纪,机械的法律选择方法在某种程度上已经导致大量司法案件难以得到公正的裁判,这种折损实质正义的现象引发了美国国际法学界的关注,从而掀起了一场声势浩大的"冲突法革命"。在这一时期,美国法学家打破了旧有机械化的冲突规则,基于法律选择服务于实体裁判的立场将实质正义理念注入冲突规则。尽管实质正义理念会导致冲突规则陷入不确定性从而影响法律的可预测性,[43] 但在过往几十年冲突

---

[41] 参见孙笑侠:《法的形式正义与实质正义》,载《浙江大学学报(人文社会科学版)》1999年第5期,第5—12页。

[42] 张丽珍:《国际私法中冲突正义与实质正义衍进之多维观照》,载《社科纵横》2018年第2期,第40页。

[43] 参见许庆坤:《重回冲突法确定性?——美国〈冲突法重述(第三版)〉草案初探》,载《国际法研究》2022年第1期,第102—112页。

法理论的更新中也逐渐促进了冲突正义与实质正义的融合,实现了原则性与灵活性的统一。

正是在实质正义理念融入冲突法理论的过程中,弱者利益保护理论成为影响冲突规则的重要因素。以冲突正义为基准的传统冲突法视角假设国际私法主体均是平等独立的个体,默认了当事人可以基于平等地位和意思自治选择法律,当事人的选择便成为冲突法的指引而不在乎其结果。但现实世界中私主体经济地位或力量之间的悬殊,往往会让强势的一方当事人借助意思自治之表象,实现根据自身利益单方指定法律的独断目的,令当事人选择法律的自由沦为以强凌弱、恣意掠夺的自由,需要借助外部力量的介入予以矫正。所以,在实质正义的冲突法理念下,弱者利益保护理论开始被融入其中,有效保障了当事人地位的实质平等和纠纷解决的实质正义。[44]

聚焦涉外股东代表诉讼,相较于大股东而言,小股东始终处于一种弱势地位。尽管商业交往中的强弱并不能借助统一标准来划分,[45]但股东代表诉讼制度的出现无疑反映了在公司治理当中,小股东无论是在地位还是能力上都普遍处于弱势地位,需要通过司法的介入予以保护,这也在乐金案的法律选择中得以体现。因此,在再审之诉的推进中,作为一种新诉不应再沉溺于大股东和关联交易方基于所谓的意思自治确定的准据法,而应基于弱者利益保护的目的从相对实质的立场进行通盘考量。

(二)涉外股东代表诉讼再审程序的识别重启

再审之诉作为一个新的诉讼,其目的在于对大股东主导的公司与外部人进行的域外不当诉讼进行纠正,以切实保障公司及其他股东的合法权益。在具体的司法审判中,其针对的是已经在域外作出终局裁判的纠纷,是一种再次审查的司法过程。在涉外案件的审理过程中,识别是必经之过程,其主要指在适用冲突规则时,依据一定的法律观念,对有关的事实作出定性或分类,将其归入一定的法律范畴,从而确定应援引哪一冲突规则。[46]从弱者利益保护的目的出发,识别亦应在满足基本冲突规则的前提下,作出相对有利于小股东的法律选择,并将其贯彻于具体的裁量之中。

回顾乐金案的审理过程,一审法院和二审法院的判决差异,很大程度上是由于一审将其识别为侵权纠纷,而二审则将其识别为合同纠纷。这种裁判倾向实际上是将识别从法律适用阶段上溯至管辖权阶段,凸显出识别对管辖和法律

---

[44] 参见徐冬根:《人文关怀与国际私法中弱者利益保护》,载《当代法学》2004年第5期,第14—15页。

[45] 袁发强:《我国国际私法中弱者保护制度的反思与重构》,载《法商研究》2014年第6期,第101页。

[46] 韩德培主编:《国际私法》(第三版),高等教育出版社、北京大学出版社2014年版,第126页。

适用的双重影响。[47] 然而,管辖权和法律适用分属两个阶段,在管辖权的确定上运用识别主要是解决是否存在特殊管辖的问题。具言之,管辖权首先应依据人的因素(主要是被告的住所地)确定,只有在不能依据人的因素确立一般管辖权时,才依据案件的具体性质确立特殊管辖权。当法院可以根据法院地程序法确立一般管辖权时案件无须识别,有关识别的过程应留待法律适用阶段解决。但当案件可能涉及特殊管辖而需法院决定时,则法院便需要进行识别并予以定性。但此时的定性是一种为解决管辖问题的初步定性,并不能影响法律适用阶段的实质审查,两个阶段的定性也不强求一致。[48]

在乐金案中,管辖权确立的依据是大股东主导下的公司与关联交易方签订的合同,由于《民事诉讼法》规定了对三类特殊涉外合同的专属管辖,故需要在管辖权阶段予以识别。一审法院将之识别为侵权纠纷故建立管辖权,尽管在操作方向上是准确的,但是其识别的过程出现了逻辑跳跃。因为尽管该案是大股东操纵公司通过关联交易合同侵蚀公司利益的侵权纠纷,但其首先要解决的是合同的合法性问题,这是乐金案所要关注的核心法律关系。至于是否存在侵蚀公司利益的侵权问题,则需要留待合同纠纷解决后基于该结果再予以审查。换言之,如果合同纠纷解决的终局结果对公司有利,则侵害的公司利益便被追回而无须后续的纠偏。反之,如果该终局判决对公司不利,便可能存在侵蚀公司利益的情况,小股东方可以侵权等诉因提起再审。而一审法院跳开合同直接将其识别为侵权并建立管辖权,实际上默认了该合同是非法的关联交易,混淆了本案的核心争议焦点。也因此,二审和再审法院在审查当中纠正了这一做法,并将案件识别为合同纠纷,依据《民事诉讼法》明确了域外法院的管辖权,交由域外法院对合同纠纷作出判定。

回归再审之诉的识别问题,依旧要从管辖和法律适用两个阶段的识别入手。在管辖阶段,作为一种由法院地法确立的诉讼类型,其已经可以通过一般的管辖权规则确立管辖权。故在当事人(小股东)满足前述法院确立管辖权的法律要件时,法院便可以直接按照程序法确立管辖权而无须对其作出识别。进入实体裁判中的法律适用阶段,应明确法院在再审之诉中处理的纠纷是已经在域外得到终局性裁判的纠纷,其目的在于审查域外纠纷是否是在大股东操纵公司的不当诉讼中侵害了公司的利益。尽管其依旧要对有关关联交易合同的合法性作出判断,但这种判断并不是对未决事项的判断而是对已决事项的纠正。并且从再审之诉的目的是审查域外裁判是否会侵蚀公司及小股东的利益。所以,法院在该过程中便无须受限于域外诉讼中的识别和准据法判定方式,而应

---

[47] 参见肖永平:《国际私法原理》(第二版),法律出版社 2007 年版,第 115 页。
[48] 参见宋晓:《识别的对象与识别理论的展开》,载《法学研究》2009 年第 6 期,第 194 页。

基于再审之诉的目的对案件作出新的识别。

（三）涉外股东代表诉讼再审程序的法律适用

在明确我国法院在处理涉外股东代表诉讼再审之诉时可以重启识别的前提下，在具体的法律适用阶段应如何识别并确定准据法，便是应予关注的核心问题。再审之诉作为挑战域外原审诉讼的一项制度，其尽管与域外诉讼处理的纠纷系同一纠纷，但因法院地的改变导致其适用的冲突规则会产生相应的调整。并且从弱者利益保护的目的出发，更应从实质正义的立场上对冲突规则作出妥善的解释与适用。

在再审之诉法律适用阶段的识别上，中国法院尽管与域外诉讼处理的纠纷具有同一性，但因有权重启识别程序故不受限于域外诉讼对纠纷的定性。具言之，域外终局性诉讼和在我国的再审之诉分属两个诉讼，两个法域由于冲突规则存在差异甚至冲突，所以在识别上当然会存在差异并最终指向不同的准据法。[49] 而从识别的立场出发，基于再审之诉的纠偏功能和弱者利益保护的意旨，相关识别当然要秉持对小股东有利之立场，否则将继续陷入大股东主导下的公司与外部人埋设的冲突规则陷阱，难以实现其制度目的。

聚焦乐金案中法律适用的识别问题，尽管公司与关联交易方通过合同选择适用外国法律解决纠纷，但最终则导致在该法下并未判定关联交易无效，令公司利益损失无法追回，从而间接损害小股东的合法权益。对此，在再审之诉中如果继续将纠纷定性为合同纠纷，则会依据《法律适用法》第41条继续适用外国法解决纠纷。这在很大程度上依旧使得大股东可以借助意思自治的表象适用对其有利的法律，再审纠偏的功能将难以发挥。基于弱者利益保护之目的，中国法院更应从案件整体出发进行识别，[50] 限制当事人意思自治。在乐金案中，合同实际上是实现大股东侵蚀公司利益的工具，反映了公司内部纠纷和外部纠纷的关联性。小股东提起的再审之诉是为了解决公司的内部纠纷，已作出终局裁判的外部（合同）纠纷是产生内部纠纷的原因之一而非结果，故应识别为公司内部纠纷。

将再审之诉的纠纷识别为公司内部纠纷后，在具体的法律适用上便可能指向《法律适用法》第14条。从相关司法实践来看，股东代表诉讼的确可以归类为股东权利义务纠纷，因而再审之诉可以通过司法解释或典型案例等方式明确第14条的可适用性。[51] 依据该条之规定，相关纠纷的解决应适用法人登记地

---

[49] 参见任际、曹芋：《识别制度的独立及识别方法理论的探索》，载《法学》2014年第8期，第67页。

[50] 参见许庆坤：《论国际合同中当事人意思自治的限度》，载《清华法学》2008年第6期，第84页。

[51] 参见邢钢：《"一带一路"建设与公司准据法的确定》，载《中国法学》2017年第6期，第100页。

法律,如果主营业地与登记地不一致,可以适用主营业地(经常居所地)法律。由于再审之诉在适用上仅赋予了注册登记于我国内地的公司股东提起再审的权利,故解决纠纷所适用的准据法也指向中国法。这种冲突规则一方面改变了在高度控制模式下强制适用中国法的外观形式,体现了对冲突规则的尊重,并回应了长期以来的批评,另一方面,在实际结果上却依旧适度延续了旧有规定,满足在合资企业转为股份公司的体制转型下纠纷解决法律适用体系的连贯性,实现小股东利益保护和本国利益保护目的的合流。

五、结语

乐金案所暴露出的问题,并非囿于个案的特殊性问题,而是在《合资企业法》向《公司法》转型后,纠纷解决模式从高度控制型转向相对自由型的必然结果,可能成为未来司法需要频繁面对的问题。从现行规则来看,大股东通过操纵公司约定域外诉讼规避中国法院管辖并适用外国法,以消极诉讼等方式阻却小股东提起股东代表诉讼而达成侵蚀公司利益的目的,具有极强的可操作性,构成了中国法下不可忽视的规则漏洞,令股东代表诉讼的制度目的难以达成。从尊重公司自治和股东保护,以及尊重意思自治和维护主权及本国国民利益两对价值出发,相关规则需要进一步完善以实现股东代表诉讼的价值功能。

国际私法所涉及的管辖与法律适用问题,与解决上述问题有着重要联系。基于当前股东代表诉讼管辖模式,并结合中国公司股权高度集中之现实,在管辖规则完善上,应通过设立再审之诉维护小股东的合法权益。具体而言,应在限制适用范围和严控起诉资格的前提下,赋予股东挑战域外不当诉讼的权利。同时要妥善处理可能出现的管辖权冲突,化解再审之诉与判决或裁决承认与执行程序之间的龃龉。在冲突规则的完善上,则应站在实质正义的立场上推动弱者利益保护目的的实现。基于再审之诉对域外不当诉讼纠偏的目的,在识别上不应受限于域外诉讼,而可基于本国冲突法对纠纷重新识别。在中国法下,应看到域外诉讼无论是合同纠纷还是侵权纠纷,实际上都是与公司内部纠纷相牵连的外部纠纷。再审之诉实际上是针对公司内部纠纷展开的,故应破除外部纠纷的表象,将其识别为公司内部纠纷中的股东权利义务纠纷,从而适用《法律适用法》第14条指向中国法,以实现小股东利益保护和本国国民利益保护目的的合流。

丙午编制局考

何舟宇[*]

An Analysis of the Administrative System Drafting Commission of the Political Reform in 1906

He Zhouyu

内容摘要：丙午官制改革中，清廷引入近代官制体系，在朗润园设置编制局起草官制草案。该局是因事设置的官制改革机构，对外事务由考察政治馆代理，内部则形成"王公枢臣确立宗旨，法政官僚拟定草案"的权力格局。在官制草案起草过程中，亲贵重臣急欲揽权于中央，又各负私见，法政官僚以法政新知自鸣，却囿于知识欠缺、依附权贵，难以真正遵循立宪原理设计官制。由此，围绕责任内阁、司法独立等关键问题，传统官僚不断对编制局提出非难，引发朋党斗争，导致中央与地方官制改革受挫，编制局终遭裁撤。作为清末预备立宪初期最主要的官制改革机构，编制局在法政知识生产与官僚制度改造上均发挥着枢纽作用。而厘清此一史实，不仅将有助于重新梳理丙午官制草案之脉络，评估编制局在制度转型过程中所扮演的角色，更将为观察与理解清末立宪政治发展轨迹提供契机。

关键词：官制改革　法政知识　编制局　法政官僚

---

[*] 何舟宇，北京大学法学院博士研究生。

引言

光绪三十二年七月十三日(1906年9月1日),清廷颁谕宣布预备立宪,立意参酌西法,刷新政体,更张行政体制,"丙午官制改革"由是而兴。所谓"官制",源出中国旧典,本谓职官制度。19世纪后期,明治日本取法德国政制,重构国家行政体系,以"官制"形式规制国家机关之组织、设置及权限等内容,"官制"始具有近代行政组织法意涵。[1] 学界对此关注既久,亦不乏精到之作。过往研究多偏重探讨丙午改制中朝野权力博弈对制度变迁的影响,欲由外部权力脉络中寻求晚清立宪失败之要因。李鼎楚教授着眼于司法改革对中央与地方利益分配之影响,认为亲贵与督抚的权力角逐贯穿晚清司法改制始终,前者欲借推行三权分立削弱后者权力,改变"外重内轻"格局,体现出官制改革的"权力斗争"倾向,亦造成法权割裂与司法组织松散,令司法独立难以确立。[2] 李细珠教授亦由"权力斗争"这一特性出发,以清末责任内阁设立争议为观察对象,详细梳理光宣之际清廷高层错综复杂的利益纠葛,提出晚清政制改革祛旧布新,势必触发满汉、新旧等不同集团间的矛盾,而朝中各方利害形势,使原本作为制度创新的责任内阁制,被动走向形变与异化。[3] 而周增光教授则认为丙午改制并非对垒鲜明的"权力对峙",厘定诸臣看似新旧分明,实则界限未确,亦不能以满汉矛盾概论。官制草案并未仅从趋新者意愿而定,亦受守旧者意见影响。最高统治者对不同派系之升降擢黜皆出于求稳心态,以维持权臣间平衡,但此种平衡有赖于统治者自身能力与偏好,极易引发失衡。[4]

而李曙光、荆月新等法史学者则将视野投向官制改革中立法体制的转型,提出作为"治吏之法"的传统职官法在专制君权下日臻完备,却难以应对国家治理体系转型变局。在西法东渐背景下源于德、日的"官制"立法体系,被"法政知识人"移植到中国,成为晚清行政组织近代化的最初尝试。清季官制改革,中国固有职官法引入德、日官制框架,形成中西杂糅、中体西用的过渡型法律体系,立法体制亦随之一变。[5] 然而,由于传统官制根基深固,选官、考核、训练机制均未能应时而变,加之满汉用人畛域尚存,令丙午改制及其后历次官制改革不

---

[1] 参见钱宁峰:《行政组织法立法论研究》,东南大学出版社2015年版,第52—64页。
[2] 参见李鼎楚:《"变法"与"斗法":解读清末地方司法独立制度构建中的权力争斗》,载《湘潭大学学报(哲学社会科学版)》2010年第6期。
[3] 参见李细珠:《清末预备立宪时期的责任内阁制——侧重清廷高层政治权力运作的探讨》,载李细珠:《新政、立宪与革命——清末民初政治转型研究》,北京师范大学出版社2018年版,第43—138页。
[4] 参见周增光:《论新旧博弈中的丙午中央官制变革》,载《社会科学战线》2019年第7期。
[5] 参见李曙光:《晚清职官法与中国法律近代化》,载《比较法研究》1991年第1期。

得不迁就于形势,而仍难以脱离复古、泥古旧调。[6] 钱宁峰先生更由明治日本官制改革经验,引入"官制立法"概念,指出清末官制立法乃丙午仿行立宪之首务,此一特殊体例脱胎于近代德、日法政理论,官制立法权归于君主委任的特定机构,如日本的制度取调局、晚清的宪政编查馆。官制规范以君主敕令形式公布,主旨在于确认君主大权,并对国家机关构成形式上的法律制约,因而被视为官制大权与法治主义两相妥协的产物,亦正与19世纪法治国的法律形式主义特征相适应。[7] 惟因此一立法体制存在于一国制宪之前,或宪政初期立法机关势弱甚至缺位之际,立法主体往往与中央政府混同,向来鲜为人关注,而对丙午改制伊始官制立法究竟由哪一机构主导,其具体立法过程如何,则更无深入研究。

值得注意的是,上述研究者在追溯中国近代官制改革渊源时,大多谈到丙午改制中清廷曾设一"编制局",延揽法政新进参与官制之草拟、审定与修正,洵为丙午改制之立法枢纽。[8] 然而,戴鸿慈、端方奏设编制局,改定全国官制,[9] 未几清廷降谕厘定官制,对设置编制局却一直未置可否,而《清实录》《上谕档》等官修史乘,对此机构亦再无记载,惟见《东方杂志》特刊《宪政初纲》载有"编制大臣等旋于十六日开第一次会议于颐和园,十八日设编制馆于恭王府之朗润园"[10],其来源则不甚详确,尚需旁说佐证始能采信。笔者检索丙午改制前后朝臣书稿、日记及信札,发现"编制局"的出现频度颇高,朝野奏疏对裁撤编制局的论议,亦不绝于耳。同期报章与当事人追忆,皆言官制诸草案出于编制局官僚之手,但时人对该机构性质语焉不详,其名称亦多有变化,以至于学者常将丙午编制局同后来宪政编查馆下所设编制局相混淆,[11]更令人横生疑惑。

细思之下,编制局既为丙午官制改革之主体,其地位之重自不亚于后来的

---

[6] 参见荆月新:《光绪末年官制立法评析》,载《山东师范大学学报(人文社会科学版)》2011年第1期。

[7] 参见钱宁峰:《官制立法:形式法治国时代的行政组织立法模式》,姜明安主编:《行政法论丛》(第16卷),法律出版社2014年版,第242—260页。

[8] 王晓秋教授在《试论清末京城立宪派》(载《北京社会科学》,2009年第3期)中提及1906年9月6日清廷在海淀朗润园设编制馆一事,其后赵林凤《求变与折中:从编订者视角论丙午官制改革》(载《湖北社会科学》,2013年第3期)亦由新闻报道、当事人回忆等材料入手,考察编制局(馆)职员构成与出身,但未能就此机构之性质与法政知识在官制改革中之运用作进一步探讨。

[9] 参见戴鸿慈、端方:《奏请设编制局以改定全国官制折》,载故宫博物院明清档案部编:《清末筹备立宪档案史料》,中华书局1979年版,第385页。

[10] 《宪政纪闻·更革京朝官制大概情形》,载《东方杂志》1906年第3卷临时增刊,第6页。

[11] 1907年8月13日考察政治馆奉谕改为宪政编查馆,按宪政编查馆办事章程,该馆下设编制、统计两局,附设官报局,其中编制局下设三科,分掌宪法草案之编订及诸法典、单行法与行政法规之考核。该局以吴廷燮为局长,章宗祥、陆宗舆为副局长,汪荣宝、曹汝霖、恩华等为科员。可见宪政编查馆下设之编制局,与丙午改制期间负责起草官制草案之编制局,虽名称相似,但设置时间、职掌、人事构成均不相同。参见彭剑:《清季宪政编查馆研究》,北京大学出版社2011年版,第18—22页。

宪政编查馆,何以不为官修史料所载？其名称、性质与立法程序既不见于典章,则各项官制的立法过程如何？再者,编制局在丙午官制改革中又扮演怎样的角色？其对于晚清宪政又有何影响？有鉴于此,本文欲基于既有研究,由丙午官制改革入手,考察编制局的立法实态,分析晚清权力脉络对于官制草案形成之影响,进而为解释晚清宪政发展轨迹提供一个全新视角。

一、官制改革的开端与编制局的设立

清末立宪以丙午官制改革为嚆矢。自清廷宣布预备立宪,先由官制改革入手,传统官僚体制之近代化历程由此发轫,以内阁六官为基础的传统职官亦随之转轨,源于德、日的行政组织体系被引入中国。作为丙午官制改革最初的载体,编制局在官制改革中的角色自不能被忽视。惟因清廷对其运作过程隐而不宣,令过往研究局限于立法草案之内,而鲜少关注立法主体自身。因此,考察编制局的名称、性质及其在官制改革中的作用,将为厘清晚清官制改革之源流奠定基础。

（一）官制改革之发端

官制改革早在考察政治大臣归国复命前,即已酝酿成形。1906年三月,尚在意大利随使考察的熊希龄奉命归国筹办译局事务,[12] 旋即赴日联络梁启超代拟政治改革奏折。[13] 六月十四日（8月3日）,考政大臣戴鸿慈、端方归国途次,阅定熊氏所呈定国是、改官制、审外交、设财政调查局、立中央女学院五折。两日后,舟抵天津,戴、端连日与北洋大臣袁世凯及其幕僚金邦平等商谈立宪准备与官制改革事宜。[14] 不久,袁氏便嘱幕友张一麐"纠合金邦平、黎渊、李士伟诸君分条讨论,缮成说帖",呈递考政大臣以为参考。[15]

六月二十二日（8月11日）戴鸿慈、端方一行甫抵京师,即应召入宫,"详言立宪利国利民,可造国祚之灵长,无损君上之权柄,及立宪预备必以厘定官制为

---

[12] 参见《告知到沪办理编书情形致戴鸿慈、端方电》,周秋光编:《熊希龄集》,湖南出版社1996年版,第127页。

[13] 过往观点多据《梁启超年谱长编》与焦菊隐《筹安会六君子传》认为戴、端请改定官制折系熊希龄介绍杨度、梁启超代为拟就,但此说中杨度是否确有参与尚无实证,故从夏晓虹教授观点,仅以梁启超为该折代笔者。详见夏晓虹:《梁启超代拟宪政奏折稿考》,载夏晓虹:《梁启超：在政治与学术之间》,东方出版社2014年版,第17—77页。

[14] 戴氏在津逗留情形,参见戴鸿慈:《出使九国日记》,湖南人民出版社1982年版,第271页。

[15] 按张一麐回忆,五大臣回国时,舆论多主张立宪,张謇致函袁世凯以大久保利通相期。张一麐亦力陈专制之不可持久,袁氏佯为不愿,以人民程度不足相拒。次日却又召见张一麐嘱其"将预备立宪各款作说帖以进",令张氏大为惊异,遂叹"知项城先与余辨论之词,实已胸有成竹,而故为相反之论,以作行文之波澜耳"。参见张一麐:《古红梅阁笔记》,上海书店出版社1998年版,第45页。

入手"[16]。七月初六日(8月25日),两人会奏《请改定全国官制以为立宪预备折》,次日复呈《请设编制局以改定全国官制折》,历陈欧美与日本官制之异同,认为日本官制"分职任事,统系秩然,弃短取长,洵称善变",主张"先行设立编制局,请旨简派王公及内外重臣入局讨论,选择司员,将古今中外官制之利弊,详加调查,分别部居,审定秩序,随时奏请圣裁,恭候钦定,然后颁示天下,永永遵守"[17]。至十三日(9月1日)清廷降谕厘定官制,却对设编制局的建议未予明确回应,外间对此遂不得而知。关于此一机构创议之缘由、设置与否及其设立时间、名称、性质等,历来学者存疑处颇多,[18]故在此有必要先予考证。

《请设编制局以改定全国官制折》中建言朝廷设专局以为官制厘定之枢纽,上达王公重臣,下接法政官僚,决策大权则总揽于宫中。而类似主张,早在百日维新期间,即已由康有为提出。1898年初春,康氏上《请大誓臣工,开制度新政局折》,陈言:"用南书房、会典馆之例,特置制度局于内廷,妙选天下通才十数人为修撰,派王大臣为总裁,体制平等,俾易商榷,同共讨论,皇上亲临,折衷一是。"[19]德宗颁诏明定国是后,维新党人又屡奏乞开局议定新政,并分法律、税计、学校等十二局专责推行,最终因军机处与总理衙门反对,而未能施行。[20]此等构想虽谓援用前代馆阁旧例,实则仿自明治日本设制度取调局于宫中,专掌立法定制之举。康有为于奏疏中指出,明治维新之始,有大誓臣工、开制度局、设待诏所三事,当为中国所效法,在其所进呈的《日本变政考》中亦以日本专立制度取调局撰叙仪制、官职诸规则,使更新有头脑,尤为变法下手之法,是以制度局乃创制新政之载体,与南书房之承旨顾问及会典馆之整理旧例,旨趣已殊。[21]逮及五大臣出洋考察政治,载泽、戴鸿慈等人均对日本官署组织与行政秩序之法深加服膺,肯认其政体"公议共之臣民,政柄操之君上,民无不通之隐,

---

[16] 同前注[14],第272页。
[17] 同前注[9],第315—316页。
[18] 桑兵教授在《清季变政与日本》中谈到:"曹汝霖等人参与的编制官制馆,究竟有无正式机构,其正式名称是局还是馆,是编定、编纂还是编制?目前坊间和学界众说纷纭。根据李家驹所奏,应是设立编制局,而清廷上谕,则仅及派载泽等纂编官制,奕劻等总司核定,并无设局之说。此事各种政书失载……没有记录,至少不够正常。实情如何,还要进一步考究"。见桑兵:《清季变政与日本》,载《江汉论坛》2012年第5期,第6页。
[19] 此折即所谓"上清帝第六书",戊戌政变后康有为改之为《应诏统筹全局折》,增入君主立宪、三权分立等内容,而原折则存于清宫昭仁殿抄本《杰士上书汇录》,原文参见黄明同、吴熙钊主编:《康有为早期遗稿述评》,中山大学出版社1988年版,第263—271页。
[20] 参见茅海建:《从甲午到戊戌:康有为〈我史〉鉴注》,生活·读书·新知三联书店2018年版,第586—602页。
[21] 关于康有为设制度局构想与日本明治维新之关系,参见〔日〕村田雄二郎:《康有为的日本研究及其特点——〈日本变政考〉〈日本书目志〉管见》,载《近代史研究》1993年第1期。

君有独尊之权"[22]，而官制改革奏疏又皆出自维新党人与留日法政知识人之手，在在参酌日本官制，故创设编制局专掌官制厘定之议，自然亦师法自日本制度取调局。

考政大臣奏疏相继入奏后，慈禧太后旋召枢府重臣亲贵及北洋大臣袁世凯赴颐和园会商，其决策细节虽不见于史乘，但从当时与议枢臣那桐、荣庆、徐世昌等人的日记中，尚可稍窥端倪。七月初八日（8月27日），军机、政务处大臣及袁世凯"公同阅看考查政治大臣折三件"，初十日（8月29日）阅折诸臣入对，"太后垂询立宪事，醇王等奏请即早宣布立宪，以慰天下臣民之望，两宫嘉许"[23]。十四日（9月2日），清廷钦派载泽、那桐、荣庆、戴鸿慈、徐世昌、袁世凯等人共同编纂官制，由奕劻、孙家鼐、瞿鸿禨总司核定，并命各省督抚派司道来京参议。[24] 此后两月间，那、荣、徐三人均多次赴朗润园会议官制，如那桐提及"到朗润园会议"即达二十次，可见厘定官制大臣确以朗润园为议定官制处所。再查《那桐日记》十六日（9月4日）条："两宫在仁寿殿召见厘定官制大臣十五人……申初到朗润园看视公所地方，戌初出。"十八日（9月6日）又记载"未刻赴朗润园，开办厘定官制事宜，戌初出"[25]，正与厘定官制大臣所咨"本爵大臣等于上年七月十八日开局"[26]相符。又理藩院八月初九日（9月26日）咨文载有"选派熟悉部务人员，赴朗润园公所随同酌议理藩院官制"[27]。由此推知，戴、端所奏设定专门机构会议官制一事，当在十六日（9月4日）仁寿殿召见中获准，经那桐等人勘定选址后，于十八日（9月6日）正式开设，而此机构并非经制衙门，又位处朗润园中，故对外径以"朗润园公所"代称。

（二）编制局名实考

虽然戴鸿慈和端方最初倡议将官利改革机构定为"编制局"，但因清廷对该机构的名称一向缄默不宣，时人对此众说纷纭，或谓"编纂局"，或称"编制局"，有时又作"编制馆""官制局"。目前史料可资查考者，依时序远近，有孙宝瑄《忘山庐日记》、张一麐1930年追记之《古红梅阁笔记》以及曹汝霖1965年出版的

---

[22] 载泽在日考察期间，曾专门向伊藤博文与法学家穗积八束求教立宪原理，问及君主立宪国任命官吏之权，伊藤答以"一国官制，有文武之分，中央地方之别。而任命大权必归之君主"。参见载泽：《考察政治日记》，岳麓书社1986年版，第580、587—588页。

[23] 北京市档案馆编：《那桐日记》，新华出版社2006年版，第577页。

[24] 参见《德宗景皇帝实录·卷之五百六十二》，光绪三十二年七月己酉条。

[25] 同前注[23]，第577—578页。

[26] 目前惟见宗人府档中尚存厘定官制王大臣关于厘定官制裁撤事宜的咨文，但该咨文对于官制起草机构，仅称之为"局"，而未载明其全称，本档标题中"厘定官制局"即系依厘定官制大臣关防推拟而来。第一历史档案馆藏：厘定官制王大臣《为木质关防及开办厘定官制局以来往来文卷草案移送政治馆查收存储事致宗人府》，档号：06-01-001-00793-0091。

[27] 第一历史档案馆藏：理藩院《为本院选派郎中三寿等二员赴朗润园公所酌议理藩院官制事致厘定官制王大臣咨文》，档号：09-03-01-0040-004。

回忆录《一生之回忆》。其中最先听闻此讯者,乃拟任该局提调的孙宝琦胞弟孙宝瑄,他在十七日(9月5日)当晚就从孙宝琦处"闻奉旨开编纂局,命王大臣二十余人会议,改定官制,局设朗润园,自是须常驻园中,五日获一休息"[28]。孙宝瑄对丙午改制的记录,多源于其兄孙宝琦和厘定官制大臣张百熙口述,除十七日载有孙宝琦将"出任编纂局提调"外,其后对于官制起草机构一概记为"编制局"。张一麐丙午随袁世凯入京参与官制起草,在"朗润园风波"一节有"编纂官制局设于海淀之朗润园"[29]。而曹汝霖著述最晚,忆及"袁制军特到北京,住于海淀,并于西郊朗润园设修改官制馆"[30]。对比三人关于朗润园议制的细节描述,可知孙、张所述基本相类,惟曹说差异较大,如言及厘定官制时任提调之人选,孙、张皆云孙宝琦、杨士琦,与《山东官报》《宪政初纲》记载相合。而曹则独列宝熙为提调,所举起草人员亦颇有出入,当是将其后来参与宪政编查馆编制局之经验混入当中[31]。况曹汝霖回顾此事时年过耄耋,距丙午改制已逾六十年,不免有所错漏,而孙宝瑄所录均系当日晤谈内容,贵在时效,张一麐经朗润园议制后即随袁世凯出京,迄至清亡再未与闻官制厘定,难有混淆之虞。又据荣庆十二月十七日(1907年1月30日)日记有"官制局会议不克往"之说[32],次年总司核定大臣瞿鸿禨授意御史赵启霖奏疏中有"即经编制局大臣以更改外省官制办法,电商各督抚"并录慈禧太后命军机大臣裁撤编制局口谕,[33]可见该机构为"局"而非"馆",且各方称谓不一,应有详略之别,进而推知朗润园厘定官制的专门机构全称当为"编纂官制局"(以下仍用其通行简称"编制局"),而报章及日记所录之编制局、官制局、编纂局皆属该局略称。至于所谓厘定官制局或厘定官制馆,盖为局外人循清代馆局之例,根据主管大臣关防名称推拟而来[34]。

编制局设置的隐蔽性亦体现在对外运作的名义上。丙午官制改革期间,清廷对科道、馆阁乃至直省议论官制的奏疏,大都复以"下考察政治馆知之",一度

---

[28] 孙宝瑄:《忘山庐日记》,上海古籍出版社1983年版,第915页。
[29] 同前注[15],第45页。
[30] 曹汝霖:《一生之回忆》,传记文学出版社1970年版,第56页。
[31] 宝熙曾于1907年出任宪政编查馆提调,曹氏还谈及朗润园厘定官制时,"余与衮父(汪荣宝)、仲和(章宗祥)、闰生(陆宗舆)均与焉",但实际上,章宗祥并未进入朗润园编制局直接任事,而曹、汪、章、陆四人却都曾在宪政编查馆编制局任职,故可见曹汝霖晚年记忆中,恐将两处名称相似的机构混淆。
[32] 《荣庆日记》,谢兴尧校注,西北大学出版社1986年版,第112页。
[33] 参见赵启霖:《请缓改外省官制折》,载《赵瀞园集》,施明、刘志盛整理,湖南出版社1992年版,第2—3页。
[34] 清代于部院之外设立馆局,一般特派主管事务王大臣,其名称多为该机构承办事务。编制局开设之始,"所用关防文曰:钦派厘定官制王大臣之印",故外间常据此推测朗润园中官制起草机构之名称。《改革官制始末》,载《宪政杂志》1906年第1期,第159页。

令外界认为编制局仅是考察政治馆内设机构,而将两者混为一谈[35]。查考察政治馆乃乙巳年十月二十九日(1905年11月25日)由政务处奉旨设立,内设翻译局、编译所等机构,宗旨为"延揽通才,悉心研究,择各国政法之与中国治体相宜者,斟酌损益,纂订成书,随时进呈"[36],但因主管大臣在外考察,员额阙如,厅舍不备,直至丙午年(1906)闰四月才在新方略馆正式开设[37],初派绍英、张仁黼提调馆事,后改为宝熙、刘若曾[38]。考政大臣归国后,始确立具体职掌:"所有王大臣考察各国政治编为外政,各督抚及各部院堂官、侍御所条陈事宜编为内政。"[39]可见考察政治馆与编制局互不隶属,亦无起草官制机能,仅负责收转条陈。但另一面,编制局在对外发布草案、调查部院职官表[40]乃至联络督抚咨商官制[41]等事宜上,又均由考察政治馆代理,"厘定官制草案由编制局送政治馆,咨行各部院签复后,呈庆邸、孙中堂、张尚书核定,再行具奏"[42]。因此,编制局作为临事而设的官制改革机构,既无经制衙门编制,亦不能公开执务,主要职能为撰拟官制草案,而起草以至公布诸般对外事务,仍有赖考察政治馆名义上代为承担[43]。

由此可见,丙午官制改革自机构名称、性质,到官制起草、审议,皆未付诸公议,也不载于《政治官报》,即便是面对局外官绅的议论,清廷亦鲜有正式回应,令外界难以明了改革实态。如《时报》谓编制局"会议一节,极为秘密,并揭示其中办事各员,务宜遵守秘密之义务",甚至严禁各员随从入内,公所四周均派巡警守卫[44]。而中枢之所以采行此一秘密形式,实由清季满汉、新旧权力格局所致:

第一,亲贵与京外官绅竞逐立宪主导权。庚子国变后,张之洞为首的督抚权势日张,"内则入阁议政,外为士绅瞻仰",逐渐在新政初期与亲贵集团形成抗

---

[35] 当时京外报章对于官制草案究竟出于哪一机构,不甚明了,如上海《申报》1906年11月27日云,"政治馆议改外省官制",至次年1月18日又有"传闻政治馆编制局已将外官制草案议定",显然认为考察政治馆乃官制改革主体,而将编制局视为考察政治馆的内设机构。

[36] 《德宗景皇帝实录·卷之五百五十》,光绪三十一年十月二十九日条。

[37] 参见《改建政治馆》,载《大公报》,1906年6月13日,第2版。

[38] 参见《政治馆开馆》,载《北洋官报》,1906年第1099期,第6页。

[39] 《政治馆拟分两大纲》,载《山东官报》,1906年第23期,第4页。

[40] 参见《政治馆催缴职官表》,载《新闻报》,1906年9月29日,第2版。

[41] 参见《议设南北专电》,载《大公报》,1906年8月11日,第2版。

[42] 《申报》,1906年10月27日,第2版,"本馆接官制草案核定再奏专电"。

[43] 彭剑在《清季宪政编查馆研究》一书中亦曾指出:"在改革官制的过程中,政治馆曾参与其事,发挥了一定作用。各部院衙门堂官对官制草案的讨论、签注,其联络工作都由政治馆担任,地方官制改革中的官制草案似乎也是由它通电各省总督、巡抚,令其发表意见的。不过,由于这次官制改革专门设立了编制馆,有一个庞大的编制班子,政治馆在其中所起的作用不是特别显著。"见前注[11],第9—10页。

[44] 参见《京师近信》,载《时报》,1906年9月19日,第2版。

礼之势。而官制厘定关乎将来立宪之基础,最为亲贵集团所重视,必欲借改制之名行中央集权之实,自然不容地方督抚、士绅与议,因此对设局更定官制一事,"初不令各省与闻,盖建议者逆知各省必有异同,故迳请宫廷独断"[45]。

第二,密室议制排除京内传统官僚对决策的干预。官制兴革动辄牵涉传统官僚利益,而最为京内官吏所注目:"今日预备立宪首改官制,编制局已经奉诏开办矣,顾自有改官制消息,京师各衙门、苏拉人役,纷纷鼓噪。"[46]官制尚未起草,台谏已交章参劾,而亲贵枢臣深恐物议纷扰:"不欲臣下纷乱进言,致蹈筑室道谋三年不成之弊,故遂于初七日(8月26日)降旨:除钦派之军机大臣、大学士、醇王、袁宫保外,余皆不得干预。"[47]

第三,秘密立法以规避政治责任。清廷虽已降谕预备立宪,但亲贵枢臣对政制改革既无经验,也无确实把握,厘定官制诸臣中对官制的立法宗旨亦存在诸多分歧。此时若公然设机构草拟官制,则不啻自树标靶,一旦改制不成,必招众怨,责任攸归,究非亲贵枢臣所愿承担:"诚以官制既议自下,而改定乃非常举动,使不重以候旨遵行,或致宵小生心,而朝廷大权且将从此下移也。"[48]

二、编制局的内设机构、立法程序及人事构成

作为临事而设的官制改革机构,编制局在内部权力与程序配置上均更注重效率。在戴、端《请设编制局以改定全国官制折》中,编制局被分为决策与制定上下相承的两层机制,即由钦派亲贵重臣构成的厘定官制会议,与专业官僚组成的立法分科。

厘定官制会议"各大臣每礼拜二、四两天到馆会议",以奕劻、瞿鸿禨、孙家鼐组成的总司核定处为中心,讨论和确定立法宗旨,并审核官制草案;而提调与各课委员"每五日给假一日",分属起草、评议、考定、审定四课,秉承宗旨,执掌具体的草案拟定事务,"先由起草课撰拟草案,次由评议课评议之,再由考定课加以考核,经审定课审定"[49]。官制草案文字之撰拟、删修均出自起草、评议两课,故此两课又为四课中最紧要者。由于制定机构中提调、委员多出于北洋幕府与考政使团,故前期部院官制起草事务,由北洋大臣袁世凯与考政大臣载泽实际主持。而袁身兼直隶总督,往返京津之间,对定稿事宜一再催促,[50]编制

---

[45] 胡钧重编:《张文襄公之洞年谱》,台北商务印书馆,1978年版,第256页。
[46] 《论预备立宪宜先组织政党》,载《申报》,1906年9月19日。
[47] 《补记派员会议立宪之谨慎》,载《山东官报》,1906年第107期,第3页。
[48] 见第一历史档案馆藏:文海:《奏为官制馆草案擅行咨送各衙门有违谕旨事》,档号:03-9285-012。
[49] 见前注[10],第6页。
[50] 《时报》载:"北洋大臣袁世凯,催促编制局速将官制议妥,定八月初一日回津。"参见《时报》,1906年9月10日,第2版。

局各员遂"皆宿于园中,以期克期蒇事,分司法、行政两部,各以说帖,附以条陈,由提调汇呈项城阅定"[51]。立法程序则依"最初议定之稿本,先由起草、评议、考定、审定四课员缮成,统经编纂王大臣十四人一律签稿,然后送往总司核定处删改具奏"[52]。

七月十六日(9月4日)仁寿殿御前会议选定朗润园为议制公所后,厘定官制大臣旋派孙宝琦、杨士琦为提调,各课选用专门委员十三人[53]:起草课为金邦平、张一麐、曹汝霖、汪荣宝;评议课为陆宗舆、邓邦述、熙彦、陈毅;考定课为吴廷燮、郭曾炘、黄瑞麒;审定课为周树模、钱能训。此外尚有各部院司员及督抚委派司道二十余人与会审定,专备咨问。但实际上,部院官制初案文字之裁改增删,大多由起草委员金邦平主稿,"于吏、户等部选派司员前往会议时,气焰甚张,寥寥数语,傲慢特甚,各司员不得已唯诺而退",以至言官责其"年少气盛,殊非远到之器"[54],令审定会议几同虚设。

表 1 编制局分科委员学经历对照表[55]

姓名(字)	籍贯	教育及游历经验	入局前宦迹
金邦平(伯屏)	安徽黟县	1899年公派早稻田大学政科,1903年归国。1905年由北洋荐送游学毕业生考试,赐进士出身。	1903年北洋大臣委任随办洋务文案,后为北洋督练公所参议。1905年授翰林院检讨。

---

[51] 同前注[30],第56页。

[52] 同前注[34],第159—160页。

[53] 彼时编制局官制未行公布,故对于入选员额,公私报章与当事人记述之间稍有出入,如学者广泛引用的《宪政初纲》载有提调为孙宝琦、杨士琦两人,四课委员十二人,无陈毅,当中黄瑞麒则误记为黄瑞祖;《宪政杂志》云"政治馆提调宝熙、刘若曾后亦调入为审定员",但查宝、刘二人文稿、讣告及墓志铭均未提及此事,姑置之待考;《时报》9月7日电为十人,三日后又补录金邦平,无张一麐、郭曾炘;《大公报》记为十二人,无郭曾炘而有陈毅。《申报》9月19日则云"派孙宝琦、杨士琦为该局提调,巡警部参议钱能训等四人为参赞,外务部主事曹汝霖等十三人为调查员"。再核对当事人年谱、回忆录,则以《山东官报》所载较为准确:"一起草课,金邦平、张一麐、曹汝霖、汪荣宝掌之。二评议课,陆宗舆、邓邦述、熙彦、陈毅掌之。三考定课,吴廷燮、郭曾炘、黄瑞麒掌之。四审定课,周树模、钱能训掌之。"参见《纪官制编制局》,载《山东官报》,1906年第120期,第1页。

[54] 第一历史档案馆藏:文海《奏为各部官制系金邦平主稿似难据为典事》,档号:03-9282-020。

[55] 本表旨在补正过往学者关于编制局任员研究中的缺漏,主要参考以下文献:潘崇:《科举废除前新政人才结构透视——以清末五大臣出洋考察团随从人员为例》,载《近代史研究》2014年第2期;《电传东洋留学毕业生殿试全榜》,载《大公报》,1905年7月7日,第2版;《续录取特科人员详细履历名单》,载《大公报》,1903年7月18日,第1版;《商部录取司员名单》,载《大公报》,1903年10月29日,第1版;曹汝霖:《一生之回忆》,台北:传记文学出版社1970年版;赵林凤:《汪荣宝评传》,南京大学出版社2012年版;同前注[15];陆宗舆:《陆闰生先生五十自述记》,北京日报社1925年版;陈尧甫:《随戴鸿慈、端方出国考察政治纪略》,上海市文史研究馆编:《辛亥革命亲历记》,百家出版社2011年版;郭则沄:《郭则沄自订年谱》,凤凰出版社2018年版。

（续表）

姓名(字)	籍贯	教育及游历经验	入局前宦迹
张一麐(仲仁)	江苏吴县	1903年以举人中经济特科进士。	1903年"以知县发直隶补用，自此入北洋幕府矣"。 1904年"项城命兼办奏牍，未及而警察也"。
曹汝霖(润田)	江苏上海	1900年入湖北铁路学堂。同年东渡，先入早稻田大学，后为东京法学院(中央大学)法政科自费生，1904年归国。1905年由驻日大臣荐送游学毕业生考试，给予进士出身。	1904年在商部商务司行走兼商律馆编纂，后为进士馆助教。 1905年授主事，仍在商部候补。同年随北洋大臣出席中日东三省会议，再调外务部任主事。
汪荣宝(衮父)	江苏元和	1897年中拔贡。同年与张一麐等创立苏学会。 1900年入南洋公学特班。 1901年自费东渡赴早稻田大学习法政。继而入庆应义塾修史学。1904年肄业归国。	1898年应朝考，授予七品小京官，签分兵部。 1905年入京师大学堂译学馆，讲授本朝史。 1906年经吴廷燮推荐由兵部转入巡警部，为警务司课程科委员。
陆宗舆(闰生)	浙江海宁	1899年自费赴日本早稻田大学政经科，1902年归国。 1905年由进士馆荐送游学毕业生考试，给予举人出身。 1905年由张百熙奏荐随戴、端出使考察政治。	1902年任进士馆及警官学堂教习，后为巡警部主事。 1905年以内阁中书任用。 1906年擢为随使二等参赞。
邓邦述(孝先)	江苏江宁	1898年中进士。 1902年由湖北巡抚保举应经济特科，次年考取经济特科一等。 1905年随戴、端出使考察政治。	1903年以庶吉士散馆后授翰林院编修。
熙彦(隽甫)	满洲正白旗	1892年以吏部学习员外郎中进士。	1903年由礼部员外郎转任商部主事。 1906年任商部右丞。
陈毅(尧甫)	四川成都	1902年以副贡发湖北。 1905年随戴、端出使考察政治。	1903年任湖北学务处参议兼自强学堂教习、师范学堂堂长。 1905年任湖北候补知州。

(续表)

姓名(字)	籍贯	教育及游历经验	入局前宦迹
吴廷燮（向之）	江苏江宁	1895 年中顺天乡试举人。	1902 年任宁远厅抚民通判。同年署太原知府，再为山西候补道。 1904 年入政务处。 1905 年补巡警部郎中。
郭曾炘（春榆）	福建侯官	1880 年中进士。	1894 年以四品衔礼部员外郎补郎中。 1899 年由光禄寺少卿任光禄寺卿。 1901 年任通政使司通政使。 1904 年署户部右侍郎。
黄瑞麒（笏腴）	湖南善化	1904 年以贡生中进士。 1905 年随载泽出使考察政治。	1906 年由庶吉士散馆授翰林院编修。
周树模（少朴）	湖北天门	1889 年中进士。 1905 年随载泽出使考察政治。	1890 年由庶吉士散馆授翰林院编修。 1902 年任江西道监察御史。
钱能训（幹臣）	浙江嘉善	1898 年以刑部候补主事中进士。	1901 年由吏部保举河南道监察御史。

起草委员四人中，金邦平、张一麐皆系北洋文案。袁世凯拟奏修律文稿，即由金氏述意，张氏秉笔润色而成；[56]曹汝霖归国后由载振荐入商部，在东三省会议中任袁世凯随员，事后调为外务部主事；[57]汪荣宝与金邦平、张一麐为旧交，归国后初处译学馆，继蒙袁氏谋主徐世昌知遇，调入巡警部[58]。评议委员四人中，邓邦述自 1901 年投入端方幕中，1905 年随戴、端出洋考察；[59]陈毅曾任湖北学务处参议，为端方起草学堂章程，继随戴、端出洋考察；[60]陆宗舆留日归国后为管学大臣张百熙草拟学堂章程，1905 年由张奏荐为戴、端使团三等参赞[61]。审定委员周树模以监察御史随载泽出洋考察政治，"颇为泽公倚重，所

---

[56] 袁世凯设幕天津，对金、张两人颇为倚重。如张一麐记载修订法律大臣沈家本曾就刑事诉讼中施行陪审制征询袁氏意见，"先由刑幕娄椒生具复奏稿，项城嫌其过旧以属余。余乃请借金君邦平同具稿，金为述意余属文，主用检察制，案乃定"。同前注〔15〕，第 44 页。

[57] 同前注〔30〕，第 49 页。

[58] 参见汪东：《汪荣宝先生哀启》，载汪荣宝：《汪荣宝日记》，凤凰出版社 2014 年版，第 436 页。

[59] 邓邦述在《群碧楼书目初编叙》中云："及光绪辛丑，入涃阳尚书（端方）幕中……明年乙巳，徧游环球"。参见邓邦述：《群碧楼善本书录》，上海古籍出版社 2014 年版，第 9—10 页。

[60] 参见陈毅：《谨拟湖北现时各学堂办法按语》，载《湖北学报》，1903 年第 1 卷第 20 期，第 82 页。

[61] 参见陆宗舆：《陆闰生先生五十自述记》，同前注〔55〕，第 3—4 页。

有立宪封奏及改官制之条陈,皆侍御参定"[62]。

编制局委员多无甚年资,因法政知识或经济干才而为袁世凯、载泽、端方等亲贵重臣所倚重,归国游幕后蒙荐为官,品秩虽不高却得专掌官制厘定,故传统官僚多视之为钻营取巧之士。御史胡思敬宣统时期曾论及"光绪末年,小人阶之以取富贵者,捷径有二:一曰商部,载振主之;一曰北洋,袁世凯主之"[63],锋头直指编制局法政官僚。陆宗舆肄业归国后投入亲贵门下,"谒肃邸,作抵掌谈甚酣,委崇文门堂委"[64],曹汝霖则在留日期间因学潮风波结识贝勒载振,陆、曹两人入仕后同充进士馆教习,引发新科进士不满。朝中传统官僚多担忧其年望浅薄、学识不精,授课讲义"东涂西抹,粗浅鄙略",至有"教习非师"之讥。[65] 最为舆论所诟病者,当为汪荣宝,传统官僚多谓其"人品不尽纯粹,而稍有文才",讽之善阿权贵。[66] 而同样留学日本,后充民政部郎中的朱德裳则回忆汪氏"初莅译馆,布衣芒鞋,类窭人子。教授生徒有条段,治学有规程,以故馆生多敬畏之……张(百熙)每回馆,裘马丽都,声势煊赫,荣宝心艳之。数日,忽辞去译馆教授职,就差兵部"[67]。其不甘于沉潜治学,而亟欲求售于权门,于此可见一斑。

法政官僚疏于学问,以知识为攀缘登仕之阶的特性,亦在官制改革论争中备受传统官僚质疑。御史赵炳麟批评官制草案全盘抄自日本《职员录》与《成规类聚》,并指出:"此等留学生原无学问根底,亦未受普通教育……或伪受休业文凭,以为内渡投入权势门户,猎取官资之地,敢为大言,以肆欺罔。此次编制率出其手,于本国国体人情及数千年官制因革之故,并我朝开国以来成法精义之存,茫然莫解。即于东西各国官制,亦墨守一孔之见,罔知体要之所在。"[68]此言虽出于异见者笔下,但就法政官僚的知识来源及其立法实践观之,实非过辞。早期法政知识人负笈东渡之前,语言几无根底,在日三四年,所学亦仅止于专门学校法政通识,且知识来源单一,对于欧美法政原理,多赖日人转译,尚难形成体系,如陆宗舆自述其随使赴德考察时,留学生对于译定宪法、国法名词无从措手,"舆行箧中所携之日本国法学诸书,颇有译自德国者,资为借证,莫不奉为至宝,卒之此类法政诸书,大率皆转译于日文"[69]。汪荣宝、曹汝霖等人求学博观

---

[62]《泽公倚重周树谟》,载《山东官报》,1906年第120号,第1页。
[63] 胡思敬:《国闻备乘》,中华书局2007年版,第91页。
[64] 同前注[61],第3页。
[65] 参见韩策:《师乎?生乎?留学生教习在京师大学堂进士馆的境遇》,载《清华大学学报》2013年第3期,第28—35页。
[66] 参见前注[63],第128页。
[67] 朱德裳:《三十年闻见录》,岳麓书社1985年版,第143页。
[68] 赵炳麟:《新编官制权归内阁流弊太多折》,载故宫博物院明清档案部编:《清末筹备立宪档案史料》,中华书局1979年版,第443页。
[69] 同前注[61],第4页。

泛览,于政治、经济、史学、法律之类无不迻译,其实则不过借《和文汉读法》,按图索骥,袭用日本人所造概念,惟求速用,只习知皮毛而不审渊源[70]。待其归国起草官制条文,除秉承厘定官制会议宗旨外,亦多参仿日本教科书,生硬照搬条文,虽事前拟有说帖,欲引证中国历代典章,以为改制依据,却因不谙掌故而错漏百出,反被士大夫斥为"不学亡术",御史胡思敬甚至撰有《官制草案说帖误用故事考正》,逐条驳正。[71]

官僚化的法政知识人对官制体系之形成具有关键作用。早期法政知识人本与京中要职无缘,却在立宪际遇下作为幕主分身步入决策中枢成为专业法政官僚,同僚间互为奥援,结为自成一体的利益集团。此辈虽系留学新进,却因入朝后立场转换,而难以再与摇笔为文的其他在野留日法政知识人视同一体。而其所依恃的法政知识,实际已在官制厘定中经由官僚机制采择、重诠而发生形变,内涵早已不同于原旨。更为重要者,则是此等法政知识人多曾游幕于权门,其所以能步入官僚序列,端赖幕主举荐,在参与官制改革时,不仅要遵循官僚旧制的一般规则,还须面临来自幕主的权力约束。是以新官制之起草虽经法政官僚秉笔,但其宗旨纲目则仍操诸袁世凯、载泽等人之手。

三、编制局官制草案的形成

丙午官制诸草案皆出自编制局,前人对此一时期清廷高层权力博弈已有精详研究[72],但对官制草案本身尚少涉及。就时限而言,中央官制的起草期限仅两月,编制局厘定官制会议召集逾二十次,嗣后外官改制又接踵而至,频度之高、强度之大,庶可想见。其间,朝野各方围绕官制草案,论难迭兴,编制局诸人则每役必居其首。因此,丙午官制改革过程与诸草案之脉络,以及编制局在立法中的作用,皆不能不引人注意。通过梳理和考证编制局官制草案文本,官制厘定可划为准备、起草、审议、公布及外官改制五阶段。

(一)准备阶段:"戴端原奏"与《官制大纲》

官制诸草案"大抵依据端制军等原奏,斟酌而成"[73],此一"原奏",即戴鸿慈、端方入奏之《请改定全国官制以为立宪预备折》。原奏初稿为何人所作,目

---

[70] 按同期在日留学的章宗祥所述,来日留学者从前多习英语,无日语根底,"因是学日文,但求速解,于文法不甚注意,梁任公所著《和文速成法》,甚合同人心理",但修习年余,听讲仍不能自如。参见章宗祥:《任阙斋主人自述》,载中国人民政治协商会议全国委员会文史委员会编:《文史资料存稿选编·教育》,中国文史出版社 2002 年版,第 925 页。

[71] 参见胡思敬:《官制草案说帖误用故事考正》,载《退庐全集·丙午厘定官制刍论》,文海出版社 1970 年版,第 1455—1468 页。

[72] 李细珠教授对于晚清责任内阁设立前后高层权力博弈已有详尽考察。参见前注[3],第 43—145 页。

[73] 见前注[10],第 6 页。

前虽尚无定论,[74]但执笔者钻研法政,尤其是熟稔日本官制,仍可从奏文中瞭见。全文洋洋逾万言,开篇即谓中国仿行立宪,当以日为师,兼参欧美,先应改定官制,以固立宪基础。

通过参酌东西成例,"戴端原奏"将三权分立、责任内阁、司法独立、地方自治等立宪原则悉数引入,建构出迥异于传统治道、以"权责分明,上下相维"为特征的近代官僚体系。此一改革蓝图所设定的立法目标包括设立责任内阁,改并旧制部院,变通地方行政,确立司法独立等项,其中最为核心者,莫过于设立责任内阁。奏疏揭明:"责任内阁者,合首相及各部之国务大臣组织一合议制之政府,代君主而负责任者也。盖中央政府实一国行政之总枢,一切政策从兹出焉。各部漠不相谋,则政策万难统一。"中国内阁"昔为枢要,今已等同闲曹,军机处对上仅备顾问,对下不受责成",各部素不相谋,以致各不相顾,阻遏掣肘,因而该奏主张仿行日制,将军机处归并内阁,由总理大臣一人总领政务,置左、右副大臣二人,以为辅佐,各部尚书入列阁臣。军机处原有大学士,则仍戴殿阁名衔,任枢密院顾问大臣,参与内阁会议,奏请圣裁。政令施行则仍由总理大臣、左右大臣及该部尚书副署,同负其责。[75]

而主掌官制起草的法政官僚亦力主统一行政权于内阁,如起草委员陆宗舆在其进呈亲贵的《立宪私议》[76]中认为,内阁独揽全国行政权大权,亦必承担责任,"盖必有专责,而人始能实力任事,理乱自明,功过有归。能者不能不进,不能者不能不退,政事虽欲不举,不可得也",因而建言改军机处为责任内阁,以军机王大臣为总理,总揽国务,军机大臣兼任各部尚书,一部专责一人,"入内则共参枢要,出外则专理部务"。外官自督抚以下,进退升降之权悉归内阁,由中央各部监督各省官司。

"戴端原奏"进呈不久,清廷降谕开议官制,"大率皆本端午帅之原奏,由所

---

[74] 过往观点多据焦菊隐《筹安会六君子传》认为戴、端归国后的奏折皆系熊希龄介绍杨度、梁启超代为拟就,一为"宪法大纲应吸收各国之所长",一为"实施宪法程序"。而夏晓虹教授在北京大学图书馆发现梁启超代拟六文手稿后,即提出梁氏为唯一代笔者的观点,排除杨度参与拟稿的可能性,并在《梁启超代拟宪政折稿考》一文中考证《奏请改定官制以为立宪预备折》应同样出于梁启超之手。惟因目前尚未发现该折原稿,故学界仍有对此存疑者。笔者细读该奏稿,发现奏文中颇有改动痕迹(如内务部等特定机关,名目前后表述稍有差异),再结合戴鸿慈、张一麐等人记述,倾向于认为该折底稿系梁启超所撰,但戴、端归国途中,又经金邦平、张一麐等人修改而成。参见同前注[13]。

[75] 同前注[9]。

[76] 本文初刊于1905年8月16日《晋报》,其后为《东方杂志》《学报汇编》等杂志转载,《学报汇编》收录该文之案语云:"案陆君留学海外,本年廷试列高等,赐举人出身,授内阁中书。此篇闻系条陈某尚书者,议论平实,不激不浮。"又陆宗舆《五十自述记》有"张尚书则荐舆与戴尚书、端制军出使各国考政,舆乃欣然就三等参赞差,以赴欧美为得计"。可推测此"某尚书"或为张百熙。参见《立宪私议》,载《学报汇编》,1905年第34期,第70页。

调之编纂各员逐节拟稿,再由各大臣商酌,无异词者,即作为已画诺"[77],初步形成《官制大纲》,以为"戴端原奏"与官制草案之衔接[78]。大纲分章设条,将原本寓于奏文的官制构想重新划分为中央政府官制、内外司法官制、地方官制、地方自治制四章,其中又以中央与地方官制规划较详。

中央政府官制以责任内阁为中心,将军机处与旧内阁并为责任内阁,由总理大臣一人,"平章内外政事,任国政责成",由左、右副大臣辅佐。旧内阁部院改并为外务、内政、吏、财政、军、法、学、农工商、交通、殖务十部,取消管部亲王、大学士,明确主官职任,命尚书一人经理本部事务,首任责成,左、右侍郎二人协理。政务处改为最高顾问机关枢密院。都察院改为集议院,选举京内外议员,专备谘议国务。增置会计检查院、行政审判院,直属君主。

地方与内外司法官制则明确"主义在统一事权"[79]。直省官制"兼采中央集权、地方分权两种制度,省中一切职制略仿中央规模",督抚以下设民政、执法、财务、提学、巡警、军政、外交、邮务八司,司下设局,均受成于本司。府州县分三等,不相统属,官署设内务、警务、收税、监狱四部,分曹治事。地方自治仿普、法三级之制,以省为第一级官治,府州县为第二级官治自治参半,乡市为第三级自治,乡长、乡会、市会由人民公举。而司法官制虽标举"司法独立",其制度设计却迥异于一般法政原理:大理寺改为最高审判机关都裁判厅,直隶于法部。省、府、县设裁判所及裁判分所,专任审判,均隶属行省执法司。执法司则"暂属督抚,将来归于法部,为独立官。凡一省之裁判所及监狱,皆其职掌"。无论执法司或裁判所皆隶属法部,而司法机关唯一"独立"之处在于"行政官万不能兼任裁判"。[80]

亲贵重臣径将"戴端原奏"交由编制局拟成《官制大纲》,却并未公诸朝堂,且事先禁止中枢以外官员上书议论,[81]引发了言官对官制起草权归属的责难。御史杜崇本批评《官制大纲》不经朝议即定稿上奏,迹近专擅,亦有悖祖制公理,"今以全国之政法行之数百年之久,施之数万里之遥,徒取决于十数人之意见为

---

[77] 同前注[44]。

[78] 此一《官制大纲》在初拟阶段即以"拟定官制大纲"之名出现于9月11日的《时报》,披露者在案语中称"现由各大臣先拟定'官制大纲',然后再由编制局详审细目云云,然则改革官制与预备立宪诚有密切之关系在也,兹由本馆探得拟定官制大纲,急登之报端,俾留心此事者得以快睹"。此时距编制局成立,不过四五日。又据《新闻报》9月18日专电,'官制大纲'已于16日定稿。18日大纲入奏后,定稿再度刊载于《大公报》,其内容与"戴端奏疏"及《时报》所刊《官制大纲》稍有不同,如地方司法机关中增入县裁判分所等。参见《拟定官制大纲》,载《大公报》1906年9月21日,第2版。

[79] 参见《会议改革官制述要》,载《北洋官报》,1906年第1132期,第5页。

[80] 参见《拟定官制大纲(再续)》,载《大公报》,1906年9月23日,第3版。

[81] 参见《补记派员会议立宪之谨慎》,载《山东官报》,1906年第107期,第3页。

之,概为改变,而此十数人又惟有权力者主持其间,余则随同画诺"[82]。撰文李传元担忧编制局法政官僚素养难堪所任,"夫以三四人之精力,数十日之期限,遽欲将中西官制异同得失,钩棘难理之事,一一研核详审,虽有兼人之长者,恐亦不能自信,况秉笔者未必谙习掌故,洞达中西之人乎?"[83]而御史王步瀛则奏请更定官制应兼采众议,允许京官条陈利弊,封送考察政治馆备采。[84]王诚羲更要求厘定官制大臣将官制改定内容刊行公布,进而主张仿效西洋,将官制草案交由议院讨论。[85]

清廷中枢对此不得不稍作让步,于八月初将王步瀛所奏知照各衙门,准其各抒己见,条陈利弊,[86]但对起草阶段官制草案内容,却甚少披露。言官欲一窥立法详情,只能借由枢臣问耳语风闻或报章消息拾缀鳞爪,殊难瞭见全貌,甚至不乏以讹传讹之语。

(二) 起草阶段:《阁部院官制草案》

《官制大纲》八月初一日(9月18日)定稿入奏后留中未发,[87]盖其裁夺督抚权限过甚,地方阻力颇大。[88]编制局诸人迫于时限,只得放弃原案"内外并举"方针,先依《官制大纲》中央政府官制,分拟内阁及部院官制草案,汇为《阁部院官制草案》[89],官制厘定始进入实质起草阶段。

官制改革以三权分立为宗旨,先行厘定行政、司法官制。厘定官制大臣载泽等在起草初期,即预定宗旨五条:仿行立宪国施行三权分立;官制厘定旨在使"官无尸位,事有专责";官制起草先以行政、司法为重;职官品第酌分特、请、奏、

---

[82] 杜崇本:《更改官制不宜全事更张折》,载故宫博物院明清档案部编《清末筹备立宪档案史料》,中华书局1979年版,425页。
[83] 李传元:《厘定官制不能过促折》,载故宫博物院明清档案部编《清末筹备立宪档案史料》,中华书局1979年版,457页。
[84] 参见第一历史档案馆藏:王步瀛《奏为敬陈妥定官制管见事》,档号:03-5618-045。
[85] 参见第一历史档案馆藏:王诚羲《奏为官制宪法理实相当势难偏举谨再分别剖陈以利推行事》,档号:02-9283-016。
[86] 编制局设置初期,京内官员对编制局官制草拟《官制大纲》知之甚少,故言官奏议多质疑起草程序及起草者素养,而极少涉及大纲条文本身,至八月初一日(9月18日)《官制大纲》上奏后,清廷始采纳御史王步瀛所议"更定官制兼采众议",允许馆阁众臣各抒己见,此后,言官、词臣对官制大纲与官制草案的批驳奏疏日增,王步瀛后来奏折所揭,此举得益于报章尤其是地方官报的不断披露,令编制局外官员对于官制草案的议论尚不至于面壁虚构。
[87] 恽毓鼎9月20日日记载:"议新政大臣奏陈改定官制大纲,留中不下,盖圣意犹欲审慎而后出也"。恽毓鼎《澄斋日记·上》,浙江古籍出版社2004年版,第324页。
[88] 《官制大纲》上奏之时,即有论者称:"改革中央官制大纲,可于一二日内发表,地方官制拟欲裁减督抚权限,惟颇有反对者"。见《新闻报》,1906年9月20日,第3版。《时报》亦云:"此次会议官制,内廷颇以督抚之权重为虑,此亦一极难解释之问题也"。见《时报》,1906年9月20日,第2版。
[89] 参见《阁部院官制草案》,载《东方杂志》1906年第3卷临时增刊,第30—77页。

委四等；在京另设集贤、资政院，以安置闲员。[90] 而主掌起草事务的法政官僚亦皆"抱定孟德斯鸠三权分立宗旨，立法机关即议院，资政院及各省谘议局章程皆当时所草……对于司法独立，说帖尤多"[91]。

在立法技术上，官制厘定继受欧陆立法经验。编制局仿效日本《内阁官制》《各省官制通则》及各省官制，采总分结构，《内阁官制草案》以下先置《各部官制通则》，为各部组织、职权、员额等项设定基本原则与一般性规定，此为明清典例所未有。作为分则之部院草案遵循统一程式，先列说帖，阐释立法原意；继以官制条文，规定机构职掌；末附职官表，载明员额官秩。各部院官制条文在次序、用语上维持协调一致，立法表达亦趋于简约明晰。通过设置委任性规则与准用性规则，官制草案摆脱了典例繁复具象的文句，转而以抽象概括的规范性条文建构制度，前后连贯，形成有序的组织法规范体系。

就内容而言，《阁部院官制草案》基本延续《官制大纲》所定责任内阁组织架构。中央行政权统于内阁总理大臣，左右副大臣协同总理大臣平章内外政事，并与外务、民政、财政、陆军、海军、法、学、农工商、交通、理藩、吏十一部政务大臣，合为责任内阁，"辅弼君上，代负责任"。各部设一尚书、二侍郎，以下设承政、参议厅，并视任务繁简，酌设员外郎、主事等官。[92]

内阁官制之外，官制草案遵照《官制大纲》设审计院、行政裁判院、军谘府，礼部改并为典礼院，另依厘定宗旨五条，添设集贤院，改政务处为资政院，均暂阙设以待裁汰旧员。而在司法层面，编制局对大纲原设计"量为变通"，以"中国司法之权向兼掌于行政官，现当厘定官制预备立宪，自应以司法为独立机关，方符立宪各国公例，而创办伊始，不得不稍为变通"为由，将原定直隶于法部的执法司、审判厅，改由法部监督、受督抚节制，但审判厅之增析裁并、辖域划分、检察官调派，仍皆取决于法部，大辟与秋、朝审及恩赦亦由法部覆核奏请，并申明各级审判厅"均分汇于执法司，而仍总汇于法部"。至于何谓"监督""节制"，则语焉不详。[93]

此外，草案以《吏部官制草案》列于内阁各部之末，其结构、条文却与其他部院草案均不相合。官制草案最后又增附《都察院官制草案》，自陈"所有内阁部院官制业经陆续拟呈，粗有端绪，惟都察院未经议及，似与厘定要旨尚欠吻合"，可知此两草案并非初稿原案，乃临时补撰而成，其原因实与旧制部院裁抑论争有关。

---

[90] 案《光绪朝朱批奏折》所载，此五条宗旨当系厘定官制大臣合议确定后，于9月18日上奏。参见《谨拟厘定官制宗旨大略以立标准而资治理折》，载中国第一历史档案馆编：《光绪朝朱批奏折·第三三辑》，中华书局1996年版，第33—36页。

[91] 同前注[15]，第45页。

[92] 参见《各部官制通则》，载《东方杂志》1906年第3卷临时增刊，第8—11页。

[93] 参见《法部节略》，载《大公报》，1906年12月1日，第3版。

编制局在初案起草中对旧制部院职掌、员额更动甚多，凡不合新政宗旨者，或缩改分司，或裁撤归并，或转为闲曹。总司核定大臣之间，对此颇有分歧："孙中堂不以改官制为然，大意以为官之不职，择人可也，何必更动旧制？岂一改新官，不才者即变为才乎？庆邸极反对之，谓官制譬诸机器，机器不善，无论何等良工，不能制出美器。"[94] 而在编制局会议上，"惟袁宫保发言最多，余人大率默默，泽公则甚与袁、端表同情，张冶秋尚书则极亢爽，颇能与反对者相抗争云"[95]。

京内各部院官吏，尤其是吏部、礼部、都察院等衙门属官，风闻编制局裁革旧署之议将成，以为自此坐失要缺，仕途将尽，遂交章阻遏："官制中议裁吏、礼二部，尤中当道之忌讳，自都察院以至各部或上奏，或驳议，指斥倡议立宪之人，甚至谓编纂各员谋为不轨。"[96] 侍读周克宽认为官制草案标新立异，实不如旧制，指出国家耳目所不及，皆赖都察院敷陈，"今议员尚难合格，言官遽拟全裁，舆论壅于上闻，宫禁势成孤立"，而"礼部之改为院，理藩之改为殖务，兵、刑之改为军、为法，职掌如旧，名称取新，辞不雅驯，事同儿戏，徒增滋扰"[97]。其后，中书王宝田谏言六官不应骤改，君主叙官之权尤不可轻付各部，以免长官滥举私人。六部以外，都察院为最重，"今之议者乃欲去都察院，未知考察诸臣果何所据，要其平日所为必有不堪告人者，故大惧诸御史之多言而发其奸也，即诸御史不言，亦恐后之言者之一知而发也"[98]。

部院官制诸草案陆续拟成后，部院弹章纷然而至，主导编制局官制起草的袁世凯、载泽二人亦承认："今言者纷纷辩驳，计先后由政治馆钞交阅看各折件共有二十余起之多，虽所言各殊，大抵以变更不便为说。"[99] 到总司核定处审议阶段，除都察院官制草案已经补撰外，吏部毋庸暂留待裁，仍掌"文官铨叙勋阶黜陟之政"，典礼院官制草案亦"复礼正名"。

（三）审议及公布阶段：《京内官制全案》

九月初，《阁部院官制草案》完稿，呈递总司核定处审议，奕劻委派考察政治

---

[94]《京师近信》，载《时报》，1906年9月10日，第2版。
[95]《京师近信》，载《时报》，1906年9月20日，第2版。
[96] 同前注[15]，第45页。
[97] 周克宽：《奏更改官制只各易新名实不如旧制折》，载故宫博物院明清档案部编《清末筹备立宪档案史料》，中华书局1979年版，第418—421页。
[98] 王宝田等：《条陈立宪官制之弊呈》，载故宫博物院明清档案部编《清末筹备立宪档案史料》，中华书局1979年版，第446页。
[99] 载泽：《申明厘定官制要旨折》，载中国第一历史档案馆编：《光绪朝朱批奏折·第三三辑》，中华书局1995年版，第52—54页。

馆提调宝熙、刘若曾协同删改，[100]以《京内官制全案》为名定稿呈奏[101]。全案仍取《阁部院官制草案》通则及官制条文，列为清单，后附阁部院官制、法部、资政院节略，以明行政、司法、立法关系。全案对初稿的修正主要集中在部院名目、次序上，如财政部改称度支部，典礼院复为礼部，交通部易名邮传部；原本因"铨除签掣例事无多，惟档案所存，未宜裁撤"而置于部院末位的吏部，被擢为外务部后之次位；[102]对部院职掌、组织，全案亦有相应调整，如法部职掌中"监督大理院并直省各厅局检察局"，改为"监督大理院、直省执法司、高等审判厅、地方审判厅、乡谳局，及各厅局附设之司直局"，而《法部官制草案》所设六司之法曹、平法两司则更名为举叙、制勘等。总之，中央官制更定"既为预备立宪之基，自以所定官制与宪政相近为要义。按立宪国官制，不外立法、行政、司法三权并峙，各有专属，相辅而行。其意美法良，则谕旨所谓'廓清积弊，明定责成'，两言尽之矣"[103]。

《京内官制全案》以施行责任内阁制为核心原则，乃袁世凯、端方等人所力持，盖其深恐将来光绪帝亲政于己不利，欲借此限制君权，推出傀儡奕劻为总理，以便身居幕后操纵国政。[104] 而起草委员曹汝霖等人亦主张"此次草案以设责任内阁为行政重心，下设各部。总理大臣由钦派，惟须交国会通过，此为立宪国之常规"[105]，故编制局所拟历次草案均秉承此意，以军机处、旧内阁并入责任内阁统括政务，设总理大臣总揽全权，各部权责悉归政务大臣，原有尚书、侍郎半数皆将裁撤。

此举因触及军机旧臣和亲贵既得利益，而令厘定官制大臣内部迅速形成泾渭分明的两派：袁世凯、端方、载泽、张百熙等人主张施行责任内阁制，铁良、荣庆、载沣等中枢亲贵则反对最力，"戴、端各人所拟总理大臣止一人，因体察中国

---

[100] 编制局修改《京内官制全案》定稿一事在孙宝瑄日记中亦可得到验证，孙在九月十九日（11月5日）日记载："官制闻不日即下，盖由编制局议定：内阁总理大臣一人，副大臣二人。外列干部，曰外务部，曰民政部，曰度支部，曰陆军部，曰礼部，曰法部，曰学部，曰农工商部，曰邮传部，曰理藩部，曰吏部，各设尚书一人，侍郎二人。外又有大理院，为高等裁判；审计院，稽核国家出入财政；资政院，皆元老顾问大臣。其草案皆已发送总司核定，现已入奏，请旨定夺矣。"同前注[28]，第937—938页。《大公报》亦载编制局草案完稿，提交奕劻等人总司核定，"此次总核官制，庆亲王特派政治局提调宝瑞臣都统、刘仲鲁京卿，襄理其事，故一切核定录稿及奏疏，均委二公办理，而由庆亲王鉴之，视官制局之原议，虽不无点窜涂改，而大略实甚变更"。又见《改定官制余闻》，载《大公报》，1906年11月3日，第2版。

[101] 该案原本名曰《预备立宪京内官制全案》，铅印本现藏美国哈佛大学汉和图书馆，其封面署有"西田养稼"，该本与第一历史档案馆所藏总司核定大臣奏定官制案基本相同。

[102] 《京内官制全案》中《阁部院官制节略》以"吏部旧冠六官，故次于外务部"而将吏部位次提前，实则意在保留吏部，使之无庸面临裁撤。

[103] 奕劻等：《厘定中央各衙门官制缮单进呈折》，载故宫博物院明清档案部编：《清末筹备立宪档案史料》，中华书局1979年版，第462—465页。

[104] 参见前注[3]，第47—48页。

[105] 同前注[30]，第57页。

情形,添设副大臣一人。铁自揣总理必归庆邸,若自己要户部,则失副总理,若要副总理,则失户部。盖现下军机兵权、财政握于一人之手,若实行改变,则自己止可得一而必失二,于是极力与庆、袁反对,实自计利害之心过胜耳"[106]。总司核定三大臣中,孙家鼐始终无意于骤改官制;瞿鸿禨初周旋于两派之间,与袁虚与委蛇,又暗中活跃于铁、荣身后,授意疆吏、京官驳阻新官制[107];奕劻则"本属无可无不可,一味听命于北洋",其后态度却幡然改变,转而认可瞿、铁等人主张[108]。枢臣亲贵既不愿因改制而退处闲所,更忌惮袁世凯"欲以立宪为名,先设内阁,将君主大权潜移内阁"[109],因而在官制草案审议会议中"独对于废军机处,改设内阁一条,即横生阻力,再三易稿,均不能同意"[110]。

高层权力对峙在言官介入下转化为朝野党争。铁良、荣庆私下鼓动言官,逐日参奏总理大臣权力过专,危及乾纲独断,责任内阁不可轻设,以免政出一门。[111]如御史刘汝骥陈言:"设总理大臣一人之议,是置丞相也。是避丞相之名,而其权且十倍于丞相。"[112]学士文海则以设总理大臣比诸日本幕府将军,参劾厘定官制大臣指鹿为马,并请将编制局即行裁撤,促命袁世凯速回直隶本任。[113]御史张世培、赵启霖、江春霖等随之竞相弹劾袁氏欲借组织内阁跋扈专权,挟制朝廷。[114]

九月十六日(11月2日),《京内官制全案》经删修后缮单具奏,官制厘定进入"御前审议"阶段。有感朝野对新官制的舆论压力,慈禧太后连日召见军机大

---

[106] 《京师近信》,载《时报》,1906年10月29日,第2版。
[107] 参见前注[3],第63—65页。
[108] 鹿传霖在致樊增祥信函中称"至立宪先从改官制入手,则袁、端之谋,而邸为所愚,袁又为端所怂恿,皆欲揽天下大权。两人合谋,内外一气,其本意端充副总理,佐邸总理(左右两副,其一为城北,袁党也),则玩邸于股掌之上"。即官制编纂初期,奕劻(庆邸)对设置责任内阁一事,确曾听从袁世凯、端方二人,充其傀儡。但在责任内阁触及军机大臣群体利益之时,瞿鸿禨、荣庆和铁良等"痛陈利害,邸始悟,而急出端于外为南洋"。可见奕劻此时态度已发生转变。参见前注[3],第131—132页。《大公报》亦有"庆亲王对于改官制一事,发起时极力维持,旋因反对者迭上条陈,揭参改官制之非计,即关于立宪亦须缓图,是以近日庆邸对于改官制一事,其热度不免少退云"。又见《庆邸对于改定官制》,载《大公报》,1906年10月18日,第2版。
[109] 参见赵炳麟:《论立宪预防流弊第二疏》,载赵炳麟:《赵柏岩集(上)·谏院奏事录》,广西人民出版社2001年版,第416页。
[110] 同前注[30],第56页。
[111] 据李细珠教授考证,御史刘汝骥、蔡金台、史履晋、吴钫等对官制改革交章参劾,皆由瞿鸿禨、荣庆、铁良等授意都察院左都御史陆宝忠运动而来,瞿又受陆请托特在慈禧太后面前为中书王宝田、郎中李经野等人奏疏说项,孙家鼐更利用总核官制大臣之便,私自将尚未公布的编制官制草案出示吏部主事胡思敬阅看。同前注[3],第59—61页。
[112] 刘汝骥:《总理大臣不可轻设以杜大权旁落折》,载故宫博物院明清档案部编:《清末筹备立宪档案史料》,中华书局1979年版,421页。
[113] 参见文海:《立宪有六大错请查核五大臣所考政治并即裁撤厘定官制馆折》,载故宫博物院明清档案部编:《清末筹备立宪档案史料》,中华书局1979年版,第139—140页。
[114] 参见赵炳麟:《立宪大略》,载《赵柏岩集(上)·光绪大事汇鉴》,广西人民出版社2001年版,第300页。

臣及袁世凯等人奏对。其间,瞿鸿禨挟朝野舆论再递说帖,提出保留军机处,改为办理政务处,办事大臣称政务大臣,尚书改为参预政务大臣,旧内阁一切职掌照旧,都察院裁六科之名,集贤院、行政裁判院均暂缓设置,各部院应行清理整顿之事,交堂官核议,送政务大臣核定。[115] 瞿氏主张最终为慈禧太后所采纳,责任内阁制被否决,而《内阁官制草案》等核心草案也就此取消。

至二十日（11月6日）,清廷颁行"中央各部院官制谕",宣布内阁、军机处一切规制照旧,尚书均充参预政务大臣,轮班值日。部院官制则依编制局定稿,设外务、吏、民政、度支、礼、学部、陆军、法、农工商、邮传、理藩十一部,除外务部员缺照旧外,其余各部均设尚书一员、侍郎二员。大理寺改为大理院,专任审判。都察院六科给事中改为给事中。资政院、审计院均准次第设立。其余各旧制衙门皆无庸更改。此外,中央官制草案的起草与审定之权亦均转归各部院衙门,由堂官以《京内官制全案》相应清单为基础,自行核定删改,拟为清单,会同军机处呈奏。[116]

袁世凯迫于传统官僚压力,不得已于新官制公布前托词阅兵,率幕僚仓皇出京。[117] 起草委员陆宗舆闻之备感失望,以为此次官制厘定"仅涉皮相,而了无精神"。[118] 然而,慈禧太后出于政治平衡考量,同日又将铁良、荣庆、鹿传霖逐出中枢,致瞿氏顿失奥援。对此,身处局外的孙宝瑄感慨："我国此次议宪法,厘定官制,党派中有无形之冲突,相持不下者,几月余矣。卒之两党人皆失所望,而成今日之结果,抑亦奇矣。"[119]

（四）外官改制阶段："外官改制通电"与《直省官制总则》

中央官制改革引发朝议沸腾之际,外官改制也已提上议程。清廷在公布新官制的同时,又命奕劻等人续订直省官制。此前一日,编制局以厘定官制大臣名义预先将改制方针致电各省督抚商酌。通电仍以《官制大纲》为基础,揭橥直省改制应"参仿京部官制",拟裁并府州县行政层级,各级衙门合署分曹办事;府州县设议会议决兴革事宜;"别设地方审判厅,置审判官,受理诉讼"。[120]

在院司改制层面,编制局提出两项方案以备督抚抉择:其一"与立宪国官制最为相近",直省各司道合为一行政官署"行省衙门",以督抚总理政务,参酌京部官制重行分司,每日合署办公,一稿同划。直省设高等审判厅受理上控案件,

---

[115] 参见周育民整理《瞿鸿禨奏稿选录》,载《近代史资料》,1993年总83号,第34—37页。
[116] 参见《裁定奕劻等核拟中央各部院官制谕》,载故宫博物院明清档案部编:《清末筹备立宪档案史料》,中华书局1979年版,第471—472页。
[117] 据张一麐记载:"北洋旧人如唐君少仪、梁君敦彦力劝项城出京,乃乘彰德大操,以钦派阅军为名,自京往彰德"。同前注[19],第45页。
[118] 同前注[61],第6页。
[119] 同前注[28],第941—942页。
[120] 参见《宪政纪闻·编改外省官制办法及各疆臣之意见》,载《东方杂志》,1906年第3卷临时增刊,第8页。

使"行政、司法各有专职"。其二则由现行官制稍加更变,"以督抚经管外务、军政,兼监督一切行政、司法",布政使掌民政及农工商,按察使掌司法行政,监督高等审判厅,另设财政司管理财政、交通,其余司道仍沿旧制。[121]

上揭通电主要包含"合署分曹治事"与"行政司法分立"两端,皆以"统一事权"为宗旨,尤其是后者经编制局两度"变通",已同一般意义上的"司法独立"相去甚远,而成为亲贵借法部收束督抚司法权的制度工具。因此多数督抚接电后,或借口地方设立审判厅,需才孔急,或推辞财绌民乏,意图搪塞迁延。唯湖广总督张之洞连发长电驳难,其要点有三:其一,执法司外再设审判厅乃叠床架屋,"拟罪仍须督抚核批,达部者须督抚核转,总须俟部复乃定,然则臬司及督抚即是司法之行政,刑部即是司法矣,何必剿袭东语,多此纷歧哉";其二,司法独立徒增诉讼成本,不惟百姓须奔驰千里上控,亦加重京师部院负担;其三,行政与司法分立有碍督抚统摄属官,"文武官吏有犯而督抚不能审判,何以号令属官乎"。[122]

编制局起草委员汪荣宝、陆宗舆闻电旋即撰帖申辩,其主旨乃向督抚解释地方司法独立古已有之,并无悖于治道。针对审判厅层层独立与督抚不司审判两项,汪、陆以前代地方专设刑官为证,认为提刑、廉访,执一省法权,遇事直达政府,"宋元明三朝裁判皆设专官,不使行政官兼摄,是高等审判厅直达法部,与行政官不司裁判之事,为我旧制所有"。再者,往日督抚问案须幕友经手,刑部驳案亦须引咎,且外人涉讼动辄牵连行省,故司法独立实乃保护督抚与行政权。而对督抚所提出的诉讼成本问题,两人仅以将来添设审判分厅或巡回审判员含混回应,实则留待《法院编制法》解决。[123] 此一"托古改制"策略,不仅未能厘清行政、司法界限,使"司法独立"回归本旨,反而遭言官质问其不识前代宪司本皆行政官,何必以专人充任。张之洞亦于十二月回函,谓此皆"东洋学生二三人偏见,袭取日本成式,不问中国情形",并提出司法官独立将有危及社稷之虞,"裁判各员中,难保无学术不纯、心思不端者,每遇拿获逆党,必将强引西律,曲贷故纵,一匪亦不能办"。[124]

张氏电文在不久后的厘定官制会议中,得到孙家鼐、瞿鸿禨等人支持,亦令

---

[121] 参见《厘定官制大臣致各省督抚电》,载《申报》,1906年11月15日,第2版。
[122] 参见苑书义、孙华峰、李秉新主编:《张之洞全集》,河北人民出版社1998年版,第9560页。
[123] 参见《论说:汪荣宝陆宗舆谨拟地方法司设专官条辩》,载《山东官报》,1907年,旬报第3期,第5—12页。
[124] 参见《鄂督张致北京王大臣电(论司法独立之弊)》,载《山东官报》,1907年,旬报第2期,第18—22页。

编制局一度因意见分歧而陷入僵局[125]。但传统官僚的异议并未动摇亲贵"统一事权"的决心，法政官僚在载泽等人的主持下，已开始依照"外官改制通电"方案，秘密起草《直省官制总则》，以为将来编订地方官制预定立法原则与一般性规则。总则草案除规定直省行政以"督抚衙门"为中心，督抚总理地方政务，节制司道，得自行征辟幕职，有奉行各部咨行事件之责外，并要求府与厅州县均须仿行中央官制施行三权分立，各级行政主官以下酌置佐治属官，分科治事，并分期设立议事会、董事会。在司法方面，省、府、厅州县设高等、地方、初等三级审判厅，专掌审判事务，"各省地方行政官，均不得受理诉讼及上控事件"，而按察司改为提法司，由法部监督，"受本管督抚节制，管理该省司法上之行政事务，监督各审判厅局，并调度检察事务"。[126]

《直省官制总则》草案初成，正当督抚与编制局论难激烈之时，载泽再上说帖，强调"法部与大理院既已截然分离……是京朝司法独立之机关不久可期成立，审判宜于统一，京外岂可两歧"，直省必须设置各级审判厅，以为"司法独立之基础"。[127] 各省督抚闻之群起反对，江苏巡抚陈夔龙以"民情浮动，国计多艰"为由奏请搁置外官改制，[128]而瞿鸿禨亦授意赵启霖以外官改制窒碍颇多，人财皆乏，兼之南省迭遭灾厄，请先缓议，[129]京内言官乘势参劾编制局诸人，慈禧太后态度遂转为保守，[130]厘定官制大臣不得不"以内外官制均已酌改定妥，请将编制局即行裁撤，以节糜费"[131]。

编制局何时裁撤，官史并无记载，惟赵启霖《请缓改外省官制折》后载，上奏

---

[125] 李细珠教授基于对《张之洞存各处来往电稿》的分析指出，张之洞通过其姐夫鹿传霖和幕僚陈夔麟、吴敬修、张寿龄、梁鼎芬等密切关注京内官制改革，厘定官制大臣中，瞿鸿禨首先嘱托鹿传霖转告张"如何驳议，尽可畅言，务并电枢府为要"，而"原议官制各大臣惟泽、袁、端、徐、张主持改变，余皆不以大改为然。"参见李细珠：《张之洞与清末新政研究》，上海书店出版社2009年版，第308页。又《大公报》载："编制局王大臣前接到张香帅司法独立之驳议，因与法部、大理院各堂连日会议，有谓为见识卓越者，有谓为偏私特甚者，迄今尚难解决。见《司法问题难解决》，载《大公报》1907年3月2日，第2版。

[126] 参见《附编纂官制大臣泽公等原拟直省官制总则草案》，载《东方杂志》1907年第4卷第8期，第410—414页。

[127] 参见《编纂官制大臣泽公等原拟行政司法分立办法说帖》，载《东方杂志》1907年第8期，第416—423页。

[128] 参见关晓红：《种瓜得豆：清季外官改制的舆论及方案选择》，载《近代史研究》2007年第6期，第25—26页。

[129] 同前注〔33〕，第2—3页。

[130] 案《新闻报》载："内官制自厘定改章后，各部寺或裁撤，或归并，以致赋闲人员甚多，皇太后慈意深悯之，是以编制馆议改外省官制极其持重，将来恐无大改革"。《新闻报》，1907年4月1日，第2版。

[131] 《编制局裁撤》，载《新闻报》，1907年4月7日，第2版。

同日，军机大臣奉旨，编制局著即行裁撤。"[132] 查该折实为光绪三十三年二月十二日（1907年3月25日）入奏，故可推知编制局乃是日裁撤，厘定官制大臣即行取消，未尽事宜移交考察政治馆。[133] 因丙午官制改革而创设的编纂官制局到此终了。

四、结论

丙午预备立宪，戴鸿慈、端方奏设编制局，以为官制改革枢纽，原本星散于各部院的法政知识人亦随其幕主参与官制草案拟定，官制厘定由是发轫。通过编制局法政官僚的立法实践，发端于"万国法政公例"的法政知识首次为传统中国朝廷所系统接纳，迅速取代经史学问，跃升为立法改制的理论源泉。仿行自东洋的官制立法体制亦继续以宪政编查馆、法制院等机构为载体而延续，并深刻塑造了清末民初的国家宪政架构。今人回溯近代中国立宪渊源，皆以丙午官制改革作为法政制度转型之滥觞，而作为此一转型之原点，编制局的兴废荣枯，不仅为重新评价丙午改制提供了契机，更为揭示晚清宪政的命运预留下一段注脚：

其一，决策集团耽于权术，公器私用，未能达成统一明确的立法共识。清廷中枢自官制改革伊始即决意排除外部议论，采用"秘密立法"以主导改革进程。对决策集团而言，所谓"大权统于朝廷，庶政公诸舆论"，其要端在"大权统于朝廷"，惟有借朝廷之名保全私利，否则断无"公诸舆论"之可能。故亲贵重臣皆视官制厘定为私物，从立法人选到条文审议，莫不如是，或借责任内阁专断揽权，或恐部院裁并损及身家，遂竞相借重舆论，党同伐异，以致官制厘定难以达成共识，立法宗旨反复，起草者无所适从，官制草案几度遇阻。而作为最高决策者的慈禧太后既未明确立法目标，也无意持平审断，仅出于集权自保之私欲，施展惯用的驭官权术，敷衍弥缝，"编制局所议定之草案，人人知之，及诏旨又似全然改

---

[132] 案《赵滂园集》所录《请缓改外省官制折》下载："光绪三十三年二月二十八日（4月10日）上奏。是日，军机大臣面奉谕旨：'编制局著即行裁撤，钦此。'"。但实际上该折在3月末即已抄咨各省见报，则二月二十八日（4月10日）上奏之说不确。复查《时报》4月6日抄录该折原件下有"二月十二日（3月25日）奉旨：'著考察政治馆分行各衙门阅看，钦此。'"又据《大公报》4月15日社论《读赵侍御请缓行外省官制折书后》中有"前数日，北京风传外省官制行将罢议，斯时闻者固惊疑以为无是事也。乃未几而裁撤编制馆之说出，未几而有将御史赵启霖奏停外官制之原折抄咨各省查照之说出，以前后事而观之，则外省官制之停顿不行，实在意计中矣"。亦可见赵氏奏折入奏后即被抄咨各省督抚，其与编制局之裁撤应存在直接关系，故可以推定编制局当于1907年3月25日裁撤。

[133] 案《清宪政编查馆奏稿汇订》所收考察政治馆折件云："现在京外官制一律编订完竣，其有未尽事宜即归臣馆（考察政治馆）办理，所有前刊厘定官制王大臣之关防一颗，自应销毁，以昭慎重"。见《清宪政编查馆奏稿汇订》，北京：全国图书馆文献缩微复制中心，2004年版，第123页。又《大公报》载："政府诸大老日前面奉谕旨，所设之编制局，即行裁撤，一切应办事宜及公文案卷，均已移交政治馆接收矣"。《谕饬裁撤编制局》，载《大公报》，1907年4月4日，第1版。

易,则朝廷收权之微意也"[130]。清廷由此政治信誉尽失,官僚离心离德,预备立宪亦不可避免地走向失败境地。

其二,传统官僚依附朋党,惯于借党争排除异己。无论京内科举官僚,或直省督抚,皆是官制改革中潜在的利益受损者,对新官制心存抵拒,本在意料之中。但预备立宪既经明诏宣示,官制改革已势在必行。传统官僚面临此"千年未有之丕变",却依旧本能地诉诸传统党争,采取阻遏拖延策略,不问是非真伪,一味批驳参劾,而短于对策建言,亦鲜有人提出系统性的立法建议。另一面,清廷中枢对编制局官制草案刻意隐而不宣,外界难知其详,新旧官僚之间又缺乏正式的对话渠道,传统官僚只得寄望于决策集团内部嫌怨,充当亲贵枢臣言论工具,制造舆论声势,甚至捕风捉影,挟私攻讦,以期耸动最高决策者转变趋向。此等手段,在光宣之际又一再上演,导致晚清宪政改革陷于传统官僚政治"异论相搅"的泥淖,始终未能步入常轨。

其三,法政官僚学养不足,依附权臣而难以独立起草官制。科举既废,东西洋法政知识成为法政知识人官僚化的文化资本,但其自身学养欠缺亦是制约宪政施行之要因。汪、陆等人负笈东渡,语言尚未娴熟,学识止于记诵,对宪政之理解亦流于浅表,待归国起草官制,径以东洋教科书为范本,生硬比附,唯求速成而不予细察。加之立法者多无治理经验,疏于体察典章,难以因地制宜,妥为调适。因而,编制局在面对传统官僚驳难时,疲于应付,既无力阐发立宪原旨,又不谙经史治道,引喻失义,使丙午官制厘定腹背受敌,两无是处,最终仓促收场。而更为关键的是,法政官僚多为亲贵权臣举荐入朝,依附于幕主则必秉承其意志,对法政知识视若器物而任加取舍,不惜以"变通"为名加以曲解、改造,致行政、司法权限紊乱,为日后部院之争埋下隐患。由是观之,法政官僚在立法过程中所暴露的体系残缺、概念误读以及人为曲解等特征,是清末以至民国立宪"先天不足"之致命缺陷的重要成因。

---

[130] 同前注[28],第942页。

晚清州县监卡病犯拨医调治背后的权力运作
——以巴县医学训科王吉士为切入点

白莎莎[*]

The Power Flow Beneath the Medical Resource Administration for Prisoners at Counties in Late Qing Dynasty
—From the Point of Ba County Medical System Administrator Wang JiShi

Bai Shasha

内容摘要： 以晚清巴县负责诊治监卡病犯的医学训科王吉士及其同期供役医生为观察对象，不难发现地方医学在顶补和管理过程中的混乱状态，不仅会削弱官府对民间医疗市场的管控，也对监卡狱所囚犯的疾病救治活动产生一定影响。但我们不能只将州县监卡人犯报病报故之案的增多归结到县医学是否认真履行医疗监犯职能的一面，还要同时关注禁卒、卡差、典史乃至知县等狱政管理者，在人犯患病到病故结案过程中的一系列权力运作。这些权力运作同样可能会对人犯的健康状况及医疗结果造成影响，且以此为基础产生的与医生诊

---

[*] 白莎莎，四川大学历史文化学院博士研究生。
本文系 2016 年度国家社会科学基金重大项目"清代巴县衙门档案整理与研究"（项目批准号：16ZD126）的阶段性成果。

治病囚以及认定人犯病故相关的司法档案,在内容上也掺杂了部分狱政管理者为了掩盖其非法行径,消弭责任,而按人犯报病报故程序精心"制作"出来的假象。从这一角度来讲,晚清那些关于人犯报病报故之案增多的现象所折射的一个重要历史背景便是,在清代州县官方医疗体系趋于衰微及其履行医治病犯的职能未独立于狱政管理的前提下,拨医调治这一矜恤囚犯的政策逐渐沦为掩盖州县狱政"非法"运作的工具,继而进一步削弱了朝廷及督抚对州县狱政的监管能力。

关键词:《巴县档案》 州县医学 医疗病犯 狱政管理

《巴县档案》中保存的大量有关羁押在外监及卡房中的轻罪人犯、待质人证以及往来递解人犯患病身死的案例,虽能在一定程度上反映出清代州县监狱疫病防治及人犯管理方面存在的普遍问题,但文书行政的程序化也往往掩盖了狱卒等人凌虐囚徒、捏造"病呈"的现实。近年来关于清代监狱的研究成果颇多,其中赵晓华、柏桦、陈兆肆、曹强新等人在探讨清代监狱环境及监犯的生活处境时均指出,人犯羁押环境的恶劣、狱卒凌虐及"时役"流行等都是监犯"瘐毙"人数居高不下的重要原因。[1] 张世明在研究清代班房时,更以道光十四年(1834)四川省酆都县监生陈乐山的亲身经历描述了巴县班房中"每年要牢死二百余人"的惨状。[2] 虽然这些研究能够使我们了解到监犯、未决及待质之人在进入监卡后所面临的境遇,但除了刘铮云、常杰、王超群等人的文章中涉及明清监狱疾病预防及诊治的相关内容外,[3] 鲜有研究能系统地关注州县官、狱卒、州县医学等群体在预防监狱疾病、诊治患病监犯以及处理上报病亡人犯等一系列程序中的行为及活动。[4]

本文旨在利用同治及光绪时期的《巴县档案》,以身兼府辖户房典吏及巴县医学训科二职的王吉士为主要研究对象,[5] 考察县医学训科及其助手医生诊治监犯的医疗实践,以及与之相关的禁卒、典史乃至知县等狱政管理者在人犯

---

[1] 赵晓华:《晚清讼狱制度的社会考察》,中国人民大学出版社2001年版,第152—164页;柏桦:《明清州县的监狱》,载《中国史研究》2002年第4期;陈兆肆:《清代法律:实践超越表达——以衙役群体运作班房为视角》,载《安徽史学》2008年第4期;曹强新:《清代监狱研究》,武汉大学2011年博士学位论文。

[2] 张世明:《清代班房考释》,载《清史研究》2006年第8期。

[3] 刘铮云:《档案中的历史:清代政治与社会》,北京师范大学出版社2017年版,第464—476页;常杰:《明清州县监狱狱囚生活处遇制度研究》,载《天津市政法管理干部学院学报》2008年第1期;王超群:《从刑部监狱看清代恤囚思想与狱制实践》,载《历史档案》2021年第2期。

[4] 医学训科,即州县医学署内专设的处理州县医学等事务的官员,其下往往配备医生二名作为"入监诊治,捐赏药饵"的助手。对于该群体的研究,学界仅涉及医学训科的顶充、基本职能、"他职"化现象以及医学署本身的兴衰等方面。参见赵玉敏:《清代地方医学体系的设置考察》,载《兰台世界》2021年第9期;刘桂海:《清代县医学的运作与地方医疗——以南部县为中心》,载《安徽史学》2020年第3期;狄鸿旭:《清代"医学署"初探》,载《满族研究》2015年第2期。

[5] 王吉士在作为府辖户房书吏时名为"王辅相",据本人称"吉士"为其旧名。

报病报故过程中的权力运作,进而剖析晚清州县人犯报病报故之案增多这一现象背后的基层狱政管理困境与管监人员权责转移等问题。之所以选择王吉士为个案进行研究,一方面是由于《巴县档案》中与王吉士承充医学有关的案卷在内容上囊括了其顶补及离任的诸多细节,[6]而这是巴县档案中所存留的其他参与诊治囚犯的医生相关案卷所承载的信息所难比拟的。[7]另一方面,王吉士在承充巴县医学后不仅会以府辖户房书吏的身份参与到相关的医务纠纷案件之中,[8]甚至在其辞职病故后他的名字及出诊记录还出现在有关医治患病监犯的案卷之中,[9]而这一系列"虚构"现象背后均暗含了这类任职于州县医学署的医生群体所面临的真实境遇。

由此,州县医学诊治监犯的实践活动,看似仅是一个关乎囚犯医疗的问题,实则背后牵涉到了清代州县狱政、司法、吏治等方方面面。有鉴于此,本文试图在既有研究的基础上,以清代《巴县档案》为中心,并借官箴书、地方志、法律典籍等文献对晚清州县医学诊治监卡病犯的实践问题作一探讨,以期进一步推进对晚清州县狱政管理的认识。

一、王吉士与巴县医学的运作

明洪武十七年(1384),朱元璋下令各地府州县设医学,其中典科、训科作为州县一级的医学职掌官员,皆属"杂职",[10]清代州县延续此制。由于医学之职与地方医学事务息息相关,"凡疾医、疡医咸属之,民有疾病者、疕疡者,使医分治,狱囚病,视疗亦如之"[11],并"掌医药诉讼,剖析是非,以备问官采择"[12]等要务,因而即便该职务处于州县权力运作的边缘,其重要性也不容忽视。就四川地区而言,清代成都、华阳、温江、什邡、江津、巴县等130多处州县均设有医学(典)训科一职。[13]其中,巴县因有档案史料存世,为我们研究医学训科及额

---

[6] 巴县申报医生王吉士顶补医学名缺一案,清代巴县档案(同治六年至光绪八年)6-23-36;巴县申赍医生王吉士顶补医学名缺一案清册,清代巴县档案(同治六年间)6-23-1163;巴县正堂悬牌招募医学卷,清代巴县档案(同治十三年二月至光绪八年十一月)6-56-679。

[7] 他们之中的大多数仅作为涉案人员出现监卡患病人犯身死的相关案卷之中,鲜有与之相关的其他案卷存世。

[8] 巴县关于府辖户房书吏王辅相告刘同义等怙恶不悛卷,清代巴县档案(同治八年八月)6-27-8789。

[9] 在光绪七年(1881)二月南部县职员叶光昭具报其侄叶登瀛被人仇杀一案中的记载中,原告叶光昭在待质公所染患寒症直至去世期间,均是王吉士在为其调治病症。参见保宁府南部县职员叶光昭因侄儿叶登瀛被仇杀控案,清代巴县档案(光绪七年二月十八日至二月廿一日)6-34-7302。

[10] 《明太祖实录》卷一六二,台湾历史语言研究所校印本1962年版,第2519页。

[11] 乾隆《大清会典》卷五十五《礼部·方伎》,《景印文渊阁四库全书》第619册,台北商务印书馆1986年版,第497页。

[12] 民国《重修什邡县志》卷四《公务》,民国十八年(1929)铅印本,第2b页。

[13] 雍正《四川通志》卷二十八中《公署》,清文渊阁四库全书本,第4页a—25页b。

设官医的承充、待遇、医学运作等方面提供了较为详实的资料。

(一) 巴县医学的顶充

康熙十三年(1674),朝廷规定了地方医官的拟任办法,其中县医学训科"由地方官拣选出结,具详督抚,咨部给札,其钤记由该省布政司给发"[14]即可。"其内外刑狱选用医士,六年役满,医治狱囚勤慎无过者,在外咨授典科,系州医官,由医士充补,由礼部办理,仍知照吏部存案。"[15]而在判断医者是否堪任医学的标准方面,雍正元年(1723),朝廷先是以《内经》《本草纲目》《伤寒论》等医学经典作为考选医学的内容。[16] 到了同治五年(1866),根据御史胡庆源的建议,朝廷又将对各府州县医学正科、典科、训科等员的考选内容定为,在《医宗金鉴》所载"伤寒论""金匮要略"暨"各科心法要诀"内出题作论一道,再以"假设脉众病证,论应如何施治,用何方药"的形式出题作说一道。[17] 且从晚清山西巡抚刚毅的记载来看,地方医学人员的任职资格须满足出身"民籍,素习岐黄,脉理精熟,身家清白,并无违碍过犯等弊",才"堪以顶补某府某州县医学名缺"。[18] 从典例规定的角度来讲,有清一代地方医学的任职资格虽然在考验医术的标准方面存在一定变化,但顶补之人均须满足医术精良、身家清白、无违法记录等基本条件。然而当重庆府户房典吏王辅相(王吉士)在同治六年(1867)顶补巴县医学之时,巴县礼房为了确保顶补之人出身的合法性,在造报的一系列顶补文书中不仅模糊了医学考试过程及内容方面的记载,甚至还以更名顶充的方式伪造了王吉士的出身、籍贯等信息。

同治六年(1867)二月十六日,王辅相经文生饶宝臣等人公举,并由县令霍为棻当堂考验,认为此人的出身、人品以及医理均达到了顶补医学名缺的标准后,便以王吉士之名由礼房"备造年貌籍贯考语清册"及供甘结册,向四川布政使司报备。[19] 但由于这份包含了顶充之人亲供、邻佑甘结以及知县印结的清册中记载的有关王吉士本人的年貌、籍贯、出身及考语等内容并不全面,仅有"一、医生王吉士,年三十八岁,身中材、面白、有须,系巴县正里二甲,载粮民

---

[14] 乾隆《钦定大清会典则例》卷九十二《礼部·方伎》,《景印文渊阁四库全书》第622册,台北商务印书馆1986年版,第883页。
[15] 《吏部铨选则例》,《汉官则例》卷八下《杂例》,清光绪十二年(1886)刻本,第33b页。
[16] 参见乾隆《钦定大清会典则例》卷158《太医院》,《景印文渊阁四库全书》第625册,台北商务印书馆1986年版,第151页。
[17] 奉宪札饬移咨御史胡庆源奏整顿医官以正医学一折议复卷,清代巴县档案(同治五年六月)6-23-1185。
[18] 参见刚毅:《牧令须知》卷四《礼房·充补医学详》,收入官箴书集成编纂委员会编:《官箴书集成》第9册,黄山书社1997年版,第247页上栏。
[19] 巴县申报医生王吉士顶补医学名缺一案,清代巴县档案(同治六年至光绪八年)6-23-36。

籍;一、考语,精通医理",及"脉理精通,堪充医学,并无违碍过犯等弊"[20]数语,加之通详之中"并未叙明前医学刘大才于何年月日病故,何年月日缴札","亦未将前医学刘大才旧札册结申缴",供甘各结之中又未叙明王吉士系顶补何项医学名缺等内容。[21] 四川布政使司抓住上述错漏,未能同意将有关申报医生王吉士顶补医学名缺的文书照转到礼部,而是将原册结发还,同时札饬巴县在另造王吉士顶补医学相关的妥确册结并追取前医学刘大才旧札之后,再将一应文书一并申赍。

当巴县于同治六年(1867)十一月十八日接到有关布政使经重庆府转发的关于另造医生王吉士年貌考语事实一案清册的札文时,知县霍为棻早已去任一月有余,[22]此事继而由署理知县王宫午接管。王知县通过检阅卷宗,查得前医学刘大才在道光十五年(1835)七月初十日去世,其原领札付亦已"具文申缴",其后由刘应淮接充此缺。然而刘应淮在接充医学训科后"并不经理医学事务,又不遵札请领札付",继而在道光二十年(1840)七月初四日被时任杨县令革职。其后的 27 年间,巴县虽多次悬牌招募医学名缺,却始终无人顶补,直至同治六年(1867)二月王吉士的出现,才暂时填补了这一空缺。而王吉士顶充医学的相关册结之所以被布政使司驳回,则是因礼房书吏王春棠在造报过程中的"填报错漏",由此也造成了王吉士没能及时领取札付的后果。

同治七年(1868)二月廿六日,在知县王宫午的授意下,礼房再次备造医生王吉士的年貌考语事实清册,在该清册中,王吉士的年貌、籍贯及考语信息变为:

> 一、医生王吉士现年三十九岁,身中材面白有须,系巴县正里二甲载粮民籍,于同治六年二月十六日顶补前医学刘应淮斥革遗缺,品行端方,精通医理,毫无过犯,堪以顶补医学名缺,理合呈明。
>
> 一、考语,精通医理,熟习脉诀。
> 同治七年 月 日 署巴县知县王宫午

随附申赍"供甘各结七套、结册七本",其中包括王吉士本人的亲供、里邻王同兴等的甘结、知县王宫午的印结。相较于霍为棻造报的清册而言,这些文书

---

[20] 巴县申赍医生王吉士顶补医学名缺一案清册,清代巴县档案(同治六年间)6-23-1163。值得注意的是,在王吉士顶补医学的相关文书中并未详明其作为重庆府户房典吏的身份,且从其后张履安的请辞禀状及巴县招募医学牌文中所记载的"王吉士亦系合州民""王吉士已回合州病故"等语来看,王吉士的籍贯及出身是否真为"正里二甲粮民籍"是值得商榷的。参见巴县正堂悬牌招募医学卷,清代巴县档案(同治十三年二月至光绪八年十一月)6-56-679。

[21] 同前注[19]。

[22] 县前霍县令移交任内经管驿站夫马塘房及支过各项银两等项一案,清代巴县档案(同治六年十月)6-23-43。

不仅补充了王吉士顶补何人所遗医学名缺,刘大才身死及缴札日期,并在考语中添上了"熟习脉诀"一语。虽然此次造报的各项清册亦因"顶补册结不符"[23],而被布政使司"发还另办在案",但巴县对此则采取了搁置不办的处理策略。[24] 之后,王吉士也曾尝试以府辖户房典吏王辅相之名向知县禀请可否再为申详领取札付,以便在得到正式任职后拣派医生诊治监卡病犯,但除了等到知县一句"候查案再行详请咨部,颁发札付给领可也"的批词外,再无下文。

巴县通过隐匿顶补者籍贯出身、错漏信息等手段将王吉士顶补巴县医学训科的程序合法化的尝试,最终因造报的册结内容未能通过布政使司的核查而搁置,[25] 由此也导致王吉士与刘应淮一样,虽然履行着医学训科的职责,但在程序上始终属于暂行供役之人,并未得到布政使司乃至礼部的认可。[26] 这一结果不仅直接使得王吉士本人陷入了转正难、请辞亦难的"两难"局面,也进一步导致巴县医学在承充和管理方面逐渐脱离了布政使司、督抚乃至礼部的管控,呈现出由地方势力把控的趋势。

(二) 医学的职能与薪资待遇

王吉士在成为巴县的医学训科之后,虽然始终未能领到证明其医学身份的札付,但却一直履行着训科的职责。

一方面,医学须与僧、道、阴阳诸司"同办迎春、祭坛、赏孤、救济、护日月、祈晴祷雨、科场科费"[27]等事务。尤其在每逢乡试、恩科之时,川省各州县医学均要赴省帮办乡试闱差,若医学"不愿赴省,或悬缺未补者",则须"申解详贴银八两"。[28] 刘应淮自道光二十年(1840)被知县革职后,虽然依旧会参与到进监诊视病犯的工作之中,但却不再承办科场帮费等事项,因此在王吉士顶补刘应淮医学遗缺之初,还向礼书王春棠补交了二十七年间所欠的应解省垣乡试经贴

---

[23] 至于"不符"之处具体为何,由于此部分原档缺失,难以确知。

[24] 同前注[19]。

[25] 关于王吉士在承充医学期间并未领札的证据在于,光绪五年(1879)六月十一日,在辖下医生张履安禀称王吉士业已病故的禀文中,知县曾批道:"查王吉士前次顶补刘应淮斥革医学顶缺,禀司驳斥,即来详覆遵禀,牌催在案,今王吉士在既已病故,该具呈已充公,每年仍尚无靠,如愿顶补,应即速同里邻出具且结,以凭照例具文详请给札即可。"同前注[20]。

[26] 认定王吉士、刘应淮为"暂行供役"之人的依据在于:一则,刘应淮在革职以后,依旧在很长一段时间内参与到诊治监卡病犯的工作之中,诸多道光二十年(1840)以后的案卷之中均有刘应淮诊视病犯的相关记载。参见巴县详报安置流犯陈立庆在配病故一案,清代巴县档案(道光二十八年十二月)6-8-2381;巴县审详贼犯何老五等抢劫客船上银两衣物等一案,清代巴县档案(咸丰六年七月)6-18-282等卷。二则,在光绪八年(1882)十一月初十日,由礼房发出的一份关于悬牌招募医学的牌文中提及,"前刘应淮、王吉士等俱暂行供役,并未详请给札在案",同前注[20]。

[27] 四川省南充市档案局(馆)编:《清代四川南部县衙门档案》第26册,黄山书社2015年版,第71页。

[28] 四川布政使司等札催巴县速调医学阴阳学赴省帮办乡试闱差卷,清代巴县档案(同治三年至十二年)6-23-1157。

银两。[29]

另一方面，作为"众医领袖"的医学训科还须统筹全县医学事务，包括"督令群医精习岐黄，明经义"[30]、"责成经理"医药诉讼、设立医课、协同药王庙首人经理庙务催收医课底金，以及为百姓监犯等人诊治疾病等诸项医疗事宜。[31] 值得一提的是，由于王吉士在顶补巴县医学遗缺之后，"尚未转咨请领札付，未便冒然任事"[32]，因而出现了以府辕户房书吏身份处理医务纠纷案件的情况。[33]

除了上述日常事务外，医学训科还须亲身进监诊疗监犯，或拣派医生代其进监供职。尤其在作为重庆府附郭县、川东道署、重庆镇署所在地的巴县境内，[34]由于关押人犯的场所除了由各衙门所设的正规监狱外，还包括设在城内的捕、栅班房及居义、怀石、西城"三里"差房，设在界石场、倒坐场、丰盛场、高店子场、鹿角场、木洞镇诸场镇的卡房，[35]以及部分以"仓、铺、班、馆等名"巧改的卡房。[36] 且根据巴县档案记载，在这些形式各异的监卡内所关押的人犯，"除大监守法人少，寝食优安，绝少外感。惟自新、待质、栅班、外监四处，人犯不下百余，所染时症多人"，"时症盛行，病变多端，（医学）一人难以独治"，[37]往往又需要拣派医生帮同看视。因而王吉士在顶补巴县医学训科之初本由医生张济生认供，张济生辞退后，王吉士又随即与医会首士熊堃堂等人在医业内先后"遴选"医生吴鹤森、张屡安"来辕供役，诊视监犯病脉"。[38]

值得注意的是，医学训科与供役医生虽然在职能上均有诊疗监犯之责，但在薪资待遇方面却存在很大区别。其中，医学训科多"设官不给禄"[39]，所需经费主要是向辖区内的执业医生收取。[40] 王吉士起初之所以会同意顶补巴县医学空缺，一则在于这一职位在医生群体中拥有一定话语权，二则医学训科在统

---

[29] 同前注[19]。
[30] 同前注[20]。
[31] 本城医生首人舒芳林等人禀明请示凡医生挂牌各出庆资银作会团费一案，清代巴县档案（同治三年七月）6-30-16024；重庆府札委医学首士孝教医生以及拟定条规整顿医术乐捐开设医馆等情卷，清代巴县档案（光绪十年四月至二十五年十月）6-34-6371。
[32] 同前注[19]。
[33] 同前注[8]。
[34] 吴波主编：《重庆地域历史文献选编》（上册），四川大学出版社2011年版，第199页。
[35] 巴县奉川东道札饬修补各处卡犯卷，清代巴县档案（乾隆五十三年四至六月）6-1-33。
[36] 通饬各种刑等人犯分别收禁各种监卡及取保各法，清代巴县档案（同治七年元月）6-23-1330。
[37] 巴县悬牌招募医学及考研投充具认知医生封祝三等卷，清代巴县档案（光绪九年至十四年八月），6-31-240。
[38] 医生张复（履）安以诊治监犯病症每年领取工食钱突来收到账房发书不知谁人冒领之事禀告一案，清代巴县档案（同治九年二月）6-30-16880。
[39] 龚延明：《中国历代职官别名大辞典》，上海辞书出版社2006年版，第352页。
[40] 同治年间南部县刘县令定案，境内每名医生帮给钱一百文，以作为医学"常年例理六科医生，并支应县中监卡囚犯病证，以及历书春事规矩"之经费。同前注[27]第285册，第37页。

领一县医疗事务的过程中,往往要经手摊派规费以及与救治百姓、诊疗监犯相关的一应药资经费。[41] 这对于本为重庆户房典吏的王吉士(王辅相)来说无疑是一个赚取外快的机会,但他似乎低估了医学事务的繁杂程度,尤其是在其本人尚未领得札付的前提下,诸多医学事务难以得到充分执行。同治十三年(1874)二月初七日,王吉士就以"家贫亲老",又在户房"办理文函书禀等件,所有监犯事宜恐难兼顾"为由请辞医学一职,未获允准。[42]

而与王吉士一道在辕下供役的张济生、张履安等人看似"每年照案领工食钱八钏以资辛力"[43],甚至在诊治囚犯之时还会向病犯收取"脉礼"[44],但这部分钱款依旧难得到保障。此前张济生便以"实难领工食"而"情愿辞退"[45],张履安的工食钱也在同治十二年(1873)冬季不知被何人冒领[46]。王吉士辞任以后,巴县医学长期空缺无人接任,府辕医学自陈九一病故后亦空缺多年,仅由张履安一人承担诊治重庆府及巴县各监卡病犯的工作。此后巴县医会又派医生封祝三协同张履安一道诊视监犯,然而到了光绪十年(1884)冬季,二人却因"议分工食"而致使"监卡各役"多人卷入诉讼之中。此案最终虽以张履安、封祝三二人革职、刘培厚接充医学作结,但出于"监卡、柙房、待质、自新各所犯众不少,设值时症盛行,病变多端",刘培厚一人难以独治,致使外监"五卡"病犯"无医救治"。这一困境直至次年正月十四日刘培厚呈禀恳请知县再次恢复封祝三供役后才得以暂时解除。[47]

通过上文对医学王吉士及供役医生张济生、张履安所履行的职能及薪资待遇的分析发现,这两类参与诊疗监卡病犯的医生虽然均为低收入或无收入群体,但前者所承担的差务往往是后者的数倍。其中,张履安等人仅需完成医疗监犯的任务即可,而王吉士在诊疗监犯的同时,还要完成诸如摊派经费、医学教育、组织众医救治百姓等各项医学事务。医学事务的繁复无疑增加了医学训科一职的运作难度,而这也是刘应淮宁愿仅作为一名诊疗监犯的医生,也不愿领取札付成为一县医学,以及其后的 27 年间巴县数次悬牌招募医学却始终无人顶充的原因之一。巴县医学在顶补和管理过程中的混乱状态,不仅削弱了官府对民间医疗市场的管控,也对监卡狱所囚犯的疾病救治产生了一定影响。

---

[41] 如乾隆三十年(1765)十二月,医学李效祖领取了当年"夏秋冬三季药资,共核银十四两六钱六分,遵依领得八折银一十一两七钱二分八厘"。参见财经:巴县捕头、监禁、更夫、医学等具借领工食银两卷,清代巴县档案(乾隆三十年十二月)6-1-15;重庆府札委医学首士孝教医生以及拟定条规整顿医术乐捐开设医馆等情卷,清代巴县档案(光绪十年四月至二十五年十月)6-34-6371。

[42] 同前注[20]。

[43] 同前注[38]。

[44] 同前注[20]。

[45] 同前注[19]。

[46] 同前注[38]。

[47] 同前注[37]。

（三）王吉士等人诊疗巴县监卡病犯的活动

雍正九年（1731），朝廷出于体恤囚犯之心，保障关押人犯在患病后能够及时就医，定例："傥狱囚内有患病者，即令医生诊视调治，应取保者取保，应散禁者散禁，务使痊可期。"[48]据《福惠全书》记载，州县各监卡内若有重犯、徒罪以下人犯及仓犯患病，先由狱卒呈递病呈，再由典史、知县派医进监为其调治，并"摘取医生是何病症，用何汤药结状存案"。若调治不愈，重犯准许亲属一人进监照料，无亲属者，"责令全牢人代为煎药扶持"；轻罪人犯令亲属或保人取保"在城调治"，病愈"仍送收监"；班房人犯"如系可释放者，即取保释放，回家调治"。[49]

通过对清代巴县档案第23、27、28、29、30、34号目录内现存的有关巴县各监卡病犯治疗情形的相关案件进行统计后发现，由王吉士等人参与诊治的带病进监或在外监、卡房患病的各类人犯及未定罪人证共计162人（分布在127卷文书之中，详见表1）。[50]

表1 同治六年至光绪七年王吉士在任医官期间诊治监犯情况

患病场所 患病及治疗结果	伤寒(寒疾)			痢疾			其他			不详			合计
	亡	愈	不详	亡	愈	不详	亡	愈	不详	亡	愈	不详	
内监	1												1
外监	21		18			2	3	1		9	2	9	65
捕、枷班房	2	1	2			1				5		4	15
"三里"差房	6		11	1		1			1	2		10	32
腰卡							1						1
保店	4							1	1	2			8
待质所	2									2			4
带病进监(在途患病)	13	1	6							1		1	22
不详	1		1							5		7	14
合计	50	3	37	1		4	2	3	3	26	2	31	162
	90			5			8			59			
死亡人数：79人；治愈人数：8人；医治情况不详：75人													

资料来源：上述案卷分布于清代巴县档案第23、27、28、29、30、34号目录内。

---

[48] 李鸿章等奉敕编：《钦定大清会典事例》卷一三四《吏部处分例禁狱一》，上海商务印书馆光绪三十四年（1908）版，第5页b。
[49] 黄六鸿：《福惠全书》卷十三《刑名部》，收入官箴书集成编纂委员会编：《官箴书集成》第3册，黄山书社1997年版，第360页下栏。
[50] 由于王士吉的离职时间在档案中存在矛盾之处，为了探析该现象存在的缘由，依旧将其卸任病故后的"医学活动"纳入考察范围之内。

这些病犯中，除 2 名由家人取保省释[51]、1 人在审解途中由当地医生诊治外[52]，多在监卡或保店这类由官府管控的场域中调治病症。且从具体案卷来看，医学王吉士及供役医生张济生、张履安等人对羁押于内、外监、"五卡"，甚至保店的病犯负有医调之责。

其中，未定罪及轻罪病犯患病，通常须由狱卒呈递病呈后，由县官或典史拨派医生进监调治其病症。如同治六年（1867）十一月十七日，禁卒张超在禀明其案下看管已革监生黄文礼于十六日"在监陡染寒症"后，由知县拨派医生王吉士（实为张济生代诊）前去诊视，并按病症开"理中汤加减调治"。[53] 但案例中也存在病犯先行延医再由禁卒开单呈禀的现象，如同治十年（1871）九月，外监犯人廖刚在得染水泄腹痛病症，经张履安调治不好的情况下，才由禁卒禀明病情。[54]

部发递解及外省解部并分别审军、流、徒罪发回安置人犯在途患病，则由原解"报明所在官司亲身验明，出具印结，即着该地方官留养医治"，"候病痊起解"。[55] 为避免人犯在途借病脱逃，解役多将其押解至州县监狱，经接收禁卒向上级开单禀明后，再由医学署内医生为其调治。如同治六年（1867）九月初二日，巴县籍"审依斗杀律拟绞监候，招审发回监禁，听候另檄饬遵之犯"魏铜憘在途染患伤寒，但直至进监后才得到医士张履安的看诊。[56] 甚至在王吉士等人难以兼顾病犯的情况下，禁卒还会延请府医陈九一帮忙诊治。[57] 而长期羁押在狱中的疯病人犯，亦须医学训科负责调治并鉴定其是否治愈并达到释放标准。如同治七年（1868）十月初七日，因疯砍伤伊妻王陈氏身死的王德羔在发回巴县监禁后，被王吉士用两年的时间调养痊愈，并在其后的七年间未再病发，才由其家人于光绪三年（1877）正月保出，[58] 但这样的病例在王吉士担任巴县医

---

[51] 本城谭洋身死一案情轻待质人犯分别保释的文书，清代巴县档案（光绪元年二月）6-34-6889；本城牟致春以害人命具告牟炳南一案，清代巴县档案（光绪四年十二月廿日）6-34-7182。

[52] 重庆府巴县详报流犯蔡丁蛮在途中病故一案详册，清代巴县档案（同治十二年三月）6-30-16777。

[53] 书生黄文礼向杨钟颖逼索欠银致其服毒身死案，清代巴县档案（同治七年七月）6-23-1770。

[54] 孝里二甲江恒兴等报李赶被廖刚殴伤身死，清代巴县档案（同治十年八月）6-23-1875。

[55] 马建石、杨育棠主编：《大清律例通考校注》卷三十六《刑律·断狱上·陵虐罪囚》，中国政法大学出版社 1992 年版，第 1048 页。

[56] 雅州府为遵批札饬巴县关于本府核该具申详监犯魏铜憘在监病故一案，清代巴县档案（同治七年四月）6-30-16316。

[57] 禁卒张超为收得酉阳州解来人犯朱曾茂在监陡染伤寒为此禀明，清代巴县档案（同治七年二月）6-30-16353。

[58] 巴县为监犯王德羔因疯砍伤伊妻被判监禁请求保释，清代巴县档案（光绪三年正月）6-34-7040。

学训科的生涯中并不多见。[59] 此外,巴县医学还会诊治在栈房守候的患病人证以及被安置于保店内的徒罪病犯。同治六年(1867)五月,由王吉士负责看诊的从巫山县押解至巴县的病犯王泽畛,便是在保户钟传通家接受的调治。[60]

整体而言,这些由王吉士或张履安等供役医生负责诊疗的病犯在治疗效果上往往不尽如人意,仅从表1所列的162名病犯来看,明确治愈结果的仅有8例,总治愈率不到患病人数的5%,其中90名寒症患者的治愈率更是低至3%左右。

二、巴县医学与管监人员在医疗监犯过程中的权力运作

无疑,医生有限的医术水平以及患者所患病症的高致死率是巴县各监卡病犯在接受医调后依旧难以治愈的两个重要原因。但由于因犯在患病后,多由禁卒、卡差、典史乃至知县等狱政管理者负责投递病呈、覆核患病信息的真实性,并决定是拨医进监调治还是保外医调,因此,负责诊疗监犯的医生、看管监犯的管监人员,以及总理一县狱政的知县在人犯患病到病故结案过程中的一系列权力运作均会对州县狱政造成影响。

(一)医生与管监人员在诊疗病犯过程中疏忽职守

从巴县医学王吉士及其同事张济生、张履安等人医疗监犯的相关案卷来看,管监人员与医生人等在呈报及诊疗病犯过程中的权力运作主要包括:禁卒等看管人员可以掌握投递病呈的时机,医学训科及供役医生也可以选择如何履行诊疗病犯的职责。具体而言:

一则,禁卒、吏目、典史等人可通过控制投递病呈的时机来掌握人犯的生死。负责看管监犯的禁卒等人作为最早了解监犯病情的人群往往在病犯"患病沉重""饮食难进,日夜呻吟"[61]之际才会开单呈禀,甚至存在差役开单不过三日监犯病故的情形。如同治八年(1869)八月十九日,居义里看役李太刚禀明道宪下发酉阳州上控被告张玉光在押患病,并于当日由保户张德盛保出拨派医生王吉士进行医调,第二日,衙门便收到了该犯病故的禀文。[62]

对于监卡中存在的这类现象,巴县供役医生张履安认为是监卡病犯众多、解役故意拖延开单所致:

若遇犯病,一呼则至,脉礼未较,有无开单照分,药到即服,尤难免过。

---

[59] 重庆府巴县因向舜疯病砍伤伊妻致死具报一案,清代巴县档案(光绪五年十一月)6-34-7287。
[60] 巫山县致死人命犯王泽畛递解巴县文,清代巴县档案(同治六年五月)6-30-15083。
[61] 黄举因铜梁县上控杨天卓解差胡贵收押具报杨天卓身死一案,清代巴县档案(同治七年四月)6-23-1729。
[62] 本城张德盛报张玉光在案管押病故,清代巴县档案(同治八年八月)6-30-16449。

又有不肖解役,怒犯习难,乘病故延。或图贼减配,设使不测,尤为过中之过。如昨合州招犯患病,禁卒呼医随行开单,讵长解不惟不与药服,尤属称:"先回大人,将单过硃,方能配服"等语。医斥遭詈,设遇急病,俟回明则命悬一线,岂能久待?[63]

解役禁卒"有无开单照分""乘病故延"等乱象的存在,不仅会增加医生诊治病因的负担,也会使得急需医药的重症、急症患者错失最佳治疗时机,从而进一步增加了患病监犯瘐毙的概率。而在《居官日省录》的作者觉罗乌尔通阿看来,"若狱犯三日前未闻报病,而仓卒云亡者,必系狱卒谋害"[64]所致。

二则,诊疗病犯的过程中,医学训科职能履行不到位与供役医生承担过多。 自道光十五年(1835)七月刘大才去世以后,巴县医学训科一职的顶充便出现了偏离制度规定的一面,先有刘应淮因不领札付、不经理医学事务而被辞退,后又有户房典吏王辅相以王吉士之名由暂行顶充,甚至王吉士去世以后,医学事务由供役医生张履安把持。巴县医学训科任职背景复杂化与供役医生人手缺乏等一系列现实,无疑对巴县各监卡病犯的医治活动造成了一定影响。

一方面,医生医术水平有限,影响病犯的治疗成效。虽然县医学训科及供役医生都须经州县官考核,但由于自明代开始,医官或由捐纳者顶充,[65]或"循例供职",选出之人"知医者或亦有人,滥竽备数者,正复不少"[66]。如王吉士在成为医学训科的第二年,就因错用药方致监犯杨定干死亡而卷入一起讼案中。[67]

另一方面,医生数量配备有限,也会影响救治监犯等医疗活动的进行。清律规定,"内外刑狱医治罪囚,各选用医生名二"[68],但从王吉士顶补医学的案例来看,在州县医学署被衙内人员把持,"及医学遗缺时常处于重补、漏补或补后瞒报"等现实的影响下,往往很难保障2名常设医生的配备标准,其至存在表面上配足了医职人数,实际上多由一人"代诊"的情况。由于王吉士本人所担任的重庆府户房典吏一职,平日统领三班经书,负责三班轮值,并掌管房内包括"宅门堂事公件"(诉讼业务)和"税契银钱帐项"(税收业务)在内的大小事务,[69]往往

---

[63] 同前注[20]。
[64] 觉罗乌尔通阿:《居官日省录》卷四《察监狱》,收入官箴书集成编纂委员会编:《官箴书集成》第8册,黄山书社1997年版,第127页下栏。
[65] 邱仲麟:《明代世医与府州县医学》,载《汉学研究》第22卷第2期(2004年)。
[66] 同前注[17]。
[67] 本城李春芳报医生王吉士用错药杨定干身死一案,清代巴县档案(同治七年十二月)6-23-1576。
[68] 同前注[55],第1055页。
[69] 参见[日]小野达哉:《清末巴县胥吏谭敏政》,载《四川大学学报(哲学社会科学版)》,2020年第2期;[美]白德瑞:《爪牙:清代县衙的书吏与差役》,尤陈俊、赖骏楠译,广西师范大学出版社2021年版,第63—63页。

无暇顾及诊治巴县监卡病犯之事,因而许多本该由王吉士负责诊疗的病犯,多由供役医生张济生、张履安等人代为诊治。如同治六年(1867)三月二十二日,巴县收得"殴伤幸合芒身死一案犯人魏侗(铜)僖在监得染伤寒病症",禁卒张超本于九月初二日延请了"医生王吉士"进监为其调治,其后却是由张济生代为诊脉并开具"理中汤加减调治",并参与到魏侗(铜)僖病故后的勘验取供环节中。[70] 同治十年(1871)九月十八日,外监人犯廖刚在监得染水泄腹痛病症,禁卒刘坤即延请"县官医张履安代诊调治",张履安也为此代替王吉士进监看视诊脉并开有药方。[71] 这类状况的存在虽然在一定程度上为王吉士分担了诊疗监卡病犯的压力,但无疑也增加了陈九一、张履安等供役医生的工作量。尤其是在王吉士与府医陈九一相继去世后,因无人接任医学之职,张履安不得不"一力独任其劳",在负责巴县各监卡病犯的同时,"承认(府辕监狱)过招犯病"。[72] 长此以往,不仅会影响朝廷"病给医药"等恤囚措施的实施效果,也为医职人员与禁卒卡差等管押监犯之人相互勾连获利提供了可乘之机。如在上文所提及的光绪十年(1884)冬季医生张履安与封祝三之间因"议分工食"而兴讼的案卷中,张履安便暗串禁卒刘升"控以污差无靠妄禀祝三在卷"声称,禁卒"每每犯病,祝三用药罔效,日多病□,恐生不测,伊多不识,诚恐累害","祝三办公事不可靠"[73],企图以此独掌医疗囚犯的资源及收入。这种关系的存在又为医生与管监人员借助诊疗病犯的医疗活动将州县狱政中存在的某些非法行为向合法一面转化提供可能,继而也造成了州县司法过程中存在大量有关"监犯报病报故接踵而至,且有甫经报病,旋即报故者"[74]的案卷。

(二)医生与管监人员在人犯"病故"后虚应故事

人犯一旦病故,医生、管监人员、同监人犯,或是保人、店主等人均会受到追责。据《福惠全书》记载:

> 监犯……如病故,狱卒即报某犯患病医治不瘥于某日身故,仍取狱卒病故某犯身死,验得面色如何,口眼如何,肚腹如何,委系病死并无别故甘结;再取同牢各犯甘结,并医生某犯病症如何,医治不瘥,某日身故是实,并无扶捏甘结存案。本管仍宜入监亲验身尸,查问众犯无虚,方具文申报该管上司,着令掩埋,取本地方埋讫结状存案。[75]

---

[70] 节里九甲辜贵祥回文辜合顺与洪长生口角失足跌伤救治无效身故控洪长生等案,清代巴县档案(同治五年十二月)6-23-1702。
[71] 同前注[54]。
[72] 同前注[6]。
[73] 同前注[37]。
[74] 张泰交撰:《受祜堂集》卷七《抚浙上》,清康熙高熊征刻本,第42页a。
[75] 同前注[49],第360页下栏。

但实践过程中,普通病犯与招审徒流病犯在有关病故结案的程序上存在一定差别,其中,前者多直接领埋结案,后者则要将"病故验讯缘由,填图录供取结,加结具文详报宪台鉴核"[76]。以同治七年(1868)八月初八日巴县外监人犯郭洪顺因病身死一案为例,郭洪顺在病死的当日,便完成了看役陈太上报,仵作朱林眼同看役、医生、同监人犯验尸,知县取供验讯的程序。在明确该犯实系染患寒症医治不愈身死,生前并未遭受看役凌虐,医生王吉士亦未错用药方之后,县官直接将尸棺交由陈太领埋,并"出具招亲属认领归葬"结案。[77] 而在同治八年(1869)年八月二十二日,巴县典史陆之祥向县官报明酉阳州解来招审人犯冉泷金带寒病进监医治不愈身死后,知县王燕瑗随即将此事禀明川东道台,由道台衙门查实死者冉金泷原案卷宗,并下发札文派遣江北厅官吏与巴县协同办理此案。整个办案过程,除基本的验尸、取供环节外,办案官吏还须将本案"所有奉委验讯缘由"通报宪台察核,并造备申册至督臬道府各衙门,直至次年正月初九日,巴县再次审理案内相关人员后,才最终向重庆府衙门呈递了结案文书。[78] 然而,无论这些癃疲之犯身犯何罪,知县在验明死因后,多将尸身当堂交由本监看役或原差暂行领埋,再出具招文或备文"牒知"病故之犯原籍州县,饬传亲属前来"领尸归葬"。[79]

从表面上看,知县、医生、禁卒等人在人犯病故后均遵循着看役呈报、仵作验尸、取具禁卒医生同牢人犯等的供词及甘结、禁卒(或家属)领尸掩埋、向上级衙门呈报覆核等相关处理程序。但这通常只是文书书写者通过固定的文书格式构建出来的"现实",其背后还存在着医生与管监人员之间相互利用各自手中所掌握的"合法"权力,将监犯患病及死亡原因归结于"医治不愈身死",试图以此来掩盖各自在履行职责过程中出现失误的一面。加之医生本人在其后有关呈报人犯病故、验看尸身、审讯取供及通详上报的一系列司法程序中,只会参与现场验讯、覆讯、结状等环节,而与之相关的上报文书的书写方面,则往往由刑房书吏、幕友等衙门人员所掌握,[80]这也为狱政管理者出于结案之需利用医生之名"制作案卷、修饰案卷"[81]提供了便利。

---

[76] 同前注[18],卷六《刑房·徒流以下病故详》,第262页。

[77] 本城外监看役陈太具报贼犯郭洪顺在监患病身死一案,清代巴县档案(同治七年八月)6-23-1740。

[78] 孝里三甲姚学斌禀有徒恃白洋寺监地棍董华国等吞缴致庙未修还藉搕贿朦等情,清代巴县档案(同治十二年□月)6-30-14509。

[79] 酉阳州审解犯人何彩已死亲属暂将尸领埋一案,清代巴县档案(同治八年十一月初二日)6-23-1412。

[80] 参见吴佩林:《清代中后期州县衙门"叙供"的文书制作——以〈南部档案〉为中心》,载《历史研究》2017年第5期。

[81] 郑戈:《规范、秩序与传统》,载王铭铭、[英]王斯福主编:《乡土社会的秩序、公正与权威》,中国政法大学出版社1997年版,第543页。

一方面,看守人犯的禁卒、看役等人存在利用"死后方补病呈"[82]或"倒提年月,书立保状,总以在保病毙为词,弥缝销案"[83]等手段掩盖羁押人犯过程中存在的凌虐私刑、私开小押等非法行为,甚至在事发后亦以自身患病为由规避惩罚。如在同治十一年(1872)江北厅聂金魁上控被告聂戴氏在店病故一案中,由居义里总役周华带至张德盛(快役名张盛)店内的聂戴氏在待质期间染患疾病,周华为此于二月三十日呈递病呈,请医生王吉士到店看视,诊得聂戴氏所患仅为虚弱病症,并开具药为其调治。然而到了四月二十九日,县衙却收到了店主张德盛关于聂戴氏于前一日因病身死的报状。[84] 聂戴氏死后,有关此案的尸格图以及上报的详册文直至六月份才被刑房"制造"出来,并详报至重庆府覆核。[85] 知府翻阅卷宗,见聂戴氏所患病症并不致命,且在原案完结一月之后依旧滞留客店直至病毙,怀疑死者"乃系押毙",继而于七月初三日将涉案的周华、张德盛等人提案审讯,发交枷房看役胡忠看守。次日,周华便向巴县知县呈递禀状辩解称:

> 情江北聂金魁上控曹升等批府提讯,去九月初三沭发聂戴氏来辕,役经手同差遣送至张德盛栈静守候质。去腊月提讯数堂,今二月,戴氏染病,役呈禀有卷。三月初七结案,并未发戴氏来辕取保,伊即各去,役遂未经手。嗣因张德盛于四月内禀役及聂光彩与戴氏在案,称戴氏未给口岸钱文,役如知戴氏仍转寓德盛栈内,遣不去。沭委主审讯,谕候签唤光彩等覆讯。不料四月廿八,戴氏病亡,德盛报案,厅主验明,谕役同德盛领理无异,始终并无押逼等情。本月初三,府祖突提役讯戴氏乃系押毙,将役责发收管。切戴氏女流,案发即取有保,今三月案结即去,何私押。况役奉差经手,案后役又从何私押,且戴氏二月染病,三月结案,四月因病身故,与役何咎,不沭作主。
>
> 同治十一年七月初四日
> 批:候提讯察究!

据周华称,聂戴氏被其带回后的确于二月份染病,并请过医生王吉士为其调治,但到三月初七聂金魁之案结案后,便再未经手聂戴氏之事,其后也是被张德盛因未给口岸钱为由禀于案下,才知晓戴氏仍转寓德盛栈内直至病故。对此,店主张德盛随即以快役张盛的身份在禀状中辩称,周华将聂戴氏遣送至栈内待质

---

[82] 徐栋辑:《牧令书》卷十八《刑名中》,收入官箴书集成编纂委员会编:《官箴书集成》第7册,黄山书社1997年版,第416页上栏。
[83] 章开沅主编:《清通鉴》《仁宗睿皇帝·嘉庆二十四年》,岳麓书社2000年版,第392页。
[84] 巴县详报江北厅聂金魁上控被告聂戴氏在店病故一案册折稿,清代巴县档案(同治十一年四月)6-30-16728。
[85] 巴县县衙办理聂戴氏的验尸单,清代巴县档案(同治十一年六月)6-30-16729。

后,因戴氏患病"共食役栈口岸钱六十余钏无给",且待原案审结后,戴氏因举目无亲,主动转寓回栈养病,称"俟病愈回籍"直至四月廿八日病故,其间并无被迫私押之事存在,因而恳请县主省释。初八日,经知县覆审,周华、张德盛(张盛)二人因"办公不慎以致聂戴氏身死"分别被判处"枷示三月""枷示一月"的处罚。然而,周华、张盛二人被收押不过半月,看役便禀称此二人在枷房中染患痢疾,并于二十五日被居义里差役朱明带出"开释医调",该案至此了解。[86] 此案中,总役周华与快役张盛(张德盛)不管是以结案后无亲人取保只能暂寓栈内养病为由来解释戴氏结案后依旧滞留客栈的原因,还是以"口岸钱"为名目合理化其搿索钱财的做法,都是为了能够最大限度地规避上级对此事的追责,甚至在避无可避之时,此二人又借助患病取保的机会提前终止了的期限。

另一方面,县医学训科及其额设医生虽为医者,但同时也是在州县衙门供役之人,在狱政管理与病亡人犯勘验取供的固有模式之下,也不免会成为捏造病呈的"帮凶",或与狱卒一道用串同口供等方式规避自身因错诊、误诊病犯致死的责任,或与"同监人犯"一样,仅作为一种证明自己与狱卒"清白"的"符号"存在于案卷之中。而这种"虚构"现象,也是王吉士的姓名在其辞任病故后,依旧会反复出现在此后的出诊记录、病故监犯案内审单和供词中的原因之一。如在光绪五年(1879)七月十六日,外监看役李洪禀称,傅荣丰案内收押之犯雷四"收押患病,禀蒙拨医调治不愈"因病身死;[87] 同年,李洪在另外一起案件中又禀称"王小炳因行窃盐店阮钟棠盐斤被获在押患病身死";[88] 次年(1880)正月廿七日,李洪再次禀称,袁勋案内讯明之犯张云亭收押患病身死。[89] 这三件由李洪呈禀的案件中,死者均因染患"寒病"医治不愈而亡,而出诊及取供的医生姓名均是王吉士。

由于王吉士本人早已病故,其不可能亲自参与到上述诊疗病犯的活动之中。但根据以上材料推断,王吉士之名之所以依旧出现在有关诊疗病犯及审结病毙监犯的相关案卷中的原因,大致存在以下四种可能:第一,张履安于光绪五年(1879)六月十一日所禀"缘王吉士亦系合州民,昨年归去,医今叠闻伊地人言,王吉士在家业已病故"之言系伪,巴县礼房不辨信息之真伪,于光绪八年(1882)十一月初十日悬牌招募医学之时援引此说法。[90] 第二,张履安在王吉

---

[86] 巴县县衙关于快役张盛告周华私押病故等卷,清代巴县档案(同治十一年七月)6-30-16732。

[87] 正里十甲谢吴氏以图霸业持刀杀夫控谢国才案,清代巴县档案(光绪五年七月)6-34-7221。

[88] 牟超以王小炳因行窃盐店阮钟棠盐斤被获讯结在案因病身死具报一案,清代巴县档案(光绪五年七月)6-34-7223。

[89] 看役李洪禀明监犯黄四、张云亭等患病身死一案,清代巴县档案(光绪六年正月)6-34-7243。

[90] 同前注[20]。

士与府辕医学陈九一相继病故,且"无人接认"医缺的困境下,因难以兼顾巴县及府辕各监卡病犯的诊治工作,而借"王吉士"之名行事。第三,有人假冒医生,而刑房书吏在代写出诊医生与病囚看役的供词或甘结的过程中,不慎将医生姓名写为"王吉士"。第四,县衙从投递"病呈"到"取供"结案等一系列程序实际上可能并未真正进行,仅仅是依据律法规定造报了相关文书以便结案。总之,无论出于哪种假设,相关内容无疑证实了地方司法档案存在着通过"虚构"细节将狱政中存在的某些非法行为转向合法的一面。

(三)知县、典史等人在医疗囚犯等相关程序中的参与

从州县监狱管理的角度而言,州县监狱以知州、知县为有狱官,吏目、典史为管狱官,共同管理州县监狱事务。[91] 因而当他们收到狱卒呈递的病呈后,须及时验看狱卒所报是否属实,并根据病犯罪名轻重及患病情形采取拨医进监或取保外调等措施。在禁卒具报人犯病故以后,有狱、管狱等官亦须带领刑仵亲临监所"眼同刑禁医学、同号犯人如法相验",直至验讯明确死者实系病故,并无凌虐别情后,方准录供取结、领埋尸棺、具文上报。[92] 可以说,在人犯患病到病故结案的一系列程序中,禁卒、医生、刑房书吏、同监人犯的行为均处于知县等人的监督之下。甚至有狱、管狱等官本身也会为了达到当时刑案处理中"诸证一致"[93]的证据标准,而对相关案卷中存在的一系列改造及裁剪文书内容的现象采取默认或进一步"虚构"的态度和做法。

如在道光二十六年(1846)六月巴县详报喻痞三在监患病身死的相关案卷中,在喻痞三死因的解释方面就出现了"虚构"的痕迹。在起初验讯取供阶段,知县审得外监系石之犯喻痞三带"气虚项疮病症"进监,经医生刘应淮看视,开"补中益气汤"加减调治不愈,两日后身死。当日,经仵作杨贵验得,已死喻痞三尸身除有受刑留下的"旧杖疤痕"外,其"咽喉近左近右"及"面发髻近左近右"均有明显的"旧疮痕",从其表征来看喻痞三所患之症确为气血两亏,肠胃功能紊乱所致。但在其后由巴县向重庆府呈送的申文中,却将原刘应淮确诊死者所患为"气虚项疮病症"的名目,在相关供词中改为"气虚泻泻病症""伤寒病症"。[94] 甚至在向四川总督上报的通详叙供中将医生刘应淮的供词改为此犯因"染患痢疾,医治不愈身死",并删除了仵作所验死者身负"疮疤"及"杖疤"痕迹,仅余"患

---

[91] 参见文孚纂修:《钦定六部处分则例》卷四十九《狱务》,文海出版社1979年版,第1025—1026页。

[92] 同前注[18],卷六《刑房·徒流以下病故详》,第262页。

[93] 王志强:《论清代刑案诸证一致的证据标准——以同治四年郑庆年案为例》,载《法学研究》2019年第6期。

[94] 巴县详报喻痞三在监患病提禁饬交保店拨医治不愈病故案,清代巴县档案(道光廿七年一月)6-17-21254。

病身死"一项,并以此结案。[95] 无疑,巴县知县在喻痞三身死一案中,针对喻痞三的死因解释,经过对医生刘应淮供词的多次裁剪、变更和重叙,在细节方面弱化了死者在羁押期间遭受刑杖的处境,并强化了其所患病症的凶险性,继而达到顺利通过上级覆核并结案的目的。

人犯在监瘐毙的案件一旦在司法程序上被认定为病故,知县出于省事起见,也会以医生、禁卒、同监人犯等涉案者之间供证一致为由处理死者家属的翻案。光绪三年(1877)六月廿四日,被团邻等人控县讯明收押的杨浩清在监患病身死后,其妇杨罗氏虽以"冒死鸣冤"等情将看役雷升虞等呈控府衙,重庆府又以"无案可稽"为由,将该案发回巴县质讯。后经巴县知县提审看役雷升虞、医生王吉士及同监人犯,众人在供词中均坚称杨浩清之死并非因凌虐和用错药方。杨浩清之子杨邵樊(少藩)也只得以其父实因患病医治不愈身死结案。[96]该案亦反映出,由于平常百姓没有渠道真正了解监卡之内的状况,禁卒狱吏等人又拥有能够证明自己无凌虐行为的人证及文书凭证,知县若不实力追查,尸亲在实践中很难对其亲属在监病故身死之事进行深究。

总之,禁卒、医生乃至知县等人在患病呈报、"拨医调治",以及人犯病故勘验取供等过程中通过一系列权力运作,使得司法档案中呈现出来的医生诊治病因乃至病犯"因病身死"的情形,既有可能是实实在在的记录,也有可能是为了掩盖非法行径,规避责任,并最终达到"大事化小,小事化了"效果而精心制作出来的"诸证一致"的假象。然而,当我们将上述"利益共同体"之间的权力运作放到地方狱政管理的范畴便可发现,监卡这类特殊空间中的医疗活动从非法层面向合法层面转化的过程,也是各级狱政管理者利用手中权力分化并消弭责任,避免上级追责的过程,因而人犯报病报故之案背后所牵涉的并非仅仅是县医学系统是否认真履行医疗监犯这一职能的问题,更反映出晚清基层狱政在实际的管理和运行过程中面临着诸多困境。

三、晚清州县人犯报病报故之案背后的狱政困境与权责转移

为保障人犯在患病后能及时接受医疗救治、病故后得到妥善处理,《大清律例》在"陵虐罪囚"与"狱囚衣粮"律中设有多项条规来约束承审官、狱官、医生、禁卒、保人以及人犯本身的行为。其中"陵虐罪囚"第四条例文规定,"凡官员擅取病呈致死监犯者,依谋杀人造意律斩监候。狱官、禁卒人等,听从指挥下手

---

[95] 重庆府札巴县关于徒犯喻痞三在监病死一案,清代巴县档案(道光年廿七年二月)6-8-2320。

[96] 太善坊赵盛才因妻身亡和彭陈氏互控一案,清代巴县档案(光绪三年六月)6-34-7064;巴县杨罗氏以冒死鸣冤等情控雷升虞称夫杨浩清不妄被不法监押身死一案,清代巴县档案(光绪三年六月)6-34-7066。

者,依从而加功律绞监候;未从下手者,依不加功律杖一百、流三千里"。第九条例文规定,若徒罪以下人犯患病,"狱官不即呈报"或"承审官不即验看保释者",均照淹禁律治罪。若罪囚本未生病,而串通狱官、医生捏称有病,或病本痊愈,而该佐领、骁骑校、地方官等人不即送监审结,则将罪囚、医生、狱官以及相关官员"俱照诈病避事律治罪"。如果罪囚保出后,放纵罪囚脱监,则将保人"治以本犯应得之罪";如果因疏脱导致罪囚在取保过程中脱逃,保人减二等治罪,而监管不力的各官均要题参议处。期间若有行贿受贿的情况,则计赃以枉法从重论。[97]

而在"狱囚衣粮"方面则规定,凡无家属照料之狱囚在押期间不给衣粮,患病应请给医药之时不请医调治,人犯病重应"脱去锁杻而不(请)脱去",犯笞杖的轻罪人犯本应保外就医而不"保管",以及病危之人"应听家人入视而不(请)听"者在监病死,司狱官、典史、狱卒,乃至提牢官等上司官吏笞五十"因而致死者,若因该死罪,杖六十;流罪,杖八十;徒罪,杖一百;杖罪,以下杖六十,徒一年。提牢官知而不举者,与(狱官典卒)同罪"。[98] 此外,为保障患病与求能及时得到医治,"狱囚衣粮"第四条例文规定,内外刑狱所配备的两名医疗病囚的医生,每到年底均须稽考优劣。"如医治痊愈者多,照例俟六年已满,在内咨授吏目,在外咨授典科、训科。不能医治,病死多者,即责革更换。"[99]

以上四条例文涉及了管监官吏"擅取病呈致死监犯"、徒罪以下人犯患病保释就医及其不法行为的追责、狱囚患病请给医药及对典史狱卒等人不按章办事的惩戒、狱内医官任用及奖惩等项。其中医生虽然也会因与本犯狱卒等人"捏称有病"、医术不精而受到相应的责罚,但律例往往更强调对知县、典史、狱卒等狱政管理人员的追责。甚至在狱囚并非因凌虐而病毙的情况下,管狱官亦会根据人犯罪名轻重及病故人数承担"罚奉一月"到"革职"的处罚。[100] 尽管清代对狱囚的医疗救治及监狱各官吏的司法责任有着详细的规定,但这类条规在地方医政、狱政乃至吏治的共同作用下,往往呈现出流于形式或表面上合法实际上却非法的态势,其表现之一便是各地人犯报病报故之案逐渐增多。

(一)州县医学脱离上级监管,拨医调治徒有其名

虽然中国传统官方医政体系与国家形态的产生和发展相伴随,但到了明清时期,由于国家力量对地方医疗介入的不足,州县医学在职能履行的实际过程中又常被正印官指派办理其他诸如迎春、祭坛、科场帮费等与医务无关的杂职,

---

[97] 同前注[55],第1049—1050页。
[98] 同前注[55],第1053页。
[99] 同前注[55],第1055页。
[100] 参见官修《大清会典则例》卷二十七《吏部·考功清吏司·禁狱》,清文渊阁四库全书本,第40页b—41页b。

以及与之相关的支差赔累等现实因素的影响,州县等基层社会的医政体系整体上呈现出日趋衰颓的局面。[101] 其中,狄鸿旭对直隶各县方志中清代医学署的存废状况进行统计后发现,华北地区"实际存在的医学署比明代更为减少,大部分县份的医学署都遭到毁坏或废弃不用",且"普遍存在着有署无官或有官无署的现象"。在该地区已知的 73 个县份中,有 24 个建制不详,27 个明代设立而清代废置,仅有 22 个保留了建制,保留医学署建制的县份仅占三分之一左右。[102]

而清代四川地区,虽然有 130 多处州县设有医学(典)训科一职,但其现实处境亦日益艰难。其中,因训科顶充乏人致使医学原存今废者有之,[103] 重补漏补、"隐匿不报"者亦有之。同治四年(1865)六月,四川布政使司衙门就因南部县杨遇时在顶补前医学训科邓元周辞退名缺后,并未上报有司、造具册结而下发札文催促知县尽快办理。时任知县黄起元接受此事后,在杨遇时不愿顶充的情况下,允准了曾为刑房书吏的张崇儒暂代医学训科一职。由于张崇儒顶补医学实为自荐,其间虽有邻里蒲鸿基、宋三元为其提供担保,但并未经过药王会保举,亦未领得部照,因而其后在向阆县医生查收帮费的过程中遭到了以邱蕴辉为首的众多医生的抵制,并由此展开了一场历时半年的纠纷。这场纠纷虽然最终以张崇儒的辞退而告终,但也造成南部县医学"名缺虚悬,没人顶补"长达两年之久。[104] 由于县级医学之职动辄虚悬,或顶充过程中并未严格遵例请补,种种流弊最终引起了朝廷的重视。光绪十一年(1885),保宁府收到由礼部下发的札文,文中指出,近年包括医学在内的四职"请补考尚属寥寥,间有本职病故,其子嗣又将旧札任事者;又有因册结不符,由司驳还,遂隐匿不报者;亦有由县批准,仅给县照,未具册结申送请补者。流弊滋多,不能不严行禁止"[105]。然而在地方衙门"每奉部文,层层转行,上下衙门案牍成峡","总由上司以转行为了事,州县以发房为了事"[106]的形式主义下,这一札文内容并未得到认真执行,[107]地方医学一职的拣选任免依旧多为州县官及地方医会所把持。

---

[101] 参见梁其姿:《宋元明的地方医疗资源初探》,收入张国刚主编:《中国社会历史评论》第 3 卷,中华书局 2001 年版,第 219—237 页。

[102] 参见狄鸿旭:《清代"医学署"初探》,载《满族研究》2015 年第 2 期。

[103] 光绪《青神县志》卷十四《公署志》,清光绪三年(1877)刻本,第 15 页 b;光绪《叙州府志》卷九《公署》,清光绪二十一年(1895)刻本,第 20 页 a。

[104] 同前注〔27〕,第 26 册,第 45—76 页。

[105] 同前注〔27〕,第 67 册,第 58 页。

[106] 陈宏谋:《与各属论治》,收入徐栋辑:《牧令书辑要》卷二,清同治七年(1868)江苏书局刻本,第 40 页 b。

[107] 从光绪十六年(1890)礼部再次下发札文催促各地禁止僧道阴医四职请补诸弊的情况来看,此前下发的此类文牍很可能被州县官视为具文,并未认真办理。同前注〔27〕,第 97 册,第 229 页。

清代县级医学的运行态势及训科的实际顶充过程,无疑反映出基层医政体系在某种程度上呈现出由州县把控且脱离府、布政使司、督抚乃至礼部等上级衙门管控的趋势,医学的法律地位也由此从由地方拣选、朝廷颁发执照的杂职官员转变为事实上由县官、士绅等操控的职役。在地方医政运作名不副实或有名无实的趋势下,作为"众医领袖"的医学训科不仅会因没有上级正式颁发的部照可凭而权威受损,在众多医学事务中失去话语权,还会因缺乏上级的监管而直接导致州级狱政管理中"医治罪囚""病给医药"等钦恤罪囚措施无法认真实行,并为知县、典史等狱政管理者借助诊疗监犯的相关程序规避责任提供了可能。如光绪七年(1881)云南江川县知县文伦在提讯县民李九高、鲁万全、王玉印控告马夫一案的过程中,因妄用重刑而导致李九高等三人因伤毙命,其后便是利用"捏报病故"的方式冀图讳饰。[108]

(二)州县监狱管理混乱,恤囚制度难以推行

清代的州县监狱系统,除了包括按照典章制度设立的正规监狱外,还包括诸多非法设立的用以羁押各类轻罪人犯及待质人证的班馆。其中,监禁于州县监狱内的已决死刑监候和徒流待解人犯,一般由刑房管理其档案,由狱卒负责看守,由吏目、典史等管狱官随时稽查管理,州县官到任后,还会派长随作为监狱班管代表主官管理狱中一应事务。[109] 而对于被羁押在各处差馆、押所、卡房、羁所、歇家等处的"匪类、贼盗、轻罪、待质、自结各犯",知县虽然会派妥差看管,但并不在吏目、典史等的监管之内,[110]从而造成了地方监犯、押犯管理极其混乱的状态。这种混乱状态主要表现在以下几方面:

一则,人犯羁押场所的卫生及生活物资难以保障。虽然律例中关于"狱囚衣粮""病给医药"等有关悯囚恤囚的规定非常详密,若不加以执行,管狱、有狱等官犯均会受到法律追责,但这类矜恤制度能够真正被落实的范围往往仅限于正规监狱内的人犯。尤其是那些"罪干斩绞,例应达部"之犯瘐毙,因"有议处之条,有狱各官惧干吏议,莫不小心经管,禅其饱食缓衣,坐卧□所,是虽身罹重罪,转忘犴狴之苦"。而对于那些羁押在外监及班馆之中的轻罪人犯及待质人证,地方官却"以为寻常罪囚,虽凌虐搕索诸弊间有常戒饬,而饮食起居,何则鲜有过问",致使这类人犯的防疫卫生及医药物资难得保障。首先,外监、班馆等羁押场所之内"均系土地,又复湫溢,饮食溲便,共列一处,坐□睡卧,均在地下,以致湿热熏蒸,哨气逼人,酿成瘟疫,多因病死"。[111] 即便铺设地板,亦为呆钉

---

[108] 朱寿朋:《东华续录》光绪四十一,清宣统元年(1909)上海集成图书公司本,第7页a。

[109] 参见魏光奇:《有法与无法——清代的州县制度及其运作》,商务印书馆2010年版,第200页。

[110] 荣经县知县洪锡彝等札巴县改修监狱使犯人免少成瘟病致死,清代巴县档案(光绪二十六年八月)6-34-6804。

[111] 同上注。

固定,"犯人在板上昼夜坐卧,或病时便溺渗入板下,或病毙后将板洎刷秽水流下,日积月累,污秽之气已不堪闻。春夏潮湿,秋天闷热,气候又复不定,兼之羁押之犯有受刑者,有受饥者,有受冻者,忧惧焦思,体必衰弱。处此污秽之地,受此郁蒸之气,焉得不病焉得不死?"[112]其次,在囚粮供应方面,"押犯不同狱犯,例无囚粮囚衣之给",多须地方官"捐给粥食"[113],或由在押者"自备资斧"[114],其生活物资往往难以得到保障。而在医药供应方面,虽然按察司每年夏季均会要求所属州县"将重罪人犯责令狱卒洗涤扭锁,划除粪秽,焚烧柏术,免致狱囚疾病"[115],并发放一定数量的"寸金丹""正气丸"等防疫药品,但此类药品的供应范围仅包括州县内外监狱及公设卡房,并未涵盖各类私设班馆。

二则,禁卒私押之弊难除。一方面,长随作为知县与管监丁役之间交接的枢纽,有代替知县行使管监之权的职能,由此也容易滋生出隔绝壅蔽乃至擅权等弊端,尤其在处理人犯患病及病故之事上有很大的操作空间与管狱官、丁役人等相互勾结,蒙蔽上官。对此,光绪年间曾任顺天府尹的周家楣就曾将"近来各属禀详,监押各犯因病而故者叠叠不绝"的情形归因为新官到任后求荐家人作为监狱管班。[116]光绪八年(1882)四月间,经成绵龙茂兵备道委员查得,成都府灌县招审人犯人何启淦过堂时喊控府司狱李启沄家人陈二私刑拷索,及彭县招审犯人王袤娃及其同监人犯王显贵等均控诉该县禁卒常经等人私设非刑拷索银钱,两案发生的背景皆为:

> 管狱官蔽纵丁役上下交征,以家丁为贿首,以禁卒为爪牙,以老犯为谋师,任令设法拷索。其余新犯进监之时,百般需索,酷刑惨逼,轻则肢体因私刑而残毁,重则创甚身毙,捏一病呈了结。其余监内老犯,则任其放纵恣肆,积惯蔑法,视监狱为常地,等狱官为具文,一纵一逼,勾连祸结,往往致成越狱等事。而有狱官形同聋聩,素不经心,任听管狱官为所欲为。一旦被人控告,反为僚属回护掩饰,借以自文其过,积习相因,实堪痛恨![117]

在这种管狱官庇纵,家丁禁卒老犯等人相互勾连需索,有狱官为避免追责而"为

---

[112] 方大湜:《平平言》卷四《班房内用活地板》,收入官箴书集成编纂委员会编:《官箴书集成》第7册,黄山书社1997年版,第702页上栏。

[113] 同前注[36]。

[114] 樊增祥:《樊山政书》卷一《批宝鸡县杨令调元禀》,那思陆、孙家红等点校,中华书局2007年版,第14页。

[115] 重庆府转川东道通饬各属严禁狱卒虐囚犯与押妇女文卷,清代巴县档案(光绪六年六月)6-34-6676。

[116] 周家楣:《期不负斋政书》,收入沈云龙主编:《近代中国史料丛刊》第92辑,文海出版社1973年版,第631—633页。

[117] 总督为各县不准各州县设立监禁严查丁役勿许私设非刑额设火灵官等弊卷,清代巴县档案(光绪八年七月)6-34-6684。

僚属回护掩饰"的情形下,上级官员仅通过公文往来往往很难了解到监押之犯身故的真相,那些受过搕索且有幸不死的案犯也只有在招审过堂之时才有机会喊控鸣冤。

另一方面,各州县由差役全权管理的铺、仓、班馆、羁所、歇家等羁押轻罪及待质人证的场所,因吏目、典史等人目力难及,管理方面亦缺乏相应的常态化制度和组织机构,继而造成其内凌虐私刑、致毙人命的现象尤其,且难为狱政管理者所察觉。光绪初年福建巡抚丁日昌在奏报福建监狱关押人犯情形时就曾指出,福建各州县监押之犯存在"书差私押而门丁不知,门丁私押而本官不知","押禁即久,动致拖毙"的无序现象。[118] 在这些差役滥押久羁的非法行为中,甚至还存在知县授意和默许的情况。如川省各州县惯有"律例无罪名之可科者,而设地方官以便宜行之,祇于定案后禀闻上官而已"之条。正印官在决狱之时,因"惮于审拟之烦,往往从权办理,禀准督抚,将无罪可科之犯滥行监禁,自四五年以至一二十年不等,或竟永远监禁",造成人犯轻则"成无用之身体,终遂无以自活",重则惨遭瘐毙的凄惨后果。[119]

上述罪犯、未定罪押犯及待质人证进监后衣食药资难以保障、凌虐私刑在所难免以致患病瘐毙的现象在清代各地方监狱十分普遍。同治年间,刘坤一在巡抚江西时便察觉该省各州县存在"刑书、禁卒擅用私刑"凌虐人犯及待质人证以"勒索重资","如不遂所欲,即夺其衣食,是以禁押人犯病毙甚多"的现象。[120] 光绪五年(1879)署理直隶清河道按察使叶伯英在清理积案时亦发现,是年正月至五月间,其辖区内"共押毙人犯三百余名,虽系皆死于病,其所以致病之由,皆由各州县不能格外矜恤以致于此"[121]。原本,朝廷自康熙四十五年(1706)起便要求各府州县等问刑衙门"原设监狱除重犯羁禁外,其余干连轻罪人犯,令地保保候审理。如有不肖官员私设仓铺等项,怀挟私仇,受嘱恐吓,将轻罪犯人私禁致毙者,该督抚即行指参,将该管官照怀挟私仇故禁平人律治罪"[122]。然而由于清律中又有"各府、州、县审理徒、流、笞、杖人犯,除应行关提质讯者,务申详该上司批准照例展限外;如无关提应质人犯,该州、县俱遵照定限完结。倘敢阳奉阴违,或经发觉,或该上司指参,将承问官交部照例分别议处"[123]之条,加之各正印官在负责处理刑狱的实际过程中"有例不收禁之罪,又有须候添传质证再讯之案,有讯详候示之案,而其人断不可取保者"等情形,为避免案情耽延而

---

[118] 同前注[108],光绪十五,第1页a。
[119] 重庆府就四川高等审判检查厅开庭日期告示及该机构官吏人选札巴县文,清代巴县档案(宣统二年十月)6-54-1773。
[120] 刘坤一:《刘坤一集》第5册,陈代湘校点,岳麓书社2018年版,第493页。
[121] 叶伯英编:《耕经堂年谱》,清光绪抄本,第271页。
[122] 同前注[100],官修《大清会典则例》卷二十七,第43页a-b。
[123] 同前注[55],第880页。

获咎,州县官等不得不"酌各班吏役分司看管。此亦慎重案件,中寓简便之方,免得差唤票催,又生枝节"[124],以此加快案件审结,继而造成州县监卡之设难以禁绝的处境。在这一处境下,州县官为规避因监犯瘐毙过多而招致刑罚,又不得不通过一系列权力运作来掩盖管押人犯病毙的实情。

(三)"合法"与"非法"之间的权责转移

监狱管理的混乱处境,在影响着朝廷矜恤囚犯政策在地方实施的同时,也会对正印官与管狱官的仕途造成威胁。清律规定,如因犯被禁卒人等"陵虐致死,管狱有狱官知而不举,革职(私罪)。不知者,管狱官降三级调用,有狱官降二级调用(公罪)。陵虐未致死,系知情故纵者,均革职(私罪)。失于觉察者,管狱官降一级调用,有狱官降一级留任云云。应参看"。[125] 同治元年(1862),前任直隶邯郸县知县卢昌辅,便因不能缉获抢案正盗,任凭差役妄拿私拷致毙人命,纵容看役捏报人犯王五旦患病身故并不亲验查究而被革职;前任陕西大荔县知县熊兆麟,亦是"因发交管押人犯病毙多名,并不通详,任意草率"而降三级调用。[126] 而在光绪十三年(1887)发生的洛阳闹漕案中,知县王道隆亦试图以"改造日期、捏报病故"的方式掩盖民人李延涌被"非法殴打"致死的现实,查出后最终被发往"军台效力赎罪"。[127] 但相较于清代各地发生的因凌虐私刑而导致人犯患病乃至病故的一系列案件来说,以上能被上级查出并顺利追责的案件寥寥可数,更多的案件则在地方官吏的一系列权责转移的运作下息事宁人。

这类运作程序包括:有狱、管狱等官通过包庇纵容禁卒等人私押的方式来掩盖司法审断及狱政管理过程中存在的诸多弊端,继而降低上级追责的风险;禁卒、卡差等人犯的看管者又通过投递病呈、捏报病故等方式掩盖"陵虐私押"等人犯致病致死的真实原因,从而逃避县官追责;而看视病犯的医生则通过进监调治、出具人犯病故甘结等方式将人犯患病身死的原因归结于环境、气候乃至疾病本身。而由此形成的一系列有关人犯报病报故的禀状、刑禁医件及同监犯人的供结以及向上级衙门通报的通详等文书,在刑房书吏等人的制作与润色下,便达到了"合法"的标准,并最终将羁押犯证在监瘐毙的责任分摊到涉事各役的身上。

有狱管狱等官、禁卒卡差、医生乃至刑房书吏等人之所以能够通过各自手中的权力将羁押犯证因凌虐等"非法"瘐毙的现象转为程序上"合法"的报病报故,主要是因为县医学及狱医医疗囚犯、验看取结等行为在知县的控制之下名存实亡,缺乏有效的制约和监管。从医生的角度而言,清律虽然规定政府可以

---

[124] 同前注[64],第 130 页。
[125] 胡星桥、邓又天主编:《读例存疑点注》,中国人民公安大学出版社 1994 年版,第 824 页。
[126] 参见赵雄主编:《同治朝上谕档》第 12 册,广西师范大学出版社 1998 年版,第 389 页。
[127] 同前注[108],光绪八十六,第 1 页 a。

随时更换医术不精导致医毙监犯多人的医生,但在清末州县医学与供役医生的任免逐渐脱离上级监管及其职位本就动辄虚悬的情形下,掌握医学任免权的知县出于医疗病因的现实需求,往往不会对医生本人有过多苛责。加之监犯患病与接受医治的过程均在监狱、卡房、保店等相对封闭的场域中进行,监犯疾病的发生、呈报、鉴定多由管监丁役掌控,而医生在经禁卒延请或官员拨派后才能进监或到保店诊视,从而使得病犯的健康状况及医生的诊断行为均未脱离刑狱的管控。而与之相关的禁卒、长随、仵作、书吏等人,作为"一人政府或一人权力思路下的事务分派"的执行者,本就直接向县官负责,[128]在共同协助州县官行使地方权力的前提下有很强的动机从政府管控的薄弱环节,即医生及其诊治病犯的活动入手,利用医疗监犯这一"恤囚"政策以及律例规范的文本书写来分摊和转移正印官在人犯瘐毙之事中所应负的责任,将事态控制在州县官能掌控的权力范围之内。

而督、抚、司、道、府等各级上宪作为监督官,虽然对各州县人犯"报病报故"之案增多的现象有所察觉,[129]并试图通过推行诸如"设立档册"[130]、废除班馆、改善人犯羁押环境之类的政令来减少州县人犯报病报故之事的发生,但这些仅存在于书面的政令或警告,往往得不到州县官的实力执行,搁置拖延、阳奉阴违之事时所常有。[131]加之州县这种半明半暗、医狱不分的病犯医疗程序的运作,使得上司根本难以真正洞悉人犯患病及病故的原因,不能切实掌握有狱管狱等官、禁卒、卡差或是医生等人进行非法运作的证据,因此也就无法对违例州县官实行合理的监察与惩处。

总之,虽然州县监卡人犯报病报故之案增多的现象是基层政治、法律、社会等多方面原因共同造就的结果,但从清末州县医学衰颓和狱政管理混乱的角度来讲,由于清代州县的卫生医疗体系在履行医疗囚犯职能的过程中并未独立于监狱管理者之外,使得有狱管狱等官、狱卒、差役等在狱政管理职能严重重叠的情况下有机会利用这类上级监管不到位,且与诊疗病犯相关的合法程序来掩盖

---

[128] 参见瞿同祖:《清代地方政府》(修订译本),范忠信、何鹏、晏锋译,法律出版社2011年版"译序",第8页。

[129] 如康熙年间浙江巡抚张泰交曾在《清理监狱》一文中谈及,"咨本部院披阅该司详案内报病报故之文竟无虚日,此皆有狱各官平日漫不留心,加以天时之不齐,禁卒之凌虐,及至患病虽据报称拨医调治,问其实不过虚应故事而已。"同前注[74],第39页a。

[130] "将各属详报病故之案,按名分别登载,以三个月比较一次,何处详报病故最多,即是何处经理不善,定功过而别贤否。"参见重庆府札巴县关于犯人注意卫生防治疾病等文有关规定一案,清代巴县档案(嘉庆廿一年五月)6-3-611。

[131] 如同治七年(1868)六月廿四日,重庆府奉上谕札饬巴县将"所设卡房应即一律拆毁",巴县亦于次年正月十一日"出具永远革除卡房切结",规定此后阖邑人等"凡在户婚、田土、钱债干连人证,概行各招的确保户自行住店歇宿"。但通过王吉士、张履安等人诊治监犯的实践可见,巴县自新、待质,以及居义、怀石、西城"三里"差房中依旧有诸多待质及未定罪之人羁押其中。同前注[36]。

种种因自身非法运作而导致囚犯瘐毙的真相。这一趋势不但影响着朝廷及督抚对州县狱政的管控,也使得禁卒实际上掌握着押犯、监犯等人的生死,影响着医疗人员对患病监犯的医疗成效,从而进一步侵占国家对州县监狱的实际管理权限。

结语

清代巴县王吉士顶充医学训科与诊治监卡病犯的实践活动,不仅反映出清代州县医学的运作是如何从合法转向非法的,也从侧面反映出监卡这类特殊空间内的医疗活动在一定程度上带有从非法向合法面转化的意味。但这类转化往往是有条件的,只有县官、医生、禁卒、书吏等群体在顺利结案这一共同目的的驱使下的协同配合,通过对相关案卷内容进行改造或裁剪才能从文书层面上达到州县狱政运行与律法表达相吻合的结果。

首先,清末州县医学的顶充从合法向非法转化的目的/原由主要在于满足医疗监犯的实际需求。从文书行政的角度讲,医学训科一职虽然表面上是经由各州县礼房招募、医士充补、士绅公举、乡人担保、县官当堂考验,再由上级官员层层申转覆核,确保承充之人册结无絮后才可给札任命。但实际上,这一"杂职"的招募与顶充往往由州县把控,县很难得到布政使司、督抚乃至礼部的监督。加之其本身在清代县级衙门的内部组织架构中属于无固定薪资可领且位卑职繁的边缘角色,民间医生群体承充该职很容易因支差赔累而耽误医疗本职,因而宁愿成为供役医生诊疗囚犯也不愿顶充医学一职。而出于保障自己不会因人犯病毙频繁而受到上级怪罪的实际需求,知县不得不降低医学一职的准入门槛,简化医学顶补程序,或是直接要求民间医会推举医生来辕供役或暂代医学训科一职,以保障救治囚犯等医疗活动在州县医学名缺虚悬期间能正常运转。虽然县官以"非法"选派县医学训科及其供役医生的方式最大程度地确保了州县监卡病犯有医调治,但实际上由于医学的选派和事务分工在一定程度上脱离了上级衙门的监管,致使州县医职长期为衙门胥吏、民间医会人等所把持,很难真正招募到精通医理之人,继而直接影响着县医学救治狱囚的运作实效。

其次,州县狱政中存在的某些非法行为在一定程度上可借助医疗病犯的服务向合法一面转化,继而使得司法档案呈现出来的医生诊治病囚乃至病犯"因病身死"的情形,既有可能是实实在在的记录,也有可能是狱卒、卡差为了摆脱控制或规避责任而精心炮制出来的假象。虽然县医学训科及供役医生向犯人提供的医疗救助服务作为一种王权对囚犯施行"矜恤"的手段,在基层狱政管理方面具有不可替代的地位,但实际上,人犯从进入监卡的那一刻起,便落入狱卒等人的掌控之中,人犯在监卡如何患病、何时呈递病呈、能否得到有效医治,甚至为何瘐毙,在某种程度上都取决于呈递病呈的狱卒、卡差,抑或是吏目、典史等人,而并非为其诊治疾病的医学训科。这不仅极大地影响了医家对病犯的治疗成效,也为禁卒卡差等人将人犯由凌虐搪索、刑讯体罚、私开小押等非法行为所导致的创伤、疾病与死亡通过捏造病呈等方式转换为单纯的"患病"提供了可能。

最后需要补充说明的是,上述州县医学运作与狱政管理领域在"合法"与"非法"间的转化,也在一定意义上起到了"大事化小,小事化了"的效果。知县与管狱官将自身疏于稽查和管理狱政事物而导致的人犯瘐毙的结果归因于狱卒等人私开小押、需索凌虐,试图以此分化狱政颓坏的责任,免于上级追责;狱卒等人又试图通过捏造病呈、串通口供、操控人犯羁押环境及物资供应等手段,将人犯患病乃至身死的原因归结于病者自身。而律法虽然强调对医毙监犯的医生进行追责,但由于朝廷对地方医疗职役缺乏管理,清末州县医学与供役医生的职位本就动辄虚悬,知县出于医疗病因的现实需求往往不会对医生本人有过多苛责。在这种权责分摊和转移的模式下,州县衙门通过文书的制作与往来模糊了"人犯身死由谁负责"的问题,使得督、臬、道、府等上级衙门所了解的监卡人犯瘐毙的情形多是由包括知县、医生、禁卒、同监人犯以及"文书制造者"在内的利益共同体之间构建出来的"现实"。值得注意的是,这种衙门内部通过文书制作的方式使医学的顶充选派与囚犯医疗救治的实际程序偏离朝廷令典规定,继而达到职能与权责的转移的运作模式,并非仅仅发生在某一领域的某一历史时段之内,而是作为一类相对稳定且足够灵活的行政习惯,长期潜存于基层行政的各个领域之中。

论身份选择自由下佛教罪观念对隋唐前刑法的影响

李勤通[*]

On the Influence of the Notion of Buddhism on Sin on Criminal Law before Sui and Tang Dynasties under the Freedom of Identity Choice

Li Qintong

内容摘要：中国传统罪观念以维护身份秩序为主要目的。佛教东传后，佛教徒可以基于自由意志选择异于传统的新身份。传统身份秩序的超越性反对这种身份选择自由。由于传统文化中存在尊重个体独立自由的要素，佛教的政治功能也得到统治者认可，佛教伦理还不断自我调适以实现本土化，佛教罪观念逐渐被隋唐前刑法接受，当然也有其限度。基于对其新身份的肯定，隋唐前刑法为佛教徒设定了新罪，强化了旧罪，还豁免或减轻了某些旧罪；基于对其新身份的否定，隋唐前刑法开始控制沙门拜君父、私入道等，并根据传统伦理改造了佛教徒新身份的内部关系。

关键词：佛教罪观念　身份选择自由　儒表法里　沙门拜君父　私入道

一、问题的提出

罪是中国法律史的重要概念，也是中国传统文化观念的重要组成部分。在

---

[*] 李勤通，法学博士，中国海洋大学法学院教授。

中国传统法律体系中，刑法占据核心地位。罪观念是建立惩罚正当性的基础，也是建构刑法的前提，进而是中国传统法律的核心要素之一。所谓罪，可从两个角度解读：一是伦理中的罪，即恶；二是法律中的罪，即法律所否定的恶。[1]法律不完全以伦理为依归，因此伦理之罪与法律之罪多少会有差异，但在伦理法色彩较重的中国，法律之罪深受伦理之罪的影响。伦理性成为中国传统法律的核心特征之一。同时，以君主为核心的政体在历代制度沿革中又表现出同一性，政治性（维护政治统治秩序）是中国传统法律发展的主要目的之一。由于中国传统伦理自先秦以来保持了相对稳定，统治模式的同一性也使得潜在的侵害行为表现出内在相似性，所以中国传统法律之罪也保持了相对稳定性。[2]

在宏观上，中国传统法律中的罪观念表现出伦理性与政治性交叉、稳定延续的形态；在微观上，这种形态又以身份秩序为载体。罪的相对稳定性意味着身份秩序的稳定性，君君臣臣、父父子子的身份秩序乃历代所同，侵害这些秩序的行为自然都是犯罪。这种传统身份秩序至少从殷商时期就开始萌芽。[3]周武灭商后，周礼所建构的封建、宗法秩序深刻影响了中国传统身份秩序。[4]受法家影响的秦则试图建立一套以君主专制为中心的政治身份体系，这强化了对某些侵害政治身份犯罪的惩罚。同时，宗法家族身份仍影响深远，并随儒家意识形态的主流化成为传统法律维护的主要内容之一。[5]有学者曾提出，历代的礼

---

[1] 作为本文的核心概念，何为罪需要加以说明。在中国传统法律发展中，罪观念存在从以刑识罪到以法识罪的变化，所谓罪就是违反法律（主要是刑法）的行为。参见李勤通：《"辠"与"罪"及其所见之刑法观的变迁》，载《华东政法大学学报》2016年第6期。那么，传统法律会把什么行为规定为可罚性的行为？一般而言，可罚性的行为包括违反传统政治伦理、家族伦理以及其他侵害统治秩序的行为，在原心定罪的观念下，甚至还包括相应的心理活动。传统中国的伦理之罪，则是违反传统政治、家族伦理规则的行为或心理。法律之罪与伦理之罪存在重叠部分，但也不完全一样。在现代法律理念中，法律与伦理界限较为明显；在古代，这两者也非若合符契，甚至在特定情况下存在对立。如复仇合乎主流意识形态的儒家伦理，但也为很多朝代的法律所禁止。由于身份秩序是传统伦理的核心内容，违反身份秩序的行为甚至心理成为传统法律所惩罚的罪。佛教理念则内含对这种身份秩序的反对，因此并不将违反传统身份秩序的行为或心理视为罪。这也构成中国传统法律罪观念与佛教罪观念的根本差异。同时，罪与恶往往可以互训，如隋唐律十恶就是十种最严重的犯罪。

[2] 例如伦理性的不孝罪、政治性的贼盗罪等。参见孙家红：《关于"子孙违犯教令"的历史考察——一个微观法史学的尝试》，社会科学文献出版社2013年版；柳正权：《先秦盗罪考》，载《法学评论》2002年第4期；孙向阳：《中国古代盗罪研究》，中国政法大学出版社2013年版，第17—53页。

[3] 参见王宇信、徐义华：《商代国家与社会》，中国社会科学出版社2011年版，第55—295页。

[4] 参见王国维：《殷周变革论》，载王国维：《观堂集林》，河北教育出版社2003年版，第232页；陈明：《从殷周之变到周秦之变——论中国古代社会基本结构的形成》，载《社会学研究》1993年第2期，第78页；沈长云：《论殷周之际的社会变革——为王国维诞辰120周年及逝世70周年而作》，载《历史研究》1997年第6期；陈赟："殷唯有小宗，而周立大宗"：关于商周宗法的讨论——以王国维〈殷周制度论〉为中心》，载《学术月刊》2014年第11期。

[5] 参见李勤通：《法律儒家化及其解释力》，载《学术月刊》2020年第8期，第165页；周东平：《论汉隋间法律文明的转型——以汉隋间的四部〈刑法志〉为主线》，载《法律科学》2021年第2期，第58页。

有所变化,影响法律的汉礼和唐礼已存在诸多差异。[6] 所谓法律儒家化的礼并非一以贯之的礼。这也意味着,历代法律所维护的身份秩序并不完全相同。但传统身份秩序的核心具有同质性,等差分明、尊卑有序的制度理念并未发生根本变化。

简言之,中国传统身份秩序主要包括政治身份秩序和家族身份秩序,即君君臣臣、父父子子。这种身份秩序不可更易,个体更无从选择,所有人都被内嵌其中。《孟子·滕文公上》称:"人之有道也,饱食、暖衣、逸居而无教,则近于禽兽。圣人有忧之,使契为司徒,教以人伦——父子有亲,君臣有义,夫妇有别,长幼有叙,朋友有信。"[7]中国传统中的个体社会化就是从内心接受这种身份秩序的过程,这也被认为是人禽之辨的关键。这个过程,不仅是一个认识过程,而且是一个被规训的过程。按照孟子的说法,人之所以异于禽兽者几希,当个体不认同上述身份秩序时,他们就很难被视为是一个"社会性"的人,也就无异于禽兽。[8] 在这种意义上,对这种身份秩序的冲击就是罪,传统罪观念的正当性也建立其上。以唐律"十恶"为例,作为常赦所不原的大罪,谋反、谋大逆、谋叛、大不敬、不义(其中维护官僚身份秩序的部分)维护的主要是政治身份秩序,恶逆、不孝、不睦、内乱维护的主要是家族身份秩序。[9] 这种身份秩序历经数千年而未根本变化,即所谓"天不变,道亦不变"。

但是,佛教东传后,早期本土佛教徒承继印度佛教非君非父的理念,一种无法在传统身份秩序中找到合理定位的新身份随之而生。佛教伦理与中国传统大相径庭,佛教所认可的身份秩序也迥异于中国,本土佛教徒的出家必然会对中国传统身份秩序造成冲击。佛教融入中国后,本土佛教徒的大量出现,意味着中国传统从根本上接受了这种新身份。由此,中国传统身份秩序的实践出现了例外。这显然会对中国传统罪观念造成巨大冲击,即一般人打破传统身份秩序被认为是犯罪,而佛教徒打破这些身份秩序后却得到豁免。隋唐前的法律包括刑法就开始进行调整以应对这种冲击,并容纳这种新身份。佛教罪观念与隋唐前刑法(包括隋唐)之间关系的变化深刻体现了这种接纳的矛盾及其限度。当然,这种冲击也能够为佛教罪观念所接受,即佛教伦理完全认同个体身份的这种变动。佛教融入中国的过程,在这一层面就是两种罪观念的融合过程。

那么,佛教罪观念究竟在何种意义上冲击了中国传统身份秩序?中国传统刑法又是如何回应这种冲击的?这些问题有待进一步厘清。不少学者已经专

---

[6] 参见苏亦工:《唐律"一准乎礼"辨正》,载《政法论坛》2006年第3期。
[7] 杨伯峻译注:《孟子译注》,中华书局1960年版,第125页。
[8] 参见李勤通:《中国古代法律中生命价值的双重性解析》,载《北京社会科学》2015年第11期,第100页。
[9] 参见钱大群:《唐律研究》,法律出版社2000年版,第258页。

门研究过中国传统法律中的罪观念,其中包括佛教的影响。[10] 但总体上,相关领域的研究仍较薄弱,尤其是佛教对中国传统罪观念的影响并未得到完全解读。本文试图在诸多基础上,对该问题作进一步研究,并重点分析佛教罪观念对隋唐前法律尤其是刑法中身份秩序的影响。

二、佛教罪观念的自由性对中国传统刑法身份秩序的冲击

善恶是佛教伦理的核心组成部分。《增一阿含经》载阿难偈:"诸恶莫作,诸善奉行,自净其意,是诸佛教。"[11]佛教有自身独特的善恶观,何种行为或者心理会被佛教视为罪有赖于这种善恶观。在这种罪观念下,佛教徒的自我认识迥异于中国传统,从中国传统身份秩序中衍生的约束个体的道德理念、行为规范(包括法律规范),对佛教徒也不具有绝对拘束力。这种变化何以可能?本文尝试在解释这一问题的基础上,进一步探讨佛教罪观念对中国传统刑法中身份秩序的冲击。

(一)佛教罪观念及其内在的身份选择自由性[12]

在佛教理念中,罪、恶常被认为是一回事,存在以罪释恶或者以恶释罪的现象。《佛光大辞典》称:"罪,违反道理,触犯禁条而招受苦报之恶行为,称为罪或

---

[10] Hsu Dau-lin, Crime and Cosmic Order, 30 *Harvard Journal of Asiatic Studies* 111 (1970);戴丽桑:《罪与罚:试探中国古代法罪刑的发展与政治社会变迁之关系》,成功大学2001年硕士学位论文;徐忠明:《解读包公故事中的罪与罚》,载《现代法学》2002年第3期;郑定:《"罪"之渊源与哲学依据》,载《法学家》2006年第5期;陈晓枫主编:《中国法制史新编》,武汉大学出版社2007年版,第209—210页;陈晓枫、柳正权:《中国法制史》,武汉大学出版社2012年版,第568—569页;刘志松:《释"罪"》,载《江苏警官学院学报》2008年第4期;甘怀真:《〈法律〉"罪"的观念》,载《中西法律传统》第6卷,北京大学出版社2008年版;赵晓耕主编:《罪与罚:中国传统刑事法律形态》,中国人民大学出版社2012年版,第38—39、52—61页;〔日〕釜谷武志:《先秦至六朝时期的罪与罚》,载《复旦学报(社会科学版)》2015年第1期;李勤通:《中国古代罪的观念及其文本化》,厦门大学2016年博士学位论文;周东平、姚周霞:《论佛教对中国传统法律中罪观念的影响》,载《学术月刊》2018年第2期。

[11] 梁蓓继校注:《增一阿含经》,线装书局2012年版,第10页。

[12] 现代法理学认为:"人的意志是自由的,人有控制自己行为的能力,有自觉行为和进行自由选择的能力。"参见张文显主编:《法理学》(第五版),高等教育出版社、北京大学出版社2018年版,第137、166页。这种对自由意志的认可使得个体可以在一定限度内选择身份关系,或者选择在特定关系内的行为模式。但在中国传统中,个体被认为会受到七情六欲的影响。《礼记·礼运》载:"何谓人情?喜、怒、哀、惧、爱、恶、欲,七者弗学而能。"(汉)郑玄注、(唐)孔颖达疏:《礼记正义》,吕友仁整理,上海古籍出版社2008年版,第915页。人的情欲被概称为"人情",被认为应受规范。圣人缘情制礼,既是尊重礼,也是为了制约人情。《礼记·中庸》载:"喜怒哀乐之未发,谓之中;发而皆中节,谓之和。中也者,天下之大本也;和也者,天下之达道也。致中和,天地位焉,万物育焉。"(汉)郑玄注、(唐)孔颖达疏:《礼记正义》,第1987—1988页。人情不能随意而动,动则应中节。束缚住个体意志或者人情的关键是身份。中国传统身份关系没有可选择性。这是天道伦常的组成部分,不仅身处其中的个体有固定的行为模式,甚至个体意志也被禁锢其中。个体既不能选择自己所处的身份关系,也不能决定该身份关系中的相处模式,甚至其情感或者说意志也必须受到身份限制。参见周雪峰:《揭开"名分"的面纱——中国传统法文化的法哲学反思》,载《法学评论》2011年第3期,第121页。简言之,人的意志受到身份秩序的极大束缚,人不能自由。佛教则认为人能够依靠自身意志选择自我的身份,从在家到出家,将不能拒绝的身份转变为可改变的身份。这种选择性就是对自由意志的认可。这也是佛教相对于中国传统所有的自由性。

咎。亦有称烦恼为'罪'者,然大抵以身体、言语、意志(身、口、意)等三方面所犯之恶行(业),称为罪业。罪为恶之业,故称罪恶;以其能妨碍圣道,故称罪障;又以其属污秽之行为,故称罪垢。复由于罪之行为可招致苦报,故又称罪报。且其行为乃招罪报之根本,故亦称罪根。"[13]《佛学大辞典》称:"恶,乖理之行。于现在与将来招苦之行也。"[14]《佛源语词词典》称:"恶,本意指罪过、罪孽。佛教用以指一切违背道德、事理及对他人有损害、不利的行为。并认为恶行将导致将来轮回之苦,受到恶的报应。"[15]

如上,佛教罪观念有如下特征:第一,引起佛教罪的原因十分多元,所谓身、口、意皆有可能;第二,佛教罪是对特定规则的违反,后者涉及佛教的基本伦理体系;第三,罪能够在招致罪的人身上产生多种影响,不仅可能对个人的修行产生障碍,还可能会带来特定罪报。[16] 佛教罪观念是其为维护伦理与信仰体系所建构的否定性力量,即通过构想一种特定的业报观念展现出世俗层面的威慑力。

业报观使得佛教罪观念有逻辑自足性。"作为能够导致果报之因的行为,叫作'业'。'业'是梵文的意译,音译'羯磨',意思是'造作'。'业'分身(行为)、口(语言)、意(意思)三类,也就是人的一切身心活动。任何思想行为都会给行为者本人带来一定的后果。"[17]行为(广义的行为)可以分为身、口、意,业就是运用佛教罪观念对行为进行的评价,果报则是对业的回应,由此形成"行为→业→果报"的基本结构。作为业的另一种表达,罪可以替代业,"行为→业→果报"会变成"行为→罪→果报"这种罪观念逻辑。由于业报轮回以个体为中心,业是个体所为,果报则是对个人行为的反馈,佛教遂形成罪责自负的罪观念。

佛教罪在内容上可分为性戒与遮戒,或者说世界罪与佛法罪。以是否皈依佛教为前提,这种划分要求佛教徒与非佛教徒遵循不完全相同的行为准则。在佛教理念中,戒律"也是'身分'的取得与确认标准"[18]。道宣《四分律含注戒本疏》称:"言性恶者,如十不善,体是违理。无论大圣制与不制,若作违行,感得苦果,故言性恶。"[19]又云:"言遮恶者,如伐斫草木,垦掘土地。威仪粗丑,不光俗信。圣未制前,造作无罪。由非正业,无妨福善。自制以后,尘染更深,妨乱修

---

[13] 慈怡主编:《佛光大辞典》,佛光文化事业有限公司1999年版,第5563页中下。
[14] 丁福保:《佛学大辞典》,上海书店1991年版,第2052页下。
[15] 孙维张主编:《佛源语词词典》,语文出版社2007年版,第78页。
[16] 参见周东平、姚周霞:《论佛教对中国传统法律中罪观念的影响》,同前注[10],第144页。
[17] 杜继文主编:《佛教史》,江苏人民出版社2008年版,第18页。
[18] 劳政武:《佛教戒律学》,宗教文化出版社1999年版,第190页。
[19] 《四分律含注戒本疏行宗记》,载《弘一大师全集》编辑委员会编:《弘一大师全集》第五册,福建人民出版社1992年版,第169页上。

道,招世讥谤,故名遮也。所言遮者,能遮正道,故言遮恶。"[20]对此,有学者指出:"道宣还把性、遮两罪称为'世界罪'和'佛法罪'。这样,对于僧众个体而言,其所犯罪就有三种可能:一者,犯世界罪,而不犯佛法罪,比如佛没制戒前时,对人类普世规范的违犯。二者,犯佛法罪,而不犯世界罪。比如对财产的占有,比如饮酒,虽违佛制而不违世俗的基本规范。三者,两者皆犯,如杀盗淫妄之类。既违世界戒又违佛法罪。所以道宣说,不受戒的人,犯的罪轻。受佛戒的人犯罪即重,因为他犯的是两重罪。"[21]世界罪与佛法罪的区别意味着,佛教会对不同主体的同一行为进行差别评价,身份会影响到佛教对个体行为的评价。

之所以佛教徒会犯佛法罪,还因为戒体。[22]道宣《四分律删繁补阙行事钞》云:"明戒体者,若依通论,明其所发之业体。今就正显直陈能领之心相。"[23]戒体是佛教徒抵制世俗诱惑、紧守佛教规范的心理基础。从积极层面讲,接受戒体增强了佛教徒抵制违戒行为的心理能力;从消极层面讲,接受戒体则使得佛教徒受到戒律规范,并承受违反戒律带来的果报。出家佛教徒接受戒体是一个身份和行为模式的选择过程,是否接受戒体在本质上源于个体的自由意志。尽管关于业的本质有自由意志说与非自由意志说之别,[24]但至少可以认为,是否选择守戒从而成为佛法罪的承受主体取决于佛教徒的自由意志。[25]而且,"据可信的文献资料,佛教特殊的因的理论(十二因缘论)是佛陀本人创立。佛陀的目的是捍卫自由意志而反对完全的决定论态度"[26]。历史地看,佛教对自由意志的认可所针对的首先是古印度的种姓制度,反对古印度身份制度的不可更易性。佛教徒可以基于自由意志选择身份,并因此受佛法罪的规范,这意味着,佛教罪观念不仅主张部分罪的产生源于人的自由意志,而且佛教徒是否能够成为某些罪的规范对象也与自由意志有关。

总的来说,佛教理念认为身份与行为规范有密切关系。尤其是出家后,佛教徒的身份被认为发生根本改变。《杂阿含经》卷二十二载:"时,彼天子说偈问佛:'为有族本不?有转生族耶?有俱相属无,云何解于缚?'尔时,世尊说偈答

---

[20] 同前注[19]。
[21] 王建光:《中国律宗思想研究》,巴蜀书社2004年版,第136页。
[22] 关于戒体的研究,参见前注[18],第320—343页。
[23] (唐)道宣:《四分律删繁补阙行事钞》,收入《大正新修大藏经》(第40册),新文丰出版有限公司1983年版,第4页下。
[24] 陈洁:《从"野狐禅"看禅宗的自由意志》,载《文史哲》2004年第2期,第32—37页。
[25] 例如,"按佛制,本人志愿出家者,经父母家庭同意后,削发受沙弥戒为沙弥"。吴信如:《佛法戒律论》,载《佛学研究》1996年辑,第181页。这里就反映出受戒体的自由性。尽管这种自由跟现代法理中的自由差异颇大,但两者在形式上都有基于自由意志决定自己的行为并且因此而承担责任的特征。
[26] 〔俄〕舍尔巴茨基:《佛教逻辑》,宋立道、舒晓炜译,商务印书馆1997年版,第155页。

言:'我无有族本,亦无转生族,俱相属永断,解脱一切缚。'"[27]释迦牟尼认为,自己修道后与原生家族间的关系已经消解。而且,佛教徒的修行本质上是一个自我悟道的过程。释迦牟尼在世时对信众的告诫就是:"求道者必须自我精进,一心修行,而不懈怠放逸,否则不可能修得正果。"[28]成为佛教徒是一个基于自由意志重新选择身份,并受新行为规范约束的过程。

（二）佛教徒新身份进入中国传统法律身份秩序的历程

佛教徒可以基于自由意志选择新身份及相应的行为规范,一旦传统中国接受本土佛教徒对身份的自由选择,传统法律所维护的身份秩序必然受到冲击,其正当性与权威性也会遭遇挑战。因此,当佛教允许个体以自由意志选择成为佛教徒时,作为主流意识形态的儒家在根本上反对这种自由意志,早期中国法律亦由此而严禁本土人士出家。[29] 这也成为儒释冲突的根本点。

《礼记·礼运》载:"圣王修义之柄、礼之序,以治人情。"郑玄注:"治者,去瑕秽,养菁华也。"[30]《汉书·礼乐志》载:"人函天地阴阳之气,有喜怒哀乐之情。天禀其性而不能节也,圣人能为之节而不能绝也,故象天地而制礼乐,所以通神明,立人伦,正情性,节万事者也。"[31]如郑玄所言,人的喜怒哀乐虽源自天地,却内含瑕秽,即人虽有意志,但如不能自控就无法实现从禽兽到人的转变,无法通过社会化"成人"。因此,圣人为之立制,"为之节",然后才能"正情性"。人的情感尚且不应自主,更不能以自由意志选择自身所承担的伦理责任。在传统观念下,这种儒家式的身份伦理被认为有普世性。如果佛教徒出家后,就不再为君臣父子等身份伦理所拘束,这就从根本上否定了这种普世性。当儒家伦理成为中国传统法律的根基后,佛教进入法律就是否定这种伦理规则。以一准乎礼的唐律为例,论者或以为唐律的罪观念是对宇宙秩序与身份秩序的破坏。[32]当佛教所建构的罪观念代表一种新的宇宙秩序或身份秩序进入法律后,家族主义的儒家罪观念自然无法容忍这种有自由意志色彩的佛教罪观念。

因此,佛教罪观念融入中国传统法律的过程是一个辩难的过程,更是一个

---

[27] 恒强校注:《杂阿含经》,线装书局 2012 年版,第 480 页。

[28] 周桂华:《世界佛教通史》(第 1 卷),中国社会科学出版社 2015 年版,第 114 页。

[29] 在东传早期,中土虽然有人信奉佛教,但出家僧侣主要以外国人为主。参见任继愈主编:《中国佛教史》(第 1 卷),中国社会科学出版社 1985 年版,第 106 页;李力:《出家·犯罪·立契:1—6 世纪"僧人与法律"问题的初步考察》,载《法制史研究》第 17 期,第 11 页。有很多史料说明了这一问题,如《晋书·佛图澄传》载:"惟听西域人得立寺都邑,以奉其神。汉人皆不出家。"(唐)房玄龄:《晋书》,中华书局 1974 年版,第 2487 页。再如《旧唐书·傅奕传》亦称:"西晋以上,国有严科,不许中国之人,辄行髡发之事。"(后晋)刘昫等:《旧唐书》,中华书局 1975 年版,第 2716 页。

[30] (汉)郑玄注、(唐)孔颖达疏:《礼记正义》,第 943 页。

[31] (汉)班固:《汉书》,中华书局 1962 年版,第 1027 页。

[32] 参见甘怀真:《〈唐律〉"罪"的观念》,同前注[10]。

其对自由意志的肯认不断受到挑战的过程。对于佛教徒可以选择改变被认为无法更变的身份这一点,中国传统知识分子一直很难接受。如前注所述,在佛教进入早期,政府并不许本土人出家。所以,虽然佛教信徒很早就在中国出现,但本土出家佛教徒的出现要晚得多。一说认为,汉桓帝时的严浮调可能是中土最早的僧人。[33] 另一说认为,曹魏的朱士行是更为可靠的、受戒的中土最早僧人。[34] 这种差异可能是因为严浮调未能依戒律剃度,不算严格意义上的僧人。[35]

严浮调的未受戒与朱士行的受戒,或与是否剃发修行有关。前引多位论者以为,严浮调只是剃去须发而未经过受戒仪式。《高僧传·昙柯迦罗传》则载:"于时魏境虽有佛法,而道风讹替,亦有众僧未禀归戒,正以剪落殊俗耳。"[36] 部分学者也据此认为,在昙柯迦罗未译出《僧祇戒心》之前,中土众僧已经开始剃发修行,即"剪落殊俗"。[37] 但《历代三宝纪》卷四载:"汉语译经人未剃落,魏朱士行创首出家,服法为僧,犹称俗姓。"[38] 也即,朱士行之前的本土佛教徒似乎并未剃发。那么,部分学者之所以得出此前本土佛教徒已经开始剃发的结论是因为只看到了"剪落殊俗",而忽视了该处的整体表述为"正以剪落殊俗"。此时不仅佛教徒可能未依戒剃发,而且剃发本身是否完全合乎佛教要求也需要反思。准此,严浮调虽是早期佛教徒,但未必严格依据戒律剃发受戒。朱士行则可能是较早依戒剃发受戒出家者中的名僧。[39] 不过,朱士行仍用俗家姓氏,这

---

[33] 严浮调又称严佛调。参见张国刚:《佛学与隋唐社会》,河北人民出版社2002年版,第7页;赖永海主编:《中国佛教通史》(第1卷),江苏人民出版社2010年版,第104—106页;汤用彤:《汉魏两晋南北朝佛教史》,上海人民出版社2015年版,第46页;魏道儒、李利安:《世界佛教通史》(第3卷),中国社会科学出版社2015年版,第33页。

[34] 参见何兹全主编:《中国历代名僧》,河南人民出版社1995年版,第26页。

[35] 参见严耀中:《从严佛调、朱士行说中土的僧姓法名》,载《史林》2007年第4期,第88页。

[36] (南朝梁)释慧皎:《高僧传》,汤用彤校注,中华书局1992年版,第13页。

[37] 参见赖永海主编:《中国佛教通史》(第1卷),同前注[33],第132页;彭瑞花:《菩萨戒研究》,陕西师范大学2015年博士学位论文,第43页;张径真:《法律视角下的隋唐佛教管理研究》,中国社会科学出版社2018年版,第63页,等等。

[38] (隋)费长房:《历代三宝纪》,收入《中华大藏经(汉文部分)》(第54册),中华书局1986年版,第192页下。

[39] 朱士行是否为中国本土最早剃发出家者颇可疑。《隋书·经籍志四》载:"魏黄初中,中国人始依佛戒,剃发为僧。"(唐)魏征等:《隋书》,中华书局1973年版,第1097页。按此,曹魏文帝黄初中,本土就有人剃发受戒为僧。前引《高僧传·昙柯迦罗传》则将时间点定在曹魏齐王曹芳嘉平年间,《旧唐书·傅奕传》称西晋以上严禁髡发。这几个时间点虽有冲突,但有解释空间:黄初中的受戒剃发未必合乎佛教要求,甚至剃发本身是否合乎佛教模式也很可疑;嘉平中佛教徒的受戒剃发才真正合乎戒律,剃发模式也更规范,即"正以剪落殊俗";不过这些可能是佛教徒的内部做法,并不被国家接受。与此同时,朱士行出家时间记载不详,但一般认为,他于曹魏高贵乡公曹髦甘露五年西行求法。参见赖永海主编:《中国佛教通史》(第1卷),同前注[33],第137页。因此,他受戒剃发应不晚于此。不过,朱士行是早期的著名僧人,应无异议。

可能说明当时处于佛教徒身份转变的过渡期。是否依戒剃发成为判断严浮调和朱士行究竟谁是汉僧第一人的依据。剃发与否确乎是个大问题,因为剃发是身份转变的主要标准之一。作为身份标志,剃发一直是佛教徒受谤的重点。《孝经·开宗明义》云:"身体发肤,受之父母,不敢毁伤,孝之始也。"[40]佛教徒选择剃发也就意味着选择不做孝子,自然会受到传统支持者的攻讦。严浮调作为佛教徒却未剃发可能不仅与戒律未传有关,也反映出传统中国接受佛教徒剃发易服、从家庭走向僧伽并实现身份转变的渐进性。

从严浮调到朱士行,政府对本土人出家的逐渐解禁,反映出中国传统观念逐渐接受佛教徒基于自由意志选择身份。但传统知识分子仍然难以接受,以儒家为甚。早在佛教东传初期,儒家对佛教的非难就已出现,《牟子理惑论》被认为就是为回应此而产生的。[41] 出家者髡发、不婚,被认为背离孝道、无人子之情。佛教徒的身份转变是佛教必然要回应的。[42] 牟子认为这些并不影响出家者的德行,只要品德高尚就无愧于孝道。东晋咸康六年(公元340年),庾冰引发了贯穿中古的沙门应否致敬王者大辩论,[43]君臣身份(政治身份秩序)成为论争焦点。自辩论开始,佛教的形神观、轮回观、业报观、身体观、身份观等纷纷受到挑战。庾冰称:"因父子之敬,建君臣之序,制法度,崇礼秩,岂徒然哉,良有以矣。"[44]出家佛教徒不致敬王者被认为背弃名教而无人臣之礼,君臣关系会因之失序。后经何充等辩护,佛教徒未被强迫致敬王者。但矛盾并未消失。晋安帝元兴元年(公元402年),桓玄再次提出沙门应致敬王者,尚书八座、王谧、慧远等则进行了回应。

在庾冰、桓玄等人看来,中国传统身份秩序有超越性。[45] 礼法是天道的现实化,个体何能擅改。侵害这种身份秩序的行为应当被视为罪。对此,慧远所作的回应较全面,甚至在一定程度上奠定了佛教回应中国传统观念非难的基调。相关研究,成果斐然,很多论者都强调慧远对儒家的妥协。[46] 不过,慧远

---

[40] (唐)李隆基注、(宋)邢昺疏:《孝经注疏》,上海古籍出版社2009年版,第4页。
[41] 《牟子理惑论》的作者、成书年代等争议颇多。参见汤用彤:《汉魏两晋南北朝佛教史》,同前注[33],第53—56页;郭朋:《中国佛教史》(上卷),福建人民出版社1994年版,第46—47页;王怀成:《〈牟子理惑论〉及作者新考》,载《中华文化论坛》2020年第5期,第119页。但该书缘起于回应儒道非难这点难以质疑。
[42] 参见潘桂明:《中国佛教思想史稿》(第1卷),江苏人民出版社2009年版,第15页。
[43] 事见《弘明集》《广弘明集》;周东平:《论佛教礼仪对中国古代法制的影响》,载《厦门大学学报(哲学社会科学版)》2010年第3期,第105—112页;[荷]许理和:《佛教征服中国:佛教在中国中古早期的传播与适应》,李四龙、裴勇等译,江苏人民出版社2017年版,第137—205、371—404页;鲁楠:《正法与礼法:慧远〈沙门不敬王者论〉对佛教法文化的移植》,载《清华法学》2020年第1期,第32页。
[44] (南朝梁)僧祐:《弘明集校笺》,李小荣校笺,上海古籍出版社2013年版,第666页。
[45] 鲁楠:《正法与礼法:慧远〈沙门不敬王者论〉对佛教法文化的移植》,同前注[43],第32页。
[46] 参见岳辉:《从魏晋南北朝时"沙门不敬王者"的争论看佛教的中国化》,载《宗教学研究》2000年第2期。

的论述仍体现出佛教对"身心自由"[47]的追求。慧远在《沙门不敬王者论》中称:"出家则是方外之宾,迹绝于物。其为教也,达患累缘于有身,不存身以息患;知生生由于禀化,不顺化以求宗……是故凡在出家,皆遁世以求其志,变俗以达其道。"[48]在佛教徒看来,身(形)是烦恼的根源和载体,[49]因此修道者要摆脱身形的束缚,追求永恒真理。这种身体观迥异于"身体发肤,受之父母"的中国传统观念[50]:血缘是身份关系的基础,身体则是血缘的载体,否定身体本质上就是否定中国传统身份秩序。甚至,身体或者身份秩序被佛教认为是出家求道的障碍,为了求志达道,佛教徒可以摆脱肉身,进而脱离世俗身份,去追求自己认可的真理。[51]这在本质上是对自由意志的认可,即为实现个体对真理的追求,身份等外物无法羁束佛教徒的向道之心。慧远等的辩护非仅止于此,但无论是讲述佛教徒独特生活方式的意义,还是阐明佛教的社会作用,都服务于佛教徒自我选择的正当性论证。论证的成功则意味着佛教徒不应承担很多适用于世俗的罪名。

经过早期辩难,佛教的影响日益深入。在某种意义上,佛教对自由意志的追求契合了魏晋南北朝的思想潮流。东汉中后期,中国传统知识分子开始转向追求个人精神的独立与自由。[52]所谓魏晋风度也蕴含着对独立、自由的想象与追求,是对这种传统的延续。[53]而"佛义与玄学之同流,继承魏晋之风,为南统之特征"。[54]但是,儒家的主流意识形态地位并未受到根本挑战,魏晋南北

---

[47] 参见〔荷〕许理和:《佛教征服中国:佛教在中国中古早期的传播与适应》,同前注〔43〕,第376页。
[48] 同前注〔44〕,第258页。
[49] 参见方立天:《慧远的政教离即论》,载《文史哲》1996年第5期,第6页。
[50] 例如,在儒家的身体观中,身心是一体两面,属于"合中有分、分则仍合"的关系,没有无心性的身体,也没有无身体的心性。参见韩星:《论儒家的身体观及其修身之道》,载《哲学研究》2013年第3期,第61—62页。也即,在儒家看来,身体并非修行的负担,反而应是修养的对象。
[51] 例如,释迦牟尼视须发为烦恼的象征。《佛祖统纪》卷二亦称:"太子即就车匿,取七宝剑自剃须发,而发愿言:'愿共一切断除烦恼及以习障。'帝释接发而去,赞言:'善哉。'"(宋)志磐:《佛祖统纪》,收入《中华大藏经(汉文部分)》(第82册),中华书局1986年版,第413页下。因此,释迦牟尼不仅自己剃去须发,而且要求僧尼也要剃发。
[52] 葛兆光:《中国思想史》(第1卷),复旦大学出版社2001年版,第318页。而且,汉末以后儒家的主流地位在短时间内曾经受到挑战,这也为佛教的渗入创造了条件。参见任继愈主编:《中国佛教史》(第1卷),同前注〔29〕,第115页;刘振东:《中国儒学史·魏晋南北朝卷》,广东教育出版社1998年版,第25—26页。
[53] 祁志祥:《"重写中国思想史"发凡——中国思想史若干重大问题的反思与构想》,载《探索与争鸣》2020年第2期,第75页。
[54] 汤用彤:《汉魏两晋南北朝佛教史》,同前注〔33〕,第287页。有学者称之为"玄佛合流"。参见蔺熙民:《隋唐时期儒释道的冲突与融合》,陕西师范大学2009年博士学位论文,第27—29页;洪修平:《三教关系视野下的玄佛合流、六家七宗与〈肇论〉》,载《佛学研究》2008年,第82—91页。

朝更是法律儒家化的关键时期。[55] 因此,中国传统主流理念确乎难以接受个体可以自由选择身份,反佛之论历代多有。南齐顾欢的《夷夏论》称:"今以中夏之性,效西戎之法,既不全同,又不全异。下(育)[弃]妻孥,上废宗祀。嗜欲之物,皆以礼伸;孝敬之典,独以法屈。悖礼犯顺,曾莫之觉。"[56]唐代傅奕称:"佛在西域,言妖路远,汉译胡书,恣其假托。故使不忠不孝,削发而揖君亲……"[57]韩愈称:"佛本夷狄之人,与中国言语不通,衣服殊制。口不道先王之法言,身不服先王之法服,不知君臣之义、父子之情。"[58]韩愈之言颇有代表性。汤用彤认为,"各朝诸人用功未有昌黎之勤,议论未若昌黎之酷烈,顾其言多与昌黎之表大同"[59]。宋代以后,儒释道三教合流逐渐成为中国思想文化的基调,[60]但宋儒仍然坚持辟佛。[61] 二程、朱熹直斥佛教为异端。程颢谓:"道之外无物,物之外无道……即父子而父子在所亲,即君臣而君臣在所严,以至为夫妇,为长幼,为朋友,无所为而非道。此道所以不可须臾离也。然则毁人伦,去四大者,其戾于道也远矣……彼释氏之学,于'敬以直内'则有之矣,'义以方外'则未之有也。"[62]在宋儒看来,身份是天道秩序的体现,天不变道亦不变,道不变身份自然也无法变革,个体更无从自我选择,佛教徒从根本上背离了天道。佛教徒对此也有所认识,如释彦琮称:"夫沙门不拜俗者何?盖出处异流,内外殊分;居宗体极,息虑忘身;不汲汲以求生,不区区以顺化;情超宇内,迹寄寰中。斯所以抗礼宸居、背恩天属。"[63]所谓"抗礼宸居、被恩天属",体现出佛教徒站在中国传统立场上的自我审视。中国传统观念的内在性在根本上决定了佛教的边缘性,佛教罪观念需要经过很强的检视才能影响法律。这也预示了佛教罪观念影响中国传统法律的限度。

(三)自由性的佛教罪观念融入中国传统刑法身份秩序的前提

对佛教徒新身份的接受是一个中国传统法律自我调适的过程,刑法是典型代表。本文姑且以"行为→罪→刑"的结构为工具分析这种影响。以罪评价行为、根据罪之轻重确定刑罚的轻重,是建构刑法体系的基础。作为中介性评价基础的罪在刑法建构中有重要地位。罪观念的改变会影响到对同一行为的评

---

[55] 参见瞿同祖:《中国法律与中国社会》,中华书局1981年版,第334—346页。
[56] (南朝梁)萧子显:《南齐书》,中华书局1972年版,第931—932页。
[57] (后晋)刘昫等:《旧唐书》,同前注[29],第2715页。
[58] (后晋)刘昫等:《旧唐书》,同前注[29],第4200页。
[59] 汤用彤:《隋唐佛教史稿》,武汉大学出版社2008年版,第32页。
[60] 参见洪修平:《中国儒佛道三教关系研究》,中国社会科学出版社2011年版,第18页。
[61] 参见赖永海主编:《中国佛教通史》(第10卷),江苏人民出版社2010年版,第61—78页。
[62] (宋)朱熹、吕祖谦纂:《近思录集释》,张京华辑校,岳麓书社2010年版,第933页。
[63] (唐)道宣:《广弘明集》,收入《大正新修大藏经》(第52册),新文丰出版股份有限公司1986年版,第291页中。

价。随着佛教罪观念影响的深入，原本普世的身份性规则面对佛教徒会进行调整，即原有的行为评价标准会随对象的改变而改变。在刑法中，对应的刑罚或豁免，或减轻，或加重。当身份影响到法律对同一行为的评价，就会产生不同的法律后果。

在中国传统法律中，法律评价以尊卑有序的身份为基础。佛教徒这种新身份出现后，围绕这种新身份产生新的法律评价基准合乎传统法律在形式上的逻辑。但这种可以自我选择的新身份终究迥异于传统身份秩序。那么，佛教罪观念何以影响中国传统法律，而未被彻底否定？这可能有如下原因：

其一，如前所述，尽管佛教与中国传统观念存在本质冲突，但中国传统文化中存在认可个体独立、自由的要素。例如，先秦儒家思想不仅存在认同个人尊严与自由意志的观念，[64]而且在某些方面还否定身份对个人的绝对束缚。例如，先秦儒家强调君臣关系的相互性，不认为臣对君有绝对的义务，其中最为典型的莫过于"暴君放伐论"。同时，站在佛教立场上，当佛教认同世俗政权的时候，佛教对自由意志的肯定使得人们可以通过选择身份进而选择尊重国法或者佛法。如《般泥洹经》卷上云："天下径道众多，王道？大，佛道亦尔，上道也。"[65]因此，佛教罪观念能够兼容戒律与刑罚，不具有排他性，也即佛教罪观念的自由性使其不会从根本上冲击统治秩序。这也使得中国传统法律对佛教罪观念的容忍度变高。而且，虽然佛教罪观念冲击了作为主流意识形态的儒家罪观念，但在自由意志的基础上，受佛教罪观念影响的群体相对有限，主要是佛教徒。这再次弱化了这种冲击。

其二，佛教的政治教化功能受到统治者认可。中国传统政治不仅渗透着儒家色彩，而且深受法家影响。法家观念具有较强的实用主义。在本质上，法家所维护的也是传统身份秩序，当然更强调其中的君臣身份。在这种意义上，佛教罪观念的自由性会冲击法家罪观念，因为基于自由意志的佛教徒可以选择做方外之宾，从而不再是君主统治下的编户齐民。法家所设计的种种罪名不再适用于佛教徒，法家罪观念的工具性目的也就不会实现。不过，正因其工具性，法家罪观念能够有限地宽容佛教罪观念，只要后者能够实现与前者相同的政治目的。因此，当佛教的社会作用逐渐被中国统治者所认同，政治层面对佛教的接受就会增强。如南朝宋文帝曾称："若使率土之滨皆敦此化，则朕坐致太平矣，夫复何事。"[66]唐高祖意欲沙汰僧尼，但仍认为："释迦阐教，清净为先，远离尘垢，断除贪欲。所以弘宣胜业，修植善根，开导愚迷，津梁品庶……"[67]李渊这

---

[64] 参见徐克谦：《论先秦儒家的个人主义精神》，载《齐鲁学刊》2005年第5期，第6页。
[65] 《般泥洹经》，收入《中华大藏经（汉文部分）》（第33册），中华书局1986年版，第495页下。
[66] 同前注[63]，第100页上。
[67] （后晋）刘昫等：《旧唐书》，同前注[29]，第16页。

些统治者认识到佛教存在的问题,但仍认可其对维护统治的意义,这会使法家的工具性罪观念对此持宽容态度。不过,随着佛教壮大,其对政治产生更大冲击后,法家理念的容忍度会降低,王霸杂之的中国统治观因之会对佛教罪观念的法律地位产生质疑。有鉴于此,沙汰僧尼、强化管理等做法在历代不断出现。

其三,作为外来宗教,佛教不断调整自身以迎合本土身份伦理,例如孝道、尊君等,从而弱化自身对中国传统身份秩序的冲击,其中也包括罪观念的某些特点,佛教本土化使自身获得异域生命力。例如,被认为创造于北魏的疑伪经《提谓波利经》以传统五常比附佛教五戒,称:"不孝父母,为臣不忠……死入地狱。"[68]这种说法不仅缓和了传统伦理与佛教之间的矛盾,而且改造了佛教罪观念,并承认对传统身份秩序的背离构成佛教伦理上的罪。甚至,基于佛教罪观念的工具性,只要能够推动佛教成功,反佛教的方式也可被接受,不为罪。如《魏书·释老志》载道武帝时:"法果每言太祖明叡好道,即是当今如来,沙门宜应尽礼,遂常致拜。谓人曰:'能鸿道者人主也,我非拜天子,乃是礼佛耳。'"[69]可以说,与原始佛教将出家视为身份改变的观念不同,中土佛教徒的调和观念部分接受了出家不改变身份的观念。在这种观念下,佛教罪观念的弹性不仅使其能够被统治者所利用,而且也使其尽最大限度接受了中国传统身份秩序,以将自身内嵌其中。

尽管佛教罪观念对中国传统身份秩序产生了严重冲击,但中国传统法律观念仍然有接受前者的可能性。尤其是随着佛教本土化的发展,佛教徒基于自由意志选择的新身份对传统身份秩序的冲击在不断弱化,同时佛教的政治教化功能又在一定程度上强化了传统身份秩序。所以,佛教徒对个人身份的自我选择最终被接受。这些成为佛教罪观念影响中国传统法律中身份秩序的前提。

三、佛教罪观念的自由性对隋唐前刑法身份秩序的直接影响

随着佛教影响的深入,中国传统刑法自隋唐前就开始受到佛教的影响,相关研究颇多。[70]不过,从佛教的身份选择自由性来解读这种影响的成果并不多。隋唐前法律对佛教的宽容甚至保护意味着,法律肯定了个体能够在有限范围内自由选择身份,从而容忍了其对传统身份秩序的破坏。尽管这种宽容是有限的,但也构成一种独特现象。在否定自由意志的法律传统中发掘尊重自由意志的具体表现,有助于加深对中国传统法律乃至传统文化的认识。当然,如前

---

[68] 参见圣凯:《论儒佛道三教伦理的交涉——以五戒与五常为中心》,载《佛学研究》2004年卷,第220—222页;肖飞:《"僧道拜父母"律研究——关于儒释孝亲论争的制度定型与发展》,载《清华法治论衡》第25辑,第144—145页。
[69] (北齐)魏收:《魏书》,中华书局2017年版,第3293页。
[70] 参见周东平、李勤通:《论佛教对中国传统法律之影响》,中国社会科学出版社2021年版,第5—12页。

所述,佛教的自由意志对中国传统法律造成了冲击。由此可见,佛教罪观念的具体影响有两面性,肯定中又有否定。本文试主要以隋唐前刑法(包括隋唐)的变动说明这种现象。

(一)隋唐前刑法对佛教徒新身份的肯定

基于佛教徒自由意志的选择,中国传统社会出现了两种身份秩序。对佛教徒自由意志的认同使得法律要求对其进行专门规范,佛教所认同的罪也被法律所接受,并成为刑罚的惩治对象。一方面,隋唐前刑法承认佛教罪观念的独特性,并豁免了佛教徒的部分世俗责任;另一方面,隋唐前刑法要求佛教徒承担由自由选择带来的责任。当然,隋唐前刑法之所以会部分认同佛教罪观念,一方面是因为前者对后者有一定的宽容,另一方面,这反映出隋唐前刑法试图将整个社会群体纳入自身管辖的尝试,显示出王权对教权的凌驾。

1. 基于佛教徒新身份所设定或强化的罪

魏晋南北朝以降,历朝有不少针对佛教徒的专门法律。至少到唐代的《道僧格》,国家已经颁布了针对僧道的专门法律篇目。[71] 关于《道僧格》的内容,郑显文、董春林、赵晶、张径真等已深入探讨过。[72] 这些专门法律篇目中也存在罪的规定,部分规定了专门刑罚。其后,宋代《庆元条法事类》中有《道释门》,《大元通制条格》中有《僧道》,《元典章·礼部》中有《释道》,诸如此类。这些法律篇目体现出了国家的宗教管理政策,刑罚或者犯罪化则是重要管理手段。

进一步总结可以发现两个现象:其一,立法者颁布了针对佛教徒的专门身份规范,并用刑罚加以保障;其二,立法者将这些规范纳入专门的法律篇目。专设其罪,意味着国家认同了佛教徒有异于凡人的身份。这种身份的取得源自佛教徒自由意志的选择,也即这种做法意味着国家法律对佛教徒自由意志的肯定。此外,何以专设法律篇目?这种立法模式再次说明了国家肯定佛教徒与凡人之间的差异。适用于佛教徒的规则不完全适用于凡人,反之亦然。而在王者无外的理念下,国家要将佛教徒纳入管理范围,并将之安置于法律体系中。这种矛盾使得国家需要创设专门规范佛教徒的罪,甚至将之规定于专门篇目中。

当基于自由意志选择出家后,佛教徒不再受很多世俗法律的拘束,但要受制于戒律。出于对这种选择的肯定,法律选择将戒律融入法律中,戒律也变为

---

[71] 同前注[70],第163—180页。
[72] 部分法条规定要"依律科罪"。参见郑显文:《唐代〈道僧格〉研究》,载《历史研究》2004年第4期,第47—54页;董春林:《论唐宋僧道法之演变》,载《江苏社会科学》2010年第10期,第139—140页;赵晶:《唐代〈道僧格〉再探——兼论〈天圣令·狱官令〉"僧道科条"》,载《华东政法大学学报》2013年第6期,第144页;张径真:《法律视角下的隋唐佛教管理研究》,同前注[37],第77—119页。

法律,成为国家政教关系或者宗教管理规范的组成部分。因此,对于某些罪而言,无论凡人(普通人)还是佛教徒都不得违反,而且佛教徒会因之同时违反戒律,典型如奸盗罪。佛祖制戒以淫戒始,[73] 盗罪亦为十恶、四重之一,[74] 因此法律严防佛教徒的奸盗行为。如《唐律疏议·名例律》"称道士女官"条云:"道士、女官、僧、尼犯奸盗,于法最重。"[75] 其中又以奸罪为重。《唐律疏议·杂律》"监主于监守内奸"条载:"诸监临主守,于所监守内奸者,(谓犯良人。)加奸罪一等。即居父母及夫丧,若道士、女官奸者,各又加一等。妇女以凡奸论。"[76] 僧尼犯奸罪重于凡人,这一法律体现出对戒律的认同,事实上也是对佛教徒基于自由意志而选择的新身份的认同。法律承担起佛教"护法"的功能。

进一步来说,这种规范模式的意义在于:一者,立法者尊重佛教徒相对中国传统有异的伦理规范;二者,以国家刑罚充当戒律的后盾,即对违反戒律的行为予以处罚。因此,尽管表面上佛教徒会因为奸罪等而被处罚得更重,但这以认同佛教徒自由意志、宽容佛教徒其他行为作为前提。一旦佛教徒选择出家,国家就不再完全用原有法律而是用基于佛教伦理所制定的法律对其进行约束。对佛教徒来说,这是他们基于自由意志选择了拘束自身的法律规范;对国家来说,这是国家对佛教自由意志的宽容。这是佛教罪观念融入中国传统法律的典型体现,而且以肯定佛教的自由意志为前提。同时,国家对佛教徒自由意志的宽容有限,仍将其修行纳入管理范围。传统政治理念仍然统摄所有群体,并无真正意义的方外之人。

2. 基于佛教徒新身份所豁免或减轻的罪

当佛教徒自由选择新身份后,原有身份规范已经很难再适用于其身。某些具有强烈身份性的固有规则需要将佛教徒排除出去。因此,隋唐前刑法为保护某些特定身份秩序的处罚就不再加诸佛教徒。在此仅以僧尼连坐和火葬除罪化为例。

其一,法律认同僧尼不再连坐亲族。有学者认为魏晋南北朝时的僧尼就不再连坐亲属,[77] 不过事实上论据说服力有限[78]。北魏孝文帝太和五年(公元481年),沙门法秀谋反。失败后,《魏书·高祖本纪》载孝文帝下诏:"法秀妖诈乱常,妄说符瑞;兰台御史张求等一百余人,招结奴隶,谋为大逆,有司科以族

---

[73] 参见前注[18],第34—37页。
[74] 参见张海峰:《唐代佛教与法律》,上海人民出版社2014年版,第61页;丁福保:《佛学大辞典》,第388页。
[75] (唐)长孙无忌等:《唐律疏议》,刘俊文点校,中华书局1983年版,第145页。
[76] 同前注[75],第486页。
[77] 参见张径真:《法律视角下的隋唐佛教管理研究》,同前注[37],第171页。
[78] 参见周东平、姚周霞:《论佛教对中国传统法律中罪观念的影响》,同前注[10],第155页。

诛,诚合刑宪。"[79] 亲族需要连坐法秀之诛,反过来,佛教徒很可能仍连坐亲族犯罪。这种做法最晚到唐初已经发生改变。《唐律疏议·贼盗律》"缘坐非同居"条规定:"若女许嫁已定,归其夫。出养、入道及娉妻未成者,不追坐。(出养者,从所养坐。)道士及妇人,若部曲、奴婢,犯反逆者,止坐其身。"[80] 又按《唐律疏议·名例律》"称道士女官"条载:"诸称'道士''女官'者,僧、尼同。"[81] 亲属犯罪已经不再连坐佛教徒。对佛教徒出家身份的认同,导致法律承认后者可以基于自由选择摆脱家族关系。这极大地冲击了中国传统法律观念,尤其是身份秩序观念。其后,《宋刑统》因之,但《大明律》中对连坐的限制又只剩下出嫁女或许嫁女了。

其二,佛教徒的火葬等被除罪化。中国古代极为重视丧葬凶礼,这也延及对死者的保护,秦朝已经有"盗埱冢"罪,[82] 此后历代也严厉打击盗发冢等。[83] 尽管文献中较少有关于毁损尸体的法律规范,但根据举轻以明重的传统入罪原则,这种行为显然情节更严重。到唐律中,法律亦将其明文规定为罪。然而,随着佛教传入,火葬、水葬、露尸葬等逐渐影响到中国。[84] 这些不合中国传统礼俗的丧葬法逐渐被社会尤其是佛教徒接受,最终也为法律所许可。《唐律疏议·贼盗律》"残害死尸"条【疏】议曰:"如无恶心,谓若愿自焚尸,或遗言水葬及远道尸柩,将骨还乡之类,并不坐。"[85] 这被认为是受佛教影响而成的。[86] 按《唐律疏议》规定,一般的毁尸要"减斗杀罪一等"处罚,如果毁损缌麻以上尊长的尸体还要按斗杀罪处罚。然而,重新选择身份后,佛教徒不再受传统礼俗的规范,其所做出的类似行为就被除罪化了。火葬与传统丧礼差异极大,对自愿火葬等的认同也鲜明地体现出法律对佛教徒自由意志的认同。

(二)隋唐前刑法对佛教徒新身份的否定

无论是设立新罪、强化旧罪,抑或豁免、减轻旧罪,隋唐前刑法对佛教徒的处理方式都是将其例外化,明确其身份的特殊性。但尽管佛教徒终于争取到选择身份的自由,传统观念仍然根深蒂固。而且出家佛教徒的大量增加也会冲击

---

[79] 同前注[69],第179页。
[80] 同前注[75],第324页。
[81] 同前注[75],第143页。
[82] 参见陈松长主编:《岳麓书院藏秦简(壹—叁)释文修订本》,上海辞书出版社2018年版,第144页。
[83] 王子今:《发墓者诛:历代法律对盗墓行为的惩治》,载《博览群书》2007第9期。
[84] 参见刘淑芬:《中古的佛教与社会》,上海古籍出版社2008年版,第183页;王磊:《试论中古时期佛教徒的全身葬法》,载《中山大学学报(社会科学版)》2013年第2期,第107页。
[85] 同前注[75],第343页。
[86] 参见严耀中:《试论唐宋间法律对僧尼的直接约束》,载戴建国主编:《唐宋法律史论集》,上海辞书出版社2007年版,第184—185页;张径真:《法律视角下的隋唐佛教管理研究》,同前注[37],第30页。

政权的稳定,统治者也无法接受所有人都成为出家佛教徒。因此,统治者需要对佛教徒的身份选择自由进行限制,或者将之刑法化,或者用中国传统伦理进行重构。

1. 佛教徒自由选择身份的刑法控制

中国传统法律对佛教徒的自由意志并非完全认同,佛教徒的自由意志会受到国家干预,不存在绝对自由。甚至,那些试图表现出绝对自由意志的行为会成为犯罪,并施以惩罚。这本质上并非佛教罪观念对中国传统法律的影响,但却是前者影响后者的重要途径。最为重要的两个罪就是沙门不致拜君父与私入道。无论是要求沙门拜君父,还是禁止私自剃度出家,都可以反映出国家对儒家伦理的坚持。[87] 当无法摆脱传统身份伦理的束缚时,佛教徒做出的自由选择就不再绝对。或者说,国家法律不再认同这种选择可以真正改变佛教徒的身份。即便是出家人,其意志也无法是自由的,而是深嵌于传统伦理中。本文在此分述之。

(1) 隋唐前刑法对沙门拜君父的控制

沙门应否拜君父是儒释伦理冲突的重要表现,自魏晋南北朝时就是佛教本土化的焦点问题。在唐代,沙门应否致拜父母成为重要的法律问题。自唐太宗开始,多位皇帝曾为此下诏书,或许或否。唐高宗还曾下诏,要求就僧道应否拜君亲进行辩论。[88] 唐玄宗后,虽有唐肃宗折冲,但终以沙门应致敬君父为胜。[89]

或以为沙门不拜君父的观念受佛教平等观的影响,[90]这颇有道理。但何以在佛教观念下父母会反拜出家子女?这体现的显然不是平等。如《贞观政要·礼乐》载:"贞观五年,太宗谓侍臣曰:佛道设教,本行善事,岂遣僧尼道士等妄自尊崇,坐受父母之拜,损害风俗,悖乱礼经,宜即禁断,仍令致拜于父母。"[91]事实上,印度佛教确定了"僧尊俗卑"的伦理秩序,并由此建立起出家僧侣高于在家僧侣的地位差异。[92] 佛教东传后,这种观念也为中国佛教所继受。《法苑珠林》卷二十二《剃发部》载:"又礼大众及二师竟,然后在下行坐,受六亲拜。荷出家离俗意,心怀欢喜。父母诸亲皆为作礼,悦其道意。"[93]僧尼出家而

---

[87] 参见谢晶:《家可出否:儒家伦理与国家宗教管控》,载《北方法学》2015年第4期。
[88] 参见吴丽娱:《唐高宗朝"僧道致拜君亲"的论争与龙朔修格》,载《学术月刊》2020年第4期。
[89] 参见周东平:《论佛教礼仪对中国古代法制的影响》,同前注[43],第106页。
[90] 参见周东平:《论佛教礼仪对中国古代法制的影响》,同前注[43],第107页;严耀中:《试论中国佛教戒律的特点》,载《世界宗教研究》2005年第3期,第28页。
[91] (唐)吴兢:《贞观政要》,上海古籍出版社1978年版,第226页。
[92] 参见圣凯:《印度佛教僧俗关系的基本模式》,载《世界宗教研究》2011年第3期,第18—20页。
[93] (唐)释道世:《法苑珠林校注》,周叔迦、苏晋仁校注,中华书局2003年版,第705页。

受六亲拜,体现出僧尊俗卑的观念。因此,沙门应否拜君父问题揭示出儒释身份伦理多方面的冲突。[94]佛教颠倒的身份秩序显然无法为中国传统伦理容忍。唐高宗显庆二年(公元657年)诏云:"僧尼之徒,自云离俗,先自尊高。父母之亲,人伦以极,整容端坐,受其礼拜,自余尊属,莫不皆然。有伤教名,实斁彝典。"[95]即使出家与在家的身份可以自由选择,但传统身份伦理仍受到法律保障。

到明代时,《大明律·礼律·仪制》"僧道拜父母"条明确规定,不致拜父母的僧道要被处以杖刑,并勒令还俗。[96]佛教徒出家的目的在于探寻一种超越世俗的生活方式。慧远云:"凡在出家,皆遁世以求其志,变俗以达其道。变俗,则服章不得与世典同礼;遁世,则宜高尚其迹。"[97]要求佛教徒回归世俗伦理的身份秩序是对其自由意志的否定,刑法最终对这种自由意志的表现进行处罚。可见,儒家罪观念在被挑战后仍占据上风,传统身份秩序的影响根深蒂固。

(2)隋唐前刑法对私入道的控制

禁止私入道是古代政府宗教管理制度的一部分,同时也是法律对佛教徒自由意志的另一种限制。虽然早期中国法律禁止国民出家,但魏晋南北朝时期,国家逐渐许可本土人出家,本土佛教徒逐渐大量出现。从禁止到许可,本就说明这些基于自由意志的行为需要国家同意。佛教徒是否能够基于自由意志选择自己的身份,仍然受到世俗法律的严格限制。

自南北朝开始,出家所受的限制逐渐法律化。如《南齐书·武帝纪》载南齐武帝诏书云:"自今公私皆不得出家为道,及起立塔寺,以宅为精舍,并严断之。"[98]北魏还对佛教规模作出限制。《魏书·释老志》载北魏文成帝诏:"其好乐道法,欲为沙门,不问长幼,出于良家,性行素笃,无诸嫌秽,乡里所明者,听其出家。率大州五十,小州四十人,其郡遥远台者十人。各当局分,皆足以化恶就善,播扬道教也。"[99]唐律规定得更细密。《唐律疏议·户婚律》"私入道"条规定:"诸私入道及度之者,杖一百;(若由家长,家长当罪。)已除贯者,徒一年。本贯主司及观寺三纲知情者,与同罪。若犯法合出观寺,经断不还俗者,从私度法。即监临之官,私辄度人者,一人杖一百,二人加一等。"[100]唐后,禁止私入道的规定更严苛。《资治通鉴·后周纪二》后周世宗显德二年(公元955年)五月

---

[94] 参见鲁楠:《正法与礼法:慧远〈沙门不敬王者论〉对佛教法文化的移植》,同前注[43],第35—36页。

[95] (宋)王溥:《唐会要》卷47《议释教上》,中华书局1955年版,第836页。

[96] 参见怀效锋点校:《大明律》,法律出版社1999年版,第95页。

[97] 同前注[44],第258页。

[98] 同前注[56],第62页。

[99] 同前注[69],第3298页。

[100] 同前注[75],第235页。

条载,后周世宗下诏:"禁私度僧尼,凡欲出家者必俟祖父母、父母、伯叔之命。"[101]出家需要同时得到国家和尊长的同意。此后历代也有类似规定。

受儒家罪观念影响的中国传统法律观本质上排斥自由意志。《汉书·刑法志》云:"圣人取类以正名,而谓君为父母,明仁爱德让,王道之本也。爱待敬而不败,德须威而久立,故制礼以崇敬,作刑以明威也。圣人既躬明哲之性,必通天地之心,制礼作教,立法设刑,动缘民情,而则天象地。"[102]礼、法被认为是圣人则天象地而设,百代不易。佛教对身份的自由选择必然会对其形成冲击,也就会被儒家认为是一种罪的表现,并成为法律惩罚的对象。同时,类似私入道的做法还会对赋役制度等产生冲击,也为法家的工具性罪观念所不允许。沙门不致拜君父、私入道之所以为罪,遵循着儒法罪观念的逻辑,也是对佛教冲击的反应,故这一历史现象实质上体现出儒释法三家罪观念的内在冲突。

2. 隋唐前刑法对佛教徒新身份的本土化构造

作为外来文明,佛教徒以异质身份嵌入中国传统身份秩序。在传统知识分子看来,这会严重冲击到传统身份秩序。然而实践却是,佛教徒的大量出现并未造成传统身份体系的崩解。佛教徒为方外之人,受与凡人不完全相同的规范约束。而传统法律文化的韧性不仅表现在对这种身份选择自由的约束,而且体现为对这种身份的本土化改造。刑法成为保障这种本土化改造顺利实现的重要力量。

佛教徒出家无家,但中国传统伦理不仅有家族身份,还有以"义"相合的其他身份关系。义为中国传统伦理的重要理念,不仅关涉何为正义,[103]而且涵摄对个体的身份伦理要求,包括血缘性的与非血缘性的。[104] 在传统法律中,以义相合是凝聚非血缘关系之人的伦理实质。"传统法对于人间秩序的规范,都是以伦理化作为准则,大凡区别为亲属关系与义合关系。亲属关系可分为内亲和外亲,义合关系即亲属关系以外的人间关系,依据尊卑、贵贱原理,有君臣、官吏、师生、朋友、夫妻、僧道等义合关系。"[105]没有血缘关系的人也会被按照血缘关系的模式建构具有尊卑等级的秩序,被比附为特定服制关系。

按照早期佛教观念,僧团内应是平等的,内部事务往往通过民主方式解决。[106] 菩萨戒第二十二戒为"慢人轻法戒","此戒涉及僧团中先学与后学比丘之间的关系,佛教认为众生平等,无论何等富贵之人,一入僧团便与所有的比丘

---

[101] (宋)司马光编著、(元)胡三省音注:《资治通鉴》,中华书局1956年版,第9527页。
[102] 同前注[31],第1079页。
[103] 参见陈清春:《说"义"——儒家伦理的选择正义》,载《哲学动态》2018年第12期,第53—59页。
[104] 参见孟天运:《先秦社会思想研究》,人民出版社2012年版,第399页。
[105] 高明士:《"义"与非血缘人伦秩序——以唐律所见义合与义绝为例》,载《法律史译评》第8卷,中西书局2020年版,第283页。
[106] 参见前注[17],第26页。

处于平等地位,平等受戒……后学之人虚心向先学者学习"。[107] 平等的僧团关系在佛教东传早期已有践行。如《高僧传·道安传》载,道安僧团中"师徒肃肃,自相尊敬,洋洋济济,乃是吾由来所未见"[108]。这种僧团关系应有相当的平等性,以达道为目的。但随着佛教的本土化,僧团内部关系被法律按照中国传统伦理观念加以改造,平等关系被转变为带有尊卑等级性的秩序。打破这一身份秩序的做法则被犯罪化。

以唐律为例,《唐律疏议·名例律》"称道士女官"条规定:"诸称'道士'、'女官'者,僧、尼同。若于其师,与伯叔父母同。"【疏】议曰:"师,谓于观寺之内,亲承经教,合为师主者。若有所犯,同伯叔父母之罪。依《斗讼律》:'詈伯叔父母者,徒一年。'若詈师主,亦徒一年。余条犯师主,悉同伯叔父母。"[109] 按照这一规定,"僧道关系,也就是师主与僧尼、道士、女官弟子,仍属义合关系,若有相犯,不列入'十恶',其量刑比照期亲卑幼处理"[110]。原本平等的佛教徒被类比凡人建构起身份关系,佛教师徒关系被按照中国传统伦理重构了,并被比附为侄与伯叔父母的期亲关系,且得到刑法保障。虽然佛教徒一定程度上摆脱了固有的尊卑身份,但并非真正的方外之人,仍以这种方式受中国传统身份伦理的规范。

同时,佛教徒的这种内部身份仍被认为有别于传统人伦关系,受到较诸传统义合身份秩序更少的保护。按《唐律疏议·名例律》"十恶"规定:"九曰不义。(谓杀本属府主、刺史、县令、见受业师,吏、卒杀本部五品以上官长;及闻夫丧匿不举哀,若作乐,释服从吉及改嫁。)"【疏】议曰:"礼之所尊,尊其义也。此条元非血属,本止以义相从,背义乖仁,故曰'不义'。"又案【疏】议曰:"'见受业师',谓伏膺儒业,而非私学者。若杀讫,入'不义';谋而未杀,自从杂犯。"[111] 唐律"十恶"所保护的师生关系以儒业为基础,佛教徒师生关系不在其列,前者的危害性被认为显著强于后者。这或可说明,传统法律对佛教徒内部身份秩序的建构有其限度。总而言之,中国传统法律尽管部分接受佛教罪观念,但仍然试图将佛教徒内部的关系纳入自身的规范体系,并对违反这种身份性构造的做法按照传统法律原理进行处理。这样,尊卑有序的传统罪观念也被适用到佛教徒身上。佛教徒基于自由意志选择了新身份,但这种新身份仍脱离不了传统身份秩序的规范。

四、余论

何以为罪?在中国传统法律理念中,一种行为之所以为罪往往与其伦理性

---

[107] 彭瑞花:《菩萨戒研究》,同前注[37],第72页。
[108] 同前注[36],第180页。
[109] 同前注[75],第143—144页。
[110] 同前注[105],第277页。
[111] 同前注[75],第15页。

关系密切。法律正当性往往要诉诸天理、礼制、人情等要素。即使法家罪观念具有强烈的政治性,但其所主张的行为可罚性仍需转化为某种伦理诉求。以唐律"十恶"为例,谋反、谋大逆等保护君权的法条还要借助天理获取正当性基础,这些行为也成为极恶之罪。这种传统伦理性具现化为身份秩序,君臣民都被安放于其中,由此建构起塑造群体与个体形象的行为规范。佛教影响中国传统法律的过程则是破坏既定身份秩序的过程,这也预示了佛教被中国社会接受的艰难。

尽管出家以后会受到佛教戒律的约束,但较之传统身份秩序,出家就是一种对身份的自由选择。基于这种自由选择,佛教徒获得新身份而成为方外之人,并开始受另一套伦理规则或者规范体系的约束。在中国传统法律理念下,破坏身份秩序会得到否定评价,甚至构成犯罪。但佛教的渗入使得传统法律中出现两套身份秩序和规范体系并行的现象,尽管这种并行以传统身份秩序的绝对优势为基础。对基于佛教的自由意志的宽容则是形成这种现象的前提。这也使得传统中国法律理念呈现出层次性的特征:第一,对自由意志的有限包容;第二,存在作为有限包容前提的宽容。诚然,这种宽容的有限性需要被重视。不过,本文的这种理解不应被视为对中国传统刑法基本原则的总结,而主要是对其发展过程与方向的描述。

佛教罪观念之所以能够影响到中国传统法律,是因为中国传统法律对异域文明持有足够的开放态度。这种开放态度事实上又建立在中国传统法律自身多元性的基础上。儒家化后的法律甚至"一准乎礼"的唐律都不仅受到儒家影响,而且深受法家影响。所谓儒表法里的判断有其合理性。这种多元不仅意味着法律内部存在冲突,而且意味着即使外来文明会受单一要素的排斥,但也非绝无机会。佛教业报观虽然与中国传统罪观念不无相合之处,但其对自由意志的尊重、对身份秩序的否定等意味着其终究与中国传统相去甚远。不过,对法家工具性罪观念的迎合使其仍然能够对中国传统法律产生影响。当然,工具性也意味着佛教罪观念的影响必然有限,并可能会随统治理念的变化而变化。

佛教罪观念对中国传统法律的影响自魏晋南北朝时开始逐渐深入,但宋明之后逐渐衰落。对儒家伦理的强调、对家族主义的重视,都可能是造成佛教罪观念影响力变迁的原因。因此,佛教罪观念对中国传统法律的影响始终在儒法的夹缝中生存。不过,随着佛教在中国的生根发芽,其已经成为中国传统文化的一部分,其自由性也已经成为中国传统的重要部分。佛教罪观念的这种深刻影响及其局限,能为更深刻地理解中国传统法律理念提供视角。佛教罪观念之所以能够影响中国传统法律,建立在这种基础上:中国传统法律深受伦理性与政治性的交叉影响,外来文明对其伦理规则的冲击能够被其政治性所包容。作为对中国传统法律理念的描述,这种总结可以被视为中华法系的动态特征。

道隐无名:司法信任的经验路径与象征媒介

陈洪杰[*]

Wisdom is Implicit: Empirical Path and Symbolic Media of Judicial Trust

Chen Hongjie

内容摘要:司法的信任除了需要立足于其对接社会解纷需求的经验能力,更取决于其在价值观念层面引导社会正义想象的象征能力。从社会交往互动的媒介视角来看,象征生产的特质在于通过经验直观的外在符号和叙事结构来捕捉想象力。人民司法的传统所使用的道德符号虽然有助于快速建立信任,但以此为基础的符号化信任同时也带有道德符号敏感性和脆弱性的特质,对司法的正义期待也就难免会在象征和经验相结合的层次上出现"想象断裂","溢出"这一符号机制承受经验差异考验的阈限,削弱信任的稳定性。为了促进制度信任的生成,夯实现代司法在稳定社会预期层面的想象力基础,司法的象征系统必须在信任和不信任之间建立起一种既借助于阈限划界,又在符号和经验相结合的层次上相互指涉、平稳流转的对冲机制,使得利用阈限划界的信任机制能够具有更为强大的沟通差异的能力,保证具体的司法体验不会超出泛化的熟悉

---

[*] 陈洪杰,法学博士,上海政法学院司法研究所教授。

本文系 2021 年教育部人文社会科学研究一般项目"全面依法治国视野下人民司法的当代历史使命研究"(项目号 21YJA820005)的阶段性研究成果。

与信任。

关键词：司法象征　合法性想象　政治信任　制度信任　马锡五审判方式

一、司法信任的发生机制：基于经验与象征的双重视角

按照社会学意义上的宽泛界定，信任指的是对某种期望得以实现的信心。[1] 期望和信任总是在具体的互动框架中产生，在司法领域，不同的互动关系会产生不同的期望结构，这对信任发生的逻辑结构往往具有至关重要的影响。比如，相对方当事人往往以自身的利益期望作为付诸信任的逻辑起点，而利益无涉的社会第三方则更可能以更具抽象性的公正期望作为信任前提。面对现实期望和价值期望之间的潜在差异和内在紧张，司法的信任模式很难以"你好，我也好"的利益机制和互动框架让各方社会主体均能对司法基于同等价值认可而形成心理归属感。[2] 司法只能对信任的获取与不信任的释放进行结构限制，使得信任与不信任之间的界限能够被确立起来。

基于司法的本质属性，影响信任生成的社会心理结构主要包括两个维度的变量因素：其一，司法之于私人主体意义上的各方当事人在微观个案层面实现各自利益期望的工具理性价值；其二，司法之于抽象社会公共人格意义上的共同体成员在公共性层面实现普遍社会正义的象征功能。在此二维变量结构中，理想意义上的司法信任指向的是一种"胜败皆服"的心理归属感——即便是承受不利益的当事人也依然能够在抽象的社会公共人格意义上承认这种不利益是实现社会普遍正义的内在要求使然。而司法之所以成其为司法，亦应在于其能够诉诸某种象征机制引导各方社会主体以符合司法价值逻辑的方式想象正义，生产出一种符号意义上的合法性。[3] 也就是说，司法的公信力建构主要取决于两个方面的司法能力：其一，司法在经验层面作为一种社会公共产品供给的产品力；其二，司法在价值观念层面引导社会正义想象的象征能力。

从每年当事人申诉以及涉诉信访案件数量可观的统计数据来看，当前我国以规范和程序为制度要件的裁判权威性和司法公信力正在面临一定程度的信任困境。对此，显然不能简单地认为是现有的司法模式在回应社会解纷需求时的经验能力不足，而需要在象征和经验相结合的层次上作出更进一步解释。

（一）经验与象征相互背离的"信任之谜"

对于司法信任，已有的研究通常基于信任与不信任在经验逻辑上相互对立

---

[1] 参见〔德〕尼克拉斯·卢曼：《信任：一个社会复杂性的简化机制》，瞿铁鹏、李强译，上海人民出版社 2006 年版，第 1 页。
[2] 参见吴英姿：《论司法认同：危机与重建》，载《中国法学》2016 年第 3 期，第 186 页。
[3] 参见申伟：《作为符号的司法——一般背景及中国表现》，载《北大法律评论》第 19 卷第 1 辑，北京大学出版社 2018 年版，第 207 页。

的二元区分,对影响信任或者导致不信任的相关变量因素作出经验逻辑上的因果律阐释。比如,吴英姿教授认为,目前的司法信任问题主要是因为正在发生历史转型的中国司法和社会尚不适应,"传统断裂"的无根状态是造成信任困境的症结所在,应当从提升法律有效性、贯彻程序正当性、加强司法沟通能力等影响信任的因素着手,推动信任转型。[4]周立民基于国外经验研究曾经提出的"诉讼经历负效应"假设,以华东政法大学社会发展学院2011年开展的"上海市居民法律认知和行为"问卷调查作为数据基础,发现"上海居民中的诉讼经历者比其他居民具有更低的司法信任"。[5]在相关经验变量分析的基础上,他认为可以通过提升庭审程序的平等对待表现、加大法官形象塑造和司法公关工作力度、引导社会民众权利观等方式改善诉讼亲历者的司法信任。[6]

上述研究无疑是富有洞见和启发性的。不过,司法信任并不仅仅是一种纯粹的经验现象,因为像司法这样的社会抽象系统除了需要谋求经验意义上的直观信任,同时还必然包含着以象征生产服务于信任建构的合法化策略。这就可能会导致在象征和经验相结合的层次上出现既信任又不信任的背离现象:一方面,各种权威调查均发现中国公众对法院在整体上具有相当高的信任水平,相关的数据指标并不逊于欧美法治发达国家,甚至遥遥领先;但另一方面,一旦面对特定的法院、法官和判决,这种态度却可能瞬间发生逆转。在诸多"舆论哗然"的案件中,无论是当事人还是社会公众均对法院的公正性产生了各种各样有根据的或无端的质疑。[7]

上述广泛信任与具体信任相互背离的所谓"信任之谜",是由信任的发生机制所决定的。对于司法这样一种高度复杂的社会抽象系统而言,信任的特质表现为"知与无知的融合"。[8]或者说,信任总是从已知推断无知。具体到经验世界中,人们付诸信任或是释放不信任的判断基础自然往往是以自身的直观体验作为"已知"前提的。[9]这个时候,人们会有比较大的概率将自身的体验泛化,使这种信任判断从经验式的已知领域延伸到未知领域。由此,人们对个别法官的具体信任和对司法系统的抽象信任之间就表现为相互统一的正相关性。

---

[4] 同前注[2],第194页。
[5] 参见周立民:《诉讼经历与城市居民的司法信任——以上海为例的调查分析》,载《环球法律评论》2019年第3期,第118页。
[6] 参见周立民:《诉讼经历者的司法信任何以形成:对87名随机当事人的模糊集定性比较分析》,载《中外法学》2019年第6期,第1508—1509页。
[7] 参见郭建勇:《区分司法品质:法院、法官与判决——司法场域中信号的传递与信任的生成》,载《法律适用》2013年第7期,第30页。
[8] 同前注[1],第33页。
[9] 参见程政举:《法治社会司法理性的多维度分析》,载《司法智库》2020年第2期,第53页。

但在相当多的时候,人们的信任驱动主要来自经验之外的先验价值或想象建构。[10] 这种信任并不是从直接经验中获取的,而是通过符号控制的。[11] 在这里,由符号区分所形成的认知想象为每个人确立了关于意义能指的经验链条和价值体系。不过,以符号作为交往媒介的信任在简化复杂性的同时也带有显著的脆弱性——"个体事件对整体而言具有压倒一切的重要性:一个谬误就可以使信任全然无效";[12] 还有的时候,人们的信任是一种"对信任的信任"——我之所以信任,是因为大家都信任,我的信任其实是对别人之信任的信任。总而言之,正是因为信任发生机制的高度复杂性,决定了人们在何以信任或是何以不信任的判断上往往既不是"非此即彼"也不是"全有/全无"的,信任与不信任的相互关系在符号和经验相结合的层次上也因此而表现出相互指涉、彼此造就的复杂"扰动"现象。

回到我国的具体情况,高水平的广泛信任表明我国公众对符号/象征意义上的法院机构合法性具有较高认可度,郭建勇认为,在正常情况下,法院的机构合法性理应能为具体信任提供源源不断的支持。[13] 但事实并非如此。这就表明,当前我国司法的信任困境也许并不仅仅是由"传统断裂"而导致的司法产品供给无法有效对接社会需求的经验能力问题,更是一种象征能力不足的表现。或者说,在社会主体将象征关系"延拓"为具体经验体验的主观认知视角下,经由各种抽象符号系统呈现的象征关系在向外在世界延展的过程中,存在某种"想象断裂"的困境。

(二)想象正义的观念结构与象征危机

从政治现象学的方法论视角来看,象征的本质可以被把握为主体的"想象",以象征生产服务于信任建构的关键就在于想象力的强化——想象力在将合法性基础中的诸多传统资源和抽象的规范资源转化为一种关于承认的实践的过程中,充当着催化剂的作用。[14] 广泛信任在社会主体的"想象"结构中通常源于共同体内部作为集体记忆被建构和传递的合法性元叙事,其在叙事结构上指涉的都是不容更改的"先在"事实,具有"本质稳定"的意识形态属性,不会轻易受到个体主观状态的影响。不过,随着主体对象征关系的主观感知在经验

---

[10] 参见肖唐镖、赵宏月:《政治信任的品质对象究竟是什么?——我国民众政治信任的内在结构分析》,载《政治学研究》2019年第2期,第72页。
[11] 参见周慧之:《符号信任:消费社会的关系维持》,载《社会》2002年第7期,第23页。
[12] 同前注[1],第38页。
[13] 同前注[7],第31页。
[14] 参见王海洲:《想象力的捕捉:国家象征认同困境的政治现象学分析》,载《政治学研究》2018年第6期,第21页。

世界中转化为具体的实践行为,[15]对司法象征抽象化的"先在"事实属性及其具象化的事态呈现就开始随着实践的不断推进而在主体的主观价值判断中被赋予"意义"。在这个想象正义的"意义"生成过程中,象征一方面继续保持其高度的稳定性(这与广泛信任紧密相关),另一方面也会受到主体的"再造"(这就涉及对司法的具体信任)。而"想象"则在其中承担两大重任:其一,通过丰富和强化象征的意义巩固主体的相关价值判断;其二,在实践过程中处理新涌入的信息时,促进象征本身及其意义的再生产。[16]

而我国法院之所以不能将赢得广泛信任的机构合法性顺利转换成具体信任的支持性力量,在根本上是因为象征及其意义的再生产出现了"想象"的障碍:相关主体无法将内在于合法性元叙事中的"先在"事实与他们实际面对的人和事进行匹配、对接,这一状况导致司法在象征意义上面临着"想象断裂"的想象力危机。在这个问题上,冯晶对民事诉讼当事人法律意识的实证研究非常具有代表性。在她进行数据统计的142名问卷对象中,有过半数的当事人因为诉讼经历对主审法官产生负面评价,并对裁判的公正性持怀疑态度。但在广泛信任层面,却仅有14%的受访者对法院系统表示不信任。69%的当事人在给定的选项中选择认为"总的来说,大部分法官的工作完成得不错",仅有16%的当事人对此持负面评价。冯晶认为,之所以出现当事人对法院缺乏特定信任的"诉讼经历负效应",根源在于绝大多数"门外汉"当事人的法律意识与司法制度之间存在巨大的冲突和矛盾。作为现代司法制度象征的"程序"不仅未能吸收不满,反而导致了不满。尽管法官已经恰当遵循了程序正当性要求,却依旧被当事人怀疑其公正性。[17]

随之而来的问题是,在法官个体"多半"都难以赢得当事人具体信任的经验背景下,法官群体/法院系统却又为何能够获得统计学意义上的普遍支持呢?

冯晶的解释是:"普遍支持属于深层次的意识形态,本质稳定,不会轻易改变。"她认为这决定了当事人不会轻易在结构性、系统性的制度逻辑层面提出质疑,"当他们对制度本身持好感和信赖时(冯晶另外还通过三个深度访谈材料来印证当事人在经验意义上大多倾向于相信大部分法官是尽职尽责的),相应地,可供他们归责的对象就只剩下主审法官和法院"。这就意味着,当前我国法院系统在机构合法性层面的象征生产在相当程度上无法经由当事人的"想象"而获得"当下化"。冯晶对相关个案的深度访谈表明,当事人一方面愿意相信我国

---

[15] 参见王海洲:《论象征的三元结构及其内在逻辑——对象征结构经典模式理论的反思》,载《南京大学学报(哲学·人文科学·社会科学)》2016年第6期,第151页。
[16] 同前注[14],第19页。
[17] 参见冯晶:《支持理论下民事诉讼当事人法律意识的实证研究》,《法学研究》2020年第1期,第37、48页。

的法院系统普遍是公正的,法官在总体上是尽职尽责的,但另一方面,一旦这种"抽象信任"转到具体的经验事实,当事人的立场马上就会发生逆转:"因为他(法官)这么判,所以我感觉不到公平"。正是因为当事人拒绝"想象"这个当下的结果其实恰恰就是司法作为分配正义之象征的具体呈现,他们也就无法在象征意义上处理当下遭受的不利益。而他们对法院系统的广泛信任却也随之转化成他们不断上诉、申诉的心理动力:"只要向上申诉,就有很大的概率遇到公正的法官。"[18]这也意味着,只要他们的利益诉求未能得到满足,那个想象中的"公正的法官"就始终无法从广泛信任赖以生成的象征空间真正进入到经验的意义世界中。

那么,那个当事人想象中"公正的法官"形象究竟从何而来?其又为何经常会被当事人悬置于"当下化"的"意义实践"之外?又是什么样的"先在"事实使得普通社会百姓在"深层次的意识形态"中总是倾向于怀疑他们实际遭遇的法官并没有公正行事?

二、司法象征生产的信息符号媒介与信任阐释

信任理论通常认为,信任是建立在有限信息基础上的潜在推断,是在外在的低成本可信性符号能够得到控制的前提下对深层次的系统运作信息保持谨慎的不怀疑。[19]作为一种信任策略,高度复杂的社会抽象系统通常都会在系统的"入口"通过某种降低信息成本的符号媒介将自身的内在价值和品质传递给受众。

比如,航空工业在起步阶段曾经面临的一个主要挑战就在于如何说服公众相信其又快又安全。由于航空系统的高度复杂性,在系统内外横亘着一条高度不对称的信息鸿沟,任何试图通过专业技术层面的安全信息说明来填平信息鸿沟的努力都注定是徒劳无益的。有鉴于此,航空公司的重要对策之一是创造象征:通过塑造一位在登机口以迷人微笑迎接乘客的空中小姐的形象,航空公司就可以非常有效地将关于航程安全性的信号传递出去。因为航空公司高薪招聘并且精挑细选的空中小姐会随同航班往返为乘客提供航程服务,这样一个仪态万方、富有女性魅力的职业群体在视觉符号上作为航空系统最具象征意义的信息媒介,自信而从容地穿梭于云端之上。航空公司只需要让这样一种场景"想象"令人愉悦地闪现在受众的脑海中,[20]就足以通过经验感知与潜意识想

---

[18] 同前注[17],第35、37、48页。

[19] 参见伍德志:《政治合法性的信任解释》,载《北大法律评论》第16卷第2辑,北京大学出版社2015年版,第233页。

[20] 视觉想象可以诱使人们按照某种特定的方式观察世界。参见郁左凯:《政治、社会、市场:视觉文化治理的三重逻辑》,载《新疆社会科学》2019年第3期,第112页。

象的相互交织激发当时作为航空产业消费主力的成年男性精英群体的判断力与行动力。

由此可见,从面向受众的传播视角来看,象征生产的关键并不在于灌输内容庞杂的专业知识或是引入精巧复杂的思辨推理,而是通过经验直观的外在符号和象征叙事来捕捉"意义实践"的想象力。[21] 同理,以"正义"作为自我指涉的"司法"更是有一套极其抽象复杂的系统运行结构,对于普通社会民众而言,司法决策"分配"正义的内在公正性注定隐藏在一道也许永远都不会揭开的"无知之幕"背后,因而只能根据已知的外在符号信息来推测其内在的可信度,这就要求司法的象征生产同样也需要借助于类似"空姐的微笑"这样的符号媒介来引导受众的合法性想象。

(一)司法信任的象征媒介:法官的德行

在我国的司法实践中,"法官的德行"正是在上述意义上成为一种可欲的象征媒介——"道德在现代社会提供了对无知进行沟通的可能性。当人们缺乏充分信息与知识时,他们就会进行道德判断。"[22] 不难理解,"司法机关如果能够塑造一种道德化的外在形象,那么它就有更大的机会来赢得社会信任"[23]。

从象征生产的视角来看,使用道德符号引导公正想象是当前我国司法运行体制中矗立在系统"入口"的一个显著标识,这在政策导向上非常典型地表现为最高人民法院于2003年提出的"司法为民"的法院工作指导思想。时任最高人民法院院长肖扬大法官就审判工作作风问题提出了具有鲜明道德内涵的职业伦理要求:"每一个法官都要按照司法为民工作宗旨的要求,怀亲民之心,办便民之事,行利民之举……在工作态度上切实克服'冷、横、硬、推'的不良作风,坚决杜绝'门难进、脸难看、话难听、事难办'的现象,树立文明司法、为民爱民的良好作风。"[24] 这一政策导向很快经由实践的演绎而获得了更加丰富、具体的意义内涵。

比如,2004年5月25日《人民法院报》报道过一个"好法官补起墙窟窿"的事例:河南省浚县法院善堂镇法庭庭长苏建新与其同事为化解一起邻里纠纷,亲自动手将原告刘某新房墙壁上的两个大窟窿补好,终于促成原、被告达成谅解,案件得到妥善解决。[25]

---

[21] 参见钱力成:《把政治文化带回来——文化社会学的启示》,载《社会学研究》2020年第3期,第236页。

[22] 参见伍德志:《论医患纠纷中的法律与信任》,载《法学家》2013年第5期,第13页。

[23] 参见陈洪杰:《现代性视野下司法的信任危机及其应对》,载《法商研究》2014年第4期,第65页。

[24] 此系肖扬院长于2003年8月24日在全国高级法院院长座谈会上的讲话内容。参见肖扬:《全面落实司法为民的思想和要求 扎扎实实为人民群众办实事》,载《最高人民法院公报》2003年第5期,第3页。

[25] 参见刘国禹、王磊:《好法官补起墙窟窿》,载《人民法院报》2004年5月25日,第2版。

再如,2005年中国法官十杰刘晓金,"他经常翻山越岭把法庭开到田间地头、当事人家中,只要是群众需要,无论刮风下雨,不论白天晚上,随叫随到……他断案注重以案释法、以情感人、以理服人,使输赢双方皆服,被群众亲切地称为'母舅'法官"。[26]

在当前官方机构和主流平台媒体各种"评先进、树典型"的公共传播中,此类道德色彩浓厚的法官个人事迹和模范典型可谓信手拈来、不胜枚举。[27] 其在叙事结构上沿用的大体都是中国社会文化传统中人们耳熟能详的道德文本,法官的形象塑造与传统合法性想象中的"父母官"元素有诸多"异曲同工"之处:男性法官刘晓金被比作"母舅"法官,而尚秀云、陈燕萍等女性法官则被比作"妈妈法官"。正是因为道德叙事的家族相似性,苏力教授认为:"只要阅读过甚或浏览过所有这些优秀法官的事迹,读者或多或少会有一种'似曾相见燕归来'的感觉。"[28]

作为一种"激励和限制组织成员勤勉工作的制度结构"[29],"评先进、树典型"既可以在组织系统内部起到示范引领和行为激励的作用,同时也是面向社会塑造司法形象、谋求信任的重要机制。比如,最高人民法院周强院长曾在2017年"我最喜爱的好法官"推选活动中讲话指出:"此次面向社会集中展示的优秀法官候选对象,是新时期广大法官的优秀典范……希望通过开展此次活动,能够让社会各界更真切地感受人民法官的为民之美、公正之美、清廉之美、奉献之美。"[30]

(二)司法形象塑造过程中角色认同的凸显及其引发的问题

以道德符号作为传递司法内在品质的象征策略固然在塑造广泛信任、赢得普遍支持层面具有积极意义,但这一策略在强化了法官"与社会进行互动承诺"这一层面的角色认同的同时,也造成了法官自身的角色分裂。

一方面,由权威官方机构予以"背书"的典范法官形象和各类模范事迹无疑在象征意义上构成了法院组织系统与社会各界受众之间的一种强有力的互动承诺,后者在这个过程中自然会凸显对经由模范叙事来呈现的道德化司法面向的认同。尤其值得注意的是,在我国广大的乡土基层社会,内生权威力量越来

---

[26] 参见赵秉志、张心向:《法官角色视野下的裁判理性——以2005"中国法官十杰"先进事迹介绍为分析范本》,载《法律科学(西北政法大学学报)》2009年第5期,第35页。

[27] 参见宁杰:《论公共传播中先进法官的形象塑造》,载《人民司法(应用)》2016年第16期,第68页。

[28] 苏力:《中国法官的形象塑造——关于"陈燕萍工作法"的思考》,载《清华法学》2010年第3期,第82页。

[29] 刘涛:《法院组织及其决策:司法职业保障的系统论观察》,载《北大法律评论》第18卷第2辑,北京大学出版社2017年版,第286页。

[30] 参见《"我最喜爱的好法官"推选活动启动 周强强调:发挥先进典型示范引领作用促进司法为民公正司法》,载《人民法院报》2017年3月3日,第1版。

越无法有效实现秩序整合,甚至我们通常所说的"法律不入之地"也产生了"迎法下乡"的现实需求,[31]这种乡土社会内生的司法需求更是鲜明地呈现出对规范与权力之实质性道德面相的认同凸显。

另一方面,在法院组织系统内部,在引导法官个人德行的组织逻辑与看重制度普遍理性的司法逻辑的双重作用下,法官的角色行为也会因为认同凸显上的差异而发生明显分化。社会学研究表明,即便是具有相同角色认同的社会主体,因为认同凸显上的差异,在一个既定的互动环境中也可能产生迥然不同的行为方式。比如,同样具有"父亲"角色认同的人,可能有的到了周末还在拼命加班,而有的则努力抽出亲子陪伴的时间。[32]法官的情况亦是如此,在"评先进、树典型"的组织激励下,当然不乏有人试图通过个人德行努力争取向上晋升的机会。不过,能够在"晋升锦标赛"中脱颖而出的注定只是少部分人,而如果缺乏额外的激励,绝大多数处于权力金字塔底部的个人则更可能按照常规意义上对法官角色的自我认同来处理问题。

(三)司法象征的"想象断裂"

不难想象,当道德符号成为社会大众想象"司法/正义"的信息基础,一旦他们亲历诉讼,却又发现实际处理问题的法官并非像想象中那样无私、忘我,尽心尽力为自己排忧解难,而是倾向于以消极、中立,甚至略带冷漠的姿态"照章办事",其又怎能不对特定法官的"品质"产生怀疑呢?

由此可见,中国司法的"信任之谜"也许并不仅仅是因为经验意义上绝大多数"门外汉"当事人的法律意识与司法制度之间存在着内在紧张,更是由于司法象征生产层面的想象力结构出现了问题:在前文所述航空公司的例子中,以"空姐的微笑"所激发的行动想象非常普遍和深入地介入到了社会主体在经验世界的"当下"体验中,并且有效确保了象征的呈现与再生产。然而,一旦司法的象征生产进入经验层面,诉讼当事人可能会在瞬间感觉到他们寄托在法官身上的道德想象的"幻灭",他们在法院的切身经历时时刻刻都在抵制想象的"当下化",产生一种无法弥合的"想象断裂",这才是法院在经验层面丧失具体信任的症结所在。正如冯晶的实证研究样本所呈现的那样,多数普通民众无法按照制度预期的方式"想象正义",只有"极少数(约7%)有社会资源(冯晶称之为'圈子')的当事人通过'圈子'的帮助,能真正参与到诉讼中,利用制度给予的机会和权利来维护自己的利益"。[33]这就不难看出,有"圈子"的社会精英(冯晶称

---

[31] 参见董磊明、陈柏峰、聂良波:《结构混乱与迎法下乡——河南宋村法律实践的解读》,载《中国社会科学》2008年第5期,第100页。

[32] 参见周晓虹:《认同理论:社会学与心理学的分析路径》,载《社会科学》2008年第4期,第49页。

[33] 同前注[17],第43—44页。

之为"入门者")对当前的司法运作形成制度认同的逻辑和"不得其门而入"的普通民众(冯晶称之为"门外汉")对现行制度运行结果持负面评价的逻辑是互为表里的,后者对法官个人品质产生质疑的原因正是现行制度在个案实践层面似乎只是有利于少数有"圈子"的精英阶层"知情受益",并没有像想象中的那样做到"司法为民"。其结果是,诉讼当事人与司法系统的关系互动在普遍支持与特定支持之间产生了一种悖论式的此长彼消的关系——作为整体的法官群体得到的普遍支持越高,反而越可能导致法官个体丧失特定支持。

三、信任的阈限:司法象征机制的历史审视

如前所述,由于信息不对称,普通民众很难对社会抽象系统的内在运作进行充分、全面的理性评估,只能根据有限的外在信息符号作出推断。而象征机制的本质则是利用信息识别成本较低的外在符号来实现"想象力的捕捉",从而使信任与不信任的界限能够通过符号得到控制,促进信任的生成。这就带来了一个耐人寻味的问题:"空姐的微笑"和"法官的德行"无疑都属于信息识别成本较低的外在符号,那么,为什么前者始终能够将系统信任维持在一种稳定的状态,而后者却会导致信任快速转向不信任?

(一)通过符号控制的信任及其阈限

上述问题在本质上涉及的是信任在经验领域的阈限问题。在这里,阈限这个概念指向信任向不信任转化的界限。通过符号控制的信任可以让人们在一定的阈限范围内消除对差异的疑虑,比如,对于高空飞行这种风险环境所呈现出的与日常熟悉环境之间的诸多差异,通过"空姐的微笑"这类信息符号,人们就可以淡然地"拉平"或者忽视之。即便在某些突发因素的影响下,这种经验领域的差异被进一步放大(比如飞机因为遭遇高空气流而发生剧烈颠簸),空乘人员按照预案处置时所传递出的那种镇静自若并且训练有素的态度信息,也可以使乘客们继续对这种差异保持不在乎或者至少不敏感。正如卢曼指出的:"在由阈限安排的经验领域,人们可以假定,行为的基础仍然是固定的,或者起码你可以不顾任何差异直到你跨过阈限。"[34]

借助阈限来划界是通过符号控制的信任机制的一大特点,只要不超出阈限,信任就是稳定可期的,而一旦跨过阈限,哪怕只是一小步,都可能使信任走向反面。这也意味着,系统信任的稳定性与系统使用的信息符号承受经验差异考验的阈限有关,低成本的信息符号越是能够非常感性地快速实现"想象力的捕捉",却也往往越具有敏感性和脆弱性。道德符号在这一点上就非常典型:一方面,道德符号的认知度很高,信息识别成本也很低,以道德符号充当系统运行

---

[34] 同前注[1],第96—97页。

的"前台"确实有助于快速获取信任;但另一方面,这种信任并非建立在理性沟通和说服的基础上,而是具有相当大的盲目性,因此也往往带有高度敏感性和脆弱性。一点点细节上的瑕疵(比如不经意间流露出的不耐烦的语气、神色)都有可能导致道德符号预设的"人设"崩塌,从而使得信任在一瞬间逆转为不信任。

总而言之,通过符号控制的信任也会在经验层面保留该符号外在的阈限特质,为了维持信任的稳定性,系统必须在信任和不信任之间建立起一种既借助于阈限划界,又在符号和经验相结合的层次上相互指涉、平稳流转的对冲机制。这就为我们重新审视因为"传统断裂"而导致的司法信任困境提供了新的观察视角,通过回溯"传统",我们也许会对人民司法传统曾经运用过的信任策略和象征机制,以及这一传统因为社会转型而发生"断裂"所导致的信任困境产生不一样的认识。

(二)人民司法历史实践的信任模式

人民司法发轫于民主政治蓬勃兴起的时代大背景,其在发生机制上亦是民主政治的合法化逻辑向司法领域延伸的产物(比如群众路线的贯彻),当前我们耳熟能详的马锡五审判方式正是这一司法实践传统的集大成者。通过把握马锡五审判方式的一些具有代表性的实践做法,我们就能初步勾勒出人民司法诉诸符号/象征机制建构信任的基本模式。

其一,利用道德符号展示可信性态度。马锡五审判方式最具标志性的行动策略是通过"巡回审理、就地办案"等贯彻群众路线的方式建立与普通民众的直接联系和符号沟通机制。比如,在处理"军属老汉杨兆云缠讼案"时,马锡五就通过到杨兆云生活居住的村子帮当地群众割谷子的方式取得了老百姓的信任。[35] 这样一种利用"身体在场"实施"德行治理"的行动策略可以因地制宜地发展出各种符合道德认知的符号互动机制,诉诸道义逻辑展示具有亲和性的可信性态度,从而有利于在广泛信任层面建立起积极信任。

其二,开放不信任的符号表达。民主政治理论有一个经典的信任悖论命题:"民主制度是对所有权威的怀疑……制度化的不信任越多,自发的信任就会越多。"[36]作为民主政治的合法化逻辑向司法领域延伸的产物,马锡五审判方式最为显著的特点就是对官僚权力的"不足为信"有着清醒的政治自觉。比如,在"合水县王治宽企图霸占王统一的场院案"中,县司法处只凭一纸诉状就主观臆断将王统一的场院判给了王治宽。案子上诉到陇东分庭后,马锡五派石推事

---

[35] 马锡五:《马锡五副院长在全国公安、检察、司法先进工作者大会上的书面讲话》,载《人民司法》1959年第10期。
[36] 〔波兰〕彼得·什托姆普卡:《信任:一种社会学理论》,程胜利译,中华书局2005年版,第187页。

进行实地调查取证,石推事协同县、区、乡干部和房亲证人以及年老乡邻进行实地丈量勘查,经过群众评议查明事实,最终确认了王统一对场院的所有权。[37] 在这里,具有高度公开性和参与性的司法决定机制一方面明确预设了官僚权力的"不足为信"(县司法处的负面例子),另一方面,通过公共参与机制充分开放不信任的符号表达却又可以反过来证实权力运行的可信性态度,从而使不信任与信任可以并行不悖地分别运行在符号和经验相结合的层次上。

其三,通过沟通差异稳定阈限的划界功能。在陕甘宁边区时期,新生民主政权以"改造社会"为初衷的制度建设经常与传统的社会文化价值观处于一种相间隔的认知差异之中。在经由阈限划界的经验领域,如果任由这种事实与规范之间的差异冲击社会治理的行为观念基础,就有可能导致依赖阈限维持的信任边界被击穿。正如当时边区高等法院所指出的:"公布的法律与隐蔽的事实,有完全处于相反的趋势,结果,不合法的事实,并不能减少,而法律徒成为扰民之具。"[38] 而马锡五审判方式最可称道之处就是充分运用各种沟通差异的司法技术来缓释事实和规范之间的内在紧张。1944 年 3 月 3 日的《解放日报》社论这样总结马锡五审判的特点:"他是在坚持原则、坚决执行政府政策法令,又照顾群众生活习惯及维护其基本利益的前提下,合理调解的,是善于经过群众中有威信的人物进行解释说服工作的……一句话,马锡五同志的审判方式——这就是充分的群众观点。"[39]

(三) 人民司法的信任转型

对于通过符号得到控制并且依赖阈限发挥划界作用的信任机制而言,马锡五审判方式的实践探索无疑是具有独特历史意义的经验样本。在政治合法性的观念基础发生重大转型的时代背景下,这一实践方式通过充分开放信任和不信任的符号表达,在现代民主政治的合法化逻辑中有效整合传统的道德符号,通过仪式化的沟通机制稳定阈限对差异的承受能力,从而在新型国家意识形态与传统社会文化观念围绕象征展开争夺和塑造的符号表达中帮助社会主体自觉完成对社会情境系统相关信息线索的快速"抓取"和"捕捉",既能使政治、社会主体更好地理解司法的逻辑,又可以使社会大众关于过去和现在的知识以及他们想象未来的能力得到组织。[40]

---

[37] 张希坡:《马锡五与马锡五审判方式》,法律出版社 2013 年版,第 178 页。
[38] 参见陕西省档案馆、陕西省社会科学院合编:《陕甘宁边区政府文件选编》(第六辑),档案出版社 1988 年版,295 页。转引自强世功:《法制与治理——国家转型中的法律》,中国政法大学出版社 2003 年版,第 87 页。
[39] 参见《解放日报》1944 年 3 月 3 日社论。转引自侯欣一:《从司法为民到人民司法——陕甘宁边区大众化司法制度研究》,中国政法大学出版社 2007 年版,第 223 页。
[40] 参见王海洲:《政治仪式的权力策略——基于象征理论与实践的政治学分析》,载《浙江社会科学》2009 年第 7 期,第 39 页。

不过,作为政法传统重要组成部分的马锡五审判方式在信任模式上带有政治信任的显著特质,这使得其在实践运作中面临着一系列的制度化悖论,在经验逻辑上成就马锡五审判方式的一些成功要素,反而导致了其在实践层面的应用局限性。比如,马锡五审判方式往往呈现出鲜明的人格化特质,并且"巡回审理、就地办案"等实践方式又需要耗费巨大的司法成本和组织资源,这导致其在象征性和实用性之间存在一定的落差。[41] 在1945年的边区司法工作会议上,有的同志就认为,"这种方式只能用于落后地区",还有同志则提出,"这种审判方式只能负责人使用"。[42]

不仅如此,在快速流动变化的现代性社会,随着以血缘和地缘关系为传统纽带编织的信任网络的逐渐解体,个体对于空前复杂的多元社会结构与异质权威产生空前的乏力感,转而希望通过法律/制度实现对复杂社会现象的有效控制。[43] 在此背景下,人们之所以对社会抽象系统及其标识的制度承诺寄予无限希望与信任,主要原因就不是其可能要面对的具有匿名性的某个专家及其所属群体的道德品质或行为动机是可信的,而是因为他们所掌握的那些可识别的制度规范或原理法则是可信的。[44] 就此而言,现代司法如果继续以道德符号作为获取信任的象征媒介,其效果只可能适得其反。

也正因为如此,随着以提高诉讼效率、健全程序规范为导向的审判方式改革在20世纪80年代末期迅速开展起来,法院开始在观念上把"巡回审理、就地办案"与审判工作正规化对立起来,这就导致了马锡五审判方式的式微和人民司法的当代转向。

四、人民司法当代实践的信任挑战及其应对

为了适应现代性社会对信任的制度化要求,现代民主法治国家的一个重要举措是诉诸正当程序促成政治信任向制度化信任的转变。这主要是因为程序正义相较于实质正义更易于为人们所认知和控制,或者说,程序正义也是一种识别成本较低的信息符号。比如,程序所呈现的无差别适用和平等的形式外观就是一种更易于被普遍接受的符号信息。[45] 在程序的运行逻辑中,每一个预设的时间节点、步骤和形式要件都象征着合法与不合法的划界,这种划界尽管未必能够精确地对应实质意义上的正义与不正义,或者合理与不合理,但只要

---

[41] 参见陈洪杰:《司法如何民主:人民司法的历史阐释与反思》,载《比较法研究》2016年第5期,第131页。
[42] 《陕甘宁边区第二届司法会议材料》1945年,陕西省档案馆档案。转引自侯欣一:《从司法为民到人民司法——陕甘宁边区大众化司法制度研究》,同前注[39],第224页。
[43] 参见高兆明:《信任危机的现代性解释》,载《学术研究》2002年第4期。
[44] 参见〔英〕安东尼·吉登斯:《现代性的后果》,田禾译,译林出版社2000年版,第30页。
[45] 参见王福华:《程序选择的博弈分析》,载《法治现代化研究》2020年第5期,第151页。

这种形式与实质之间的差异不超过阈限,人们就能够以简化的方式想象正义,并进而推定应该信任还是不信任。不过,形式化取向的程序划界处理在简化复杂性的同时,也隐含着忽视实质正义和社会价值共识的合法性风险。[46]比如,我国的举证时限和举证责任配置制度在实践过程中就曾经大量暴露出程序划界的不合理性。其结果是,按照高度理性化和程式化等"不近人情"的形式规范所得出的"非黑即白"式的判决,常常与"中国式的正义平衡感"存在明显的距离。[47]

在人民司法实践传统巨大成就的历史参照下,面对程序划界内在的武断和不合理性,以及程序符号机制之于中国社会传统信任文化的背景差异,为了应对由"传统断裂"导致的信任困境,在经验逻辑上最为直观的做法自然就是回归传统。但这种基于路径依赖的"回归"却也难免陷入认识论上的误区,那就是只看到凸显于人民司法传统的外在符号特质,而忽视了信任模式的本质在于利用外在符号的阈限化逻辑来区分信任和不信任。

也正因为如此,当程序符号面临"不足为信"的司法困境时,我们的司法实践很容易在"回归传统"的路径依赖下重新引入道德符号作为取信于民的外在象征(比如,最高人民法院于2003年提出的"司法为民"的法院工作指导思想)。这样一来,由于道德符号在辨识度和接受度上显著高于程序符号,通过符号控制的司法信任就会陷入因符号竞争而产生的"内卷化"困境,在更具信息优势的道德符号的冲击下,那种依赖人格因素建立信任的方式就会显得更有支配力和吸引力。[48]对司法的期望结构也因此而陷入一种价值序列紊乱的符号逻辑之中,无法在真正意义上形成以规范性指向为中心符号机制的制度信任。

事实上,就信任模式的本质而言,人民司法传统最具启示意义之处并不在于其具体使用的某种外在符号策略本身,而在于这一传统如何能够因应社会现实期望,在经验逻辑中有效提炼以低信息成本整合信任的外在符号,同时又能在符号和经验相结合的层次上利用阈限划界,在信任和不信任之间建立起一种相互指涉、平稳流转的对冲机制。对于以稳定社会行为预期为中心功能的现代司法而言,以象征生产服务于信任建构的合法化策略必须诉诸某种指向规范性期望的符号媒介,并以此促进制度信任的生成。有鉴于此,人民司法在实践转型过程中需要从以下几点着手,以回应其所面临的信任挑战:

其一,在法律系统"前台"展示的低信息成本的符号必须既有助于整合全社会的期望,又能够匹配系统"后台"的运行逻辑。在现代法治社会,法律的有效

---

[46] 参见刘哲玮:《他者的想象——纠纷解决视野下的〈秋菊打官司〉》,载《西南民族大学学报(人文社会科学版)》2015年第4期,第117页。

[47] 参见吴英姿:《"乡下锣鼓乡下敲"——中国农村基层法官在法与情理之间的沟通策略》,载《南京大学学报(哲学·人文科学·社会科学)》2005年第2期。

[48] 同前注[1],第61页。

实施主要依赖于个人的规范性期待,也即认为大多数人和自己一样都在平等遵守法律。[49] 而对所有人同等开放并且平等适用的程序标准既可以在系统的"前台"就正义法则的潜在计算提供简化复杂性的功能等价物,又能提供系统"后台"关于权力组织的运作信息,因而在现代法律系统的运行中构成了信任推断的重要信息基础。当然,已有的实践也充分表明,通过程序符号进行控制的信任同样也是有限度的,这个时候,就算需要通过道德化沟通策略的"补强"效应来稳定信任,但这不应该是在系统的"前台"另起炉灶(正如前文分析指出的,这么做只会导致一种"内卷化"的符号竞争),而是应该在系统运行的"后台"就信任的潜在计算性提供能够将外在价值内化的功能等价物。就此而言,组织正当程序所表现出的对个人的尊重对待才与信任有最强的关联。[50] 也就是说,从制度信任的角度来看,法律的道德性态度也需要内化为一种经由程序组织标识的合法性符号,从而形成以规范期望为中心指涉的符号秩序。

其二,充分开放信任和不信任相互指涉的符号表达(比如,社会公共参与作为一种权力制约机制就代表着一种不信任的符号表达,但这并不意味着实际上的不信任,人们反而可以由此确认自己何以信任),[51] 对不信任进行阈限化的界定和排除,使之在因果律的追溯链条上能够被归结为一种纯属"意外"、受个人主观化的情感偏执影响的偶然事件,从而降低整个制度根基被不信任直接破坏的可能性。

其三,增强司法沟通能力,稳定阈限对经验差异的吸纳能力。从人民司法的历史实践来看,并不是建构起一种抽象可信的司法符号象征就可以一劳永逸地解决司法信任问题,在现代性社会自我奠基的"反思取向"下,法律只有立足于受到普遍认同的价值基础,才能对人们提出规范性要求。[52] 这就要求司法在面对事实和规范的内在紧张时,能够实现价值判断规范化。[53] 司法除了需要运用法律系统自身的观察区划去观察作为规范运行背景的外部社会环境,还要反思性地"观察环境对自身的观察"[54],在观察对象与观察结果之间作出区

---

[49] 参见伍德志:《欲拒还迎:政治与法律关系的社会系统论分析》,载《法律科学(西北政法大学学报)》2012年第2期,第6页。

[50] 同前注[19],第252—253页。

[51] 参见〔美〕约翰·哈特·伊利:《民主与不信任——司法审查的一个理论》,张卓明译,法律出版社2011年版,导言第18页。

[52] 参见陆宇峰:《论高度复杂社会的反思型法》,载《华东政法大学学报》2021年第6期,第133页。

[53] 参见周永坤:《现代司法形式主义的奠基者——纪念霍姆斯大法官诞辰180周年》,载《苏州大学学报(法学版)》2021年第1期,第40页。

[54] 鲁楠、陆宇峰:《卢曼社会系统论视野中的法律自治》,载《清华法学》2008年第2期,第59页。

分。[55] 通过合意调解、吸纳公共参与或是利用弹性的法律解释技术进行"诉审商谈"等各种旨在衔接沟通的程序交往机制,[56] 合理"安排规范与事实之间的双重可变性"[57],使得司法决策能够在"找寻衔接"的信息抓取和意义交换过程中生产出新的沟通信息来补偿法律系统与外部社会环境之间的诸多差异(比如,面对变动不居的社会生活实践,法律"一经制定,便已落后"的时间差异),从而更好地利用阈限发挥边界环境的作用,保证具体的司法体验不会超出泛化的熟悉与信任。

五、结语

不难看出,信任与不信任之间有一种"亦此亦彼"的互相"扰动":两种逻辑都假设了对方的存在,并且也都指涉、造就了对方。[58] 我国的人民司法传统在如何取信于民方面有极其丰富的成功经验,不过,当司法运行机制伴随着巨大的社会转型而同时发生实践转向,司法信任也在不断面临新的挑战。在直观的经验逻辑上有助于实现信任的某些象征策略也许反而会在符号和经验相结合的层次上诱发不信任。这种现象与文明社会经常使用的信任策略有关:信任可以通过符号得到控制,但符号化的控制在简化问题的同时,也会因为符号本身的敏感性、脆弱性和盲目性而使得信任的稳定性被削弱。当前我国司法实践中广泛信任与具体信任相互背离的"信任之谜"实际上正是与符号化的信任策略有关。在此问题视角下,通过重新审视人民司法历史实践的成功经验,我们发现符号的弱点也未必就一定是信任的死穴,关键在于通过符号资源的恰当整合和匹配,使得利用阈限划界的信任机制能够具有更为强大的沟通差异的能力。随着经验和象征层面的司法基础能力的不断提升,司法的"信任之谜"也就有望得到破解。

---

[55] 参见宾凯:《法律如何可能:通过"二阶观察"的系统建构——进入卢曼法律社会学的核心》,载《北大法律评论》第 7 卷第 2 辑,北京大学出版社 2006 年版,第 365 页。

[56] 参见段厚省:《诉审商谈主义论纲——一种基于法律商谈理论的诉讼构造观》,载《上海交通大学学报(哲学社会科学版)》2011 年第 5 期,第 22 页。

[57] 李忠夏:《宪法教义学反思:一个社会系统理论的视角》,载《法学研究》2015 年第 6 期,第 13 页。

[58] 同前注[19],第 243 页。

中国法理学语境中的"法理":一项概念史的考察

郭 栋[*]

"Fali" in the Context of Jurisprudence in China: A Study of the Conceptual History

Guo Dong

内容摘要:通过对"法理"一词的概念史考察,发现其语义变迁经历了多义并存、意义收缩、短暂消失和趋于空泛四个阶段,这分别发生在清末民初、民国中后期、中华人民共和国成立后的三十年以及 20 世纪 80 年代以来的四个历史阶段。由于学科背景的误置、权力因素的介入和政治意识形态的影响,中国法理学语境中的"法理"一词的发展经历了一个脱实向虚的过程,从最初的实质性概念嬗变为形式性概念,最终形成了"法理即为法律原理、理论、学理、学说"这一定义范型。这种认知模式使得法理学界在很大程度上放弃了对何为"法理"的深度思考。透过概念史中的"语言考古残片",可以发现"法理"一词被遮蔽的义项,释放出"法律原理、理论、学理、学说"背后隐含的多元意义。上述工作从历史的角度证明,突破法理概念的民法视野,摆脱法律渊源的狭窄语境,在一个更宽广的立场上理解法理的概念是可能的。

关键词:法理 概念史 法律渊源 法律原理 法律学说

---

[*] 郭栋,浙江大学光华法学院百人计划研究员、博士生导师。

一、问题与进路

近年来,学界开启了一场阵势宏大的"法理研究行动计划",这项行动是从重新重视"法理"这一概念开始的。学者们从各个角度出发,赋予了法理概念不同于以往的新的意义。[1] 这些研究或多或少都存在一个倾向,即有意或者无意地绕开现有学术材料,径直对法理的概念进行重构。现有的法理学教科书只是在法律渊源的语境下讨论"法理",将其视为法学家关于法律的"学说""通说""理论""原理""学理"。毫无疑问,这种理解是不够充分和深刻的。本文并不旨在批判这一观点,而是要重点探讨,前述"法理"的释义究竟是如何形成的?对于历史上法理概念的传统资源的梳理和整合已经有学者在进行,并且取得了丰硕的成果。[2] 不过,本文想做的不是碎片化地攫取历史的某一个片段,而是试图贯通自1902年以来的各个不同阶段并直抵当下的2022年,在寻求概念发展的一致性逻辑的前提下,尤其侧重于关注该概念在跨阶段发展中发生的逻辑断裂、意义变迁以及义项损益。

为此,本文择取了概念史的研究进路,在中国法理学的语境下考察"法理"概念的发展变化。概念史的方法是概念分析的延伸。[3] 关注法理概念的历史之维,意味着通过对文本史料的搜集、梳理和分析,挖掘"法理"这一词汇随着历史的迁转而发生的意义流变。中国法理学在不同历史阶段依次被称作法学通论、国家与法的一般理论、法学基础理论、法理学。因此,以这些关键词命名的著作成为必要的考察资料。本文试图借助这些材料,通过分析概念在不同语境中的细微差别,察其义、观其变。

具体而言,关于法理概念的意义流变,本文试图回答三个问题:第一,"法

---

[1] 在中国,关于法理概念的研究,程燎原、杨建军、郭忠、邓长春等学者先开其端,张文显教授是新近一波研究浪潮的发起者和推动者,胡玉鸿、舒国滢、陈金钊、王奇才、丰霏、瞿郑龙、陈翠玉、郭晔等学者推动了这一概念的研究。相关成果,详见:程燎原:《中国近代"法理学"、"法律哲学"名词考述》,载《现代法学》2008年第2期;杨建军:《"法理"词义考》,载《宁夏社会科学》2008年第6期;邓长春:《中古法制文明论——以"法理"为中心的考察》,载《现代法学》2014年第3期;郭忠:《法理之"理"的意义流变》,载《上海师范大学学报(哲学社会科学版)》2016年第1期;张文显:《法理:法理学的中心主题和法学的共同关注》,载《清华法学》2017年第4期;舒国滢:《"法理":概念与词义辨正》,载《中国政法大学学报》2019年第6期;胡玉鸿:《民国时期法律学者"法理"观管窥》,载《法制与社会发展》2018年第5期;陈金钊:《法理思维及其与逻辑的关联》,载《法制与社会发展》2019年第3期;陈翠玉:《中华经典文献中法理概念之考辨》,载《法制与社会发展》2019年第6期;王奇才:《作为法律之内在根据的法理》,载《法制与社会发展》2019年第5期;丰霏:《如何发现法理?》,载《法制与社会发展》2018年第2期;瞿郑龙:《如何理解"法理"?——法学理论角度的一个分析》,载《法制与社会发展》2018年第6期;郭晔:《法理:法实践的正当性理由》,载《中国法学》2020年第2期;郭栋:《法理概念的经义指向及近代转型》,载《法制与社会发展》2021年第3期。

[2] 关于法理概念的古典意涵和近代言说,陈翠玉、陈子远、胡玉鸿等学者已研究颇深。参见张文显主编:《法理的概念》,法律出版社2021年版,第161—222、261—420页。

[3] 方维规:《什么是概念史》,生活·读书·新知三联书店2020年版,第9页。

理"一词究竟是从什么时候开始被视为法律渊源的?这一问题的探讨要回到清末民国时期。第二,20世纪三四十年代和20世纪80年代以来,民法版本的"法理"一词的强势义项又是如何移植到法理学中的?第三,随着各个历史阶段的切换以及从民法学到法理学的场景转换,"法理"一词发生了怎样的意义变迁?鉴古而知今,彰往而察来,对法理概念的历史回溯将有助于我们厘清不同历史语境和学科背景下的法理概念,通过搜集"法理"一词在历史上留下的"片鳞半爪",可以大致复原出法理概念的意义全貌,重拾这一概念被忽视的重要维度。

二、多义并存:法理概念的初生

法理概念历史流变的第一个关键节点是20世纪初。李贵连教授认为,中国近代法学肇始于20世纪的帷幕拉开之际。"从这个时候起,中国近代的法和法学,从语言文字到体系内容以及价值选择,都与两千多年传统的法和法学断裂,走上了另一条道路。"[4]有学者进一步补充道:"更确切地说,肇始于1902年。"[5]巧合的是,本文发现的最早讨论"法理"一词的资料也都是出现于二十世纪的帷幕拉开之际,确切地说,也是1902年。

不过,在正式的讨论开始前,我们先跳脱时间线的约束,考察一下当时的专业词典定义。这一做法也将贯穿于本文的各个部分。原因在于,法学专业词典中凝聚着特定时期(尤其是历史转型期)对于某一词语含义的最具共识性的认识,有助于我们形成对不同历史时期关键词汇初步的、鸟瞰式的一瞥。作为"法理"词义的集大成者,当时的《汉译法律经济辞典》对"法理"的定义是:"贯通一般法律现象之学理曰法理。故制定法规,必须研究法理,使稍无违背而后可。盖背法理之立法,恐有害于社会故也。"[6]《汉译日本法律经济辞典》中记载:"法理:通法律规则全体,而自然存在之原理也。故制定法律规则,则不可不研究法理而遵从之。违背法理之法令,为害于社会不少。此诚立法者所当注意也。"[7]这两种定义都是在立法的语境下来说法理的。法理是指法律的正当性理据,要根据法理制定法律。

威廉斯认为,词典往往会列出词语的通用意义,对于有些词,尤其是涉及思想和价值观念的词,这种定义方式就有点不伦不类了。要想超越这些意义,就要去进一步查询其它文本资料,直到可以跨越适当的意义范围。[8]为此,须在文本资料上拓展,探究在其它学术文本中,是在什么意义上理解"法理"的。如

---

[4] 李贵连:《近代中国法制与法学》,北京大学出版社2002年版,第243页。
[5] 程波:《中国近代法理学(1895—1949)》,商务印书馆2012年版,第41页。
[6] 〔日〕清水澄:《汉译法律经济辞典》,张春涛、郭开文译,东京奎文馆1907年版,第137页。
[7] 〔日〕田边庆弥:《汉译日本法律经济辞典》,王我臧译,商务印书馆1913年版,第55页。
[8] 〔英〕雷蒙·威廉斯:《关键词:文化与社会的词汇》(第二版),刘建基译,生活·读书·新知三联书店2016年版,第32页。

果说"辞典的编纂只是基于一种还未被证实的假设"[9],那么我们不妨对其它学术文本抱有更高的期待,期待其中的"法理"不只停留在定义阶段,还对为什么这样定义作出说明。为此,本文选取的资料是 1902 年冯邦干所著的《论研究法律之法》、攻法子所著的《法律与法理之别》,1903 年耐轩所著的《论法学学派之源流》;1904 年梁启超所著的《中国法理学发达史论》《法理学大家孟德斯鸠之学说》、严复翻译的《法意》;以及 1910 年孟森所著的《新编法学通论》。这些都是了解中国近代法理学的重要学术文本。第一组论文是中国近代最早的一批有分量的法理学的论文,第二组著译作品"对中国近代法理学的萌芽与诞生起了重要的推波助澜的作用",第三组《新编法学通论》的出版"标志着中国近代法理学的初步形成"。[10]

1902 年 5 月,在《论研究法律之法》一文中,冯邦干首次详细地阐述了"法理是什么",近代"法理"一词的滥觞即始于此。"从来学者于法理二字惯用作二意:一是指立法者所认之法理,虽不托之明文然推寻法文之意义自能发见之。如所谓日本宪法之法理,法国民法之法理之类,此以解释法文为主。一是指成法根本之原理,即判断成法之是非善恶之标准而指导立法者之罗盘针也。立法者若依此理而立法,则其法为善法;苟不依之,则为恶法。"[11]可见,上述定义的意义范围要比词典定义更宽广。在"法理"概念的运用之初,是具有"法律原理"和"法律文义"两种义项的。"法律原理"这一义项又被赋予了更深的意义内涵,即"判断法律善恶的正当性理据"。

同年稍晚,另一篇重要的介绍"法理"的文章是攻法子所著的《法律与法理之别》一文,载于《译书汇编》,刊于 1902 年 9 月。文中写道:"何谓法律?法律者,规则之谓。何谓法理?法理者,规则之原理之谓。盖法律其当然,而法理其所以然也。惟其法理如是,故法律必由此而定;惟其法理如是,故法理因应此而出。二者盖交相济,而其区别则显然也。(一)法律者,国民行为之准则,即所谓权利义务之标准也。而法理者,则为说明此标准中应有之义,非比实行者也。(二)法律有强制之权力,而法理无之。(三)法律为主权者所定,而法理则为学者所发明。(四)法律由于人定,而法理则自然存在。以上所述,于二者之区别,可见一斑。虽然,近世欧美之所谓文明法律无不以法理为根据。故欲研究法律当先研究法理,必知法理之神圣,然后法律之思想乃有根据。世之学者,当不以此言为谬也。"[12]

---

[9] R. Alifano & Domecq Bustos, *Twenty-four Conversations with Borges: Including a Selection of Poems: Interviews, 1981—1983*, Lascaux Publishers, 1984, p.51.
[10] 何勤华:《中国近代法理学的诞生与成长》,载《中国法学》2005 年第 3 期,第 3—4 页。
[11] 冯邦干:《论研究法律之法》,载《新民丛报》1902 年 5 月 8 日,第 7 号,第 80 页。
[12] 攻法子:《法律与法理之别》,载《译书汇编》1902 年第 2 卷,第 9 期,第 120—121 页。

比较以上两种论述,可以发现诸多共识:第一,攻法子说"法理者,规则之原理之谓",冯邦干也提到了"成法根本之原理"。第二,攻法子认为,法理是法律中的"应有之义",这与冯邦干说的"法文之意义"也是一致的。第三,冯邦干认为法理是"判断成法之是非善恶之标准",相应地,攻法子也提到"法律无不以法理为根据"。但是,《法律与法理之别》一文中也有亟待澄清的问题:一方面,"法理则为学者所发明",另一方面,法理又"自然存在"。其中的矛盾之处为后世学者对法理的载体与法理本身的混同埋下了伏笔。下面的梳理沿着上述两位学者所开创的"法律原理及其背后的判断成法之是非善恶之标准"和"法律条文应有之义"这两种义项来分别展开。

第一,法理即为法律之原理,在该原理背后潜藏着对法律正当性理据的追问,在这一理解的延长线上,我们可以发现大量的立法语境下的法理言说。1904年,梁启超的《中国法理学发达史论》一书写成。在该书中,梁启超对作为立法根据的法理作了详细阐述。"法理"一词只在该书"绪论"中高频出现,这些论述主要基于三个问题展开。首先,对于法理和法系的"原本"关系,他认为:"既有法系,则必有法理以为之原。"其次,对于法理和法律的"先后"关系,"法律先于法理耶?抑法理先于法律耶?此不易决之问题也"。他的答案是:法律先于法理。最后,对于法理和法律的"内外"关系,即应该从法律之内还是法律之外探求法理,梁启超亦有一套颇有洞见的说辞:"今世解释派(专解释法文者谓之解释派)盛行,其极端说,至有谓法文外无法理者,法理实由后人解剖法文而发生云尔。"在当时中国这一特定的时空背景下,"若夫在诸法樊然淆乱之国,而欲助长立法事业,则非求法理于法文以外,而法学之效用将穷。故居今日之中国而治法学,则抽象的法理其最要也。"其原因大概在于,"立法事业,为今日存国最急之事业"[13]。这句话的意思是,在制定法律的过程中,通过法理的论证来赋予法律规范以正当性依据。

梁启超的上述表述主要受孟德斯鸠影响。1902年,梁启超已经开始用"法"和"理"这一对词来引介孟德斯鸠的学说:"孟氏之学,以良知为本旨,以为道德及政术,皆以良知所能及之至理为根基。其论法律也,谓事物必有其不得不然之理,所谓法也,而此不得不然之理又有其所从出之本原,谓之法之精神。而所以能讲究此理穷其本原,正吾人之良知所当有事也,万法精理全书之总纲盖在于是。自有所谓义与不义,正与不正者,存所谓事物自然之理也。法律者,即循此理而设者也。故理也者,人与人、物与物相交接之间所最适宜者是也,而此理常同一而无有变。"[14]上述语境下的"理"既有实然层面的"自然规律"之

---

[13] 梁启超:《中国法理学发达史论》,载梁启超:《饮冰室合集》第2册,中华书局1989年版,第1—2页。

[14] 梁启超:《法理学大家孟德斯鸠之学说》,载《新民丛报》1902年3月24日第4号,第15页。

义,又有应然层面的"正当依据"之义。

在严复翻译的孟德斯鸠之《法意》中,有多处论及"法"和"理"的关系:"法,自其最大之义而言之,出于万物自然之理……有理斯有法矣。"[15]"是故必有所以存之理立于其先,而后法从焉。此不易之序也。"[16]这里的"理"被后世学者翻译为"规律"和"公道关系"。例如,在张雁深的译本中,这两句是这样翻译的:"从最广泛的意义来说,法是由事物的性质产生出来的必然关系。"[17]"在人为法建立了公道关系之先,就已经有了公道关系的存在。"[18]"建立公道关系",指的是通过立法来对公道关系加以确定。这些语境下的"法理"之"理"也都既有实然层面的"自然规律"之义,又有应然层面的"正当依据"之义。

在使用"法理"一词时,当时的学者普遍并未清楚地区分作为法律的正当性依据的"法理"和关于法律的原理的"法理"。基于这一模糊的认识,随处可见其中的纠结和拧巴。在《论杀死奸夫》一文中,沈家本批判了杀死奸夫的四种不合法理之处。第一个理由涉及法的形式合理性:"明明有罪而许为无罪,则悖乎义矣……不合乎法理。"第二个理由作为对第一个理由的补充:"轻重相衡,失其序也。不合乎法理。"第三个理由是基于法律规范的体系融贯性考虑:"两律显相矛盾……不合乎法理。"第四个理由超出形式合理性的范畴,涉及实质合理性的判断:"情不能安,即乖乎情矣……不合乎法理。"综上,"以上四端,皆于法律之原理有未能尽合者也"。显然,"皆于法律之原理有未能尽合"对应的是上述四个"不合乎法理"之处,即义、序、礼和情。[19] 从字面意思来看,这篇文章中的"法理"指的就是"法律之原理"。我们继续看他反对杀死奸夫的另外三条根据:一是有关于政治,二是有关于风俗,三是有关于民生。用现代的视角来看,政治、风俗、民生分别是法律的政治、道德和社会基础,也可以被视为"法理"的一部分。[20] 在《论杀死奸夫》一文中,关乎政治、风俗、民生的三种依据并没有被

---

[15] 〔法〕孟德斯鸠:《孟德斯鸠法意》(上册),严复译,商务印书馆1981年版,第1页。
[16] 同上注,第2页。
[17] 〔法〕孟德斯鸠:《论法的精神》(上册),张雁深译,商务印书馆1982年版,第1页。
[18] 同上注,第2页。
[19] 沈家本:《寄簃文存》,商务印书馆2015年版,第59—62页。
[20] 在西方,关于"'法'合乎'理'",即"法理"(the reason of law)的讨论,就往往指向法律的基础、法律的根基、法律的根据等等。例如,在《法律的理由》一文中,作者开篇即讨论了"法律的基础"(the foundation of law)。See Timothy Endicott, The Reason of the Law, 48(1) *American Journal of Jurisprudence* 83,83-84(2003). 在其它研究中,我们可以总结出法律的基础有:经济基础、宗教基础、道德基础、社会基础、历史基础等。See Jan Rothkamm, *On the Foundations of Law: Religion, Nature, Morals*, 21(3) Ratio Juris 300(2008). Postema Gerald, *Coordination and Convention at the Foundation of Law*, 11(1) Journal of Legal Studies 165, 165(1982). Harold J. Berman, *The Historical Foundations of Law*, 54 Emory Law Journal 54,54-59(2005). S. F. C. Milsom, *Historical Foundations of the Common Law*, Butterworth-Heinemann, 2014. 较为全面的讨论,见 Hubert Rottleuthner, *Foundations of Law*, Springer, 2005.

冠以"法理"之名,也就是并未被"法理"之意义范围所容纳。这说明沈家本在使用"法理"一词时,还处于初级的认知层次,虽然其中隐约存在着对于法律的正当理据进行深入探讨的可能。

第二,与此同时,"法理"的词义也在"法律文义"的基础上延伸拓展。不只语义分析的流派在探求法理(法律条文之意义),诸多法学流派,无不在探究法理。亦即,全部的法学研究成果都可以被冠以"法理"之称谓。这一判断的论据有三,分别见于冯邦干的《论研究法律之法》、耐轩的《论法学学派之源流》和孟森的《新编法学通论》。

在《论研究法律之法》一文中,冯邦干还介绍了揭示法理的方法。第一,通过"沿革的研究法",可以"以历史之事实明法理"。第二,通过"分析的研究法"可以"分析解剖法理之诸件"。第三,通过"比较的研究法","以明法理之所在"。第四,通过"实验的研究法","以发见法律之原理"。第五,通过"推论的研究法","以确定法律之基础"。[21] 在这种语境下,"法理"具有了更加宽广的意义。

1903年开始,《译书汇编》改名为《政法学报》,并于当年第4期刊发了耐轩的《论法学学派之源流》一文。该文在分析各法学流派时,均出现了"法理"这一限缩词。"理想法学派者(现多译为'自然法学派'),本自然之原理原则以研究法理之学派也。"[22]耐轩还提到,分析法学派主张"实际的法律现象之外,即无可取之法理"。[23] 在这里,"法理"之"理"在"原理"之外,又加入了"原则"一词,"理"字又有了自然规律的含义。这与攻法子"法理则自然存在"的观点相暗合。

1910年2月,由孟森所著的《新编法学通论》出版,在这本书中,孟森将"法理"一词广泛用于法学之定义与法学各流派之定义,使得"法律原理"的用法被更加广泛地运用。关于何为法学,孟森认为:"法有法之原理,研究法之原理,以成科学。"[24]孟森将法学分为演绎法学和归纳法学两大类。"演绎派又名理想派,其于法律之现象,认定其中有一原理原则。必本此原理原则,乃可研究法理。"[25]"归纳法学派又名实验派,搜集实际之法律现象,综多数现象而归纳为可循之途径……盖谓实际之法律现象以外,别无法理之根据。"[26]归纳法学的项下有三:分析法学、沿革法学和比较法学。第一种,分析法学"于一种法律现象中,发现其所存在之质点,以为研究法理之标准……此派之宗旨,认为法律为主权者所定,有法即有理。分析之而法之真理自见"。[27] 第二种,沿革法学派,

---

[21] 同前注[11],第79—81页。
[22] 耐轩:《论法学学派之源流》,载《政法学报》1903年第4期,第4—7页。
[23] 同上注,第4—7页。
[24] 孟森:《新编法学通论》,商务印书馆1910年版,第4页。
[25] 同上注,第13页。
[26] 同上注,第16页。
[27] 同上注,第16页。

又叫历史法学派,"法律之现象有沿革,即于其进止发废之所由,然研究法理"。[28] 第三种,比较法学派,"取各国各地方之法律现象,比较对照,以研究其原理,而归纳为一种法学。或以之印证法理,或以之斟酌法文,或以之解释法意"。[29] 所有法学研究,撮其要旨,都是在探究法理。

简言之,在法理概念初生的时期,其词义复杂多歧,是一个承载着丰富内涵且充满张力的概念。基于上述梳理,"法理"一词失落意义的发现,使得法理的概念具有一个表层与深层共同组成的二元并立结构。"法理"一词表层的词义是法律原理。在法律原理的表层之下,"法理"还可以被理解为法律的正当性理据、法律条文的义理内容、法律发展演进的基本规律。

法理的概念之所以呈现多义并存的意义格局,是由其所处的历史时代、社会环境和法学学术发展阶段所决定的。第一,清末民初是中国语言发展史上古代汉语与现代汉语的过渡阶段,作为古代中国典籍中的高频词的"法理"到了近代并未消亡,而是与日本、欧洲各流派的法学思想相结合,被重新定义,致使这一旧词新义丛生。第二,面临"数千年未有之变局",在近代中国,尤其是20世纪初期的中国,"变法"业已成为社会思潮的共识。源自春秋战国时期的"法自理出,依理立法"的形式框架被有识之士重拾,"法理"一词被立为清末变法大潮的思想旗帜,以期为变法提供智识资源。因此,当时多在立法的语境下说"法理"。第三,在中国法学的初创期,古今思想杂陈,中西理论并立,法学概念的语境、用法、词义极具随意性,初无一定之规、可泥之法,也是自然不过的。

三、意义收缩:法理概念的转型

法理概念多义共存的情况一直持续到20世纪20年代末。1912年,清末变法运动随着清政府的终结戛然而止,变法大潮中的法理言说随之停止。[30] 1928年底,东北易帜,国民革命胜利,军政结束,随即进入一个集中立法的时期。法理作为立法活动的指导,在这一时期发挥了重要作用。与此同时发生的一件事情使得法理概念的发展轨迹发生了转向,那就是"法理"入法。1929年,《中华民国民法典》总则编颁布,第1条规定:"民事,法律所未规定者,依习惯;无习惯者,依法理。"[31] 从此,"法理"一词成为法律概念,有了实定法文本上的

---

[28] 同上注,第17页。
[29] 同上注,第19页。
[30] 关于清末变法中法理言说的系列研究,参见胡玉鸿:《清末变法中法理言说的兴起及其内涵——清末变法大潮中的法理言说研究之一》,载《法制与社会发展》2020年第2期;胡玉鸿:《法理的发现及其类型——清末变法大潮中的法理言说研究之二》,载《法制与社会发展》2020年第3期;胡玉鸿:《法理的功能及与其他评价标准的异同——清末变法大潮中的法理言说研究之三》,载《法制与社会发展》2020年第4期。
[31] 徐百齐编:《中华民国法规大全》(第1册),商务印书馆1936年版,第37页。

"栖居地"。

自 1929 年开始,关于"法理"的研究和讨论多围绕民法第一条展开,而且多为民法学者所重视。民法学者对"法理"一词的传统语义进行了改造,改造后的法理概念获得了其它部门法学的接受,并演变成为一个一般性的法学概念。20 世纪 20 年代末和 30 年代,作为法律渊源的"法理"的专门讨论出现在民法学教材中。[32] 20 世纪 40 年代之后,宪法、行政法、国际法等学科也开始在法律渊源的语境下讨论"法理"。[33] "法理"的词义开始被这种强势义项所支配。

在当时的各种法学专业词典和法学通论教材中,我们发现,法律渊源意义上的"法理"释义甚至已成为该概念的唯一义项。20 世纪 30 年代的《法律大辞典》中记载:"法理乃指在某时代某地方一般人对于某项事物通常视为正义公允之原理而言。我国民法第一条规定民事法律所未规定者依习惯,无习惯者,依法理。法理之成立,大多由学者平日观察社会一般事物及现象而得。多数国立法例,均以法理为法律最后之渊源焉。"[34] 类似者还有:"法理者,通于法律现象之原理。换言之,法之哲理也。如正义、公平及利益较量等之观念是。"[35] 这与早期《汉译法律经济辞典》和《汉译日本法律经济辞典》中立法语境下的"法理"形成了鲜明对比。在这一时期,法理这一概念的内涵中,保留了正义、公平、公允等价值因素,但是其存在语境已经从法律制定转向了法律适用。

在法理学教材文本上,本部分选取的是民国时期《法学通论》教科书。这是因为"中国人在将日文的'法理学'一词移植过来时,早些时候并未使用'法理学',而是习惯使用'法学通论'的名称"。[36] 在楼桐孙的《法学通论》中,将作为法律渊源的"法理"定义为:"凡事依于社会公理正义的观念,细加分析,必可发现一种客观的是非曲直的自然条理,这就叫做法理。"[37] 在李景禧、刘子崧的《法学通论》中,认为"民法第 1 条规定:'民事法律所未规定者,依习惯,无习惯者,依法理。'此所谓法理,即吾人所谓之理法也。"其对"法理"的定义为:"理法

---

[32] 参见张季忻:《民法总则概要》,世界书局 1929 年版,第 19—20 页;朱采真:《民法总则新论》,世界书局 1930 年版,第 55—56 页;钱释:《民法问答》,三民公司 1931 年版,第 3—4 页;上海法学编译社编:《民法总则问答》,上海法学编译社 1931 年版,第 1—2 页;徐谦:《民法总论》,法学编译社 1933 年版,第 26—27 页;周新民:《民法总论》,上海华通书局 1934 年版,第 16—17 页;胡长清:《中国民法总论》,商务印书馆 1935 年版,第 32—33 页。

[33] 〔英〕狄骥:《宪法学》(上),张明时译,商务印书馆 1938 年版,第 184—191 页;马君硕:《中国行政法总论》,商务印书馆 1947 年版,第 21 页;赵理海:《国际公法》,商务印书馆 1947 年版,第 7—8 页。

[34] 郑竟毅:《法律大辞典》(上),商务印书馆 1936 年版,第 770—771 页。

[35] 汪翰章:《法律大辞典》,大东书局 1934 年版,第 660 页。

[36] 同前注[10],第 6 页。

[37] 楼桐孙:《法学通论》,正中书局 1943 年版,第 58 页。

者,基于条理成立之法也。所谓条理者,乃依社会正义公平之理念而存在之客观的妥当性也。"[38] 在丘汉平的《法学通论》中,同样将"法理"作为法律渊源的一种,其定义为:"法理者,简言之,法律一般原理也……法理云者,不外指社会生活必应处置之原则而言。此原则之来源有二:一为社会生活之实际规律……一为社会之正义观念。"[39]

通过对民国后期较为权威的法学通论教科书的梳理,有三处发现。第一,这时的《法学通论》教材已经不像孟森的《新编法学通论》那样,存在多种关于"法理"的理解方式。至少可以确定的是,"法律条文的义理内容""法律发展演进的基本规律"这些义项已经被排除在"法理"的词义之外。第二,以1929年为界,自此"法理"的使用语境不再是立法,而是法律适用,将"法理"视为法律渊源。第三,在各种《法学通论》著作中,与前述法律词典相同,都用"原理"这一定义项来界定"法理",并且用价值理念、客观规律为法律原理注入实质内容。在界定"法理"的方式上,还尚未出现诸如现在的法理学教科书中所用的"学理""学理性说明、解释和理论阐发""学说和理论"这些定义项以及"法学家或法学工作者"这些定义联项。[40] 也就是说,此时"法理"和"学说"还未混同,"法理"是"法理","学说"是"学说"。为了证实这一论点,兹举例如下。在楼桐孙的《法学通论》第六章"法律的渊源"第三节"不文法"中,第二款为"法理",第三款为"学说",二者呈并立之势。[41] 在李景禧、刘子崧的《法学通论》第三章"法之渊源"第二节"不文法"中,第二款为"理法"(法理),第五款为"学说"。[42] 在丘汉平的《法学通论》中,"学说"和"法理"分立为两节,也被视为两种不同的法律渊源。[43]

威廉斯揭示了在词语的意义丛中,形塑中心词义与边缘词义格局的各种力量,包括阶级、行业、利益、权力等因素。[44] 当我们追问法理概念意义变迁背后所隐藏的政治因素和权力结构时,答案已经逐渐显露,即"法理"入法意味着"法理"由一个学术概念变成了一个法律概念,国家意志开始介入并影响法理概念的语义塑造。重建"巴别塔"的失败已然昭示:语言必须统一。法律语言尤其如此。为了满足法的可预测性要求,法律中的词语必须做到概念统一、义项精简、内涵清晰、外延确定,尽可能避免由法律概念的模糊性造成的法律的恣意性。"法理"被规定在民法的第一条之后,为了满足司法适用的目的,概念的含义

---

[38] 李景禧、刘子崧:《法学通论》,商务印书馆1935年版,第85—86页。
[39] 丘汉平:《法学通论》,商务印书馆1936年版,第34页。
[40] "法理"和"学说"词义的混同意味着法理概念的空心化,详见后文第五部分的论述。
[41] 同前注[37],第58—60页。
[42] 同前注[38],第85—88页。
[43] 同前注[39],第34—35页。
[44] 同前注[8],第41页。

就必须统一化。统一化的核心环节就是尽可能消除法律概念的一词多义问题(尽管这是一种不可避免的语言现象),理想状态是所有概念均实现一词单义。为了取得词义的最大共识,所有带有潜在分歧可能的因素都被抽出,删繁就简之后形成了一个统一版本的"法理"的定义:法理即法律原理、哲理,其中蕴含着公平、正义等价值理念或者人类社会的客观规律,是重要的法律渊源。鉴于以上原因,与初生时期形成的原型意义相比,法理概念的词义收缩了。

四、短暂消失:法理概念的废弃

法理概念历史流变的第三个关键阶段是中华人民共和国成立后的前三十年。这一时期,法理的概念被涂上了很重的政治意识形态色彩。1949年1月谢觉哉在司法训练班的讲话上说:"《六法全书》的民法第一条,有'无成文法者依习惯,无习惯依法理'的话。什么是习惯?那是指地主资产阶级习惯了的习惯。那么它的法理也就是地主资产阶级推出的法理。"[45]这一论断颠覆了民国时期对法理概念的认识,解构了法理概念的客观性和普遍性,揭示了法理概念的阶级性。在此基础上,资产阶级旧法理开始受到批判。学者们认为,"单纯从旧法条或旧法理出发"是一种"孤立、静止、形式的看问题的错误观点",这种观点"不从人民群众的实际需要出发,不从人民民主专政的国家本质与当前形势发展变化的情况出发,其结果势必要堕入到反动统治阶级所遗下的旧法律的陷阱里去。"[46]因此,对待旧法律和旧法理,我们应该"在马克思列宁主义思想指导之下,特别注意到无产阶级的立场,采取批判的办法,加以分析辨别,去其糟粕,取其精华"[47]。

在词语的发生、衍变与陨落中,索绪尔认为,一旦语言开始呈现强烈的变化,往往与外部环境的变动有关,"如果民族的状况猝然发生某种外部骚动加速了语言的发展,那只是因为语言恢复了它的自由状态"。[48]这一判断不仅适用于语音的发展,也可以解释语义的发展。中华人民共和国成立以后的三十年间,法理概念的废弃显然与当时动荡的时代相关。那是一个革命的时代,中国社会主义法制是与以往任何法制不同的全新的革命法制,"中国人民民主法制

---

[45] 谢觉哉:《在司法训练班的讲话(摘要)》,载孙国华编:《法学基础理论参考资料》,中央广播电视大学出版社1984年版,第132页。
[46] 李光灿、江滨:《批判法制工作中的旧法学观点》,载《人民日报》1951年5月17日,第3版。
[47] 《关于"旧法"问题座谈会的综合报导》,载《法学》1956年第3期。
[48] 〔瑞士〕费尔迪南·德·索绪尔:《普通语言学教程》,高名凯译,商务印书馆1980年版,第210页。

是在摧毁旧法制的斗争中产生出来的。"[49]而且,这种摧毁是一种粉碎性的摧毁,这一点是不同于以往的。例如,在辛亥革命后,北洋政府还在继续援用清末的法律,有的司法机关仿照旧法理处理民商事案件,有的依据旧习惯处理民商事纠纷。[50]中华人民共和国成立后,新法制显示出了空前的与旧法制决裂的绝决态度。这就导致了一大批法律概念的废弃,"法理"就是其中之一,与"法理"一起被废弃的概念还有"法理学";同时也产生了大批的新兴概念,例如与"法理"一词相近的"社会主义法律意识"。对单个概念的理解很难脱离其它相关概念的参照,在结构化的概念集合中,概念之间会发生相互作用。[51]下面,我们将重点考察的是"法理"与"法理学","法理"与"社会主义法律意识","法理"与"法律渊源"等关联概念,在这些概念的相互参照中理解"法理"一词的废弃。

第一,在这一历史时期,受苏联法学的影响,在社会主义意识形态的指导下,"法理"一词与"法理学"一同被当作资产阶级法学的遗产,丢弃在历史典籍之中。中华人民共和国成立以后,"法学通论""法理学""法哲学"三个名称共存的局面结束,该学科被统一定名为"国家与法的理论"。"法理学""法哲学"被扣上了"资产阶级"的帽子。20世纪80年代出版的《法学词典》中把"法理学"解释为"资产阶级法哲学的别称",把"法哲学"定性为"剥削阶级法学家用唯心主义哲学的方法抽象地研究法的一般问题的思想学说"。[52]我们可以将"法理"一词的废弃追溯至苏联法学。这一时期中国的整个国家与法的理论都是继受苏联法学的,"法理"的概念演化也受苏联影响颇深。《苏联大百科全书》中"法律哲学"条目写道:"法哲学即法律哲学,是资产阶级法学的一个分科"。[53]与资产阶级的法理学相比,"马克思列宁主义把国家和法放在一起来进行科学的研究"[54]。国家与法的理论"以马克思列宁主义社会学说的基本原理和历史唯物主义的科学原理为基础"[55],侧重于对国家与法的本质、起源、发展、消亡的讲述。在这个意义上,国家与法的理论克服了唯心主义的弊端。当该学科放弃

---

[49] 中央政法干部学校国家和法的理论教研室编著:《国家和法的理论讲义》,法律出版社1957年版,第189页。

[50] 张国福:《关于北洋政府援用清末法律的依据问题》,载《法学杂志》1986年第1期,第25页。

[51] Hans Erich Bödeker, *Concept-Meaning-Discourse: Begriffsgeschichte Reconsidered*, in Iain Hampsher-Monk, Karin Tilman & Frank van Vree eds., History of Concepts: Comparative Perspectives, Arnsterdam University Press, 1998, p.55.

[52] 《法学词典》编辑委员会编:《法学词典》,上海辞书出版社1980年版,第462页。

[53] 转引自沈宗灵:《现代西方法律哲学》,法律出版社1983年版,第7页。

[54] 同前注[49],第5页。

[55] 〔苏联〕彼·斯·罗马什金等主编:《国家和法的理论》,中国科学院法学研究所译,法律出版社1963年版,第12页。

了"法理学"这一名称,通过"法理学"一词来理解"法理"概念的可能性自然不复存在。

第二,"法理"一词被废弃后,"社会主义法律意识"一词发挥着替代性的功用。在中华人民共和国首部汉译法律辞书《苏联法律辞典》中,出现了"法的定理""法律公理"等"法理"的相近词,其释义为:"资产阶级法学采用的、无需考虑其具体适用条件的、并且被认为不管客观发展条件如何始终是永恒不变的那种原则",并声称这些词"在苏联并不流行"。[56] 中华人民共和国建立初期改变了民国时期"法律—习惯—法理"的法源条款,采用"法律—政策"的法律渊源位阶。[57]《中国大百科全书·法学》指出,这是受苏联影响。"苏联建国初期,由于社会主义法律还不完备,列宁曾宣布'在这种法令没有或不完备时,应以社会主义的法律意识为指针'。"[58]中国也移植了这一做法。那么,什么是社会主义法律意识?

在《马克思列宁主义关于国家与法权理论教程》中是这样解释的:"社会主义法权意识是工人阶级与全体劳动者的社会主义世界观的一部分……社会主义的观点、观念与思想是法权意识的内容。"[59]用来定义"社会主义法权意识"的"观点、观念与思想"这些关键词与用来定义"法理"的"原理"这一定义项是同类词,但区别在于:其一,前者抽空了民国时期法理的概念中客观规律、普遍价值观念这些内核。其二,在抽空原有内核的基础上,注入了社会主义的阶级内容,当然,也强调社会物质生活对社会主义法权意识的决定性作用。中国人民大学编写的《国家和法权理论讲义》中旗帜鲜明地指出:"没有永恒不变的或超阶级的法权意识",法权意识是"一定的社会物质生活条件的反映",被打上了"阶级的烙印"。[60] 其三,在对二者的认识和理解上,不同于"法理"概念的意义群中强调法学家或者法律工作者对于认识和理解法律原理的重要性,在"社会

---

[56] 〔苏联〕库德利雅夫采夫主编:《苏联法律辞典 第三分册(国家和法的理论部分)》,中国人民大学国家和法的理论教研室等译,法律出版社1957年版,第107、110页。

[57] 在这一时期的民法草案中,"法理"已经不再被视为法律渊源,取而代之的是"政策"。1955年10月5日的《中华人民共和国民法总则(草案)》一反民国时期《中华民国民法典》第1条的做法,直接舍弃了法源条款的规定。参见何勤华等编:《中华人民共和国民法典草案总览(上卷)》(增订本),北京大学出版社2017年版,第3页。到了20世纪60年代,1963年6月8日的《中华人民共和国民法(草案)》中出现了类似法源条款,不过,并未规定"法理",取而代之的是"政策""规章制度"等。第11条规定:"一切单位和公民个人进行经济活动,都必须遵守国家的政策、法律、法令和规章制度。"参见何勤华等编:《中华人民共和国民法典草案总览(中卷)》(增订本),北京大学出版社2017年版,第853页。

[58]《中国大百科全书·法学》,中国大百科全书出版社1984年版,第88页。

[59] 〔苏联〕苏联科学院法学研究所科学研究员集体编著:《马克思列宁主义关于国家与法权理论教程》,中国人民大学马克思列宁主义关于国家与法权理论教研室译,中国人民大学出版社1954年版,第161—162页。

[60] 中国人民大学法律系、国家和法权理论教研室集体编:《国家和法权理论讲义》,中国人民大学出版社1957年版,第262页。

主义法权意识"的认识主体上,特别强调人民立场以及工人阶级和人民群众对法律的认识和看法。社会主义法权意识是"工人阶级以及被它所领导的劳动群众关于法权的本质和原则的观念"[61]。即便法学家以阐释"法理"或者"社会主义法律意识"为专长,也要坚持人民立场。谢觉哉如是说:"'法律是专家的事',这种说法也要分析……站在人民之外,或站在人民头上的法律专门家,不是专门家,而是外行。我们用不着他。"[62]

第三,"法理"一词的舍弃还与"法律渊源"术语的边缘化和被改造直接相关。无论是在维辛斯基的《国家与法的理论问题》、卡列娃等的《国家和法的理论》、罗马什金等主编的《国家和法的理论》、苏联科学院法学研究所科学研究员集体编的《马克思列宁主义关于国家与法权理论教程》等作品中,还是在各单位编写的《国家和法的理论讲义》中,法律渊源的内容都被边缘化了。在少量谈及"法的渊源"的著作中,这一概念的理解也发生了变化。这种变化体现在以下两方面。

其一,苏联版本的国家与法的理论在理解"法的渊源"时,特别强调社会物质生活条件对于法律的实质基础作用,即实质渊源。其依据是:"马克思列宁主义教导说,社会的精神生活、社会理论、政治观点和政治制度形成的来源(渊源),不应该到思想、理论、观点和政治制度本身中去探求,而是要到社会物质生活条件中,要到社会存在中去探求。"[63]"个别法权规范的产生是受一定的社会生活现象所制约着的。这些现象总和起来成为法权规范产生的原因,就构成了所谓法权的渊源……生产力发展的水平,生产关系的类型,及两者在该国所特别具有的一切特点——这些都决定着法权规范的内容,在这种意义上,它们就是法权渊源。"[64]这些内容一般都在"法的本质"部分被讨论,这就是法的渊源在苏式法理学教科书中被边缘化的原因。

其二,在实质渊源之外,也可以从表现形式上来理解法的渊源,不过,形式渊源相对于实质渊源是次要的。这一时期的法理学教材中,很少有写法权渊源,尤其是形式渊源的。"如果在渊源的本意上来使用'法权渊源'这一词,那么它决不是指规范存在的形式,而是统治阶级赖以生存的物质生活条件。在马克思列宁法学著作中,'法权渊源'这一概念只是在假借的意义上来使用的。"[65]《国家和法的理论讲义》中重述了这一观点:"在这一意义上的法权渊源,通常理解为法权规范所具有的那种特别的专有的形式。"[66]正是因为"形式"的限定,

---

[61] 同前注[60]。
[62] 同前注[45],第131页。
[63] 同前注[56],第108—110页。
[64] 同前注[59],第438页。
[65] 同前注[60],第282页。
[66] 同前注[59],第439页。

无论是"法理"还是"社会主义法权意识",都没有出现在社会主义法权渊源的讨论中。原因就在于:"意识"也好,"原理"也好,必须具备特定的形式载体,才能被视为渊源。"即使是统治阶级的法律意识,当它没有经过国家提升为法的时候,它仍然只是一种意识形态,而不是法。"[67]同理,即便是统治阶级的法律意识,当它不具备一定形式的时候,仍然只是一种意识形态,而不是法律渊源。不过即便社会主义法权意识不能成为法律渊源,也不妨碍其在填补法律漏洞方面的指导作用。"当法律尚不完备,处理案件还只是以政策和纲领性法律为依据的时候,社会主义法律意识对于正确地处理案件有着重要的作用。"[68]

简言之,在这一历史时期,法理概念的废弃是革命法制观的产物。在新法制与旧法制的决裂中,当法理概念的阶级性被揭露,其索性便被废弃了。随之取代"法理"一词的是"社会主义法律意识"。同时,在这一时期,由于强调的是"法律渊源"一词的形式意义,没有依存载体的"法理"与"社会主义法律意识"一道,失去了在"法律渊源"的语境下被使用的空间,这从外在方面加剧了法理概念的废弃。

五、趋于空泛:法理概念的再造

20世纪80年代开始,法理概念重获新生,强势回归到法理学中。不过,此时"法理"一词并未马上出现在20世纪80年代各类《法学基础理论》《法的一般理论》教材中,[69]而是首先出现在各类法学百科全书和法学词典中。

1984年《中国大百科全书·法学》中对于"法理"一词的定义是:"法理指形成某一国家全部法律或某一部门法律的基本精神和学理。"[70]同一时期的《法学辞典》中的表述是:"法理:形成某一国家法律或其中某一部门法律的基本精神和学说。"[71]进入20世纪90年代,孙国华主编的《中华法学大辞典》(法理学卷)中记载:"法理又称'法律学说',是指法学家或法学工作者关于法的学说和理论。"[72]《法学大辞典》的表述是:"法理是关于某一国家全部法律或某一部门

---

[67] 同前注[49],第196页。
[68] 同前注[49],第198页。
[69] 本文检索的相关教材有:北京大学法律系法学理论教研室编:《法学基础理论》(新编本),北京大学出版社1984年版;法学教材编辑部《法学基础理论》编写组:《法学基础理论》,法律出版社1982年版;沈宗灵主编:《法学基础理论教学大纲》,北京大学出版社1985年版;孙国华主编:《法学基础理论》,中国人民大学出版社1987年版;张浩主编:《法学基础理论》,中国政法大学出版社1985年版;陈业精等编著:《法学基础理论》,浙江人民出版社1986年版;吴祖谋编著:《法学基础理论》,法律出版社1986年版;王天木主编:《法学基础理论教程》,法律出版社1987年版;宋相官主编:《法学基础理论》,吉林人民出版社1985年版;王子琳、李放主编:《法学基础理论》,吉林大学出版社1984年版;张文显主编:《法的一般理论》,辽宁大学出版社1988年版。
[70] 同前注[58],第88页。
[71] 《法学辞典》(增订版),上海辞书出版社1984年版,第608页。
[72] 孙国华主编:《中华法学大辞典:法理学卷》,中国检察出版社1997年版,第88页。

法的基本精神和学理。"[73]进入二十一世纪,信春鹰主编的《法律辞典》中记载:"法理主要是指法学家对法的各种学理性说明、解释和理论阐发。"[74]在以上法学辞典中,法理概念的定义项有"精神和学理""学理性说明、解释和理论阐发""学说和理论",定义联项是"法学家或法学工作者"。[75]

上述定义项的选择与同时期民法学的做法是一致的。即很多民法学者也是用"学说""通说""见解""理论""原理"来定义"法理"的。例如,"所谓法理,指的是民法的学说、理论。"[76]"法理一般是指通说或者是学者的权威见解。"[77]上述用"学说""通说""见解""理论"来定义"法理"的做法与同时期我国台湾地区学者的观点形成了对比。例如王泽鉴的《民法总则》,在第二章"民法的法源及法律的适用"中,"法理"与"学说"并立,被视作两种不同的法源,分属于第四节和第五节。[78]在杨仁寿的《法学方法论》中,第五编"法学构成论"将"法理"与"学说"并立为两种不同的法源,分属第三章和第五章。[79]王泽鉴与杨仁寿用来定义"法理"的定义项为"法律一般的原则""不可不然之理":"所谓法理,应系指自法律精神演绎而出的一般法律原则,为谋社会生活事物不可不然之理。"[80]"所谓法理,乃法律之原理而言,亦即自法律根本精神演绎而得之法律一般的原则。"[81]

需要考究的是,"法理"与"学说"的混同究竟是讹误,还是 20 世纪 80 年代以来的学者有意为之?本文认为是后者。本文将这一混同称为"法理概念的主观化改造",这一改造的具体策略是:一,"法理"一词中的公平正义价值等普遍性内涵、客观规律、自然法则等客观性内涵,以及社会物质生活条件、社会存在等规定性内容被抽出;二,用"理论""学理"和"学说"等定义项来界定"法理";三,加入"法学家或法学工作者"这一定义联项。其结果就使"法理"变成了一个极为主观化的词汇。上部分提到的概念的阶级性改造也使这一概念变得主观化,这部分的改造使得"法理"一词变得更加主观化了,"法理"是法学家的理论、学说,那么"法理"就可以是因人而异的,这比"因阶级而异"具有更强的个性化。

---

[73] 邹瑜、顾明主编:《法学大辞典》,中国政法大学出版社 1991 年版,第 1023 页。
[74] 信春鹰主编:《法律辞典》,法律出版社 2003 年版,第 314 页。
[75] 值得注意的是,随着时间继续向后推移,在 2010 年出版的《北京大学法学百科全书 法理学 立法学 法律社会学》中,已经不再延续这种论说方式,其对"法理"的释义是:"法理是蕴涵于法中的道理。可用以说明某事物、某现象、某说法之类能够成立。"参见周旺生、朱苏力主编:《北京大学法学百科全书 法理学 立法学 法律社会学》,北京大学出版社 2010 年版,第 243 页。
[76] 王利明:《民法总则研究》,中国人民大学出版社 2003 年版,第 63 页。
[77] 王利明:《民法总论》(第二版),中国人民大学出版社 2015 年版,第 34 页。
[78] 王泽鉴:《民法总则》,中国政法大学出版社 2001 年版,第 59—68 页。
[79] 杨仁寿:《法学方法论》(第二版),中国政法大学出版社 2012 年版,第 273—287 页。
[80] 同前注[78],第 60 页。
[81] 杨仁寿:《法学方法论》,中国政法大学出版社 1999 年版,第 143 页。

这样就进一步消解了"法理"一词原有内涵中的客观性和普遍性因素。换言之，既然"法理"是某个国家的某个时期的某个学者对法律作的学理说明、理论阐发、理论学说，那么"法理"就是因地、因时、因人而异的。即便在资本主义国家，"法理"是法律渊源，在社会主义国家，也可以不将"法理"视作法律渊源；即便在历史上，"法理"是法律渊源，在当代，"法理"也可以不是法律渊源。

具体而言，在20世纪80年代以来中国的法学辞典和百科全书中，关于作为法律渊源的法理的论述模板为：在资本主义国家，法理是法律渊源；在西方古代，法理是法律渊源；在社会主义国家，法理一般不作为法律渊源；在中国大陆，法理不是法律渊源。例如，《中国大百科全书·法学》的表述是："法理……在一定意义上是法的渊源……在社会主义法中，法理一般不作为法的渊源。"[82]《法学辞典》的表述是："在现代资本主义国家中，一般都确认法理为民法方面的法的渊源之一……在社会主义国家中，法理对于法的制定和适用虽具有重要意义，但不具有法的效力，不是法的渊源。"[83]《法学大辞典》的表述是："法理……在有些国家是法的渊源之一……在中国司法实践中，当法无明文规定时，一般以中国共产党和国家的政策作为审判的依据。"[84]《中华法学大辞典》的表述是："法理……西方国家次要法律渊源之一……法理在古代中国一直比较受重视……在当代中国（除台湾等地外），法理不是法律渊源。"[85]《法律辞典》的表述是："（法理）能否成为具有法律效力的法律渊源，取决于各个时代和各个国家的法律规定和法律传统。"[86]社会主义国家之所以不承认法理是法律渊源，是因为在中华人民共和国成立初期，社会主义法律尚不完善，同时，学理储备不足，此时，如果承认法理作为"无条件的""永恒的"[87]的法律渊源，就不免会受到资产阶级法学理论的影响，可能会动摇社会主义法律和法学的政治立场。

20世纪90年代以来，"法学基础理论""法的一般理论"更名为"法理学"。1994年，以"法理学"为名称的国家级统编教材出版与全国性学术组织成立，标志着"法理学"一词在中国大陆再次获得合法性地位。[88] 在20世纪90年代以来的法理学教科书中，已经不再声称在我国"法理"不是法律渊源，而是换了一种措辞，将"法理"称为一种非正式法律渊源。但是，在"法理"一词的定义上，依然延续了80年代的认知惯性。作为法律渊源的"法理"，其定义一般如下：例

---

[82] 同前注[58]。
[83] 同前注[72]。
[84] 同前注[73]。
[85] 同前注[72]。
[86] 同前注[74]。
[87] 同前注[56]。
[88] 张文显、郑成良、徐显明：《中国法理学：从何处来？到何处去？》，载《清华法学》2017年第3期，第17—18页。

一:"法理主要是指法学家对法律的各种学理性说明、解释和理论阐发。"[89]例二:"法理是对法的理性认识,是人们从法律现象中总结出的关于法的一般规律。"[90]例三:"作为法源的法理学说大体上指的是以法律制度和法律规范为研究对象的法学理论。"[91]除此之外,有的教材将"法理"与"权威性学说"视为同一事物,"法理、权威性学说是指法学家对法律所作出的学理解释和理论阐述。"[92]有的教材将"法理"视为"法学家法","法理是由学者通过分析、研究提出的,经过国家认可的,可以对法律实践有实际影响或直接约束力的法。"[93]还有一些教材只是在非正式渊源中提到了"法理",但并未作出定义。例如:"习惯、法理等要经过有权威的机关的认可才能成为法的形式的补充。"[94]也有的教材对"法理学说"作了定义:"作为法源的法理学说大体上指的是以法律制度和法律规范为研究对象的法学理论。"[95]还有些教材讨论了"学说",但是并未论及"法理"。[96] 与之形成对比的是,在国外教材的中文译著中,并未出现"法理"一词,相关内容一般被称为"法学家法"[97]"理性与事物之性质"[98]。值得注意的是,在有的法理学教科书中,在非正式法律渊源部分,用"正义观念与要求"作为定义项来定义"法理"一词:"法理,是指普遍的正义观念与要求。"[99]这种定义方式已经开始突破"法律原理、理论、学说"模式,但其依旧是在法律渊源的语境下谈"法理"。不过,这一做法也尚未引起充分的重视,未受到普遍的认同。

通过上述文本资料的考察,可以发现,民国以来关于"法理"一词的认识在历史传承过程中发生了变异,法理的概念开始脱实向虚。这里的"脱实向虚"并不是在语义学意义上指法理概念发生了语义虚化(semantic bleaching),即词语原始意义损失、弱化或者淡化,而是指"法理"一词丧失了规范性的语义内核,

---

[89] 张文显:《法哲学通论》,辽宁人民出版社 2009 年版,第 180 页;杨春福主编:《法理学》,清华大学出版社 2009 年版,第 85 页。
[90] 付子堂主编:《法理学初阶》(第五版),法律出版社 2015 年版,第 126 页。
[91] 陈金钊主编:《法理学》,山东大学出版社 2008 年版,第 409 页。
[92] 杜宴林主编:《法理学》,清华大学出版社 2014 年版,第 50 页。
[93] 葛洪义主编:《法理学》(第三版),中国政法大学出版社 2017 年版,第 282 页。
[94] 姚建宗主编:《法理学》,科学出版社 2010 年版,第 57 页。
[95] 徐显明主编:《法理学》,中国政法大学出版社 2007 年版,第 46 页。
[96] 宋方青主编:《法理学》,厦门大学出版社 2007 年版,第 63 页;郑成良主编:《法理学》,清华大学出版社 2008 年版,第 97 页。
[97] 〔德〕伯恩·魏德士:《法理学》,丁晓春、吴越译,法律出版社 2013 年版,第 117 页。
[98] 〔美〕E.博登海默:《法理学——法律哲学与法律方法》,邓正来译,中国政法大学出版社 1999 年版,第 454 页。
[99] 舒国滢主编:《法理学》(第四版),中国人民大学出版社 2016 年版,第 179 页。

词义变得浅表化、空洞化、形式化。[100] 这里所说的法理概念的"规范性语义内核"在不同历史时期有不同表现。在清末民初法理概念的初生期,指的是法律的正当性理据、法律条文的义理内容、法律发展演进的规律;在民国中后期法理概念的转型期,指的是公平、正义等价值理念或者人类社会的客观规律;在中华人民共和国成立后的前三十年(这里暂时用"社会主义法律意识"来指代"法理"),指的是社会物质生活条件、社会存在等规定性内容。[101] "三化"问题的表征之一便是法理的载体("学说")与法理自身("法理")的混同。

正常来讲,在理论研究中,概念(尤其是重要概念)会随着学术讨论的进行变得越来越多元和开放,且意义日趋丰富。但是,我们发现,由于学科背景的误置、国家权力的介入以及意识形态等因素的影响,"法理"一词的演化却呈现一种敛合性的发展趋势,即概念意义趋于单一,内涵日趋空泛。法理概念在历史变迁中不断发生意义的删减和抽离,从最初的一个多元丰富的实质性概念嬗变为一个单一空洞的形式性概念。

六、总结与反思

纵观1902年至2022年这一百二十年间的法理概念史,本文提出以下三点反思。第一,法理概念在历史变迁中呈现限缩的发展趋势。由于国家权力的介入、意识形态的渗透、从民法学到法理学的场景转换,法理的概念中"是非曲直的自然条理""客观的妥当性""正义观念""法律条文的义理内容"等规范性或者正当性的具有实质内容的因素日趋消散,被压缩为只剩下"学说""通说""理论""原理"的空壳。理论、学理、道理、原理等这些"法理"的定义项都是"理"的衍生词,这些词语仍然是在"理"的外围打转,无非是在"理"这一中心词之前加了一个修饰语。如果继续追问这种"理"究竟为何的话,结果还是不得而知。这种定义使得概念丧失了对指涉对象的辨别能力,即不知道概念指的究竟是什么。[102] 概念定义的成功依赖于一个条件,即定义项必须是清晰的。[103] 就这一点而言,上述"法理"一词的定义是不充分的。

---

[100] 在另一项研究中,笔者针对当下"法理"概念的词义浅表化、空洞化、形式化问题,深度挖掘了法理概念的深层构造。参见郭栋:《法理概念的义项、构造与功能:基于120108份裁判文书的分析》,载《中国法学》2021年第5期,第189—190页;郭栋:《法理的概念:反思、证成及其意义》,载《中国法律评论》2019年第3期,第124页。

[101] 这里且不论是否真实存在这种普遍性、客观性意义上的公平正义、自然法则以及社会物质生活条件、社会存在等规定性内容,本文无意介入自然法学、社会法学、规范法学等流派之争,只是在此处揭示出在不同时期的法理概念分别被注入了哪些内涵,以及这些内涵发生了什么变化。这只是一种外部立场的描述意义上的发现。

[102] Giovanni Sartori, *Social Science Concepts: A Systematic Analysis*, SAGE Publications, Incorporated, 1984, p.117.

[103] H. L. A. Hart, *The Concept of Law*, Oxford University Press, 1961, p.14-15.

法理即为法律原理、理论、学说的认知模式遮蔽了法理的真意,使得法理学界在很大程度上放弃了对何为"法理"的深度思考。通过概念史中的"语言考古残片"的仔细分析,发现法理概念的规范性内涵,不仅能够弥补法理概念义项上的缺省,将法律原理、理论、学说背后隐含的多元意义释放出来,[104]而且将刺穿概念的外壳直指"法理"词义的核心,使得原本被遮蔽的概念意义得以去蔽,模糊的概念意义变得澄明。

第二,在法律渊源的意义上理解"法理",这一传统源于民法学,但无论是在20世纪三四十年代还是20世纪80年代以来,法理学在继受这一概念版本时并未经过认真反思。目前看来,这种法理的概念并不符合法理学的语境期待。概念的定义很大程度上取决于其所处的理论背景。戈茨提出:"在概念定义时,对于重要特征的选择,是由理论背景决定的。"[105]例如,对于"铜是什么"这一问题,在量子力学领域,基于铜原子结构的概念化讲述是一种较为可取的定义方式;电磁学在定义铜时则会更加关注其导电属性;对设计学而言,基于颜色、质感、光泽等表面属性的定义则是充分的,但这却与物理学的定义相去甚远。上述法理的概念,由于困于民法眼界的狭促格局,自然会忽略掉诸多根本性问题。作为法理学的核心概念,其定义权却掌握在其它学科手中,实在不妥,甚至堪称法理学的"巴比伦之囚"。法理学不自觉地把民法学式的法理定义引入本学科的教科书中,在法律渊源部分挥毫着墨,对这一概念的立足全局的整体把握却付之阙如。

2020年5月28日,《中华人民共和国民法典》通过,《民法典》第10条法律渊源条款中并未规定"法理"。根据立法者的说明,有四点理由,分别是:第一,法理的概念内涵不明确,外延难界定;第二,规定法理作为法律渊源,可能会导致法官滥用裁量权,引发新的司法不公;第三,关于法理何以具有约束力,并无明文规定,容易引起公众质疑;第四,对于法律规定不完善之处,可以通过法律基本原则解决,法律基本原则体现的就是民法的基本精神和法理。[106]又一次的"入法失败"意味着,自1949年以来到现在,"法理"在中国一直都不是,并且以后也不会是一个法律概念。可以预测,在民法典时代,法理这一概念在中国

---

[104] "法律的正当性理据"和"法律条文的义理内容"这两个义项不仅是"法理"一词的古义,也存在于"法理"一词的当代用法中。有研究通过中国裁判文书网数据库中"法理"一词的分析,印证了这两个义项的存在。参见郭栋:《法理概念的义项、构造与功能:基于120108份裁判文书的分析》,同前注[100],第186—189页。

[105] Gary Goertz, *Social Science Concepts: A User's Guide*, Princeton University Press, 2006, p. 27.

[106] 参见杜涛主编:《民法总则的诞生——民法总则重要草稿及立法过程背景介绍》,北京大学出版社2017年版,第10页。

民法学中的热度会大幅降低。[107]"法理"一词被民法学遗弃恰好为法理学开展独立自主的概念研究提供了外在条件。因此,之后在法理学的语境下讨论法理的概念时,不应仅限于民法学意义上法律原理、学说,而应把这一概念置于整个法学领域中去考察。

第三,可以预见的是,在挣脱民法学的束缚,不受法律渊源语境的限制之后,"法理"一词将更加紧密地与"法理学"这一称谓结合,展开交织互训,甚至可能会在宏观层面影响到整个法理学的学科定位和发展。这一预判并非没有根据的臆想。其实,早在当年中国法理学定名为"法理学"之后,"法理"一词已经成为理解"法理学"的关键词。但是在很长一段时间内,我们都忽视了还可以通过"法理"来理解"法理学"。以往我们将"法理学"理解为"法—理学",即关于法律的理论之学,即基础理论、一般理论的学问,却很少注意到"法理学"可以被理解为"法理—学",即关于法理的学问。这里"关于法理的学问"不是指关于法律原理、学说、理论的学问,而是指关于法律的正当性理据、义理内容、发展规律的学问。斯金纳认为:"当一个词的意义发生改变时,其与整个词汇体系的关系也会随之变化。对于这种改变,我们无须着眼于某个特定词汇的内部结构,而应该重点关注其在支撑整个学科方面所起的作用。"[108]我们没有理由阻断法理概念新的意义的发现为中国法理学开辟出来的新的思考路径。虽然不能循名责实,但至少也要先名正言顺。这一通过"法理"的辨明来为"法理学"正名的工作将另文专述。

---

[107] 也有学者称之为"后民法典时代"。参见李建华:《后民法典时代知识产权法学的私法研究范式》,载《当代法学》2020年第5期,第47页。法学概念研究在相当大的程度上要受到立法的影响,用基尔希曼的话说就是:"立法者的三个更正词就可以使所有的文献成为废纸。"〔德〕J. H. 冯·基尔希曼:《作为科学的法学的无价值性——在柏林法学会的演讲》,赵阳译,载《比较法研究》2004年第1期,第146页。在其相反面,一个例子便是"土地经营权"的入法所引起的这一概念在学术研究中的火爆。相关成果参见:谢潇:《民法典编纂视野下土地经营权概念及规则的妥当构造》,载《当代法学》2020年第1期;陶密:《土地经营权的权利类型及规范逻辑解析》,载《中国法律评论》2021年第1期。

[108] Quentin Skinner, *Language and Political Change*, in Terrence Ball, James Farr & Russell L. Hanson eds., Political Innovation and Conceptual Change, Cambridge University Press, 1989, p. 12.

何为评论，何以评论
——记《北大法律评论》首期发展圆桌论坛

一

在第22卷第1辑的编后小记中，笔者详细讨论了内卷时代下"表"与"里"的问题，认为在当前核心刊物统一的评价体系下，学术刊物的发展面临同质化，学术刊物的评价趋向单一化，只有强调"非主流""不一样"才是集刊办刊的破局之道。不过，基本结论和发展方向虽已形成，但在具体方案上却按下不表，以至于所谓的"不一样"尚且止于口号。的确，如何设定《北大法律评论》（以下简称"法评"）的发展方向，不仅是本卷编委会面临的头号难题，更是自创刊以来历届编委会持续思考的问题。正是在这一背景下，法评创办了以年度为期的发展圆桌论坛，聚焦时下学术趋势、顺应当前学术发展，旨在推动与友刊编辑、专家学者之间的学术交流。从活动创办的初衷来看，每期的圆桌论坛都将以主题研讨为核心，围绕与刊物发展息息相关的特定主题，选取多个重点议题进行集中讨论，并在此基础上适当延伸，作为指导本刊未来发展的重要参考。

于2021年8月16日举办的首期论坛，以"何为评论，何以评论"为题，主要意图是回顾办刊初衷、致敬创刊历史，探讨"法律评论"的独特之处。诚然，法评尽管自创刊之初便尝试区分"论文"和"评论"，在每期常设"评论"栏目，至今已刊载文章百余篇，但在编辑过程中，围绕"评论"所产生的困惑却始终挥之不去：什么是"法律评论"？"评论"与"论文"有何种区别？如何撰写"评论"？以及对编辑而言最为基本的问题——如何评价"评论"？在既往的办刊历程中，以上问题未能得到妥善的回应和解答。三点困惑分别作为首期论坛的三个分议题，分别是:1."何为评论",考察"法律评论"的本质及其与"论文"的区别;2."何以评论",研讨"评论"文章的基本要素;3.评价"评论",总结"评论"文章的评价标准。

首期论坛邀请的专家学者均与"法律评论"有着不解之缘。其中,不仅有法律评论类期刊的编辑代表,《中国法律评论》袁方主编与《环球法律评论》支振锋副主编,还有积极参与法律评论事业的学者代表,北京大学的张翔教授、阎天老师,中国人民大学的侯猛教授、尤陈俊副教授。六位专家围绕三项议题从不同角度阐明了各自的观点,形成了富有意义的讨论。[1]结合与会专家的讨论,本则小记将在会议综述的基础上按照论坛环节进行总结与提炼,从而凝聚共识、提炼新知,为法评未来发展提供有益思路。论坛的第一个环节是法评创刊主编强世功教授所作的开幕致辞,强老师回顾法评的办刊初衷,阐述"法律评论"在创刊时的意义,并指出"评论"在当前所应具备的价值。强老师在其致辞中,着重指明了两项关键性内容,分别是如何区分论文与评论,以及评论所应具备的价值立场。对于前者,强老师指出,创刊初期的区分力图实现的是学术的规范化,强调评论服务于论文,而在当下,应当呼吁学术的多元化,凸显评论的独立价值,二者存在功能上的显著差异。对于后者,强老师指出,评论不应与理论研究趋同,而必须关注本土问题,对理论命题作出本土化的努力。这两点内容提纲挈领,作为论坛后续环节开展的基础,成为讨论的大背景。

二

在开幕致辞之后,论坛便进入正式研讨环节,首先讨论的议题是"何为评论"。从会议筹办的初衷来看,这一议题主要是为了解决法评日常组稿中存在的困惑,即难以把握"论文"与"评论"栏目的实质区别。对此,法评前辈们曾在创刊号中以表达风格为区分标准,指出"'论文'正是对'评论'中所体现出来的思想和概念加以形式化"[2]。换言之,在创刊时期看来,论文是规范性、形式化较强的文体,而评论则是相对随意、形式化较弱的文体。将这一标准运用至当下的学术环境,大部分期刊上所刊载的文章都应被视作论文,而部分时效性较强的书评、文评、事评则可被视为评论。不过,法评由于本身存在出版周期较长的固有局限,难以及时收录大部分时效性较强的"评论"文章,因而在"评论"栏目的组稿上时常捉襟见肘。对此,与会专家学者从两个角度给出了各自的独到见解。其一是针对应否区分"论文"和"评论"栏目的问题,大部分与会专家都表示应当加以区分,但也有小部分观点认为区分不具有实质意义,甚至会引发对文章水平高低的误解,以及这一相对传统的区分方式已为当前专题式的组稿所

---

[1] 关于本期论坛的会议综述,可参见《〈北大法律评论〉发展圆桌论坛·第一期 会议综述》,载微信公众号"PKULAWREVIEW",2021年9月2日。

[2] 《编后小记》,载《北大法律评论》第1卷第1辑,北京大学出版社1998年版,第311页。

取代。其二,针对两种文体如何区分的问题,与会专家给出了诸如主题、风格、受众、功能、立意等多个不同的标准。主题标准是指通过研究的主题区分两种文体,论文研究的大多是理论命题,评论研究的则是实践性问题;风格标准是按照行文的风格来进行区分,这与法评创刊时所主张的标准基本一致;受众标准是按照文章的潜在受众进行区分,论文的潜在受众是理论界,评论的潜在受众是实务界;功能标准是按照文章的写作目的和功能加以区分,论文的功能在于延续学术传统、推进主流讨论,评论的功能在于将新近出现的学术或社会的现象接入主流的讨论;立意标准是根据文章的整体立意进行区分,两种文体都会存在"破"与"立"的内容,但论文的侧重点在"立",而评论则侧重于"破"。

与会专家所提出的上述区分标准角度各异,几乎囊括了有效区分的所有情形,但却并非都能匹配法评的风格。根据既往来稿的经验,法评作为学术集刊,至少存在三点显著的特征,分别是:(1)出版周期较长,时效性不强;(2)理论性较强,尤其偏重基础理论研究;(3)对篇幅不设限,来稿篇幅大多在两万字之上。基于这三点特征,上述区分标准的合理与否可以从三个角度加以考虑。

其一,创刊时期所设立的标准,是在强调学术规范性、专业化的背景下提出的,显然无法适应于当前的学术环境和法评当下的办刊风格。随着学术生态的成熟、学术规范的完善,法学领域具备学术性质的文章在规范性和形式化上都不弱,至少能达到基本标准。若是根据传统标准将"评论"限定于形式相对随意和不要求学术规范的文体,如社交平台上的短文,无异于自缚手脚、自废武功。这些所谓的评论短文,既无法被纳入法评的收稿范围,也将导致区分标准形同具文,因而必须借助其他标准的指引。其二,在前述诸多标准中,有一类区分方式十分典型,即主题标准和受众标准所作的有关理论和实践的区分。两套标准虽然在内容上有所差异,但中心思想都是区分理论和实践领域,主张评论是面向法学时事的研究和讨论。这一标准对于法律评论类期刊,如《中国法律评论》《环球法律评论》而言,或许富有意义,毕竟期刊时效性较强,能实时把握热点、激发学界论争,但对于法评这类时效性不强的学术集刊而言,无疑价值有限。而且,从刊物风格和收稿情况来看,法评接收、刊载的实务性文章较少,鲜有针对热点事件的犀利短评,因而难以借助这一标准实现"评论"栏目的组稿。其三,前述功能标准和立意标准,都是从理论性的角度所作的区分,区别仅在于前者强调文章的外部功能,后者强调文章的内部价值。结合法评的风格,尤其是偏重基础理论研究的既往传统,这两项标准显然更具有参考意义。这是因为,就算是基础理论研究,也会存在传统与前沿、立论与驳论的矛盾与冲突,可以作出明确的区分。针对两个标准的组合问题,应当以功能标准为主、立意标准为辅。特定文章,若重视主流讨论的延续性且以立论为主,那么便是论文,若强调接入性讨论且以驳论、商榷为主,那么便是评论。

三

正式研讨的第二项议题是"何以评论",即面向作者群体,讨论如何撰写一篇合格的评论文章。与会专家立足于不同的立场,从编审与写作两个角度,对这一议题作出了针对性回应。就现有的讨论内容而言,可以划分为评论对象的选择、评论内容的要求、评论目的的确定以及评论的保障机制。首先,就评论对象而言,不论书评、文评还是案评,都会涉及选择何种书目、什么文章、哪一案例的问题,这不仅会对所评论的对象产生影响,也制约着评论文章本身的价值。正如与会专家所言,针对书籍和文章,必须要考虑其是否关联着基础理论问题,是否存在较为广泛的阅读受众,是否会进一步激发学术领域的讨论;针对案例,必须具有典型性和代表性,如指导性案例、公报案例等,其关键在于能够对接主流理论、引发学术讨论。只有同时满足列明的这些要求,方可被视为有评论意义的对象。其次,针对评论内容,与会专家一则从反面进行考察,主张评论绝不应是文献综述或内容梗概,尤其不鼓励学术界盛行的"友情赞助"式的书评、文评,二则从正面予以回应,认为评论的前提是对所评论的领域有着深入认识,至少需要体现所涉及理论命题的历史谱系和知识谱系。再次,针对评论目的,与会专家一致同意,评论的生命在于学术积累,其具备两个层面的意义,分别是整理旧知与启发新知,尤其是后者。评论水平的高低取决于提供了多少学术层面的启发,只有足够多地接入法学主流的学术讨论,方可称之为有价值的法律评论。最后,有效的学术评论仰赖于良好的学术氛围,其并非个体的行为,而必须借助特定学科和特定组织的力量。对此,与会专家对不同形式的学术工作坊、学术对谈大为推崇,指出只有认真对待学术作品、开展行之有效的学术对话,方可形成法律评论的高质量、有效率产出。

长久以来,法评一贯重视与来稿作者的良性互动,尤其是对青年学者的学术扶持。为此,法评组织了形式多样的学术论坛活动,如论文工作坊、年会活动等,借助这些活动,在征集优秀学术稿件的同时,也搭建了来稿作者与有关专家对话的桥梁。从本质上看,法评既往组织的常设活动正是意在创设与会专家们所言的有效机制,促进学术对话交流,实现观点越辩越明。不过,基于对以往活动效果的评估,筹办的过程总是伴随着两大问题:一是如何组织,即尚未形成较为成熟且固定的讨论形式;二是如何产出,即在讨论过后无法实现成果上的有效转化。基于前述与会专家的建议,有必要将评论的功能嫁接于既往的工作坊活动,效仿张翔教授所组织的"宪法学青年论坛"。具体而言,以评论为主的工作坊至少需要包含三个步骤:(1)评论对象的选择。参照与会专家的论证结果,选择评论对象必须兼顾基础性、代表性和争议性三点要求,是否在法评发表在所不问。(2)讨论机制的确定。每期工作坊以半日为限,由原作者报告一篇(本)待评论的论文或书籍(时长30分钟),同时邀请四到五位评议专家结合书面的评议意见发表口头评论观点(时长各 30 分钟),最后提供半小时的自由讨论时间。(3) 成果有效的产出。所邀请的评论专家需要在事前撰写书面评论意见,并结合工作坊的自由讨论加以修改、成稿,刊载于法评。

当然,对于评论者而言,不论是依托特定活动还是自由投稿的评论文章,都需要遵照如下两点共通性要求。其一,基于时效性的原因,评论者应当尽可能选择书评或文评的题材,谨慎选择案评、时事评,除非该案件业已审理完结且对学科发展有重大的影响。其二,针对评论内容,评论者需要至少完成三部分的论证:(1) 对被评论对象的介绍和梳理,着重阐述其代表性和重要性;(2) 与基础理论命题、主流学术讨论形成合理的勾联,着重阐述其证成或证否的理论学说;(3) 在梳理的基础上作必要的学术性引申,即评论文章中必不可少的启示部分。

四

正式研讨的最后一项议题,也是与会专家认为最难回应的一个问题,是评价"评论",即如何从编审的角度判断评论文章的价值。相较于前一议题,这一议题主要面向编辑群体,要求从学术的角度判断一篇评论文章的价值。对此,与会专家在评价的基本标准上出现了两极分化,其中,同一说指出论文和评论的评价标准应当同一,而区分说则认为应当为评论设置特殊的评价标准。同一说指出,学术的根本性标准在于原创性,特定评论文章若是满足一定程度的原创性要求,便已然具有等同于论文的价值。因此,不论是针对小话题还是围绕大方向的评论,在本质上应当向原创性的文章靠拢,作为一种辅助性或是锦上添花式的文体。而区分说则对这一混同做法表示明确反对,要求严格区分两种文体的评价标准。而且,基于文体层面的根本性差异,无法苛求评论者按照论文的标准撰写评论。因此,相较于论文的原创性,评论应当以启发性为主,其价值的高低取决于对进一步学术讨论的推动程度。除此之外,还有专家指出,刊物需要针对评论这一文体创设独特的审稿机制,以实现更为全面的评判。例如,设置特殊的外审机制,即征求被评论者的意见,甚至形成对谈式的评论与反评论;组织并引导围绕特定话题的评论,邀请该领域的专家主持,由其结合学科发展的角度予以评论;等等。

针对如何评价"评论"的问题,尽管短时间内无法达成共识,但与会专家的观点至少提供了分析问题的不同侧面。结合法评的自身特色,需要首先明确的是,法评需要严格区分论文与评论两种文体。正如笔者在上一辑编后小记中所论证的,"不一样"的法评不应盲目趋同于当前主流核心期刊的刊载标准,这不仅难以实现,也相当于"自废武功"。因此,相较于占据主流的论文体裁,法评应当更为重视评论体裁,其标志是为其设置独特的评判标准。这一标准的制定需要至少满足两点要求,一是与论文评判标准相分离,二是与评论的核心功能相适配。立足前者,评论无须过分追求学术思想的深度和创新性,其本身的意义并不在此,而应当另辟蹊径。以最典型的法律评论——德国法律评注为例,其"主要工作乃是记录通说从而回答现行法是什么;在通说阙如之处……则为记录不同学说或案例……一方面忠实反映现行法一时的混乱,另一方面也参与通说之形成"[3]。可见,法律评注在本质上就无须被视为富有创新性的文体,毋宁说是作为"冷眼旁观者",进行知识社会学意义上的考察,其功能在于凝聚共识、呈现争议,从而达到实现学术积累、激发学术讨论的目的。

回到我国,由主流论文搭建而成的法学界存在创新有余而积累不足的问题,有向前进的动力但无回望的勇气,以至于学术积累是话题性、线条化的,而非学科化、部门化的。在这一背景下,不论是强调评论的回顾性还是启发性功能,都具有学术上的紧迫意义。基于此,要对评论体裁形成相对客观的判断,至少需要如下两项标准:其一,是否根据原创性的理论体系对既往概念进行了梳理与澄清,其关键在于扫清学术误解、概念误用等理论发展上的障碍;其二,是否将新兴学术现象(案例、事件等经验事实)有效地接入基础理论命题的讨论,其标志在于实现学术层面的启发。当然,从实际操作上看,这两项标准仍显得相对宽泛且较为主观,但至少为编辑群体完成评论文章的初审提供了可参照的方向。结合前述与会专家提倡的外部机制,能实现对这一文体更为准确的评判。

最后,需要回归本则后记的正题,表达对帮助法评第22卷顺利出版的来稿作者、编校人员、出版人员的由衷谢意。由于当前内卷的学术生态、严峻的出版环境,法评在组稿上压力不小,出版周期也被极大拉长,部分来稿作者甚至为此等待了两年之久,贻误了最佳的发表时机。在此,对一贯支持法评的来稿作者,法评编委会在表达歉意的同时,也对作者们的耐心等待与理解表示感谢。即便面对沉重的编审压力,法评编委会始终坚持着双向匿名和二次外审的审稿机制,保证对所刊载稿件的高标准、严要求。这一过程离不开外审专家的无私指教,也离不开全体编校人员的一贯坚守。另外,法评能按时完成每年一卷两辑的出版任务,还归功于北京大学出版社的大力支持。以丛书责编为代表的出版人员在书稿处理上的细致入微、在出版流程中的敬业精神令人钦佩,在此一并表示诚挚的谢意。我们相信,本卷的成功出版,不仅仅意味着周期性出版任务的完成,更是所有"法评人"共同努力的结果。

是为记。

王瑞剑
2022年早春初稿、孟冬定稿
于德国慕尼黑

---

[3] 参见贺剑:《法教义学的巅峰:德国法律评注文化及其中国前景考察》,载《中外法学》2017年第2期,第387页。